BASTEI
LÜBBE

Paris – Auckland und zurück

Alexandre Poussin • Sylvain Tesson

Aus dem Französischen
von Cécile G. Lecaux

BASTEI
LÜBBE

BASTEI-LÜBBE-TASCHENBUCH
Band 12916

Deutsche Erstveröffentlichung

Titel der Originalausgabe:
ON A ROULÉ SUR LA TERRE

Printed in Germany, Februar 1999
Einbandgestaltung: RST, Köln
Titelfotos und Abbildungen des Innenteils:
© by Poussin/Tesson
Satz: Textverarbeitung Garbe, Köln
Druck und Bindung: Ebner Ulm
ISBN 3-404-12916-4

Für unsere geliebten Eltern,
für alle, die uns aufgenommen haben, als Müdigkeit
und Hunger unsere einzige Empfehlung waren.

Für *François* und den *Delphin*.

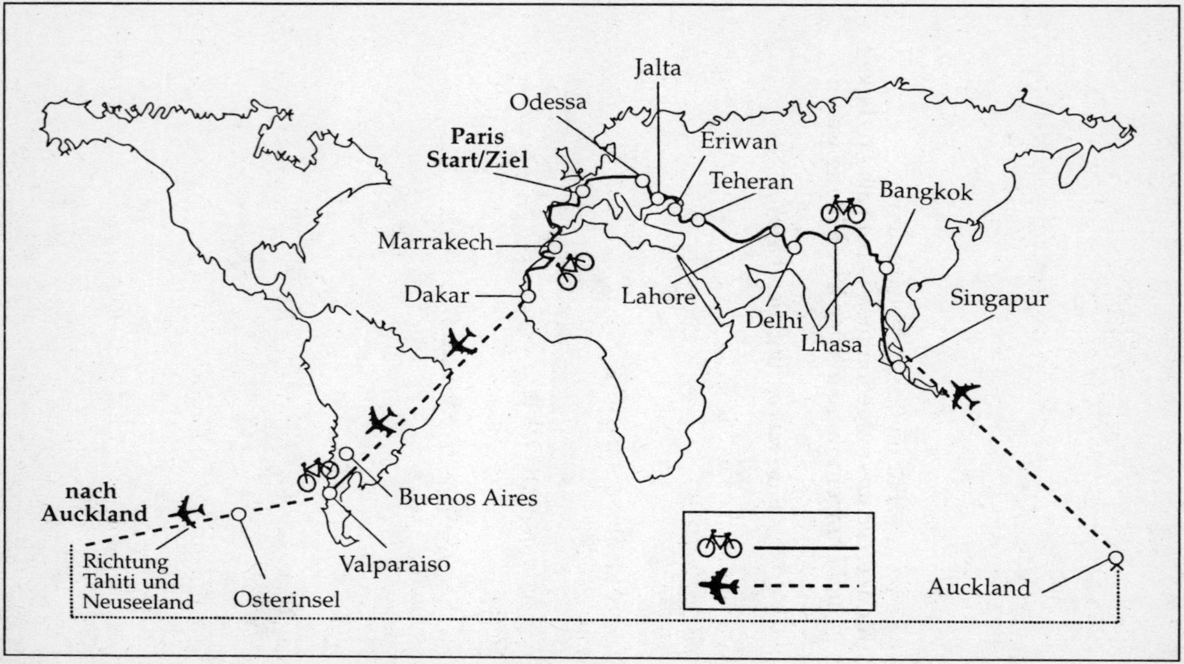
Jalta
Odessa
Paris
Start/Ziel
Eriwan
Teheran
Bangkok
Marrakech
Dakar
Lahore
Delhi
Lhasa
Singapur
nach
Auckland
Buenos Aires
Richtung
Tahiti und
Neuseeland
Osterinsel
Valparaiso
Auckland

Inhalt

Von Paris nach Gibraltar

Sylvain

Das schwierigste ist der erste Schritt. Als Christoph Kolumbus die Hafenfeuer von Palos passierte, war er bereits in Amerika. In unserem bescheidenen Maßstab war das »Nadelöhr« die Porte d´Orléans. Wir wußten, daß wir das Schlimmste überstanden haben würden, wenn wir erst die Hürde der südlichen Vororte von Paris genommen hatten.

Während der zwei Wochen vor unserer Abfahrt drehte sich alles um den bevorstehenden Aufbruch.

Wozu das alles? wurden wir gefragt. Es gibt mehrere mögliche Antworten auf die Frage, was uns zu dieser Weltreise auf dem Fahrrad treibt. Die Antwort des Dichters lautet: der Ruf der Straße; die Antwort des Studenten: Entdeckerlust; die Antwort des Unzufriedenen verrät seine Rastlosigkeit und sein Fluchtbedürfnis. Doch die Neugier jener, die sich über unsere Beweggründe den Kopf zerbrachen, blieb unbefriedigt. Zwei Wochen vor dem großen Tag hatten wir Wichtigeres zu tun, als über die Gründe für unser Vorhaben nachzudenken. Wichtig waren die Visa für Argentinien und der richtige Durchmesser der Sattelstange. Wir hatten keine Antworten. Heute haben wir sie, aber die Frage ist nicht mehr dieselbe. Die Seite wurde umgeblättert, wir sind zum Ausgangspunkt zurückgekehrt.

Wir haben unseren Aufbruch empfunden wie das Ziehen eines Zahns: Er war schmerzhaft und doch verblüffend schnell vorbei. Zweihundert Personen haben sich an diesem 10. Oktober 1993 im Anschluß an die Segnungsmesse auf dem Rasen unseres alten Gymnasiums in Passy-Buzenval versammelt. Die Eltern weinen, die Freunde jubeln. Wir genießen diese angenehme Atmosphäre des Abschiednehmens, der Ratschläge, der hastigen Versöhnungen. Und dann, plötzlich, ohne daß man Zeit gehabt hätte, sich von jenen zu verabschieden, die einem am meisten am Herzen liegen, weil man sich seine Zärtlichkeit bis zum letzten Augenblick aufgespart hat, fällt der Startschuß.

Fünfzig Freunde haben beschlossen, uns auf dem Fahrrad bis an die Stadtgrenze von Paris zu begleiten. Wir geraten in den Sog der aufbrechenden Eskorte. Die Reihe der Gesichter zieht an uns vorüber. Das Tor des Parks steht offen, wir hören Stimmengemurmel, versuchen verzweifelt, die Szenerie mit einem letzten Blick festzuhalten, um noch ein wenig länger bei jenen zu verweilen, die wir zurücklassen. Doch die Reise hat endgültig begonnen, das ist uns jetzt erst richtig bewußt geworden. Durch einen geheimnisvollen physiologischen Prozeß steigen uns bei den ersten Tritten in die Pedale Tränen in die Augen. An der Porte d´Orléans zerstreut sich unsere Ehrengarde; einige besonders Hartnäckige bilden die letzte Traube, die sich nach und nach auflöst. Und dann sind wir allein.

Inmitten des Betons der Vorstadt kann das Debakel beginnen. Drei schlaflose Nächte, die Aufregung bei der Abfahrt und die Emotionen des Abschieds lasten plötzlich schwer auf uns. Noch vor wenigen Stunden waren wir bereit, bis ans Ende der Welt zu radeln, und jetzt kämpfen wir uns schwankend und verunsichert von Créteil nach Antony, schleppen uns mühsam durch die Betontentakel der Pariser Krake. Wir hatten keine dieser Nachtwachen, die früher einmal vor einer weiten Reise üblich waren. Wir haben die vergangene Nacht in Hektik verbracht, haben Taschen gepackt und bis zum Morgengrauen an den Rädern gebastelt. Unser »Floß der Medusa« (berühmtes Gemälde von Géricault, in dem ein Floß mit Schiffbrüchigen dargestellt ist; Anmerkung des Übersetzers) läuft in einem

Wald am Ufer der Seine in Ris-Orangis auf Grund. Diese so unexotische Nacht am Flußufer in Ris-Orangis wird unsere Nachtwache sein. Wir sind nur 35 Kilometer von Notre-Dame entfernt; dabei fühlen wir uns, als wären wir bereits unendlich weit weg. Im Dunkel, das erfüllt ist vom Dröhnen der vorbeifahrenden Lastwagen und Lastkähne, bauen wir das Zelt auf. Wir denken an die Monate der Planungen, Träume und Nachforschungen zurück, an die letzten Wochen hektischer Vorbereitungen, an die Mühen, den Sponsoren zu finden, an das Abklappern der Botschaften, an unser unsicheres Zögern bei der Materialauswahl.

In der ganzen Aufregung haben wir jedoch unsere Route vernachlässigt. Unbewußt erschien es uns selbstverständlich, nach Osten aufzubrechen und der alten Seidenstraße zu folgen. Aber zwei Tage vor der Abfahrt hat Alexandre mich dann mitten in der Nacht geweckt:

»Die Porte de Vincennes, das ist jetzt nicht mehr möglich!«

»Was ist los?«

»Im Winter liegt in der Türkei Schnee, und Kurdistan ist aufgrund der Stürme unpassierbar. Wir haben schon Oktober: Wir müssen nach Süden, der Sonne entgegen.«

»Also die Porte d´Orléans.«

Die Weltumradelung begann, wie sie sich fortsetzen und auch enden sollte: in völliger, sich tagtäglich wiederholender Improvisation. Das Spiel, uns spontan dem Lauf der Dinge anzupassen, gefiel uns auf Anhieb, und wir werden es bis zu unserer Rückkehr in den Heimathafen spielen. Das Gefühl, nichts zu planen, was über den Horizont eines Tages hinausgeht, nichts zu organisieren und vor allem beim Aufwachen nur das eine Ziel zu haben, uns von der Neuigkeit der Ereignisse tragen zu lassen, ist faszinierend und die Essenz unserer Reise. Und so birgt jeder anbrechende Tag eine Abenteuerlektion angesichts der Ungewißheit des Ortes, an dem wir die kommende Nacht verbringen werden.

Wir brauchen siebzehn Tage, um Frankreich zu durchqueren. Was wir als reine Formsache betrachtet hatten, erweist sich als Kreuzweg, als wären diese ersten katastrophalen Schritte Vorboten dessen, was uns noch erwartet … Unser erster Fehler besteht darin, daß wir uns beladen hatten wie Lastkamele. Kilos an Wäsche, Kilos an Kleinkram, Kilos an überflüssigem Zeugs, das uns vorab unverzichtbar erschienen war und sich schon nach wenigen Kilometern vollkommen als unnütz erweist.

In Larchant kommen wir bei unserem ehemaligen Erdkundelehrer Jean-Pierre Allix unter. Wir hören uns die Ratschläge des alten Lehrers an, der die ganze Welt bereist hat, um sich schließlich im Wald von Fontainebleau niederzulassen. Wir müssen unbedingt unsere Packtaschen erleichtern. Wir verwandeln sein Haus in eine Abstellkammer und lassen einen fünfzehn Kilo schweren Berg an Gegenständen zurück, die wir noch vor wenigen Stunden für unverzichtbar hielten. Wir haben die erste Schlacht gegen einen unserer größten Feinde ausgetragen: das Gewicht. Aber der Krieg ist noch nicht vorbei, und wir werden noch oft unter der schweren Last zu leiden haben, die uns auf die Straße drückt und unser Vorwärtskommen bremst. Trotzdem brechen wir zunächst ein wenig entlastet in Richtung Loire auf.

Dieser Herbst 1993 ist grauenhaft. Frankreich ist hoffnungslos verregnet. Die Île-de-France durchqueren wir unter eisigen sintflutartigen Regenfällen, die uns schwer zu schaffen machen. Wasser dringt durch unsere garantiert wasserdichten Regenjacken. Der Regen hat eben noch nie etwas von den angeblich hermetischen Qualitäten des Gore-Tex gehört. In Gien erleben wir das reinste Waterloo. Es gießt wie aus Eimern. Die Loire ist geschwollen und träge, schlammig und breit wie ein Fluß in den Tropen. Wir finden Unterschlupf in einer Brasserie. Innerhalb weniger Minuten verwandeln wir das Bistro in ein Flüchtlingslager, hocken auf den Stühlen wie auf Pfählen über den sich bildenden Wasserpfützen. Wir wollen das Ende des Unwetters abwarten. Aber der Regen scheint entschlossen, nicht nachzulassen, bis die Loire über die Ufer tritt. Wir schlagen die Zeit bei einem Friseur tot. Wir lassen uns einen Bürstenhaarschnitt verpassen. Das hatten wir schon beim Aufbruch geplant. Die Strähnen fallen. Die Würfel sind gefallen. Der Regen nimmt an Heftigkeit zu. Wir brechen dennoch auf und merken uns diese Lektion: Man muß immer weiterziehen, unabhängig von der Farbe des Himmels. Dies war das erste und letzte Mal, daß wir auf Trockenheit gewartet haben, anstatt ihr entgegenzufahren.

Wie zwei blinde Jungvögel, die die Welt entdecken, indem sie aus dem Nest auf eine Igelschar fallen, stoßen wir tagtäglich auf unsere Feinde des Langstreckenradfahrers. Noch bevor wir den fünfundvierzigsten Breitengrad passieren, haben Gewicht und Regen uns Knüppel zwischen die Speichen geworfen. Jetzt haben wir mit den Lastwagen zu kämpfen. Das Verhältnis zwischen Radfahrer und Lastwagen ist recht ambivalent. Sie sind abwechselnd sein Kreuz und seine Freude. Kommt einer von hinten, werden wir von dem Luftzug angeschoben. Wir machen uns den Luftzug zunutze, den er hinter sich herzieht wie eine Braut ihren Schleier. Kommt uns aber ein Lastwagen entgegen, weht uns eine finstere Wolke ins Gesicht, ein Cocktail aus Abgasen und Sprühwasser, ein feuchter Wirbel, der uns bremst und die Beine lähmt. Nachts kommt zum ohrenbetäubenden Lärm und Mahlstrom der Motoren noch das blendende Licht der Scheinwerfer hinzu. Dann verfluchen wir, den Mund voller Dreck, das Gesicht vom Fahrtwind gepeitscht, mit schmerzenden Ohren und kurz davor, im Straßengraben zu landen, die Brüsseler Eurokraten, die Verantwortlichen für diese weißen Scheinwerfer, die den nächtlichen Pilger blenden.

Zu dieser Kohorte von Schwierigkeiten, die uns gleich in den ersten Tagen daran hindern, ein vernünftiges Tempo vorzulegen, kommt mechanisches Versagen hinzu. Die Räder sind neu und immer noch zu schwer. In regelmäßigen Abständen gibt es Reifenpannen, Speichen brechen, Schrauben lösen sich. Wir werden tagtäglich von Flickarbeiten aufgehalten, überall, auf Kirchenplätzen, inmitten brachliegender Felder, im Schutze der Silos. Wir durchqueren Frankreich klatschnaß, ölverschmiert und von Lastwagen gebeutelt. Es besteht die Gefahr,: daß die Reise in eine endlose Klage über die miserablen Bedingungen für radfahrende Abenteurer ausartet. Wir denken zurück, wie wir unser Unterfangen vor dem Aufbruch gepriesen haben. Über ein bevorstehendes Abenteuer theoretisch zu sprechen, bedeutet, es zu idealisieren und zu schönen. Wir wollten aus dieser Reise eine Lebenserfahrung machen, eine exaltierende Suche, ein Jugenderlebnis. Unsere Pläne waren aufwühlend und herzerwärmend. Heute haben wir kalte Füße. Und die Gralsritter sind uns ziemlich egal. Das ist es, was man unbedingt vermeiden muß: Verbitterung und Jammern. Sonst riskiert man nämlich, schon bald nicht mehr den Berg zu sehen, sondern nur noch den Hang, den es zu erklimmen gilt, nicht den Sonnenuntergang, sondern die Kälte, die er mit sich bringt, nicht den Horizont, sondern die Zeit, die noch bis zur nächsten Rast bleibt. Glücklicherweise hält unsere düstere Stimmung nicht an, da wir unsere Leistungsfähigkeit bald steigern und lernen, uns an der vorbeiziehenden Landschaft und den Begegnungen mit anderen Menschen zu erfreuen.

Schon in der dritten Nacht lernen wir Menschen kennen, die uns selbstlos alles geben, obwohl wir als einzige Empfehlung Schmutz und Erschöpfung zu bieten haben.

In Montargis an der Route Nationale 7 betreten wir die Eisenwarenhandlung Girard, um für unseren Gepäckträgern einen Rahmen zu kaufen, der verhindern soll, daß die Ecken unserer Packtaschen zwischen die Speichen geraten. Wir setzen unseren Weg erst am nächsten Tag fort, gewaschen und ausgeruht. In der Zwischenzeit haben wir zwei neue Freunde gewonnen: Yves, den Inhaber des Eisenwarenladens, und seine Frau Bernadette.

An einem feuchtkalten Abend rasen wir mit gesenktem Kopf eine abschüssige Straße im Limousin hinunter. Die Nacht bricht herein. Wir müssen dringend einen Schlafplatz finden, einen Wald, ein Feld oder ein Flußufer, wo wir unser Lager aufschlagen können. Plötzlich hören wir in der Dunkelheit jemanden rufen.

»Hey! Wollt ihr hier übernachten?«

In den Augenwinkeln haben wir die Gestalt eines untersetzten Mannes registriert, der uns oben von einer Böschung aus zuwinkt. Wir sind eben an ihm vorbeigerast. Er hat uns erst im letzten Moment gesehen, als wir aus der Dunkelheit kurz auftauchten, um sogleich wieder von ihr verschluckt zu werden, nachdem wir den Lichtschein durchquert hatten, der von seinem Haus bis auf die Straße fiel. Er war so geistesgegenwärtig, uns hinterher zu rufen. Jetzt fahren wir das Stück zurück, um sicher zu gehen, daß wir nicht geträumt haben. Und in seinem kleinen Lichthof am Straßenrand lernen wir dann Horenstein, einen kleinen Rumänen, kennen. Er hat zwei Radfahrer durch die Nacht sausen sehen und spontan beschlossen, sie einzuladen, die Hammelkeule mit Steinpilzen in seinem Ofen mit ihm zu teilen. Horenstein, der sich zu Hause eine eigene Druckerei eingerichtet hat, ist leidenschaftlicher Radfahrer. Er erzählt uns von seiner Fahrt rund um Frankreich, die ihn zwei anstrengende Monate gekostet hat. Der kleine Horenstein mit dem krausen Haar und den stahlharten Waden ist eines der ersten Glieder in der Kette von Zufallsbegegnungen mit Fremden, die scheinbar aus dem Nichts auftauchen, wie von einer guten Fee für uns entlang unserer Route plaziert. Wir taufen sie später »rettende Engel«.

In Gramat im Lot nehmen uns Didier und Dominique Rochette in ihrem Haus irgendwo auf dem Plateau von Rocamadour auf. Wir kennen sie nicht persönlich, sie sind Freunde unserer Eltern. Er ist stellvertretender Bürgermeister von Souillac, sie Bankangestellte. Sein Steckenpferd ist die Archäologie, ihres die Parapsychologie, und sie beide haben eine Schwäche für Reisen und Abenteuer. Die Gespräche haben unsere Lieblingsthemen zum Inhalt. Jupiter und das Grab Alexanders, von Winden gepeitscht, die Schiffe über gespenstische Meere blasen. Dominique läßt unseren von der Fahrt ächzenden und steifen Kniegelenken eine Therapie angedeihen, die sie als radikal anpreist. Unsere Beine verschwinden unter verschiedenfarbigen Salben, duftenden Umschlägen, Cremes und Balsamen mit Aloe und Myrrhe. Die ganze Provence liegt auf unseren Kniescheiben vereint, in denen sich wohlige Wärme ausbreitet, während Dominique die Massage unserer Muskeln überwacht und uns dabei die Geheimnisse der Sterne enthüllt.

Ein paar Tage später, in der ländlichen Garonne, gibt Roger Magné, ein Magnetiseur mit passendem Namen, unseren Gelenkschmerzen den Rest, indem er okkulte Gesten über unseren angegriffenen Knien vollzieht. Unsere Fahrt hat langsam etwas von einer Initiation: Wir fahren ans Ende der Welt und treffen dabei immer wieder auf Menschen, die uns in die Geheimnisse des Paranormalen einweihen.

In Toulouse kehren wir eine Nacht im Ferienhaus der Familie von Alexandre ein. Dort werden wir von seinem Onkel Philippe empfangen. Der alte Herr, brummig, aber herzensgut, ist ein aufbrausender Schloßherr. Er rülpst, spuckt, hustet und brüllt Befehle und Beschwerden, verschüttet die Suppe, leert eine Flasche und schimpft dabei auf die ganze Welt, erzählt von Indochina und läßt seine abenteuerliche Vergangenheit wieder aufleben. Manchmal beruhigt er sich vorübergehend, ein sanftes Lächeln läßt die blauen Augen aufleuchten und den Stahl des vorgetäuschten Panzers schmelzen. Aber schon kommt er wieder in Fahrt. Der Onkel steht mißgelaunt auf, wandert schwerfällig den dunklen Flur hinunter und legt sich, immer noch schimpfend, schlafen.

Unser Tempo hat sich inzwischen verbessert, und bei den letzten Etappen in Frankreich schaffen wir täglich an die 100 Kilometer – was uns einige Wochen später als ein Minimum erscheinen wird. Bevor wir Spanien erreichen, kehren wir noch bei diversen Freunden ein. In Paris belächelt man unsere touristische und gastronomische Tour. Tatsächlich schöpfen wir aus dem vollen, denn Annehmlichkeiten wie beispielsweise Strom kann man nicht speichern oder horten. Man kann sich nur an der Erinnerung erfreuen, und so sorgen wir für einen reichlichen Schatz solcher Erinnerungen.

Die letzte Etappe vor den Pyrenäen ist Carcassonne. Ganz bescheiden und nach zwei guten Stunden anstrengender Strampelei stellen wir unser Zelt im Torbogen des mittelalterlichen Schlosses auf. Zwischen den holzwurmzerfressenen Bodendielen befestigen wir die Zeltstangen. Umrahmt von Pechnasen und Barbakanen haben wir durch den Zelteingang freien Blick auf den massiven Bergfried und den Ehrenhof. Wie zur Zeit der Katharer dient das Schloß wieder seinem ursprünglichen Zweck, bietet Reisenden, die an sein Tor geklopft haben, Unterkunft und Schutz. Der einzige Unterschied ist nur, daß wir die Burg stürmen mußten, da auf unser Klopfen niemand geantwortet hat. Wir erleben diese Nacht wie den Vorabend eines völlig neuen Aufbruchs. Morgen werden wir Frankreich verlassen.

In Perpignan haben wir unsere Peugeot-Räder mit den letzten technischen Feinheiten ausgerüstet. Unsere fahrbaren Untersätze beginnen ihre endgültige Form anzunehmen.

Ein Überblick: Zwei Packtaschen vorn enthalten Bad und Küche, das heißt einen mageren Kulturbeutel, den wir kaum anrühren werden, und einige verbeulte Kochtöpfe. Hinten haben wir die Werkstatt (verschiedenes Werkzeug und einige Ersatzreifen) untergebracht, sowie die Garderobe: zwei T-Shirts und eine kurze Hose sowie ein Paar Jeans für jeden von uns für ein ganzes Jahr. Auf den hinteren Packtaschen thront das Schlafzimmer. Wir haben die einzelnen Zeltteile unter uns aufgeteilt, und jeder verfügt über seinen eigenen Schlafsack. Darüber hinaus ist auf jeden Gepäckträger ein Fünf-Liter-Kanister für die Wüstendurchquerungen geschnallt. Die Lenkradtasche dient uns als Nachttisch. Sie enthält das Logbuch, einige Briefe, eine Bibel, diverse Erinnerungsstücke, unsere Troubadourausrüstung (Flöte und Jonglierbälle) und die Fotoapparate und Camcorder. Wenn wir haltmachen, stellen wir einen Ständer auf, der unsere Räder stützt. Ohne einen solchen Ständer zu einer Weltumradelung aufzubrechen, wäre wohl das schlimmste Versäumnis gewesen. Wir haben noch die Szenen unserer Islandexpedition vor drei Jahren im Gedächtnis. Auf der Fahrt durch die Lavawüsten im Landesinneren haben wir ständig nach einem Baum oder Pfahl Ausschau gehalten, an dem wir unsere Räder stützen konnten, wenn wir pausieren wollten. Und was haben wir geflucht, wenn die Räder, nachdem wir sie mühsam im Gleichgewicht aneinandergelehnt hatten, schließlich doch mit lautem Getöse in den Staub stürzten!

Alexandre hat sein Rad Vassilissa getauft. Das ist der zweite Vorname seiner Freundin Sonia. Meins heißt Sleipnir, nach dem mystischen, achtbeinigen Roß Odins. Am Bug Sleipnirs flattert an einem Zeltpflock die französische Fahne. Das ist unser Nummernschild.

In einer mondlosen Nacht gelangen wir über den Col du Perthus nach Spanien. Adieu Frankreich, das wir für ein ganzes Jahr verlassen. Mit sechzig Stundenkilometern rasen wir auf die Piedmontplateaus Kataloniens zu und halten in den umliegenden Feldern nach einer grasbewachsenen Fläche Ausschau, auf der wir unser erstes Lager auf fremdem Boden errichten können.

Am nächsten Tag rufen wir in Barcelona an. Unser Freund Pancho Saula, den wir an der Sorbonne kennengelernt haben, wo er Jura studiert hat, versichert uns, daß seine Eltern entzückt wären, uns bei sich aufzunehmen, und uns ungeduldig erwarten würden. Es ist schon sechs Uhr, und es regnet in Strömen. Wir sind noch hundert Kilometer von Barcelona entfernt.

»Wir kommen«, sagt Alexandre, ehe er auflegt.

Wir haben keine Wahl mehr und treten im Regen ein wildes Rennen an. Von einem günstigen Rückenwind angetrieben, treten wir vier Stunden lang wie verrückt in die Pedale. Inzwischen ist es Nacht geworden, und der dichte, kalte Regen geht wie ein Vorhang auf den Asphalt nieder. Wir jagen die zerklüftete, betonierte Küste der Costa Brava entlang. Der behagliche Stall, der uns erwartet, gibt uns Auftrieb. Wir erreichen den Stadtrand von Barcelona und durchqueren endlose Vororte. Dann endlich stellen wir in Panchos Garten den Fahrradständer auf. Am Berghang gelegen, bietet das Haus einen weiten Blick über die gewaltige City von Barcelona. Carmen, Francesco und Anna, Eltern und Schwester von Pancho, bereiten uns einige traumhafte Tage, an denen wir durch die Stadt bummeln, in den Brunnen baden und unter der berankten Gartenlaube faulenzen. Der Rand des Schwimmbeckens reicht bis an eine Ecke der Terrasse und verschmilzt mit dem Küstenstrich des Mittelmeeres. Carmen bereitet am Abend gewaltige Mahlzeiten für uns zu, die wir, beim Klang verschiedener Concerti, gierig in uns hineinschlingen. Der Gedanke, dieses Kapua wieder zu verlassen, ist gräßlich.

Eine solche Oase der Gastfreundschaft würden wir in Spanien nicht noch einmal finden. Als wir Pancho und seine Familie verlassen, sind wir gewappnet, bei der Durchquerung der Halbinsel auf völlige Gleichgültigkeit der Einheimischen zu stoßen. Da uns niemand ein Dach über dem Kopf anbietet, verbringen wir die Nächte an den weißen, verlassenen Stränden dieser iberischen Küste, deren heiter anmutende Namen in krassem Widerspruch zur Häßlichkeit der Städte stehen. Manchmal finden wir nachts Schutz unter dem Blätterdach eines Orangenhains. Andere Nächte verbringen wir auf trockenen Feldern, umgeben von Olivenbäumen.

Wir machen uns einen Spaß daraus, unser Zelt im Dunkeln aufzubauen, wenn man schon nichts mehr vom Umland sieht und gerade noch die Umrisse des erwählten Lagerplatzes ausmachen kann. Am Morgen lassen wir uns dann von dem grandiosen Panorama überraschen, das uns beim ersten Blick durch die Zeltöffnung erwartet: eine sandige Böschung, die zu einem von Felsspitzen gespickten Meer hinabführt, beispielsweise. Manchmal erleben wir aber auch weniger angenehme Überraschungen, wenn sich nämlich der bewaldete Hügel, an dessen Fuß wir uns zu befinden glaubten, als Müllhalde entpuppt.

Wir behalten bei unserer Fahrt nach Süden eine konstante Durchschnittsgeschwindigkeit bei. Weder die mit Betonburgen verunstalteten Küstenstriche noch die dortigen Bewohner, die uns völlig ignorieren, verleiten uns zum Verweilen. Wir haben es eilig, nach Gibraltar zu gelangen, um endlich die Frage zu klären, die uns seit unserer Abfahrt keine Ruhe läßt: Sollen wir von der geplanten Durchquerung der Sahara absehen? Seit fast drei Wochen erdulden wir fatalistisch die eindringlichen Bitten unserer Familien, die uns drängen, die Wüste zu meiden. Im fernen Paris braut sich ein echtes Komplott zusammen, um uns von unserer Route abzubringen. Die Kinder radeln, und die Eltern kommen um vor Sorge und denken sich zu ihrer eigenen Beruhigung ungefährliche Routen aus. Man fragt sogar, was wir davon halten würden, in Bayern zu zelten! Angsttherapie durch Routenplanung. Entlang der Sierra und der Costas treffen wir unsere Entscheidung. Wir werden die Sahara durchqueren. Nicht über Algerien, wo bärtige Neurotiker in diesem Herbst 1993 anfangen, im Namen Gottes Franzosen zu massakrieren, sondern über Marokko, die westliche Sahara und Mauretanien.

Bevor wir diese Gebiete erreichen, begegnen wir auf den Straßen Andalusiens ganzen Konvois von Marokkanern auf der Durchreise nach Frankreich. Dutzende von Transportern folgen einander in einer langen Schlange, begleitet vom Getöse veralteter Mechanik. Am Steuer sitzen betagte Familienoberhäupter, trotz der Sonne in warme Wollmäntel gehüllt. Hinten müht sich derweil eine lärmende Kinderschar ab, einen Berg eingerollter Matratzen, offener Kisten und Plastiktüten festzuhalten, die im Wind flattern und knallen wie die Banner einer Wüstenkarawane. Der Zug kommt nur stückchenweise voran. Jeweils einige Kilometer zwischen zwei Pannen. Wir kreuzen täglich diese Scharen nordwärts ziehender Expatriierter, die am Straßenrand liegengeblieben sind und die Straße säumen wie Kilometersteine. Oft gehen wir ihnen zur Hand. Sie erzählen uns von dem Land, das sie verlassen haben. Wir tauschen Adressen aus und trinken dabei Tee auf dampfenden Motorhauben.

»Wo wohnst du?«

»In Ouarzazate wohn´ ich! Willst du was essen? Und du, fährst du nach Ouarzazate mit deinem Rad?«

»Nein, wir halten uns weiter westlich. Wir fahren über den Atlas und Taroudannt.«

»Der Atlas, eine wahre Augenweide! Du wirst überwältigt sein! Seid willkommen!«

»Aber wir sind doch noch gar nicht da!«

»Das macht nichts. Im voraus. Übrigens, wo wohnst denn du, Monsieur?«

»In Chatou!«

»Ist´ nich´ wahr! Das kenn´ ich gut! Ich hab´ da Vettern und einen Bruder in Rueil gleich nebenan.«

Bei den Marokkanern ist die Welt ja so klein …

Endlich, eines morgens, als wir langsam schon nicht mehr daran glauben, je zum Südzipfel Spaniens zu gelangen, ragt am Horizont ein steinerner Finger auf. Ein Fels, der sich aus dem Meer erhebt. Ein seltsamer, häßlicher Stein. Eine tektonische Anomalie wie eine Pustel am südlichsten Ende Europas. Gibraltar.

Während die Sonne auf die spanische Küste herabbrennt, können wir direkt über der Felseninsel eine reglose schwarze Wolke ausmachen. Aus Solidarität mit dem britischen Vaterland regnet es über Gibraltar. Die Insel bietet den traurigen Anblick eines Freihafens, einer Freihandelszone, die durchsetzt ist von illegalen Transaktionen jeglicher Art. Eine ganze Schar schwarzer, zigarrenförmiger Außenborder zeichnen ein Gewirr von weißen Rinnen in die Hafenreede. Diese kleinen nicht gekennzeichneten Boote pendeln zügig zwischen den Frachtern und der Küste hin und her. Vor unseren Augen, nur wenige Yards vom englischen Grenzposten entfernt, werden dreist Drogen geschmuggelt. Gibraltar ist das Verbindungstor zwischen den Tälern des marokkanischen Rifs, in denen Hanf angebaut wird, und dem europäischen Markt mit seiner großen Nachfrage. Die kleinen Schmuggler profitieren davon. Und die britischen Bobbys, die den Nachmittagstee ausfallen lassen, sehen dem illegalen Treiben machtlos zu. Die Felseninsel ist ein Drogenumschlageplatz, ein Souk inmitten eines Grenzpostens.

Zwanzig Kilometer südlicher fängt Afrika an. Die Meeresstraße muß mit der Fähre überquert werden. Die Sirene heult, das Schiff wird schneller und verläßt den Hafen. Wir starren auf die Insel, die aus dem Meer aufragt – ein letztes Souvenir aus Europa. Der Fels hebt sich klar vom Himmel ab, damit man ihn noch lange betrachten kann, ehe man endgültig Adieu sagt. Wir erleben wieder einen neuen Anfang. Diesmal geht es wirklich los, denn die Küste dort drüben im Süden ist der Anfang einer anderen Welt.

Von Tanger nach Goulimine

Alexandre

»Passen Sie gut auf Ihre Habe und Ihre Devisen auf«, rät uns der Bobby, der ein ganzes Meer von Dschellabas um einen Kopf überragt. Die erste Annäherung ist nicht sehr vertrauenerweckend. Es ist alles so schnell gegangen, daß wir keine Zeit hatten, uns richtig auf das Betreten eines anderen Kontinentes vorzubereiten. Das Schiff, stolz wie ein Pfau und bis zur Halskrause vollgestopft mit klapprigen, asthmatischen Vehikeln, die gekommen sind, in seinem Bauch ihr Leben auszuhauchen, vibriert vom Bug bis zum Heck, um seine baldige Abfahrt kundzutun. *»Alea jacta est*!« Die Leinen werden eingeholt, die Nabelschnur ist durchtrennt: Den nächsten Sonnenaufgang werden wir in Afrika erleben!

Nachdem wir die Fahrräder in dem verrauchten Laderaum verstaut haben, lasse ich Sylvain dort zurück, um hier und da einige Auskünfte über Tanger einzuholen.

Wie ein aufgescheuchter Hase stürzte ich auf das obere Deck und platze mitten in ein Gebet, das von den erregten Zurufen einiger Eiferer gestört wird, die, einen Kompaß in der Hand, mit den Armen rudern und in die exakte Richtung Mekkas zeigen!

Der Witzbold von einem Kapitän, der dem Spektakel vom Kontrollraum aus zusieht, vollzieht noch zusätzliche Manöver und Richtungswechsel, als wolle er die Szene choreographieren. Bei jeder Wende erhebt sich die Menge zögernd, um sich den Anweisungen der Anführer entsprechend wieder gen Mekka niederzuknien.

Dieses groteske Schauspiel, eine Mischung aus Blindekuh und Reise nach Jerusalem, dieses Tohuwabohu hätte in einen Film von Claude Zidi gepaßt. Wo ist Louis de Funès, wo sind die Kameras?

Die Nacht ist herabgefallen wie ein Hackbeil. Der geheimnisvolle Schleier, den sie über den Horizont gebreitet hat, wird bald von den Lichtern Tangers durchstochen, die vor dem Bug funkeln.

Ich gehe zurück zu Sylvain in den Laderaum. Der Geruch von Haschischrauch hat den Urin- und Dieselgestank verdrängt: ein komisches Deodorant! Wir fühlen uns etwas unwohl, und das, was wir über *Tanger by night* erfahren, ist auch nicht eben beruhigend: Wo sollen wir die Nacht verbringen? Wir sind eingeschüchtert. Das Chaos beim Verlassen des Schiffs übersteigt noch unsere schlimmsten Befürchtungen. In einer Welle plötzlich aufbrandender Brutalität, begleitet von Schreien und Hieben, finden wir uns auf dem Kai wieder, mit beiden Beinen auf afrikanischem Boden, inmitten eines wahren Hexenkessels: Die Taxifahrer prügeln sich um die Kundschaft!

»Das riecht nach Ärger. Beeil dich! Wir verziehen uns!« rufe ich Sylvain erschrocken zu.

»Was hast du denn da am Bein?« erwidert er blaß.

Ich habe mich in dem Durcheinander am Bein verletzt. Das fängt ja gut an! Mein Schuh ist schon voller Blut und gibt bei jedem Schritt schmatzende Geräusche von sich.

»Na, ihr Milchgesichter! Wie ich sehe, seid ihr nicht ungeschoren von Bord gekommen!«

Georges, pensionierter Legionär mit der Aussprache eines Pariser Straßenjungen, lädt uns auf seinen Segler ein, der am Kai vertäut ist.

»Ich hab´ so das Gefühl, daß ich euch das eine oder andere erklären muß, ihr Grünschnäbel!«

Wir folgen unserem Bernhardiner schweigend. Während er meine Wunde verbindet, erzählt Georges uns von seinen Abenteuern in Afrika, seinen Schlachten und seinen Landeskenntnissen. Sein wie in Stein gemeißeltes Gesicht, die Narben auf seinen Wangen und seine von allerlei Exzessen herrührende »Boxernase« verleihen seinem Gesicht eine gewisse Glaubwürdigkeit.

»Wenn ihr euch eure Angst anmerken laßt, seid ihr am Ende!«

Das trifft sich gut, wir sind halbtot vor Angst! Nach einem ebenso kargen wie endlosen Mahl, bei dem er uns von der Wüste, Minenfeldern, Touaregs und Sandstürmen berichtet hat, fällt die schicksalhafte Frage:

»Wo wollt ihr denn die Nacht verbringen?«

Beschämt gestehen wir, daß wir keine Unterkunft haben. Er redet nicht um den heißen Brei herum:

»Unmöglich, euch an Bord unterzubringen, ich werde überwacht. Das ist verboten, und ich will keinen Ärger!«

Für jemanden, der predigt, daß man seine Angst nicht zeigen soll, finden wir ihn ein wenig zimperlich. Uns selbst überlassen, verlassen wir tief enttäuscht diesen James Bond für Arme, nachdem wir uns den Weg zum LKW-Parkplatz haben erklären lassen.

Wir finden nur Abfälle und heruntergekommene Arkaden, die als Pissoir und Müllkippe dienen. Ein leichter Nieselregen setzt ein. Wir vor den Kopf geschlagen stehen wir da, in diesem Niemandsland, zögern, ob wir die Nacht auf gut Glück durchfahren oder in der Latrine verbringen sollen … Aber wir finden noch eine dritte Möglichkeit: unter einem Lastwagen, in einer unauffälligen Ecke, vor neugierigen Blicken geschützt. Wir ketten die Räder fest, schieben die Taschen unter den Hänger und halten Tränengas und Stahlknüppel (zur Abwehr von aggressiven Hunden gedacht) bereit.

In diesem sonderbaren psychotischen Zustand bereiten wir uns auf unsere erste Nacht in Afrika vor, in Erwartung des Schlimmsten und auf alles gefaßt, hochfahrend, jedesmal wenn eine Ratte über uns hinweghuscht oder uns die Ohren vollquiekt.

Um vier Uhr früh werden wir von einem Kleinen Prinzen der neuen Generation geweckt, der uns Kopfkissen anbietet, um unsere Nacken zu entspannen ... Feierlich verrät er uns seinen Namen und seinen Beruf.

»Abdelkader, zehn Jahre, Lastwagenwächter.«

Er scheint so peinlich berührt, uns so erbärmlich untergebracht zu sehen, daß er sich daran macht, alle Öffnungen, durch die der Wind pfeift, mit großen Kartons zu verstellen, so daß wir schließlich zwischen den Rädern des Hängers einen richtigen Unterschlupf haben. Er gibt sich solche Mühe, sich freundlich, nützlich und unersetzlich zu zeigen, daß wir uns boshaft sagen:

»Jetzt ist es soweit! Jetzt sind wir dran! Der läßt uns nicht mehr in Ruhe, bis wir unseren Obolus entrichtet haben!«

Schande dem, der Böses denkt! Man hat uns so eindringlich vor falschen Führern und Betrügern gewarnt!

Wir haben ihn um nichts gebeten, und entgegen jeder Erwartung verlangt auch er nichts von uns. Die restliche Nacht bewacht er, auf einem Polystyrolblock hockend, unsere Räder und betrachtet nur fasziniert, als säße er vor einem Fernsehschirm, auf dem unser ganzes Abenteuer abläuft, an jenem Tag, da es erst richtig beginnt. Der Junge hat uns mit einem Blick gezähmt! Zum Teufel mit mißtrauischen Füchsen.

Samstag, 13. November 1993:
35. Tag, 100 km. G: 2 489 km

Angenehme Überraschung am Morgen. Abdelkader stellt immer noch keine Forderungen an uns. Ich errate seinen heimlichen Wunsch.

»Hättest du Lust, eine Runde auf meinem Rad zu fahren?«

Seine Augen werden groß wie Untertassen, die harten Züge unseres kleinen Beschützers verziehen sich zu einem breiten Lächeln, und eine Reihe perlweißer Zähne blitzt auf. Ich habe ins Schwarze getroffen. Ich stelle den

Sattel tiefer ein, und schon radelt er zwischen den Lastwagen umher, unter dem liebevollen Blick eines alten Mannes in einer Dschellaba.

Wir verlassen den LKW-Parkplatz und gehen die Steigung in Richtung der Kasba von Tanger an, auf der Suche nach dem Postamt, wo wir hoffen, einen Brief an uns vorzufinden.

Wir verirren uns und landen immer wieder in Sackgassen. Von allen Seiten winkt man uns, und geflüsterte Zurufe pfeifen wie Pistolenkugeln um unsere Köpfe: Haschisch! Haschisch!

»Nein danke, wir suchen das Postamt.«

Ein kleiner Junge bietet sich an, uns hinzuführen. Wir folgen ihm, unsere Räder schieben wir. Der Schalter für postlagernde Sendungen ist natürlich geschlossen, und die Telefone sind außer Betrieb.

Um dieses Problem werden wir uns später kümmern. Erst einmal müssen wir um jeden Preis aus der Stadt heraus, an die frische Luft, und unsere Psychosen loswerden.

Eine klare, strahlende Sonne inmitten eines tiefblauen Himmels verzaubert unsere ersten Kilometer. Etwas hat sich verändert, ohne daß es uns bewußt gewesen wäre: Wir haben Rückenwind! Das kann einen richtig verwandeln. Unsere erste Rast am Straßenrand verläuft schon besser. Vorsorglich haben wir lange Hosen übergezogen. Welch krasser Fehler, am Morgen mit nackten Beinen durch die Stadt zu fahren!

Sylvain macht sich auf die Suche nach Vorräten. Er kehrt lächelnd zurück, vollbeladen mit Lebensmitteln!

»Wenigstens verstehen die Marokkaner im Gegensatz zu den Spaniern etwas vom Essen! Auf dem Speiseplan stehen Käsegebäck, Lammspieße und Kuchen.«

Wir treten die Abfahrt nach Süden an, durch die Rharb-Ebene. Man kommt sich gar nicht vor wie in Afrika: üppige, fruchtbare Felder so weit das Auge reicht, eine beinahe vertraute, leicht hügelige Landschaft. Überall gibt es Wasser.

Je mehr wir uns entspannen, desto freundlicher werden die Menschen. Unsere psychische Anspannung ließ uns alles negativ sehen. Wir hatten unseren Streß selbst verursacht und unser Unbehagen durch die Angst zur realen Bedrohung werden lassen. Wir hatten Rauch ohne Feuer gemacht!

Nur einige wenige Details erinnern uns daran, daß wir nicht mehr durch Frankreich fahren. Die Autofahrer hupen systematisch, wenn sie uns überholen – aus Sicherheitsgründen und um uns lautstark ihre Sympathie zu bekunden. Im Schatten jedes Baumes am Straßenrand hockt mitten im nirgendwo ein kleiner Junge, der mit Erdnüssen oder drei Wassermelonen auf unwahrscheinliche Kundschaft wartet. Den ganzen Tag betrachten die Kinder die vorbeifahrenden Autos und zögern nicht, die langsameren anzurufen.

»Also eins werden sie doch lernen müssen«, lacht Sylvain. »Daß wir nicht rauchen, und daß wir uns keine zehn Kilo Melonen aufladen können!«

Der Wind frischt auf, und mit seiner Hilfe sind wir schnell wie der Blitz. Das Wasser der Wadis, die wir durchqueren, ist verdunstet! Wir legen ein Wahnsinnstempo vor. Der Wind wird so stark, daß wir Mühe haben, das Gleichgewicht zu halten. Dreimal stürzen wir, buchstäblich von Böen umgeworfen. Sylvain trägt Abschürfungen davon, und wir setzen unseren Weg in etwas gemäßigterem Tempo fort. Nach meiner eigenen Verletzung vom Vortag mache ich mir Sorgen:

»Wenn wir so weitermachen, kommen wir nie bis Dakar.«

Ist Marokko ein reiches Land mit armer Bevölkerung oder ein armes Land mit reicher Bevölkerung? Die unlösbare Quadratur des Kreises. Das fruchtbare Land ist von armen Teufeln bewohnt, während es sich bei 70% der Wagen, die uns überholen, um Limousinen Marke Mercedes handelt, zwar nicht unbedingt brandneue, aber immerhin!

Meine sämtlichen Bemühungen, Frauen bei der Arbeit zu fotografieren, enden mit ihrer panikartigen Flucht. Ich brauche nur den Fotoapparat hervorzuholen, und schon rennen sie wild gestikulierend und kreischend über die Felder davon. Der Wind bauscht ihre weiten Kleider auf, zerrt an dem Stoff, scheint die armen empörten Frauen mit solcher Kraft voranzutreiben, daß sie zuweilen drohen, das Gleichgewicht zu verlieren. Ich gebe meine grausamen Versuche rasch wieder auf.

Die Nacht überrascht uns inmitten riesiger Zuckerrohrfelder. Wir bahnen uns einen Weg hinein, um unser Zelt geschützt vor neugierigen Blicken aufzustellen. Die Sonne ist ohne Vorwarnung untergegangen. Ich weiß nicht, warum, aber wir hatten geglaubt, wir bräuchten nur die Meerenge von Gibraltar zu überqueren, damit die heiße Sonne Afrikas bei ihrem Untergang die goldene tropische Pracht entfaltete, die an die Wände unserer Reisebüros gepinnt war.

Sonntag, 14. November 1993:
36. Tag, 112 km. G: 2 602 km

Mitten in der Nacht fahren wir aus dem Schlaf hoch, geweckt von einem Höllenspektakel im Inneren unseres Zeltes. Zuerst begreifen wir nicht, was los ist. Wir setzen unsere Brillen auf und greifen nach den Sprühdosen mit Tränengas. Auf dem Boden hüpft eine Plastiktüte hysterisch umher. Eine Wüstenspringmaus, die sich hereingeschlichen hat, um sich an den Resten unserer Abendmahlzeit gütlich zu tun, findet nicht mehr aus der Tüte heraus und hopst in Panik in ihrem Gefängnis herum. Verblüfft starren wir uns an, wie wir angespannt mit unserem Tränengas dasitzen, und brechen in schallendes Gelächter aus.

»Es hat nicht viel gefehlt, und wir hätten uns gegenseitig mit Tränengas außer Gefecht gesetzt!« kichert Sylvain.

Ich weine … vor Lachen!

Der erste Sonntag auf islamischem Boden. Der Wind trägt zittrige Fetzen des Morgengebets zu uns herüber, das der Muezzin im nächsten Ort angestimmt hat. Atmosphäre. Ein Tee mit gesüßter Dosenmilch, Brot, hervorragendes Brot, und wir brechen wieder auf.

Schlammige Felder, eins nach dem anderen, in Abständen beherrscht von riesigen glänzenden Wassertürmen. Nur eine Hälfte der Straße ist asphaltiert. Ich muß etwas Abstand zu Sylvain halten, um die gigantischen Schlaglöcher früh genug erkennen zu können.

Die knarzenden Esel- oder Pferdekarren (die armen Tiere im Geschirr sind klapperdürr), die wir überholen, sind uns bereits vertraut. Hinten hockt immer eine dicke ältere Frau oder ein Kind und wird im Takt des Schrittes des Zugtieres oder der Straßenunebenheiten durchgerüttelt. Anstelle der bei uns heimischen Tauben und Möwen bieten die weißen Schwärme der Seidenreiher über der schwarzen Erde einen ebenso neuen wie zauberhaften Anblick.

Am späten Nachmittag holt uns ein kleiner Junge, der vorwitziger ist als die anderen, ein, auf seinem Fahrrad ohne Sattel im Stehen strampelnd wie ein Irrer.

»Ich habe so das Gefühl, daß wir gleich *french doctors* spielen müssen«, lacht Sylvain. Und er soll recht behalten.

Nach fünf Minuten siegen die Gesetze der Schwerkraft: Krabum! ... der Kleine landet in einer Staubwolke der Länge nach auf der Nase und schürft sich dabei Ellbogen und Knie auf. Trotzdem macht er noch ein fröhliches Gesicht! Ich krame die Reiseapotheke hervor, Sylvain die Pinzette, und wir zählen die Steinchen, die sich in der Wunde festgesetzt haben. Der arme Kleine läßt sich verarzten, ohne mit der Wimper zu zucken. Wir fühlen uns schuldig, aber er zeigt seinen Freunden stolz den dicken Verband, den wir ihm anlegen.

In Kenitra werden wir vom Direktor des Balzac-Gymnasiums eingeladen, einem großen Bierliebhaber und Politikbegeistertem. Er bringt uns bei einem seiner Lehrer unter, Roger L´Herbier, einem Nordfranzosen mit Schnurrbart und Bauch, nachdem wir einer Konferenz am nächsten Tag zugestimmt haben. Von Roger L´Herbier aus können wir endlich unsere Eltern anrufen und sie über unser Fortkommen informieren.

Zu Recht hatten wir befürchtet, daß man zu Hause anfing, sich ein wenig über uns lustig zu machen. »Mehr als fünfunddreißig Tage, um die Südspitze Spaniens zu erreichen, und sie wollen um die ganze Welt!« Diesmal lacht niemand mehr. Wir sind ein gutes Stück weitergekommen!

In den folgenden Tagen profitierten wir von der Gastfreundschaft der Franzosen, die sich fern der Heimat in Marokko niedergelassen haben. Das ganze Netz der Expatriierten wird mobilisiert, uns aufzunehmen. Im Augenblick scheint uns der freundliche Empfang eher auf nationaler Solidarität und Herdeninstinkt zu beruhen als auf der »Brüderlichkeit unter den Völkern.« Zwar erliegen wir zwischendurch nicht der Versuchung, in einem Hotel unterzukommen, aber die Gastfreundschaft dieser Exilfranzosen läßt uns bald in eine gewisse Routine verfallen und weckt verfängliche Komfortansprüche. Wir sind nicht unterwegs, um die Gemeinschaft der Exilfranzosen auf der ganzen Welt kennenzulernen!

Und doch lernen wir im Laufe der Abende, die wir bei Gymnasiallehrern oder -direktoren in Rabat und Casablanca verbringen, sehr viel über Marokko und die dort lebenden Menschen. Marc Dubruille, einer unserer gebildeten Gastgeber, vervollständigt unser Grundwissen über die Mentalität dieses Kulturkreises, erzählt uns, wie man sich verhalten muß und was man keinesfalls sagen darf über die »arabische Seele«.

»Schließlich sind die Araber Experten für die Vermischung von Religion und Politik! Die Tradition hat absoluten Vorrang! Die Justiz ist hier noch ein sehr junger Begriff; nur das Gesetz Gottes zählt, und das gleiche gilt für die Schriften.«

Chantal, seine Frau, fügt hinzu:

»Ihre Spezialität? Der Umgang mit Ziege und Kohl. Wenn man sich auf islamischem Boden befindet, muß man sich die Relativität von Zeit und Versprechen klar machen. Das ist kein Zynismus, sondern politischer Realismus.«

In der Medina (Altstadt) von Rabat finden wir uns in einem undurchdringlichen Gewirr von Gassen, Pfaden, Kramläden, Menschen und Dingen wieder. In diesen alten Städten vermochte man noch die drei Dimensionen zu optimieren. Wie im Kontrast hierzu breitet die neue Stadt ihre Boulevards aus, verteilt ihre Substanz auf Wohnviertel, Verwaltungsgebiete und Straßen ohne jeden Charme.

Wir dringen tiefer in die Medina ein und stoßen auf das prachtvoll verzierte Tor einer kleinen Moschee. Wir ziehen die Schuhe aus und wollen gerade eintreten, als ein Gläubiger uns am Ärmel zurückhält. Mit ausgesuchter Höflichkeit erklärt er uns, daß Ungläubige Moscheen nicht betreten dürften, weil sie die Reinheitsgebote nicht erfüllten, die die fünf Pfeiler des Islam vorschrieben. Leider sind diese Bedingungen, denen wir uns gern unterworfen hätten, notwendig, aber nicht ausreichend. Tatsächlich müsse man zusätzlich ein Glaubenszertifikat vorlegen, das von zwei Notaren und einem Imam unterzeichnet sei und die Teilnahme am Gebet gestatte. Kurz, der Islam bleibt einem unzugänglich, sofern man nicht konvertiert.

Beim Feilschen haben wir mehr Erfolg. Ich brauche dringend Sandalen. Ich tue einfach so, als würde ich mich nicht im mindesten für diese Ware interessieren. Diese Praktik mag ja die Essenz jeder Handelstransaktion sein, aber sie stößt sich an meinem sehr christlichen Rechtschaffenheitsempfinden. Tatsächlich ist es eine Frage der Einstellung: Die Machtstellung ist schwer einzunehmen, aber hat man sie erst einmal inne, nimmt der Austausch seinen Lauf, und man geht unweigerlich als Sieger daraus hervor. Aus den anfänglich verlangten achtzig Dirham werden zehn. Ich bin unerbittlich geblieben, und zu meiner Schande bin ich stolz darauf.

Am nächsten Morgen steht das Treffen mit der Presse auf dem großen Platz vor dem Mausoleum Mohammed V. an. In Anzügen à la Tonton Macoute, Mokassins aus Krokoleder und mit blauen Ray-Bans empfangen sie uns mit breitem Lächeln.

»Na! Erradelt ihr euch einen Vorsprung auf den Paris-Dakar?«

»Wie ich sehe, kennen Sie das Märchen von Hase und Schildkröte!«

»Wissen Sie, Marokko ist wie ein Baum, der im Atlas verwurzelt ist und dessen zahlreiche Blätter Seiten der französischen Literatur sind.«

»Den Spruch bringt er bestimmt bei jeder sich bietenden Gelegenheit an!« flüstert Sylvain mir ins Ohr.

Wir liefern uns das obligatorische Frage-und-Antwort-Spiel, führen zur Freude der Großen und Kleinen ein paar Tricks vor, lassen sie unsere Räder ausprobieren und machen dem Zirkus dann ein Ende: Wir haben noch einige Kilometer vor uns! Wir nehmen herzlich Abschied und gehen lachend auseinander.

Samstag, 20. November 1993:
41. Tag, 124 km. G: 2 982 km

Auf nach Marrakesch, durch Nebel und Täler! Letztere werden schon bald von einer weißen Sonne enthüllt. Strahlen fallen auf die dunstige Feuchtigkeit und lassen nur hier und da einige Löcher schwarzer Erde übrig. Auf der Kuppe eines Hügels stoßen wir auf einen Starenjäger. Hier enden also die Vögel, deren Zug wir bewundernd durch Frankreich, Spanien und den Norden Marokkos gefolgt sind! Oft haben wir in ihrer Nachbarschaft gerastet, unterhalten von ihrem exzentrischen Getratsche. In Europa gelten sie als Plage, in Marokko als erlesene Speise!

»Los, Junge, fang, so viele du kannst!« ermuntert ihn Sylvain, der weiß, welche Verwüstung die Vögel auf den heimischen Feldern anrichten.

Unser nächstes Etappenziel ist das 70 Kilometer entfernte Ben Guerir. Um in Ruhe Mittagessen zu können, meiden wir die Stadt. Es ist wahrlich nicht leicht für uns, da man uns von weitem ansieht, daß wir aus dem reichen Westen kommen, und die Einheimischen uns offenbar für wandelnde Dollar halten! Wir wünschten, wir könnten uns unsichtbar machen!

Als wir aus einem traumhaften Palmenhain herausfahren, springt Marrakesch uns ins Gesicht wie eine Kobra. In der Ferne, so weit weg und so hoch aufragend, daß wir sie zuerst für blauschimmernde Wolken gehalten haben, erheben sich die schneebedeckten Gipfel des Hochatlas über den Palmwipfeln entlang der goldenen Zinnen der Medina.

»Legen wir uns ins Zeug! Der Souk wartet!« ruft Sylvain während der Abfahrt und singt *»Exultate! Jubilate!«*

Die imposanten Stadtmauern aus rosa- und rostfarben schimmerndem Lehm sehen aus, als versuchten sie, die unaufhaltsame Ausbreitung der Stadt einzudämmen. Die Altstadt quillt förmlich über von ockerfarbenen Flachdächern, die sich zu ihren Füßen drängen, um sich wie lepröse Betonzungen über das weite offene Land auszubreiten, von dem die Stadt umgeben ist. Die einzigen vertikal aufragenden Bauwerke in diesem Wirrwarr horizontaler Facetten sind die Minarette der Moscheen, die offenbar auch als Wachttürme dienen, die verhindern, daß ganze Viertel über die zinnenbewährten Mauern hinausdrängen.

Wir bringen die Räder unter Allahs wachsamen Auge bei einem Fahrradhändler unter und machen uns auf zum Jemaa el-Fna-Platz, dem Mittelpunkt der Stadt. Das Taxi entpuppt sich als wahre Kundenfalle, als der Fahrer uns direkt vor einem Schwarm falscher Führer absetzt, die sich auf uns stürzen wie Fliegen auf ein Stück Sahnetorte.

Wir bahnen uns einen Weg durch sie hindurch, aber die Schar umringt uns gleich wieder. Wir probieren es mit einem Trick.

»Wallah chocrane! Marrakchi!« (»Ich schwöre bei Gott, Gnade! Ich wohne in Marrakesch!«) »Ich kenne den Platz in und auswendig! Wir sind geschäftlich hier.«

Daraufhin hasten wir mit besorgter Miene geradeaus weiter, ohne einen Blick zurückzuwerfen. Sesam öffne dich! Es klappt, sie lassen uns in Ruhe!

Der Platz liegt im Schatten. Nur die Dächer der Terrassen, die ihn säumen, und die Kohlenbecken, die unter kleinen Kapitellen entzündet werden, schimmern noch rötlich. Schwere, ölige blaue Rauchschwaden ziehen durch die Gassen des Souk. Ein Blitzlichtgewitter erhellt einen alten Wasserverkäufer, einen Berber, der herausgeputzt ist wie ein Weihnachtsbaum und unerschütterlich für die letzten Touristen mit seinen Glöckchen bimmelt. Auch die Schuhputzer verschwinden, ebenso wie die Männer mit ihren Chamäleons, die Akrobaten und diversen Gaukler. Nur ein Schlangenbeschwörer mit glutvollen, in der Dämmerung funkelnden Augen hält noch – sehr zum Mißfallen ihres Stadtführers – einige faszinierte Teutonen in seinem Bann.

Frankreich hat gerade das Qualifikationsspiel für die WM verloren. Mitfühlende Fans sprechen uns ihr Beileid aus. Einer der kleinen Führer von vorhin spricht uns an.

»Na! Sind die Geschäfte gut gelaufen? Ihr glaubt, alles zu kennen, aber ihr kennt gar nichts, solange ihr nicht bei meinem Großvater gegessen habt!«

Der Vorschlag ist verführerisch. Er führt uns unter ein Zeltdach etwas abseits des Lärms auf dem Platz.

»Ba Mohammed ist ein großer Saharauis-Guru, ein alter Häuptling aus dem Süden. An seinem Tisch darf nicht gesprochen werden.«

Während wir neben anderen Gästen auf einer klebrigen Bank Platz nehmen, flüstert unser kleiner Führer seinem Großvater etwas ins Ohr. Dieser ist blind, verneigt sich aber dennoch höflich in etwa in unsere Richtung. Wir sind beeindruckt. Groß und kahlköpfig, die Augen glasig und unerschrocken, thront Ba Mohammed vor einem dicken Brett, um das dampfende Töpfe herumstehen, die man ihm feierlich vorsetzt. In einer Stille, die nur am Rande von den krächzenden Akkorden einer Geige aus dem Nebenzelt und dem Zischen der Bunsenbrenner gestört wird, wählt und zerlegt Ba Mohammed mit seinen fettigen Händen Innereien und dampfende Fleischstücke verschiedenster Herkunft. Appetit regt sich.

Herausgeschnitten aus den Fleischbrocken, die er aus den Töpfen gefischt hat, werden uns die von ihm durchgewalkten Stücke zusammen mit Knochenmark ohne Teller auf dem Tisch serviert, sofort gefolgt von Brot, das zuvor in den Topf getunkt wurde, und einem grünen Unkrauttee, den er, Ehrenwort, aus seiner persönlichen Teekanne eingeschenkt hat. Wir langen mit den Fingern zu und versinken vor Entzücken in Trance. Wir entdecken den religiösen Charakter der Nahrung bei den Wüstenvölkern.

Als wir das Zelt verlassen – es kommt uns beinahe vor als würden wir aus einem Traum erwachen – werden wir von kleinen Ramschverkäufern umlagert.

»Ma endish flouss, ma kain whallou, kain Allah!« (»Ich habe kein Geld, ich habe nichts, ich besitze nichts außer Gott!«)

Das verschlägt ihnen die Sprache.

Aber unter den verblüfften Blicken der Passanten spielen wir mit den jüngsten von ihnen, tragen sie herum, lassen sie Pirouetten drehen, bringen ihnen Balanceakte und andere akrobatische Nummern bei. Dieses ungewöhnliche Schauspiel zieht schon bald eine Zuschauerschar und einen Straßenmusikanten an. Es regnet Münzen. Wir freuen uns riesig, die Verkäufer-Tourist-Beziehung durchbrochen zu haben. Einige bärtige Alte quittieren unseren Erfolg gutmütig mit verschwörerischen und bewundernden Blicken.

»Die Räder! Der Laden!« ruft Sylvain plötzlich.

Wir nehmen die Beine in die Hand und erreichen das Geschäft, als der Fahrradhändler gerade das Gitter herunterläßt. Wir haben eine Stunde Verspätung! Der Jemaa el-Fna-Platz hat uns in eine andere Welt versetzt.

In Marrakesch ist es ausgesprochen schwierig, »kulturelle Frenesie« zu bewirken (Erinnerung an eine vorangegangene Reise durch Island, im Laufe derer unser Führer uns erklärte, die Einheimischen würden ausländischen Touristen gegenüber »kulturelle Frenesie« an den Tag legen), da unser Westler-Status von den zahlreichen Touristen untergraben wird. Die Methode ist einfach: Man fährt im Schrittempo einen Bürgersteig entlang und gibt sich dabei völlig erschöpft, sichtlich verloren und verzweifelt, wobei man alle zehn Meter halt macht. Todsicher bietet einem eine gute Seele, durch das Theater geködert, Hilfe an. Man erzählt seine Geschichte, der Rest ist nur eine Frage des Feelings …

An diesem Abend funktioniert die Mitleidstour jedoch nicht. Plötzlich erinnert sich Sylvain, von einer Kirche in Marrakesch gehört zu haben, der Gueliz-Kirche. Wir treffen während des Gottesdienstes dort ein. Das Evangelium des Tages hätte treffender nicht sein können: Matthäus, XXV, 35. »… denn ich war hungrig, und ihr habt mir zu essen gegeben, ich war durstig, und ihr habt mir zu trinken gereicht, ich war fremd, und ihr habt mich aufgenommen …« Wir trauen unseren Ohren nicht! Der Zufall ist zu gewaltig, um nicht schicksalhaft zu sein. Die drei Priester begrüßen uns herzlich, sichtlich gerührt, daß wir uns hilfesuchend an sie gewandt haben.

»Wißt ihr, wir leben hier in völliger Isolation! Unsere Anwesenheit hier wird nur unter der Bedingung toleriert, daß wir keine Konvertierungen vornehmen. Wir sichern lediglich eine kirchliche Präsenz für einige wenige Touristen oder Christen, die sich hier niedergelassen haben.«

»Wir sind gezwungen, jeden Moslem, der Interesse an der Kirche und dem Evangelium bekundet, rüde abzuweisen, um ihm eine Gefängnisstrafe oder den Zorn des Volkes zu ersparen! Apostasie ist vom Regime verboten. Es herrscht eine gewisse religiöse Toleranz gegenüber den Anhängern der Bibel, aber keinerlei Religionsfreiheit im eigentlichen Sinne.«

Wir fallen aus allen Wolken und fangen an, das ganze Ausmaß des Konfliktes zwischen spirituellen und weltlichen Mächten zu begreifen.

Zwei Radfahrer verließen die Stadt im Morgengrauen durch das nicht mehr bewachte südliche Tor … (Gruß an Jean Raspail, einen großen Reiseschriftsteller) Früher schützte das *bab Amhar* -Tor die Stadt vor Überfallkommandos aus der Wüste. Wir brechen auf, um einen Mythos zu stürmen: den Atlas. Das endlose Pediment des Bergmassivs, ein schwaches Gefälle aus aufgehäuftem Gestein, begleitet unser progressives Eindringen in das Land der Berber. Nicht eine Kurve. Die Straße scheint sich gegen eine endlose Mauer zu werfen. Die Einheimischen werden nach und nach distanzierter, reservierter, aber unsere Kontakte zu ihnen sind um so authentischer. Die Temperatur sinkt stetig, je höher wir kommen. Der Himmel bewölkt sich, und als wir schließlich Asni erreichen, sind wir halb erfroren. Bei einer Suppe, die uns von einer Volksküche spendiert wurde, zögern wir lange, ob wir nach Imlil oder Ouirgane weiterfahren sollen. Erstere Route führt zum Fuß des Toubkal (4 187 m), dem höchsten Berg Nordafrikas, und die zweite zum Tizi n´Test-Paß, der in 2 100 Metern Höhe über den Hochatlas führt.

Tapfer die Welt stützend, flüstert uns ein kleiner Atlas in weißem Gewand wohlmeinend ins Ohr: »Das ist zu gefährlich! Es ist Winter! Ihr seid nicht entsprechend ausgerüstet, und außerdem habt ihr nicht genügend Zeit! Vor euch liegen noch zahlreiche Kilometer!« Aber sofort, *in petto*, raunt ein kleiner roter Atlas mit gespaltenem Schwanz uns verschwörerisch mit honigsüßer Stimme zu: »Der Gipfel ist da, in Reichweite, das wäre doch zu blöd! Ihr könnt euch die nötige Ausrüstung leihen, und außerdem radelt ihr seit über einem Monat wie die Irren!«

Mohammed Agafai (heißen sie denn alle Mohammed?) bereitet unserer Unentschlossenheit ein Ende. Der kleine fünfundzwanzig Jahre alte stämmige Berber mit den Zügen eines Inders, mal Hirte, mal Bergführer, erbietet sich, uns gleich am nächsten Morgen auf den Gipfel des Toubkal zu führen. Unsere Devise lautet jedoch jetzt gleich oder nie.

Unser kleines Männlein zögert, weist auf das aufziehende Unwetter hin. Ich ärgere ihn ein wenig.

»Das macht doch nichts! Wir werden schon einen marokkanischen Bergführer finden, der sich nicht vor einem Gewaltmarsch fürchtet!«

Da die simpelsten Methoden immer die besten sind, beißt er sofort an.

»*Bismillah,* bei Gott, ich habe keine Angst! Ihr seid es, die nicht mithalten können werdet! Ich wette mit euch, daß vier Franzosenbeine es nicht mit zwei Berberbeinen aufnehmen können!«

»Schlag ein!«

Lachend schütteln wir einander die Hand.

Nach dreistündigen Vorbereitungen starten wir von Aremd (1 900 m) aus. Nicht ohne Angeberei auf beiden Seiten brechen wir im Eiltempo auf, in kurzen Hosen, im Schnee. Bloß nicht stehenbleiben. Unser Führer geht durch den zwanzig Zentimeter Schnee voran, und wir setzen die Füße in seine Fußstapfen. Aus dem Bergführer wird plötzlich wieder ein Hirte, und aus uns Kunden werden die reinsten Ziegen! Vier Stunden lang kraxeln wir mühsam bergauf. Schwindelerregend in seiner Tiefe, erstreckt sich der sternengesprenkelte Himmel über den Gipfeln. Wir werden von einem Sog nach oben gezogen, in einen Abgrund voller Sterne. Plötzlich taucht der helle Mond über einem der Gipfel auf und wirft ihren kristallenen Schimmer über das Panorama.

Unsere Ankunft in kurzen Hosen sorgt in der Berghütte für Aufregung. Eine Gruppe spanischer Bergsteiger teilt uns eine unerfreuliche Neuigkeit mit. Ein amerikanischer Bergführer ist verschollen, und der Schnee ist bis zum Gipfel nicht begehbar: zu tief und gleichzeitig an der Oberfläche verharscht. Mohammed macht sich unsere Enttäuschung und die schlechten Bedingungen zunutze, um uns zu erklären, daß wir uns mit der Hütte werden zufrieden geben müssen. Aber er hat die Rechnung ohne den Wirt, sprich unsere Sturheit, gemacht. Listig erklärt er, wir würden morgen weitersehen, im stillen hoffend, daß wir nicht rechtzeitig aufwachen. Typisch!

Um halb fünf entreißen wir ihn Morpheus´ Armen und erinnern ihn an die Wette vom Vortag. Er schimpft vor sich hin und weigert sich zuerst. Nach einer Viertelstunde des Debattierens, gibt er sich schließlich geschlagen, als ich sage:

»Nicht nur Maultiere sind stur, wir Franzosen sind es auch! Wir wollen uns nur mit eigenen Augen davon überzeugen, daß der Aufstieg unmöglich ist.«

Der Aufstieg erweist sich als schwierig, aber nicht unmöglich. Der Betreiber der Hütte hat uns lange Hosen geborgt. Wir versinken bis über die Knie im Schnee. Die verkrustete Oberfläche schneidet in die Schenkel ein, aber es geht. Unser Hauptproblem ist, daß Mohammed bei jedem Schritt jammert, hinter jeder Wolke ein aufziehendes Unwetter vermutet und hinter jeder Böe einen Mahlstrom.

Er bliebt stehen, wir seilen uns an, und ich übernehme die Spitze. Ich zerre ihn beinahe am Seil hinter mir her, um seinem Lamentieren ein Ende zu machen. Wir überqueren mit Eispickel und Steigeisen in gerader Linie eine von einer Lawine freigelegte Eisfläche, um die Strecke abzukürzen. *Maccache!* Er weigert sich, weiterzugehen. Also gut! Dann gehen wir eben ohne ihn weiter! Ich mache Anstalten, das Seil zu lösen.

»*Mektoub!* Das ist doch unglaublich! Die spinnen doch, die Franzosen! Schon gut! Ich folge euch!«

Wie Rubine leuchten die Spitzen der umliegenden Berge auf, als wir den Gipfel erreichen. Die Aussicht ist atemberaubend! Ein Meer von Wolken isoliert die Berge, so daß sie aussehen wie Inseln auf einem bauschigen Wattemeer.

Starke Windböen wirbeln Spiralen von Schneekristallen auf, die die ersten Sonnenstrahlen einfangen und in ein schillerndes Feuerwerk verwandeln, ehe sie uns schmerzhaft ins Gesicht peitschen. Dem Abgrund zugewandt, eine Hand trichterförmig um den Mund gelegt, singt Mohammed seine Freude heraus, schrille Dissonanzen eines Hirtenklageliedes.

Um halb eins sind wir wieder unten. Mohammed prahlt bereits mit seinem wagemutigen Aufstieg. Wir hören uns seine Angebereien an und wundern uns über die Wechselhaftigkeit seines Charakters. Wir haben uns einen ersten Traum erfüllt! Während des Auf- und Abstieges haben wir Ausschau nach dem verschollenen Bergführer gehalten, jedoch ohne Erfolg.

Wir aalen uns auf dem Dach seines Lehmhauses in der Sonne, als Mohammed uns Honigpfannkuchen bringt, die uns hoch willkommen sind. Aber noch ist der Tag nicht zu Ende. Wir packen zügig unsere Sachen und legen, ohne ein einziges Mal in die Pedale treten zu müssen, die 1 800 Meter Höhenunterschied bis Asni zurück. Während ich den Abhang hinunterrase, fallen mir die letzten Worte von Pater Philippe an der Porte d´Orléans wieder ein: »Seid vorsichtig bei den Abfahrten!« Ich bremse ab; »Es wäre wirklich zu blöd, sich nach der Besteigung des Toubkal auf die Klappe zu legen!«

Wir begeben uns wieder auf die Straße nach Ouirgane und beginnen mit der beschwerlichen Auffahrt zum Tizi n´Test-Paß (2 200 m). Dicke schwarze Wolken ziehen sich am eben noch strahlendblauen Himmel zusammen. Die Wolkendecke senkt sich herab und verschluckt die Gipfel. Als wir höher gelangen, verschwinden die kleinen Bergdörfer im Regen. Manchmal finden wir in einem der niedrigen, dickwandigen, fensterlosen Häuser Schutz. Die ausgezehrten und einfachen Berber nehmen uns wortlos auf; ein Feuer knistert, Tee wird gereicht, ein Lächeln; wir brechen wieder auf.

Leider brüllen uns von einem steilen Grat oder unten aus einem tiefen Tal immer wieder junge Hirten, Hüter eines Stocks, Besitzer von Steinen oder Wind, stur ihre absurden Bitten zu. Was denken die sich eigentlich? Daß wir anhalten, ein Bonbon aus unseren Packtaschen kramen, zum Fluß hinuntersteigen, ihn durchschwimmen und den gegenüberliegenden Hang hinaufklettern, um es ihnen zu bringen?

Nichts stimmt uns trauriger als der »Kugelschreiberreflex« der Kinder, die die Berghänge hinab hinter uns herjagen und in uns nur Kulihändler auf Rädern sehen. In einem der Dörfer packen wir unsere Flöten aus. Schon bald scharen sich Neugierige um uns, und die Kinder tanzen lachend im Reigen um uns herum.

Wir haben es geschafft, wir sind glücklich. Eins der Kinder hat zwar trotz allem versucht, uns um einen Kugelschreiber anzubetteln, wurde aber sofort von einem älteren zurechtgewiesen.

Im nächsten Dorf fordert eine Bande Tunichtgute Wegezoll in Form von Süßigkeiten. Als wir sie ignorieren, geht ein Steinhagel auf uns nieder …

Die Strecke bis zum Tizi n'Test-Paß erweist sich als einfacher als erwartet. In Idni versuchen wir, etwas anderes aufzutreiben als Sardinen und Frischkäse Marke La Vache qui rit – vergeblich! Wir folgen den Serpentinen aufwärts, bis wir in die Wolkendecke eindringen. Die Nacht bricht ohne Vorwarnung über uns herein. Wir sitzen in der Tinte. Man kann die Hand nicht mehr vor Augen sehen, und wir kramen unsere Stirnlampen hervor. Dicke, fette Schneeflocken schweben herab. In der nächtlichen Stille setzen wir unseren Weg fort. Nur das gedämpfte Dröhnen eines Lastwagens in der Ferne ist zu hören. Der Schnee bleibt liegen, und schon bald fahren wir durch einen mehrere Zentimeter dicken weißen Teppich. »Das Flüstern naht, vom Echo wiederholt ...« Ein Schneepflug fährt vorbei und bleibt stehen. Das rotierende organgefarbene Licht auf dem Dach des Führerhauses huscht über die Zedern des Atlas.

»Wo wollt ihr denn hin?«

»Zum Paß. Ist es noch weit?«

»Zwei ›Kilo‹ etwa! Wollt ihr mitfahren?«

»Nein danke, es geht schon!« erwidert Sylvain. »Sie hätten nicht vielleicht zufällig etwas Wasser?«

Der gute Mann füllt unsere Kanister auf und bietet uns Kaffee aus seiner Thermoskanne an. Gierig leeren wir die Tassen, die er uns im grellen Scheinwerferlicht reicht.

»Na, schmeckt euch mein Kaffee?«

»Könnte heißer sein!«

Lachend verabschieden wir uns.

Kaum hat unser guter Samariter uns verlassen, kommt ein Unwetter auf.

Der Paß läßt auf sich warten. Ein heftiger Schneesturm erschwert uns die Sicht. Haben wir den Paß vielleicht bereits erreicht, ohne es zu merken? Unmöglich, wir hätten das Schild ganz sicher nicht übersehen. Die Stirnlampen werden schwächer. Unsere Knie werden zu Eis. Seit Rabat, von wo aus wir sie nach Frankreich zurückgeschickt haben, besitzen wir keine langen Hosen mehr.

Schnell jetzt. Die Situation droht uns zu entgleiten. Entscheidung. In einer Viertelstunde sind wir steifgefroren. Action. Schnell! Stellen wir das Zelt einfach irgendwo auf!

Der Zeltstoff flattert im Wind und ich werde fast den Hang hinuntergezogen. Sylvain brüllt wie ein Löwe, während er sich mit den Heringen abmüht. Es ist beinahe so, als müßten wir ein Rodeopferd in eine Tasche packen!

Als wir endlich im Zelt sind, erleide ich einen Anfall von Hypothermie: Schüttelfrost, blaue Lippen, höllische Bauchkrämpfe. Ich krümme mich vor Schmerzen. Es kommt mir vor, als würde ich einen Berg zur Welt bringen, und dabei lege ich nur ein Ei in Gestalt einer Kolik. Sylvain macht sich Sorgen, rubbelt mich von allen Seiten warm und bereitet mir eine Tasse heißer Suppe zu. Der Arme geht sogar so weit, mir seinen Schlafsack zu überlassen, der wärmer ist als mein eigener. Danke, Sylvain.

Mittwoch, 24. November 1993:
46. Tag, 89 km. G: 3 324 km

Der Marathon der vergangenen drei Tage holt uns ein. Der Wecker hat am Morgen nicht geklingelt. Er ist in der Nacht erfroren. Irgendwo in den Bergen singt jemand aus voller Kehle. Und wir dachten erst verblüfft es wäre ein Mofa! Das ganze Innere des Zeltes ist mit einer dünnen Eisschicht überzogen. Der Schlitten des Reißverschlusses vom Außenzelt ist festgefroren.

»Beeil dich! Ich muß mal dringend!« knurrt Sylvain hinter mir.

»Jetzt werden wir endlich sehen, wo wir überhaupt sind!« entgegne ich, ganz kribbelig vor Ungeduld.

Wow! Berg, Himmel, Schnee, alles ist von atemberaubender Reinheit. Der Gesang nähert sich. Unser Zelt thront wie ein Adlerhorst auf einem Felsvorsprung 200 Meter unterhalb des Passes.

»Wahnsinn!« ruft mein Seilschaftsgefährte überwältigt aus.

Oben auf dem Paß breitet sich der ganze Süden Marokkos zu unseren Füßen aus: das ganze Tal des Souss-Wadis, der von Ouarzazate bis Agadir reicht, sowie der Anti-Atlas, die letzte Hürde vor der Sahara.

In den Bergen verliert man schnell das Gefühl für die Höhe, aber auf dem Tizi n´Test-Paß wird sie einem erst richtig bewußt. Vor uns liegt wie eine Landkarte in Originalgröße unsere Route der nächsten vier Tage!

Wir machen uns an die Abfahrt, die Füße fest in den Pedalriemen, und halten auf den jeweils vor uns liegenden 50 Metern Straße Ausschau nach Schlaglöchern oder Lastwagen, die plötzlich in einer Kurve auftauchen könnten. Steine spritzen unter unseren Reifen auf und schlagen mit metallischem Klirren gegen die Speichen. Alle 100 Meter steigt die Temperatur um ein Grad. Unsere Bremsscheiben klagen wie todkranke Ziegen, und unsere Finger halten verkrampft die Bremshebel fest. Vorwärtskommen ohne Anstrengung, gigantisch! Nach eineinviertel Stunden Abfahrt machen wir halt, windzerzaust, ein Summen in den Ohren und Tränen in den Augen – vom Rausch der Geschwindigkeit und vor überschäumender Freude!

»Geschafft«, sagt Sylvain. »Wir haben diesen Steinhaufen hinter uns!«

»Hey. Sieh mal, da drüben, in den Bäumen. Sieht aus wie Geier!«

»Hast du schon mal vierbeinige Geier gesehen?«

Wir trauen unseren Augen nicht. Leiden wir aufgrund der Höhe, der Mühsal der vergangenen Tage oder der Hypoglykämie an Halluzinationen? Die Ziegen klettern auf die Bäume! In ganzen Trauben balancieren sie auf den dornigen Ästen wie dicke, reife Früchte, die reinsten Akrobaten, und kauen zufrieden ihre Arganierknospen.

In Taroudannt, 30 Kilometer weiter, können wir einfach nicht mehr! Wir brauchen unbedingt eine mitleidige gute Seele. Und diese läßt nicht lange auf sich warten.

»Schöne Reise? Wohin fahren Sie denn?« hören wir hinter uns jemanden auf Deutsch fragen.

Listigen Auges und in westlichem Stil gekleidet, hält Habib uns offenbar für Deutsche. Beschämt wegen seines Irrtums, in dem er, weit mehr als wir, eine häßliche Erinnerung an den Zweiten Weltkrieg zu sehen glaubt, besteht er darauf, uns zu einer Cola einzuladen.

»Sylvain? Das kommt von *Silva,* dem Wald! ... Du bist also ein Waldmensch!«

Beeindruckend! Wir stürzen uns in hitzige Diskussionen über die europäische Brüderlichkeit, den nicht existenten Panarabismus, die Modernisierung des Islam. Habib hat in Hamburg Politikwissenschaften studiert. Er beklagt sich über die Abwanderung seiner Studienkollegen, die sich mit ihrem Diplom im Ausland niederlassen.

»Hier ist noch so viel zu tun! Wir haben ein reiches Land mit gewaltigem Potential, wir brauchen nur die entsprechenden schlauen Köpfe, um unsere Heimat rationeller zu bewirtschaften. Vorrangig wäre die Schulpflicht für alle Kinder. Dann würden die Eltern keine Scharen von Feldarbeitern mehr in die Welt setzen. In Marokko hat die industrielle Revolution noch nicht stattgefunden!«

Wir finden Habib so interessant, daß unser Gespräch sich in die Länge zieht.

»Kommt gar nicht in Frage, daß ihr euch gleich wieder auf den Weg macht! Ich lade euch zu meinem Schwager ein.«

»Also, ich weiß nicht. Es wäre mir etwas unangenehm, wenn wir uns ihm aufdrängen würden!«

»Wißt ihr, wir haben hier eine sehr großzügige Einstellung zu Familie und Besitz. Das ist unser Verderben, aber heute abend ist es unsere Rettung!«

Abdeljalil, ein wahrer Hüne, empfängt uns mit einem breiten, freundlichen Lächeln. Er ist Sportlehrer und führt das Sportstudio seines Schwagers. Seine Frau, die Schwester des anderen, läßt mit einem Lächeln seine wiederholten Neckereien bezüglich des Kopftuches, das sie sogar innerhalb des Hauses trägt, über sich ergehen. Dann hält er eine Lobrede auf die Monogamie und den Sport. *»Mens sana in corpore sano«*, zitiert er in perfektem Latein. Der Begriff Körperkultur beinhaltet das Wort Kultur: Das erklärt alles!

Wir verbuchen mit unseren Flöten und Jonglierakten einen beachtlichen Erfolg. Die Frauen essen mit uns gemeinsam. Das erstemal, daß wir das erleben! Für Habib bilden Rousseau, Voltaire, Nietzsche und Freud ein einheitliches Ganzes. Das Christentum findet vor seinen Augen Gnade. »Ich will nicht, daß man mir von Geburt an den Islam aufzwingt! Ich möchte mich frei für ihn entscheiden können! Das Drama unserer Religion ist, daß sie über keine Kirche verfügt, sonst hätten wir auch unser Konzil gehabt ...« Es verschlägt uns die Sprache.

Auf meinen Gedichtband schreibt mir Habib gegenüber der *Dschinns* von Victor Hugo auf Arabisch den Vers *Ayat al kursi* auf, der mit der Bekennung zum islamischen Glauben beginnt. Er soll uns auf unserer Reise schützen. Ich sage den Vers mit ihm gemeinsam auf:

»Bismillah al-Rahman al-Rahim, la ilah illa Allah …«

Anschließend übersetzte er mir den Text.

»Im Namen des allmächtigen und barmherzigen Gottes, es gibt keinen Gott außer Gott …«

Wir empfinden den wahren ökumenischen Geist der Gläubigen.

Gott, wie vorausschauend dieser Habib war! Der deutlich sichtbar im Kartenfach untergebrachte Vers sollte uns noch aus mancher brenzliger Situation retten. Abweisende, bedrohliche Kontakte wurden rasch brüderlich und hilfsbereit, allein dank dieses kleinen Fetzen Papiers. Es stimmt, dieser Vers wendet den bösen Blick von einem ab! Den der Menschen.

Samstag, 27. November 1993:
49. Tag, 96 km. G: 3 371 km

Heute abend haben wir das Zelt inmitten der Ruinen einer alten Burg oberhalb eines ausgetrockneten Wadis aufgestellt. Der jahrhundertealte Strohlehm, den der Sonnenuntergang rot überpinselt, erinnert uns an das Blut, mit dem er im Laufe heftiger Kämpfe durchtränkt worden sein muß. Wir stellen die französische Fahne vor der Apsis auf. Wir sind seit zwei Wochen in Marokko und haben erst zweimal unsere Fahne aufgestellt!

Uns bleiben noch 2 750 Kilometer bis Dakar. Wir werden ein anständiges Tempo vorlegen müssen, wenn wir bis Weihnachten da sein wollen! Wir teilen die Strecke in die Anzahl der Tage auf, die uns noch bleiben. Das wird knapp! Sehr knapp! Die Rechnung ist simpel: Wir müssen im Durchschnitt 101 Kilometer täglich zurücklegen. Die

3 371 Kilometern, die wir bisher in 49 Tagen von Paris aus zurückgelegt haben, ergeben aber einen Durchschnitt von nur 68 Kilometern!

Ein ernster Augenblick. Wir sind zu langsam; wir werden den Turbo einschalten müssen!

Unsere Tage sind leere Seiten. Beim Aufstehen wissen wir nicht, wohin der Tag uns führen wird. Wir ziehen einen freundlichen Tintenstrich über Landschaften, die so offen sind wie Bücher. Entwirrte Arabeske, wir ziehen vorbei, ziehen nur vorbei. Die Nacht überrascht uns noch unterwegs, und die Dämmerung breitet ihr sternengesprenkeltes, dunkles Samtlaken über uns aus.

Wir befinden uns vor den Pforten der Wüste. Wolfsmilch und Dornensträucher überziehen die endlose steinige Ödnis. Der Anti-Atlas liefert uns einen ersten Gipfel von 1 057 Metern: den Tizi Mighert. Er schließt eine hübsche Fastebene ein, eine große Mulde.

Je weiter wir nach Süden kommen, desto konsequenter tragen die Frauen den Schleier: nur zwei Augen inmitten eines unförmigen Stoffhaufens. Die Menschen hier bestellen den Stein. Sie pflügen zwischen den Felsen, indem sie ihre Zugesel in Schlangenlinien über 60 Zentimeter breite Felder dirigieren. Bewundernswerte Szenen! Wir erklimmen die Plateaus des Bergmassivs. In Tleta Akhssass werden wir von einem Offizier angehalten. Zum erstenmal werden wir kontrolliert. Die erste Kontrolle von vielen, die noch folgen. Er teilt seine Tagine mit uns (Tagine: So nennt man einen traditionellen runden Tontopf mit trichterförmigem Deckel, in dem die Einheimischen kochen; Anmerkung des Übersetzers). Gute Gewohnheiten nimmt man gleich beim erstenmal an!

Einige Pedaltritte weiter erreichen wir den Rand des Anti-Atlas. Eine schwindelerregende Abfahrt tut sich vor uns auf.

Unten erstreckt sich die Wüste, so weit das Auge reicht. Eine unbestellte Wüste. Das ist der Unterschied.

Abwärts geht´s in das Reich der Viehzüchter und Karawanen.

Von Goulimine nach Dakhla, durch die westliche Sahara

Sylvain

Die Stadt Goulimine markiert die Grenze zur Sahara. Nicht, daß es sich um ein echtes Tor handeln würde. Man gelangt nicht plötzlich hin, als würde man eine Schwelle überschreiten, aber in der Stadt herrscht eine Wüstenatmosphäre. Die Stadt ertrinkt in Staub, penetranten Gerüchen und Tierschreien. Händler, Kameltreiber, Reisende und Touaregs gönnen sich dort ein wenig Modernität, bevor sie sich wieder auf den Weg durch den endlosen Sand begeben.

Für uns ist die Stadt der Anfang einer gewaltigen Nord-Süd-Geraden von 1 500 km Länge, am Atlantik entlang, quer durch die westliche Sahara, den einstigen spanischen Rio de Oro.

Die Wochen, die wir dort verbringen, werden einsame Wochen sein. Nur der Wind wird uns ein treuer Begleiter sein. Er ist unser Herr. Er diktiert Niedergeschlagenheit oder Euphorie. Je nach Herkunft trägt er verschiedene Namen. Weht er von Süden, heißt er Schirokko; weht er von Osten, Chergui; kommt er aus Nordosten, Alizé; und weht er vom Atlantik, Meeresbrise. Uns interessiert, wenn wir morgens aufstehen, vor allem, ob die Windrichtung günstig ist, ob der Wind von hinten, von der Seite oder uns entgegen bläst. Ein Tag mit Rückenwind ist ein glücklicher Tag. Das ist ein physikalisches Gesetz.

Wir erleben Augenblicke überschäumender Freude, wenn wir mit Hilfe des Windes mühelos 40 Stundenkilometer erreichen. Im 19. Jahrhundert haben die Ingenieure noch vorausgesagt, daß man bei einer solchen Geschwindigkeit verrückt würde. Sie haben nicht berücksichtigt, daß es auch ein angenehmer Rausch werden könnte. Wir fahren trunken von Wind, von der endlosen Folge karger Horizonte und dem Schnurren der Reifen auf dem aufgequollenen Asphalt. Während dieser Tage mit Rückenwind, die wir *Exultate, Jubilate* getauft haben, schaffen wir manchmal bis zu 180 Kilometer in sechs Stunden.

Bläst aber der Chergui oder einer der anderen Winde, sinkt unsere Fahrgeschwindigkeit auf 10 bis 11 Stundenkilometer. Man spürt sehr deutlich, wenn der Wind dreht und wie ein wildes Tier erwacht, das seiner Beute auflauert, um dann urplötzlich anzugreifen. Zuerst einige Böen, dann, immer nachdrücklicher, ein anhaltendes Blasen, das sich sacht festigt und schleichend zunimmt. Es gibt keine schwerere Prüfung für die Willenskraft, als sich im Schritttempo gegen den Wind vorwärtszukämpfen, wie betäubt von der endlos vorbeiziehenden steinigen Landschaft, ohne jeden Fixpunkt, um sein mühsames Vorwärtskommen einzuteilen, die Karte mit ihren Tausenden noch vor einem liegenden Kilometern vor Augen. An den Morgenden, wenn der Wind von vorn oder der Seite bläst, stürzen wir allein bei dem Gedanken an einen ganzen Tag sklavischer Schufterei in einen Abgrund der Verzweiflung. Manchmal bewirkt die Entmutigung vermischt mit dem Gefühl von Ungerechtigkeit wahre Tobsuchtsanfälle, so daß wir die Sträucher anbrüllen oder auch ein vorbeiziehendes Kamel. Dann verfallen wir wieder in Lethargie. Das Rauschen des Windes macht uns ganz benommen, und unsere Pedale kämpfen Sekunde für Sekunde verzweifelt gegen den zähen Widerstand.

In Tan-Tan stößt die Route auf den Atlantik. Von dort aus führt sie nach Süden, schnurgerade und sich verjüngend, entlang der Klippen, die über dem Ozean aufragen. Sie verliert sich in der Ferne. Keine Senke, keine Kurve, keine Behausung, nicht einmal ein paar Bäume. Nichts, worauf man den Blick ruhen lassen könnte. Nicht eine falsche Note im Nichts. Die Sicht – hervorragend an den

Tagen, da die Wüstenluft von der Meeresgischt reingewaschen wird –, eröffnet uns schwindelerregende horizontale Perspektiven. Wir bewegen uns ohne Zeitgefühl vorwärts, gedopt von Hitze, gleichbleibendem Rhythmus und Monotonie.

In diesen Augenblicken völliger Einsamkeit bemühen wir uns angesichts der endlosen Stunden, die noch vor uns liegen, uns abzulenken. Auf einem Fahrrad gibt es verschiedene Möglichkeiten, gegen die Langeweile anzugehen. Man kann beten, die Landschaft betrachten, Tagträumen nachhängen, sich auf einen bestimmten, banalen Aspekt (das Abendessen, die Blase am Fuß) konzentrieren und vor allem Gedichte aufsagen. Wir haben verkleinerte Kopien von Gedichten in Heften zusammengefaßt. Im Kartenfach oben an der Lenkradtasche haben wir eine Anthologie der französischen Dichtung direkt vor Augen. Die Litaneien von Péguy passen hervorragend zum eintönigen Treten und dem Schwindelgefühl inmitten dieses Ozeans aus Sanddünen.

Wir wissen, was ein Abschnitt bedeutet, der sich
an den bereits zurückgelegten Abschnitt reiht,
Und wir wissen, was ein Kilometer den Waden abverlangt,
Wieviel Kraft er kostet
Heute abend werden wir die Brücke überqueren und
durch den Torbogen fahren

Charles Péguy,
Darstellung der Beauce in Notre-Dame de Chartres

Es gibt allerdings ein Buch, das für uns völlig überflüssig wäre: ein Atlas. Den ganzen Tag lang radeln wir an Naturschauspielen vorbei, neben denen die Illustrationen in einem Buch verblassen würden. Vor der Daora-Oase entdecken wir Mulden, deren Grund mit Salz bedeckt ist und die Sebkahs genannt werden. Die Sonne flimmert, und überall entstehen diese Flecken weißen Lichts, die Fata Morganen hinter die felsigen Kuppen projizieren. Wir sehen uns die Wanderdünen jenseits von Dakhla an. Sind sie sichelförmig, nennt man sie Barkhanen. Der Wind treibt sie voran, zerstört sie und modelliert sie neu. Wie eine Viehherde wandern sie endlos durch die Wüste. Hinter Laayoun stoßen wir auf einen Wadi. Er strömt ins Meer, und die vorbeiziehenden Reiher nutzen seine Mündung, die letzte Ruhestätte gestrandeter Boote, für eine Erfrischungspause. Wir blättern unsere Seiten der Sahara mit kräftigen Pedalstößen um.

Die Polizeisperren bieten ebenfalls zuverlässig Zerstreuung. Etwa alle 100 Kilometer zwingt uns eine Kontrolle, haltzumachen. Die Westsahara ist eine noch instabile Region, und die marokkanische Regierung hält das annektierte Gebiet streng unter Kontrolle. Eines Tages, zur heißesten Stunde des Tages, kreuzen wir eine mobile Streckenkontrolle. Die Szene mutet surrealistisch an. Auf zwei Holzstühlen, die Ellbogen auf ein Schulpult gestützt, hocken zwei Offiziere mitten in der Wüste wie in einem Gemälde von Dali. Sie sehen wie aus dem Ei gepellt aus und tragen bei 45 Grad im Schatten Jacke, Krawatte und Käppi. Der eine der beiden beginnt, unsere Pässe buchstabengetreu abzuschreiben. Tiktak, tiktak. Auf einer uralten Schreibmaschine. Der zweite Soldat ist damit beschäftigt, ein altes, aufgeschraubtes Funkgerät zu reparieren. Ganze Fliegenschwärme haben sich im Gehäuse niedergelassen. Bzzzzz. Mit dem Schraubenzieher verscheucht er die schwarze Wolke, die nach einigen Sekunden sofort zurückkehrt. Das Funkgerät gibt jämmerliche Geräusche von sich, als würde es sein Leben aushauchen. Kruiiiiiikruiiiiii. Weiter hinten hört ein Saharauis-Soldat arabische Discomusik, die aus einem kleinen Radio plärrt, das er sich direkt ans Ohr hält.

»Schnauze, Bachit!« brüllt der Offizier mit dem Schraubenzieher.

Das Radio verstummt. Bzzzz, tiktak, kruiiii. Die Schreibmaschine fährt fort, Buchstaben für Buchstaben zu tippen, die Fliegen summen weiter, und das Funkgerät knistert und rauscht. Die Sonne brennt unbarmherzig auf uns herab. Die Wüste ist strahlendweiß geworden. Wir stehen mit geschlossen Augen und Schweißperlen auf der Stirn vor dem Tisch und warten, daß die Offiziere endlich fertig werden, damit wir unseren Weg nach Süden fortsetzen können.

Jeden Abend stellen wir das Zelt, nach Westen ausgerichtet, am Rand der Klippen auf, damit die letzten Sonnenstrahlen uns beim Abendessen Licht spenden. Die Dämmerung in der Sahara ist gleichzeitig Sonnenuntergang und Mondaufgang. In einem perfekten Balanceakt taucht die Sonne exakt in dem Augenblick unter, da der Mond sich der Nacht bemächtigt.

Nach dieser Wachablösung beginnen die Sterne am Himmel zu funkeln, und draußen vor der Küste flammen die Laternen der Fischerboote auf. Das Meer wird zum Spiegel des Himmels. Eine Bootslaterne für jeden Stern.

Seit Toulouse folgen wir der Route der Aéropostale (mythische Luftpostlinie zwischen Frankreich und Südamerika via Afrika in den dreißiger Jahren). Alicante, Tanger, Casablanca, Agadir, Laayoun und bald Tarfaya (ehemals Juby), Nouadhibou (ehemals Port-Étienne), Saint-Louis und Dakar. Aber wir geben uns mit der mythischen Route der Eroberung der Lüfte nicht zufrieden, da wir vorhaben, von Buenos Aires aus über die Pampa und die Anden bis Santiago zu radeln. Wir denken an die Seiten von *Terre des hommes*. Saint-Exupéry schreibt darin von den Rezzous, den Maurenrevolten, die einst die Nächte der Sahara mit blutigen Kämpfen erfüllten. Der Pilot, der in der Wüste notlanden mußte, war diesen Wüstenpiraten ausgeliefert. Wir schlafen unter denselben Sternen, die einst die Breguets (Louis Breguet, französischer Luftfahrtpionier; Breguets: Propellermaschinen; Anmerkung des Übersetzers) der mythischen Jahre leiteten, aber Überfälle von Sarazenen haben wir wohl nicht zu befürchten …

Die einzigen Kämpfe werden wir gegen die wilden Wüstenhunde austragen müssen, Bastarde ungezähmter Wüstenkreaturen. Bei Sonnenuntergang verlassen sie ihre Höhlen und machen Jagd auf unsere Räder. Eines Abends hetzt einer dieser Wildhunde uns drei Kilometer weit mit einer Geschwindigkeit von 30 Stundenkilometern. Schließlich gibt er auf, als er von einem unserer Abwehrknüppel an der Schnauze getroffen wird. Die Knüppel sind am Rahmen unserer Räder befestigt, und wir zücken sie bei der geringsten Andeutung von Gefahr.

Die nächste Begegnung mit einem Wüstenbewohner erfolgt an einem Morgen. Wir frühstücken gerade im Zelt. Von unseren Schlafsäcken aus betrachten wir durch die Öffnung des Moskitonetzes die weite, reglose Sahara. Plötzlich bewegt sich etwas circa zehn Meter von der Zeltöffnung entfernt. In dieser Wüste ist alles so starr, daß das leiseste Geräusch und die leiseste Bewegung sofort auffallen. Es ist eine Spinne. Sie kommt näher, wird größer. Sie kommt geradewegs auf uns zu. Ich hasse diese Viecher. Sie hat die ganze Sahara für sich, von Ägypten bis Marokko und von Algerien bis zum Niger, aber sie muß ausgerechnet hier aufkreuzen! Sie krabbelt heran. Scheinbar zielstrebig. Ich ziehe mich in den hintersten Winkel des Zeltes zurück. Alex, der meine panische Angst vor Spinnen kennt, genießt die Szene. In dem Augenblick, als die Spinne die Schwelle des Vorzeltes überschreitet, wird sie von einem Vogel aufgepickt und verschluckt, der sogleich wieder abhebt und davonfliegt. Ich atme auf. Es gibt in der Sahara also auch liebenswerte Wesen.

In Dakhla werden wir von der königlichen Garde angehalten. Die Straße in den Süden der marokkanischen Sahara, in Richtung Mauretanien, ist gesperrt. Das Waffenstillstandsabkommen zwischen dem marokkanischen Militär und dem Frente Polisario (Befreiungsbewegung, 1973 gegründet, kämpft mit algerischer Unterstützung für einen unabhängigen Staat in der West-Sahara; Anmerkung des Übersetzers) ist südlich von Dakhla noch unsicher und zwingt die Marokkaner zu einer verstärkten Überwachung der Region. Der Saharauis-Widerstand ist noch nicht tot; die Rebellen beanspruchen immer noch das einstige Rio-de-Oro-Gebiet für sich. Es existiert sogar eine Saharauis-Regierung in Tindouf in Algerien. In diesem Krisengebiet patrouillieren außerdem über 300 UNO-Soldaten, die für eine friedliche Abwicklung des für Dezember 1993 vorgesehenen Referendums bezüglich der Zugehörigkeit der Saharauis-Völker zu Marokko sorgen sollen. Die Wüstenvölker werfen Marokko versteckte Kolonisation vor, weil die Regierung marokkanische Umsiedelungen und Investitionen in das ehemalige Rio-de-Oro-Gebiet fördert.

Um nach Mauretanien zu gelangen, muß man sich einem Militärkonvoi anschließen, der mehrere Male im Monat zwischen Dakhla und der Grenze hin und her pendelt. Wir sind nicht eben begeistert von der Aussicht, die letzten Kilometer durch die westliche Sahara in Lastwagen der königlichen Armee zurückzulegen.

Wir verschaffen uns einen Termin bei einem höheren Offizier und versuchen – vergeblich – ihn dazu zu bewegen, eine Ausnahme zu machen, uns einen Passierschein auszustellen.

»Sind Sie ganz sicher, daß wir nicht mit dem Fahrrad weiterfahren dürfen, Herr Hauptmann?«

»Absolut, meine Herren!«

»Und wenn wir einem Militärfahrzeug vorausfahren?«

»Bilden Sie sich ein, daß ich einen Jeep abkommandiere, der Sie drei Tage lang mit zwanzig Stundenkilometern durch die Wüste eskortiert?«

»Und wenn ein paar von Ihren Leuten uns auf dem Rad begleiteten?«

Der Hauptmann bricht in schallendes Gelächter aus.

»Ich würde in ganz Marokko keinen einzigen Freiwilligen finden! Meine Herren, der Konvoi bricht morgen auf. Guten Tag.«

Wir schwitzen uns unsere Enttäuschung im städtischen Hammam aus dem Leib. Als wir das Dampfbad wieder verlassen, begegnen wir Jean Buffan, einem Franzosen, der mit seiner Nichte im Jeep unterwegs ist. Sie haben ihre Rundreise beendet und sind auf dem Rückweg nach Frankreich. Jean schenkt uns allerlei Konserven. Unsere Fahrradtaschen füllen sich mit Cassoulet und Eintöpfen aus der Heimat. Eine willkommene Abwechslung von unserer üblichen Wüstenkost, die aus Brot, zwei Eiern und etwas Käse pro Tag und Person besteht.

Am nächsten Tag stoßen wir bei Morgengrauen vor den Toren der Stadt zum Konvoi. Die Fahrer warten geduldig, daß die Soldaten, die wild gestikulierend irgendwelche administrativen Schwierigkeiten ausräumen, ihnen das Zeichen zum Aufbruch geben.

An der Spitze des Konvois fährt ein Militärfahrzeug mit einem Offizier am Steuer. Er bewahrt die Pässe auf, damit sich niemand unterwegs absetzen kann. Der Konvoi setzt sich in Bewegung, und die bunt zusammengewürfelte, seltsame Prozession windet sich durch die Wüste.

Wir werden von der Nacht überrascht, noch bevor wir den marokkanischen Grenzposten erreicht haben. Im Licht der Scheinwerfer taucht etwas später eine kleine Lehmfestung an einem Stacheldrahtzaun auf. Auf der Hauswand steht: Gott, König, Vaterland. Wir haben die marokkanische Grenze erreicht.

»Sie werden die Grenze morgen überqueren«, verkündet der Offizier. »Heute ist es schon zu spät.«

Mit quietschenden Reifen tauchen plötzlich zwei riesige Geländewagen mit UNO-Markierung auf. Drei Hauptmänner auf nächtlicher Patrouille steigen aus. Der eine ist ein junger Franzose von achtundzwanzig Jahren. Er ist ganz gerührt, uns an diesem tristen Ort zu begegnen. Schreiend, um das Geräusch der Dieselmotoren zu übertönen, erzählt er uns im grellen Lichtkegel der Scheinwerfer von seiner Hochzeit in der Kirche Saint-Louis-des-Invalides im kommenden Juni. Er malt sich bereits die goldene Kuppel vor einem strahlendblauen Himmel aus, bald verschleiert von einer Wolke Konfetti. Abrupt schlägt er die Augen wieder auf und kehrt in die Gegenwart zurück, in diese Nacht in der westlichen Sahara. Ein flüchtiger Traum. Er schenkt uns eine Orange und einen Liter Quellwasser. Zum Abschied ruft er uns zu:

»Alles Gute und seid vorsichtig! Die Grenze ist erst seit einem Monat offen, und auf der anderen Seite erstreckt sich ein vermintes Niemandsland. Verlaßt unter keinen Umständen die Piste, nicht einmal zum Pinkeln: Vor zwei Wochen erst hat es einen italienischen Hauptmann erwischt. Hitze und Licht im Dschebel!«

Die beiden Geländewagen brausen wieder davon. Wir verschlingen die Orange auf die Gesundheit der französischen Armee und die hübschen Soldatenbräute sonntags in der Kirche.

Mittwoch, 7. Dezember, Mittag,
Grenzposten von Bir Gandouz

Die Marokkaner geben uns die Pässe zurück.

»Okay! Sie können los«, teilt uns der Offizier mit. »Zehn Kilometer geradeaus. Sie folgen den Grenzsteinen bis nach Mauretanien. Geben Sie auf die Minen acht.«

Sie machen kehrt und fahren zurück nach Dakhla. Unser Konvoi ist nun sich selbst überlassen und betritt das Niemandsland. Es handelt sich um eine mehrere Kilometer breite Pufferzone zwischen den beiden Ländern, die seit mehreren Jahren im Krieg stehen. Die Wagen bleiben vereinzelt in den Sandbänken stecken, der Lastwagen versinkt im Sand, der mauretanische Transporter gibt den Geist auf. Die Karawane bricht auseinander. Einige Kilometer weiter südlich beginnt die Region der Arguin-Sandank, wo im 19. Jahrhundert das Floß der *Medusa* strandete. Unter einer unerbittlichen Sonne stellen wir unfreiwillig die Szene nach. Der Zug erinnert an einen großen Schiffbruch. Die Fahrzeuge sind über eine Strecke von mehreren hundert Metern verstreut. Alle graben, schieben, ziehen und legen spezielle Platten unter die Reifen, um ihre Fahrzeuge wieder flott zu machen. Befehle und Flüche auf Holländisch, Französisch und Deutsch ertönen von allen Seiten.

Als wir endlich zur Grenze gelangen, wird unsere Mühe nicht einmal belohnt. Die Mauretanier, die in wahren Rattenlöchern ausharren, die ihnen als Befestigung dienen, halten uns stundenlang hin, um uns schließlich mitzuteilen, daß wir die Grenze erst am nächsten Tag passieren dürfen. Die Sonne versinkt im Atlantik.

Von Nouadhibou nach Akjoujt

Alexandre

Auf der anderen Straßenseite explodiert wie durch Zauberei ein geparktes Auto. Hochgewachsene Schwarze gestikulieren mit ihren langen Armen. »Die sind verrückt!« rufe ich fassungslos. »Sie laufen hin anstatt weg!« Zweite Explosion. Ein Mann hebt die Hand an den Kopf; er blutet. Wir befinden uns beim Zoll von Nouadhibou.

Unsere ersten Impressionen Schwarzafrikas sind dantesk. In den vergangenen drei Tagen waren wir der administrativen Willkür zerlumpter Offiziere ausgeliefert. Pech, wir haben dieses geopolitische Fegefeuer durch das Höllentor verlassen!

Eine lepröse Straße hat uns durch Elendsviertel und anarchische Mülldeponien, die von Feuern und ausgemergelten Ziegen verzehrt wurden, hergeführt.

Ausgebrannte Lastwagen und Schutthaufen sind halb verhungerten Kindern ein apokalyptischer Spielplatz. Aber auch in dieser erdrückenden Atmosphäre überlebt das Leben.

Drei pechschwarze Bärtige erteilen uns spontan eine Lektion in islamischer Propaganda. Wir sind gerade erst angekommen.

»Du darfst diesen Vers nicht bei dir haben! Du bist kein Moslem, du beschmutzt ihn durch deine unreine Berührung!«

Der einen Meter fünfundachtzig große Hüne mit Armen, dick wie Oberschenkel, und einem Stiernacken, ein Schauermann vom Hafen, macht mich vor dem Eingang des Zollbüros, in dem Sylvain die Formalitäten der Deviseneinfuhr regelt, an.

Ich frage ihn, wie er heißt, um seine Aggressivität zu bremsen.

»Ali.«

»Beinahe wie ich. Ich heiße Alex!«

Er findet das gar nicht witzig. Er hat es auf mein Kartenfach abgesehen, in dem mein Gedichtheft steckt, aufgeschlagen auf der Seite mit dem *Ayat al-kursi*-Vers. Es scheint, als hätten wir die Schwelle zum Fanatismus überschritten.

»Gibt das Heft her! Ich reiße die Seite heraus!«

Der Typ hat doch ein Rad ab! Ich bin allein, umgeben von grimmigen Blicken. Der Kreis schließt sich. Ich sehe nur einen Ausweg: Ich fange an, den Vers auswendig aufzusagen.

Sichtlich angetan, ergreift ein Teil der Schaulustigen, die sich eingefunden haben wie ein Krähenschwarm, für mich Partei. Ali faßt meine Rezitation anders auf und macht eine persönliche Angelegenheit daraus. Ich rette mich durch theologische Spekulationen: »Woher kommt das Ei?«

»Aus dem Huhn!« antworten sie lächelnd.

»Und woher kommt das Huhn?«

»Aus dem Ei!« antworten sie im Chor.

Es klappt! Wie macht man ein Omelett, ohne Eier zu zerbrechen? Und ich lege noch einen drauf, treibe das Spiel weiter.

»Wie wird man Moslem, wenn man nicht das Glück hatte, als Moslem auf die Welt zu kommen?«

»Indem man die Gebete lernt ...«

Sie haben begriffen. Puh! Diesmal habe ich die Lacher noch auf meiner Seite.

Endlich kommt Sylvain zurück, den Kopf mit einem Turban umwickelt wie ein Touareg. Ali zeigt ihm die verschiedenen Verwendungsmöglichkeiten des Fes im Falle eines Sandsturms. Wir haben gewonnen! Das Vertrauen ist hergestellt. An diesem Tag entdecken wir die Funktionsweise der Beziehungen zu den Wüstenvölkern.

Sylvain geht zur Polizei, um unsere Pässe abzuholen, während ich zur Bank düse, um Dirham und Dollar gegen Ouguiya zu tauschen. Als ich ankomme, schließt die Bank gerade. Ich jammere, bettle, aber es ist nichts zu machen. Ein kleines Männlein in einem gräßlichen, viel zu kleinen grauen Anzug und mit einer riesigen Brille auf der Nase spricht mich an. In der Hand hält er einen Aktenkoffer.

»Ich bin die Bank, kommen Sie mit.«

»!?«

Er führt mich um das Gebäude herum und übergibt mich in die Obhut eines kleinen Faktotums. Der Mann im Anzug kommt zurück und verzieht angewidert das Gesicht, als er feststellt, daß ich nur hundert Dollar wechseln möchte. Er öffnet seine Aktentasche, in der sich lose zerknitterte Geldscheine stapeln: der Safe! Ganz von seiner eigenen Wichtigkeit eingenommen, pflückt er eine Anzahl Banknoten heraus wie reife Früchte und reicht sie mir, ohne mich eines Blickes zu würdigen, nachdem er seine Provision von fünf Dollar eingesteckt hat.

Als ich auf die staubige Straße zurückkehre, hat Sylvain gerade mit einem Trupp aggressiver Kinder zu kämpfen.

»Gib Gas! Wir verschwinden von hier! Sie wollen mir alle mein Rad abkaufen, und beinahe hätte mir einer die Luftpumpe geklaut.«

Wir haben drei Möglichkeiten. Wir können bis Nouakchott der Küste folgen, am Strand der Arguin-Sandbank entlang, die durch Géricault und das »Floß der *Medusa*«, das dort Schiffbruch erlitt, Unsterblichkeit erlangt hat, aber das würde bedeuten, daß wir nur bei Ebbe weiterkämen. Wir können 500 Kilometer Sandpisten riskieren, die nicht einmal von Geländewagen mit Vierradantrieb befahrbar sind, oder aber wir klettern heimlich in einen leeren Waggon des Zuges aus Zouerate, der durch die Ardar-Wüste zur Mine zurückkehrt.

Wir entscheiden uns für die dritte Möglichkeit. Wir werden dem Zug bei seiner Abfahrt von der Blechfabrik auflauern. Er fährt uns vor der Nase davon! Und dabei sind wir zwei Stunden zu früh!

Ein Mann schreitet wie ein Gespenst von Giacometti, einen Schlüsselbund schüttelnd, mit wiegendem Gang die Gleisen entlang. Wie ein Petrus, der sich weigert, die Pforte zum Paradies aufzuschließen, erklärt er uns, der Zug, den wir knapp verpaßt haben, wäre der Fünfzehn-Uhr-Zug, der mit einer Stunde Verspätung abgefahren sei. Der Achtzehn-Uhr-Zug sei gestrichen worden und der nächste würde erst wieder zwischen einundzwanzig und dreiundzwanzig Uhr abfahren! Er verurteilt uns zu einer Wartezeit von acht Stunden in der Hölle!

Hamada Ould Bakar ist Buchhalter bei der SNIM (Société Nationale Industrielle Minière, ehemals MIFERMA). Er lädt uns auf einen Kaffee ins Hotel Oasian ein, unterhält sich mit uns über Hugo, Verdi und »seinen Freund« Depardieu, den er bei den Dreharbeiten zu *Fort Saganne* in der Nähe von Chinguetti kennengelernt hat. Dann übersetzt er uns seinen Namen: Steinacker, »Sohn dessen, der früh aufsteht ...!« Diese Poesie erinnert uns an eine Passage aus *Terre des Hommes*, wo Saint-Exupéry heldenhaft auf einer Hamada landet und von diesem von steilen Abgründen umgebenen Felsplateau auch wieder startet. Nouadhibou ist unsere Hamada; wir können es kaum erwarten, wieder zu starten.

Im Scheinwerferlicht seines Wagens führt Hamada uns zu einem verbeulten Algeco am Rand der Geleise. Wir befinden uns bereits in der Wüste. Es sind einige Soldaten da, die verhindern sollen, daß blinde Passagiere in die leeren Kippwaggons des vorbeifahrenden Zuges springen. Wir freunden uns mit ihnen an. In ihrem Zelt bieten sie uns Tee an.

»Ah, mauretanischer Whisky!« ruft Sylvain aus.

Sie lachen. Wir erzählen von Frankreich, während einer der Soldaten seinen sirupartigen Tee dreimal aufschäumt, indem er ihn schwungvoll in einem langen Strahl von der Kanne ins Glas befördert. Die Sécurité Sociale, die Urssaf (Union Régionale des Caisses de Sécurité Sociale et das Allocations Familiale), der RMI (Revenu Minimum d´Insertion) sind für sie nur Worte, die ihre Phantasien mit einer goldenen Wolke verzaubern.

Nie sollte ich in der Stille der Wüste ein kehligeres und schallenderes Gelächter hören als das von Teeliebhaber Ahmed, als er von der RMI (Sozialhilfesatz) erfuhr.

»Was, über 2 000 Francs, ohne daß man etwas dafür tun muß! Das gibt´s doch nicht! Und das jedes Jahr?«

»Nein, jeden Monat.«

Er bekommt keine Luft mehr, prustet, kriegt sich nicht mehr ein vor Lachen. Seine grauen Zellen arbeiten, seine Augen rollen nach allen Seiten wie Lottokugeln.

»Das sind ja 50 000 Ouguiya! Mehr als fünfundzwanzigmal mein Gehalt! Da arbeitet doch sicher niemand mehr! Und wenn niemand mehr arbeitet, wer zahlt dann ...«

Das dumpfe Knirschen des längsten Zuges der Welt ertönt irgendwo in der Nacht. In der Ferne sondieren die Scheinwerfer der sechs Lokomotiven, die die Waggons ziehen, vergeblich die endlose öde Weite. Er kommt näher. Man ist versucht, auszurufen: »Sie kommen näher!« – so unwahrscheinlich erscheint es einem, daß der Lärm von einem einzigen zusammenhängenden Zug verursacht werden soll. Der Boden vibriert. Der Stahl singt. Unsere Herzen klopfen wild.

Die Zugspitze zieht vorbei, dann lassen die zahllosen Kippwaggons unseren Brustkorb erzittern. Er nimmt kein Ende. Er hält nicht!

»Keine Bange! Er hält fünf Minuten. Zwei Kilometer Waggons sind lang!« beruhigt uns Hamada, stolz wie ein General bei der Truppenschau.

Der Zug steht nie wirklich still. Wenn die Lokomotiven endlich stoppen, durchlaufen Schockwellen ihr Rückgrat, und spastische Zuckungen schütteln die gequälten

Kopplungen. Hastig laden wir unsere Ausrüstung unter großem Gestöhne in einen der Kippwagen.

Wir sind drin! Uff! Es ist alles da! Hamada ruft uns nach.

»Vergeßt bloß nicht, in Choum auszusteigen! Sonst erstickt ihr im Tunnel nach Zouerate! Ihr könnt euch gar nicht vertun. Gewöhnlich hält der Zug dort, wenn nicht, müßt ihr abspringen.«

In Choum werden wir vom Pech verfolgt. Wir suchen einen Freund von Hamada: Fehlanzeige. Einen Kompressor, um unsere Reifen schneller wechseln zu können: Fehlanzeige. Vorräte: Fehlanzeige. Rasche Weiterfahrt: Fehlanzeige. Ein wenig ausruhen: Fehlanzeige. Unsere Nerven werden sofort von ganzen Kinderschwärmen strapaziert, die aggressiv und hartnäckig um uns kreisen. Sie sind so unerbittlich wie die Welt, in der sie leben. Es sind die gleichen wie in Nouadhibou. Sie haben nichts Kindliches an sich. Es stimmt nicht, daß die Wüste Balsam für die Seele ist. Sie läßt sie versteinern.

Es ist das erste Mal, daß wir sie nicht verstehen.

Ein kleiner Junge, der etwas bessere Manieren hat als die anderen, beobachtet uns, fasziniert von jedem unserer Handgriffe, während wir die Reifen abmontieren. Fliegen drängen sich auf seinen Lidern und pumpen die Tränen direkt aus der Quelle. Jetzt weiß ich, warum diese Kinder nie weinen! Theatralisch sagt Sylvain zu dem Kleinen:

»Blinzle, Kleiner! Verjag die Fliegen! Es geht um deine Würde! Sogar Esel verjagen die Fliegen mit dem Schwanz! Sicher, du hast keinen Schwanz. Schade eigentlich!«

Er deutet ein ängstliches Lächeln an. Er hat nichts verstanden und hält sich immer noch mit verschränkten Händen den aufgeblähten Bauch. Ich reiche ihm mit einer Hand einige Rosinen, während ich mit der anderen einen neuen Schlauch aufziehe. Er nimmt sie, begutachtet sie und spuckt dann unerwartet drauf! Na das sind vielleicht Manieren!

Wir sind gezwungen, uns aus dem »Dorf« zurückzuziehen, um ein wenig Ruhe zu finden. Wir tauschen die glatten Reifen gegen Profilreifen für die Überquerung der Regs (Steinwüsten) des Adrar, füllen unsere Wasserkanister auf und brechen in südliche Richtung auf.

Alles ist grau. Die Piste ist grau. Der Wind bläst uns ins Gesicht. Die ersten Kilometer bereiten uns auf den Rhythmus und die Prüfungen vor, die uns erwarten. In Abständen wechseln Sylvain und ich einen stummen Blick, der das Bedürfnis verrät, von der Zuversicht des anderen zu schöpfen. Er fährt weiter? Also fahre ich auch weiter! Und umgekehrt. Diese treibende Kraft, diese Dynamik ist es, die uns in der bevorstehenden schweren Zeit Halt geben wird. Sie ist es, die uns durchhalten läßt, wo ein einzelner scheitern würde.

Bald wechseln sich Sand- und Steinwüste ab. Jedesmal müssen wir Luft aus unseren Reifen lassen, um nicht im Sand steckenzubleiben. Aber das erschwert das Vorwärtskommen beträchtlich. Wir sind schwer beladen. Wir haben jeder 12 Liter Wasser im Gepäck, also etwa 3 Tage Autonomie, und dazu noch 8 Kilo Lebensmittel. Wenn wir unsere Räder besteigen, lastet eine Masse von 140 Kilo auf einer Fläche, die kleiner ist als die einer Sardinenbüchse! Ebensogut könnte man einen Elefanten durch den Schnee jagen und hoffen, daß seine großen Füße als Schneeschuhe fungieren!

Der gebogene Rücken im Verhältnis zur Fortbewegungsachse macht das Schieben der Räder auch nicht leichter. Eine Hand auf dem Sattel und die andere am Lenker, den Kopf gesenkt, das Rückgrat gebeugt, versuchen wir nach Kräften zu vermeiden, daß uns bei jedem Schritt die Pedalen gegen die Waden knallen. Der Schweiß verwandelt uns bald in wandelnde Salzsäulen, so daß die Wüstenfliegen sich zu einem Festmahl versammeln. Um ihnen zu entfliehen müßten wir Tempo machen. Verfluchter Sand!

Wenn wir den kommenden Abschnitt Sandwüste als lang einschätzen, lassen wir alle Luft aus den Reifen. So wird es zumindest ein klein wenig leichter. Aber sobald der Sand von Gestein abgelöst wird, müssen wir die Reifen wieder aufpumpen, um die Felgen nicht zu beschädigen. Der Rhythmus wird ständig unterbrochen, die Moral ist auf dem Nullpunkt.

Wenn der Boden wie durch ein Wunder mal fest und frei von Steinen ist, bekommen wir es mit einem neuen unbarmherzigen Feind zu tun: Wellblech! Diese steinharten Bodenwellen entstehen durch die Stoßdämpfer der motorisierten Fahrzeuge. Sie bewirken ein Phänomen der Wellenmechanik, das Sandwellen schafft, die ebenso gleichmäßig sind wie jene auf dem Meeresboden. Der Vorteil der Autos besteht darin, daß sie beschleunigen, und über die Wellen »hinwegfliegen« können. Wir versuchen alles, um ihnen zu entkommen, aber es ist zwecklos. Sie machen uns wahnsinnig! Bei jedem Pedaltritt bekommen wir einen Tritt in den Hintern, den wir bis ins Hirn spüren! Wir fahren Schrittempo. Es wäre sinnlos, gegen die Wüste ankämpfen zu wollen.

Samstag, 10. Dezember 1993:
63. Tag, 70 km. G: 4 637 km

Unser erster Brunnen in der Sahara ist tief und sauber. Unsere Gesichter spiegeln sich auf der Oberfläche wie auf einer Mondscheibe. Wasser und solche Trockenheit ... Wir nutzen die Akustik und singen aus Leibeskräften. Ein Touareg überrascht uns und überschüttet uns mit einer kehligen Schimpftirade: Man darf die Dschinns nicht aufwecken (Dämonen des Islam, die durch ein Gedicht von Victor Hugo berühmt wurden). Er läßt seinen Wasserschlauch in den Brunnen fallen und zieht ihn kraftvoll wieder hoch, einen Fuß auf den Brunnenrand gestützt, den Jahrhunderte der gleichen Haltung ausgehöhlt haben.

Die Brunnen in der Wüste sind wie diese Kinderbilder, die aus numerierten Punkten bestehen, die man mit einem Strich verbinden muß, damit sie ein erkennbares Ganzes ergeben. Verpaßt man einen einzigen Brunnen, ist das Endergebnis in Frage gestellt.

Sieben Kilometer weiter finden wir in einer Hütte aus geflochtenen Wolfsmilchzweigen hochwillkommenen Schatten. Und unseren ersten Gastgeber in der Sahara. In seiner himmelblauen Dschellaba auf dem Boden zusammengerollt, seine Frau im Schneidersitz zu seinen Füßen, lädt uns ein Mann mit vager Geste ein, auf Teppichen aus Palmwedeln Platz zu nehmen. Bei jedem unserer Schritte fliegt summend ein Schwarm Fliegen auf.

Der Mann holt eine Packung Kekse aus einem Koffer, während seine Frau mit den blaugefärbten Händen und dem nach Art einer Dogon-Maske (Dogon: Volk von Hirsebauern in Westafrika, bekannt für seine vielfältigen Masken; Anmerkung des Übersetzers) gepunkteten Gesicht mit Zuckerwasser versetzte Kamelmilch in eine Kalebasse gießt. Sylvain geht sein Marmeladenglas holen. Bei jedem zweiten Bissen verschlucken wir eine Fliege, die sich auf der Marmelade unseres Kekses niedergelassen hat. Wir spucken sie schon nicht mehr aus. In der Wüste ist Nahrung zu kostbar. Sylvain wendet sich an unseren Gastgeber:

»Weißt du, wie du Millionär werden kannst? Indem du Fliegenfänger und Perlenvorhänge importierst, die die Fliegen aus den Häusern fernhalten!«

Am frühen Nachmittag stoßen wir auf Fahrradspuren. Sind es etwa unsere eigenen? Fahren wir im Kreis wie die Brüder Schulze & Schultze in *Tim und Struppi im Land des schwarzen Goldes*?

»Das ist bestimmt dieser irre Matthias! (katalanischer Radfahrer, dem wir in dem Militärkonvoi begegnet sind und der auf seiner zweiten dreijährigen Weltreise unterwegs war). »Wie hat er es bloß geschafft, uns einzuholen, wo er doch nicht denselben Zug genommen hat wie wir?«

Es ist gleichzeitig ärgerlich und tröstlich zu wissen, daß jemand vor einem da war.

Seit dem Morgen halten wir auf der linken Seite, entlang des Plateaus, dem wir folgen, Ausschau nach einer Einbuchtung, die auf einen Weg hinauf hindeutet. Kurze Zeit später entdecken wir eine und sehen, wie die Piste nach Osten abbiegt und darauf zustürmt wie auf einen Notausgang.

Aouinat und Mills, Allianz zweier Welten zum Nutzen eines gemeinsamen Durchgangs, unpassende Allianz zweier Namen, zur Siegesfeier des Menschen über den Stein. In Serpentinen windet sich die Piste die 890 Meter Höhenunterschied hinauf. Sylvain erklärt mir, daß wir es mit einer Planaise zu tun haben (Basaltschicht auf einer Sedimentschicht). Wunderbar! Bei ihm nehmen alle morphologischen Formen poetische Namen an, die unter der Zunge knallen wie Peitschenhiebe: *yardang, barkhane, neck …*

In der Wüste gilt das Prinzip, »Was getan ist … ist noch zu tun«, und so gelangen wir hinter dem Paß auf ein steppenähnliches Plateau.

Die großartige Ten´Zak-Mesa (Tafelplateau mit einer Basaltschicht zuoberst), die sich von einem aschfarbenen Himmel abhebt, ist unser nächstes »Nadelöhr«. Die Bodenwellen ruinieren uns das Kreuz und verlangsamen unser Fortkommen beträchtlich. In Anerkennung unserer Mühen neigt sich die Sonne, als wir den Paß in Angriff nehmen. Die 15% Steigung lassen uns schnaufen wie mechanische Vollblüter. Die vierköpfigen Schenkelstrecker zum V gespannt, die Zwillingsmuskeln auf Hochtouren und der Lungenturbo bringen meine Nasenventile zum Rauchen. Mir wird noch das Kühlwasser überkochen; die Körperflüssigkeiten brodeln unter der Haube. Volldampf!

Glorreiche Lobpreisung der menschlichen Kraft verkündet eine Bronzeplakette, die besagt, daß die Ten´Zak-Passage 1952 von französischen Legionären freigelegt wurde. Allein der Gedanke, unter der sengenden Sonne zur Spitzhacke zu greifen, um den Berg auszuhöhlen, macht uns ganz krank.

Uns geht der Sprit aus! Die Anstrengung hat unsere sämtlichen Kraftreserven verbraucht. Mit hängenden Armen, steifem Hals, zitternden Beinen und brennendem Hals blicken wir aus der Höhe auf die Pracht der Wüste herab. Aus dieser Perspektive erscheint uns die Wüste um vieles schöner.

Ohne treten zu müssen, rollen wir hinunter bis zur Ksar-Terchan-Oase.

In einer Senke schimmern Wasserpfützen zwischen nacktem Fels. Eine Fata Morgana? Immer noch zweifelnd, verfallen wir in eine regelrechte Raserei. Wir lassen unsere Räder einfach fallen und rennen los! Wasser! Es ist nicht nur Wasser; es ist viel mehr als das! Es ist die Hochzeitsnacht, die Liebkosung eines Kindes und die Liebe einer Frau, das Leben! Langsam tauche ich erst die Hände und dann die Arme hinein; elektrische Ladungen jagen mir Schauer über den Rücken, ich fühle, wie sich die Spannung langsam entlädt. Ich tauche weiter ein, bis zum Oberkörper, Kopf inklusive. Und Sylvain beweist mir, daß die Cowboys, die sich in den Western keuchend auf Wasserlöcher zuschleppen und dann Kopf und Arme hineintauchen, keineswegs Karikaturen sind. Als wir diesen Traum verlassen wie ein Kino, ist es Nacht.

Auf weichem Sand wächst etwas abseits ein kleiner Palmenhain, in dessen Mitte eine friedliche Lichtung einen traumhaften Lagerplatz abgibt. Ein Linseneintopf mit Speck rettet uns das Leben. Wie zwei alte Männer vertreten wir uns nach dem Essen ein wenig die Beine. Der eiskalte, tiefe Sand massiert unsere blassen Füße. Zum Teufel mit den Skorpionen, dieses Gefühl ist einfach zu göttlich! Die milde Luft ist wie Balsam auf den Wunden des Tages. Innere Heiterkeit. Wir legen uns eine Weile auf verlockende, noch warme Steinplatten, um das Gefühl wunschlosen Glücks auszukosten.

»Und da gibt es Leute, die sich mit einem Fünf-Sterne-Hotel zufriedengeben, wo sie doch völlig kostenlos eines mit tausend Sternen haben könnten!«

Im Morgengrauen verputzen wir zum Frühstück erst einmal die 30 Kilometer bis Atar. Dort haben wir eine Anlaufadresse, die von Scheich Elie Ould Moma, großer Marabut und spiritueller Führer Mauretaniens. Zur Linken der Straße, Richtung Norden, überragt sein Haus alle anderen. Hohe Mauern schützen geräumige Höfe und bilden einen uneinnehmbaren Wall. Bewaffnete Almoraviden (aus einem Missionarsorden hervorgegangene Berberdynastie – 1061-1147, von den Almohaden gestürzt; Anmerkung des Übersetzers) bewachen den Scheich. Wir bitten an einer Poterne um eine Audienz. Der Spion wird wieder geschlossen. Eine Stunde vergeht, in der wir hungrig und verdreckt ausharren. Ein Schwarm von Kindern umringt uns neugierig. Wahnsinn, wie reizbar einen die Hypoglykämie machen kann! Wir haben mittlerweile einiges von unserer toleranten Sanftmut wohlgenährter Westler eingebüßt.

Männer hocken entlang der Mauer auf der Erde. Sie warten. Warten scheint hier ein beliebter Volkssport zu sein. Die Mauretanier haben ihn zu einer wahren Kunst erhoben. Wir müssen noch viel lernen. Wir zetern in guter alter Galliermanier, bis endlich der Spion geöffnet wird: Der Scheich empfängt erst in vier Tagen wieder, und die Warteliste ist so lang, daß wir einen ganzen Monat warten sollen, ehe wir vorgelassen werden!

Wir greifen auf eine Notlüge zurück und behaupten, wir wären extra mit dem Fahrrad aus Paris gekommen, um den Scheich zu sprechen. Der Bote verschwindet erneut. Diesmal müssen wir nicht mehr so lange warten: Der Scheich wird uns um halb eins empfangen. Als wir zur besagten Zeit zurückkehren, hocken die Männer noch genauso da wie vorher. Nur ihre Schatten sind in der Sonne dahingeschmolzen.

Von einer Eskorte werden wir in einen ersten staubigen Hof geführt, auf dem sich Kamele und Zelte drängen. Er brät in der sengenden Hitze und ist erfüllt von gedämpftem Stimmengewirr. Ein übelkeiterregender Geruch nach Blut und warmen Eingeweiden steigt uns in die Nase. Gleichgültig betrachten die Dromedare die großen, blutigen Fleischbrocken, die an der Mauer hängen. Über eine Treppe gelangen wie in einen zweiten Hof, in dem Kinder herumtollen; eine Frau verschwindet mit leisem Lachen und Stoffgeraschel – unser einziger, flüchtiger Blick auf den Harem des Scheichs. Der Zerberus führt uns nun in eine Art Heiligtum. Ein schneeweißer Turban erscheint: der Scheich. Er ist groß und ganz in Weiß gekleidet, mit bernsteinfarbenen Augen in einem dunklen Gesicht, dessen Kinn ein Spitzbart ziert. Ein richtiges Patriarchengesicht. Mit Röntgenaugen blickt er blitzschnell in unsere Herzen. In Ordnung! Wir sind brave Jungs! Ein Knie auf den Boden, um ihm die Hand zu küssen. Er erwidert den Gruß, indem er uns auf den Scheitel küßt, zieht uns auf die Füße und fordert uns auf, ihm zu folgen.

Auf dem schönen Teppich seines Zimmers hört der Marabut sich unsere Fragen mit Hilfe zweier Dolmetscher und eines Korangelehrten an. Dem Scheich ist es nicht gestattet, sich in einer anderen Sprache zu verständigen als der des Propheten. Wir berichten von den Plänen, die uns hergeführt haben, erzählen von unserer Entdeckerlust und kommen schließlich auf das zu sprechen, was uns wirklich interessiert.

»Was halten Sie von der franco-arabischen Freundschaft?«

»Nun, da Sie hergekommen sind, um mir diese Frage zu stellen, kennen Sie die Antwort vermutlich schon. Außerdem darf ich mit Ihnen nur über religiöse Belange sprechen.«

»Welche Gemeinsamkeiten sehen Sie zwischen Christentum und Islam?«

»Viele, aber ich darf mich zu keiner anderen Religion äußern als meiner eigenen.«

Sylvain versucht, ihn aus der Reserve zu locken.

»Und was ist mit dem Islam in Frankreich?«
»Frankreich ist ein Islam ohne Moslems.«
»!?«
Sylvain ergeht sich in einer Lobrede über die Republik, die soziale Absicherung, die Justiz sowie den medizinischen Fortschritt und meint abschließend, daß all dies »sehr positive Dinge sind, die auch vom Islam gepredigt werden«.
»Aus diesem Grund muß der Westen sich zum Islam bekennen! Sie beide sind auf dem rechten Weg.«
Wir können seiner Logik nicht ganz folgen. Also belassen wir es dabei, nachdem wir seinen Segen erhalten haben, eine hohe Ehre für Nichtmoslems.
Anschließend speisen wir im Kreise einer ehrwürdigen Versammlung von Intellektuellen, Industriellen und Notabeln, die gekommen sind, sich hier beim Scheich auszutauschen. Die Ehren, mit denen der Marabut uns bedacht hat, haben uns die Achtung der Anwesenden eingebracht. Ein Wolof-Sklave, gewaltig wie ein Ebenholzfaß, verneigt sich tief, während er uns eine große Schale Reis und eine Platte gekochtes Kamelfleisch vor die Nase hält. Zur Vorspeise werden zerdrückte Datteln aus einer Schale gefischt und in ranzige Kamelbutter getaucht. Ziemlich gewöhnungsbedürftig!
Am Nachmittag werden wir in die Obhut Maroufs gegeben, des jungen Sohnes des Scheichs. Uns wird nachdrücklich erklärt, daß wir ihm denselben Respekt schuldig seien wie seinem Vater.
Anfangs sind wir überrascht von seiner Schüchternheit. Offensichtlich ist er völlig perplex, daß wir ihn so respektvoll behandeln. Es scheint seinen Stolz zu verletzen, weil er selbst nichts geleistet hat, diese Macht zu verdienen. Komplex des jungen Aar?
Er zeigt uns sein »Spielzeug«. Das erste, ein wunderschönes arabisches Vollblut, das auf dem Hof angebunden ist, bockt, als wir uns ihm nähern. Marouf befiehlt einem großgewachsenen Schwarzen, das Pferd mit einem dicken

Knüppel zu züchtigen. Als zweites zeigt er uns eine Wildkatze, die bei der letzten Jagd – im Pajero – gefangen wurde, nachdem sie bis zur völligen Erschöpfung gehetzt worden war. Schließlich führt er uns unter eine schattige Pergola, wo sich sein anhänglicher fetter, schleimiger Hofstaat versammelt hat und die ganze elektronische Palette von Sony bewacht: Stereoanlage mit CD-Spieler, Camcorder, Fernseher!

Während er uns sämtliche Funktionen erläutert und wir staunendes Entzücken mimen, betrachte ich verwirrt die fülligen Männer, die träge Kopf an Kopf aufeinanderhängen. Und ich denke an all die weibliche Zärtlichkeit, die das System ihnen vorenthält.

»Spielt ihr Boule?« fragt uns der Thronfolger.

»!?«

In einem Konvoi brandneuer Pajeros verlassen wir das Anwesen. Zu unserer Verblüffung fahren wir durch ein anderes Tor wieder hinein: Wir haben ganze 200 Meter mit dem Auto zurückgelegt! Verdattert verlassen wir widerwillig das klimatisierte Wageninnere und den japanischen Komfort, um einer denkbar unerwarteten Szene beizuwohnen.

Als altes Überbleibsel der Kolonialzeit spielen die Mauretanier mitten in der Wüste Boule. Der mediterrane Akzent fehlt, aber dafür wird das Spiel vom sanften Rascheln der Dschellabas begleitet sowie von Ausdrücken, die unsere Mauren in ihre abgehackte, von Zahnlauten durchsetzte Sprache einflechten: »*Beau carreau!*«, »*Chandelle!*« »*Ca demeure!*« – Begriffe, die surrealistisch anmuten, die sie jedoch als Eingeweihte von sich geben wie Zauberformeln. Eine Schale Kamelmilch geht so lange um, bis einem schlecht davon wird.

Abrupt hat das Spiel ein Ende: neunzehn Uhr, Zeit für das Abendgebet, *al-Maghreb*. Der Vorbeter stimmt seine nasale Litanei an. Um nicht nachzustehen, sagen wir in Gedanken ein Vaterunser auf. Ist es nicht derselbe Gott, zu dem wir auf unterschiedliche Weise beten? Der untergehenden Sonne den Rücken zugewandt, beten wir alle mit dem Gesicht zur Wand, vor der Markierkugel kniend, die zufällig in die nach Mekka weisende Bahn gerollt ist.

Bevor wir Atar am darauffolgenden Tag wieder verlassen, stocken wir in einem Lebensmittelladen unsere Vorräte auf. Auf den Sardinenbüchsen, die wir kaufen, steht in fetten Lettern: **Entwicklungshilfeprogramm Nr. 64 UNHCR, unverkäuflich.**

Aber der Großteil der mauretanischen Bevölkerung kann nicht lesen! Welche Ironie, daß Sardinen, die aller Wahrscheinlichkeit nach vor den Küsten Mauretaniens gefangen, in Frankreich verarbeitet, über die EG und das Hochkomitee der Flüchtlingshilfe der Vereinten Nationen wieder nach Mauretanien rückimportiert wurden und über dunkle Kanäle in den Ladenregalen gelandet sind! Ein schlechter humanitärer Streich auf Kosten der einheimischen Fischer.

Am Ortsausgang bedeutet uns ein barfüßiger zerlumpter Soldat anzuhalten. Wunderbare Polizisten, die ihre Macht eher ihrer Funktion verdanken als dem Prestige ihrer Uniform. Sein Kollege hockt faul auf der Schwelle einer Hütte. Langanhaltende Stille. Unser kleiner Offizier spielt den starken Mann und denkt sicher dasselbe von uns. Er studiert eingehend unsere Pässe und sucht unsere Achillesferse. Eine Fliege auf der Nase, fragte er mit dem feierlichen Ernst eines Erzbischofs:

»Na hören Sie mal! Wo haben Sie denn den Motor versteckt?«

Mühsam unterdrücken wir unseren Lachreiz und erklären ihm, daß es sich um Fahrräder handelt.

»Wollen Sie mich auf den Arm nehmen? Zeigen Sie mir den Motor und Ihre Führerscheine!«

Sylvain lädt seine hinteren Packtaschen ab. Der Polizist ist völlig verdattert. Kein Motor! Er setzt seine Routinebefragung fort, wobei er sich schwerpunktmäßig nach unseren Großmüttern und Versicherungsnummern erkundigt.

Dann verlangt er von uns Wegezoll. Er zeigt uns seine Ticketabschnitte. Sylvain platzt der Kragen.

»Aber auf den Tickets steht nur etwas von Autos und Motorrädern! Wir sind nicht motorisiert, also brauchen wir auch nicht zu bezahlen.«

»Doch, doch! Die Zahlscheine für Fahrräder werden nächste Woche gedruckt!«

Also setzen wir ihm schulmeisterlich auseinander, daß Gesetze prinzipiell nicht rückwirkend geltend gemacht werden können. Beeindruckt lädt er uns ein, seinen Hammeleintopf mit ihm zu teilen. Der Gute war offenbar nur ausgehungert nach ein wenig Konversation.

Unsere ersten Pedaltritte werden mit heftigen Bauchkrämpfen bestraft. Unsere Bäuche blähen sich, als wären unsere Verdauungsapparate ausgefallen und als würde die nicht zersetzte Nahrung unsere Därme verstopfen. Das sind die Vorboten einer Dysentrie, deren Ursprung wir nicht exakt bestimmen können: mangelhafte Qualität des gekochten Kamelfleisches oder die Kamelmilch und eine fehlerhafte Wundertätigkeit des Scheichs? Wir radeln einige Stunden zwischen roten und ockerfarbenen Felsformationen hindurch und gelangen an den Rand des Ardar-Plateaus. Gen Südwesten sehen wir in der Ferne einen winzigen Abschnitt der 500 Kilometer Sandwüste und der Qualen, die bis Nouakchott noch vor uns liegen.

Es geht ganz schnell! Die Piste ändert innerhalb von 10 Metern die Farbe. Wie erwartet sind auch die Bodenwellen zur Stelle. Wir versuchen, uns so gut es geht anzupassen. Hart! Erklären Sie mal einem Rodeopferd, daß es sich nur selbst wehtut, wenn es bockt, und daß der einzige Weg, den schmerzhaften Druck auf seine Hoden zu vermeiden, der ist, einfach stillzustehen. Aber anzuhalten wäre unser Ende. Matthias´ Spuren sind verschwunden. Wo zum Teufel mag er langgefahren sein? Seine Spur war unser Ariadnefaden. Von jetzt an bilden wir die Spitze. Entmutigung stellt sich ein.

Die Piste ist schnurgerade, von Barkhanen gesäumt, die uns daran hindern, sie zu verlassen. Hier wird nicht gemogelt. Unser Verstand meldet Resignation. Der Trick besteht darin, einen guten Rhythmus zu finden, um die Stöße weitmöglichst abzufangen und zu versuchen, deren Energie zu nutzen. Diese Taktik verurteilt uns zu einem so gemäßigten Tempo, daß wir ständig riskieren, steckenzubleiben.

Wie viele Male habe ich vor mir Sylvains Rad umfallen sehen? Wie oft bin ich selbst wie in Zeitlupe gestürzt, mit der endlosen Leere als einzigem Zeugen dieses kleinen Dramas in der Sahara? In Augenblicken wie diesen muß man aus seinem tiefsten Inneren Reserven mobilisieren und sämtliche Sinne auf Eis legen, das Denken abschalten. Wie mechanische Arbeitstiere tauschen wir die Maxime des *Cogito ergo sum* – »Ich denke, also bin ich«, gegen die des *Molo ergo sum* – »Ich mouliniere, also bin ich« (mouliner – Seide zwirnen; in diesem Fall im übertragenen Sinne »strampeln«; Anmerkung des Übersetzers).

Beckett und Ionesco streiten am Treffpunkt des Absurden. Wir sind in der Wüste, dort wo andere Kleinen Prinzen begegnen, auf Godot und das Rhinozeros gestoßen: Zu unserer Linken, etwa hundert Meter entfernt, sitzen zwei Männer wie auf dem Mond. Sie trinken Tee. Unsere blutleeren, fiebrigen Kleinhirne tun sich schwer zu schalten. Die Halluzination weicht, als einer der beiden Männer uns heranwinkt. Wo kommen sie nur her? Wo wollen sie hin? Sie haben nicht mehr bei sich als alles Notwendige zum Teekochen. Wir bekommen keine Antwort auf unsere Frage. Erschöpft gehen wir dem Wunder der Wüste nach. »Wie viele Kilos bis zum nächsten Brunnen?« (In Mauretanien werden Entfernungen in Gewichten gemessen!)

»Yagref! 30 oder 40 Kilo, vielleicht auch 50-80 oder 100-110, so etwa.«

Die Einstellung des Afrikaners zu Entfernungen ist ein wenig ermüdend.

»Sind Sie sicher, zwischen 30 und 110 Kilo?«

»Na ja, 30,50, 110 so etwa!«

»Nicht mehr als 110? So etwa?«

»So etwa!«

In welchem Winkel der Wüste er die Nacht verbringen wird? Die Frage scheint ihn nicht weiter zu beschäftigen. Wir nehmen nach und nach einige Wüstengewohnheiten an. Wir verlernen, vorauszuplanen und zu rechnen. *Inch Allah!* Der Raum ist hier keine Entfernung, sondern ein Zeitabschnitt: Die Zeit, die man für die Bewältigung einer bestimmten Strecke benötigt. Die Sahara verzerrt das Verhältnis von Raum und Zeit.

Wir steigen wieder auf unsere Räder wie ein Mönch ein Büßerhemd unter die Kutte zieht. Einige Steinwüstenabschnitte erlauben uns, die Piste zu verlassen und einer Parallelen zu folgen. Bei unserer Ankunft in Yagref haben wir 85 Kilometer zurückgelegt. Godot irrt sich nie!

Um den Brunnen, auf dessen Grund trübes Wasser schimmert, stehen einige windgepeitschte verfallene Hütten. Am Brunnenrand stehen Männer und schimpfen mit hoch erhobenen Armen. Wasserschlauch und Seil sind ins Loch hinuntergefallen, und die hilflosen Dorfbewohner gestehen uns, daß keiner von ihnen schwimmen kann. Die Männer der Wüste haben nur selten Gelegenheit, Brustschwimmen zu lernen. Es ist der einzige Wasserschlauch im Dorf. Wir tauschen einen Blick.

»Knöpfen wir uns den Brunnen vor?«

Die Gelegenheit, mitten in der Sahara ein Bad zu nehmen, kann man sich nicht entgehen lassen. Sylvain zieht sich aus, und ich lasse ihn mit Hilfe der Mauren hinunter. Die Wasseroberfläche liegt 10 Meter unter dem Sand. Als er das Wasser berührt, schreit Sylvain vor Freude auf und fängt an zu singen! Die Mauretanier machen besorgte Gesichter.

»Vertreibt er die bösen Geister?«

»Genau, ja! Genau so ist es!«

Er taucht immer wieder ohne Erfolg. Der Brunnen scheint bodenlos zu sein. In sprachlosem Entsetzen rollen die Mauren mit ihren weit aufgerissenen Augen. Stille. Einige Luftblasen steigen an die Oberfläche. Nach langer Zeit unter Wasser taucht Sylvain endlich wieder auf. Er hat blind den Grund abgetastet und den Wasserschlauch tatsächlich im Schlick gefunden. Er bringt ihn wie eine kostbare Trophäe herauf. Allgemeiner Freudentaumel!

»Danke! Tausend Dank, Monsieur! Alles in Ordnung? Alles in Ordnung?«

Er wird umarmt, förmlich erdrückt vor Dankbarkeit. In der ganzen Aufregung denkt niemand daran, das Seil wieder festzuknoten. Ein lautes »Platsch« bereitet der ausgelassenen Stimmung ein abruptes Ende. Der Wasserschlauch ist in den Brunnen zurückgefallen. Außer uns findet das niemand komisch.

Diesmal bin ich an der Reihe. Um der Angelegenheit etwas mehr Pepp zu verleihen, greife ich auf meine Erfahrung im Tiefseetauchen zurück und bleibe über zwei Minuten unter Wasser. Unsere Mauren sterben fast vor Angst. Sie sind ganz blaß, als ich endlich wieder auftauche.

»Ich habe beim Hinabtauchen achtzehn Ellen gezählt. Das sind 8 Meter Wasser!« verkünde ich stolz.

Sauber und erfrischt brechen wir wieder auf, erleichtert, nicht in der Wüste ertrunken zu sein. Einige Kilometer weiter bauen wir mitten im Nichts unser Zelt auf. Heute abend stehen Nudeln und *baked beans* auf dem Speiseplan. Ein höllischer Durchfall erinnert uns daran, daß wir krank sind. Man sollte Dünnpfiff in Laufkrankheit umbenennen. Die Kohletabletten helfen schon lange nicht mehr, aber wenigstens die kühle Nacht ist Balsam nach der Hitze des Tages.

In den zwei folgenden Tagen verschlechtert sich unser Zustand zusehends. Wir werden immer schwächer. Wir verdauen nichts mehr.

Die Wüste ist ein Gefängnis. Wir müssen durchhalten, dürfen nicht aufgeben. Wir können es uns gar nicht erlauben, aufzugeben. Der Wunsch, alles hinzuschmeißen? Kein Gedanke. Wir haben nur eine fixe Idee, sind davon besessen, hier rauszukommen. Gesund zu werden.

Ein Sandsturm rundet die nervliche Zersetzung ab, die unsere Moral untergräbt. Wir sprechen mehrere Stunden lang kein Wort. Sylvain schläft manchmal, von der Hitze erschöpft, auf dem Rad ein und wird unsanft von einer rauhen Sandzunge geweckt. Wir halten einen gewissen Abstand ein, um ungestörter sämtliche Dämonen der Hölle verfluchen zu können. Sie zahlen es uns prompt heim. Die hartnäckigen, dreisten Fliegenschwärme bringen uns zur Raserei. Die Grenze zum Wahnsinn ist nicht mehr weit.

Akjoujt, unser nächstes Ziel, läßt auf sich warten. Auf die Gefahr hin, daß wir uns verfahren, fange ich an zu rationalisieren. Zu rationalisieren wie Zenon von Elea: Akjoujt ist 20 Kilometer entfernt. Ich setze mir die halbe Strecke zum Ziel, dann hiervon die Hälfte, dann die Hälfte der Hälfte der Hälfte. 2,5 Kilometer vom Ziel entfernt, nach 17,5 Kilometern mathematischer Berechnungen, ist die Stadt immer noch nicht zu sehen, und ich begreife endlich das berühmte Paradoxon: Wie der Pfeil Zenons von Elea werden wir nie ankommen.

In einer Aufwallung tiefster Verzweiflung, beflügelt von einem Adrenalinschub, starten wir zu einem letzten Sprint, blindwütig, ohne Rücksicht auf unsere Felgen, die Zähne zusammengebissen, angetrieben von einem unbezwingbaren Überlebensinstinkt.

Bald schon taucht die Stadt aus der gelblichen Masse des sengenden Himmels ab, nach und nach, wie eine sandgestrahlte schmutzige Mauer. Ziellos fahren wir durch die wüstenzerfressenen Gassen dieser Geisterstadt, auf der Suche nach dem Gespenst, daß uns den Rest gibt. Im Schatten einer Mauer lassen wir uns kraftlos in den Straßenstaub sinken.

Just in time wie die Kavallerie steigt der Fahrer eines Geländewagens mit getönten Scheiben auf unserer Höhe in die Eisen. Ein hünenhafter Rotschopf von mindestens zwei Metern Länge steigt aus dem Wagen, ein kräftiger Kerl mit Armen wie Keulen. Er baut sich vor uns auf und mustert uns aus blauen Augen.

»*Hi guys! I see you´re in trouble. You want a beer?*«

Er zerquetscht uns die Hände.

Uns kommt er vor wie Christus in Gestalt von Schwarzenegger.

Von Akjoujt nach Dakar

Sylvain

»Hey Leute! Wie ich sehe, seid ihr in Schwierigkeiten! Wollt ihr ein Bier?«

Tony gehört zu den acht Westlern – Amerikaner und Australier –, die die Mine von Akjoujt verwalten. Die australische Gesellschaft Morak hat das Gelände mit einer alten Kupfermine aufgekauft, die bei der Entkolonialisierung aufgegeben wurde. Mit einem komplexen chemischen Verfahren extrahieren die neuen Besitzer das Gold aus den Kupferabfällen, die zu gigantischen Erdhügeln aufgeschichtet werden.

In der Kolonialzeit war Akjoujt eine Oase. Man flanierte durch die gepflasterten und beleuchteten Straßen, unter schattenspendenden Bäumen, die von einem kostspieligen Pumpsystem bewässert wurden. Aus der guten alten Zeit sind nur Ruinen mit eingefallenen Dächern und löchrige Straßen mit kaputten Laternen übriggeblieben. Seit dem Abzug der Franzosen haben Sand und Brände die letzten Überreste des goldenen Zeitalters vernichtet. Nur noch einige hundert Mauren harren in dieser tristen Ruine aus.

Tony führt uns in die Unterkunft der westlichen Angestellten von Morak. Es handelt sich um das ehemalige Clubhaus, in dem die französischen Militärs verkehrten. Übriggeblieben sind ein Tennisplatz, der aussieht wie ein gepflügter Acker, und ein mit Sand gefülltes Schwimmbecken, in dem einer der Australier ein Schild aufgestellt hat: »Vorsicht Känguruhs!«

Der Direktor der Firma empfängt uns in seinem Büro.

»Hallo, Jungs! Ich heiße Werner. Ihr seht schlecht aus.«

»Stimmt, Monsieur. Wir werden bald elendig krepieren.«

»Kommt nicht in Frage! Jedenfalls nicht hier bei uns. Kommt mit, ich will euch etwas zeigen.«

Wir folgen ihm durch die Flure des ehemaligen Clubs. Werner bringt uns zu einem Kühlschrank.

»Voilà!« sagt er, als er die Tür öffnet.

Uns wird ganz schwindlig angesichts dieses Berges eiskalter Biere und Limonaden. Die Morak-Angestellten leben in diesem Club wie auf einer Ölplattform. Ohne jeden Kontakt zu den Einheimischen. Sie schlafen in klimatisierten Hütten in Fertigbauweise. Ihre komplette Verpflegung wird per Hubschrauber oder Lastwagen aus Nouakchott geliefert.

»Wir sind nicht als Touristen hier«, erklärt uns Werner. »Wir produzieren siebzig Kilo Gold in der Woche, das wir über die Straße nach Nouakchott transportieren, von wo aus es direkt in die Schweiz exportiert wird. Mit Hilfe der 180 Mauretanier, die wir eingestellt haben, erwirtschaften wir zu acht den zweitgrößten Umsatz ganz Mauretaniens! Und wir sind der SNIM, der großen staatlichen Minengesellschaft mit 4 000 Angestellten, dicht auf den Fersen.«

Der schottische Firmenarzt untersucht uns.

»Ihr habt Würmer im Bauch, Jungs. Fadenwürmer.«

Wir berichten ihm von unseren letzten Mahlzeiten.

»Aller Wahrscheinlichkeit nach ist euch das Kamel des Scheichs auf den Magen geschlagen. Ich gebe euch ein starkes Wurmmittel. In drei Tagen seid ihr die Parasiten los.«

»Danke, Doc.«

»Dankt mir nicht. In der ersten Zeit wird es euch noch schlechter gehen als jetzt. Dieses Medikament bekämpft das Übel mit dem Übel. Die Wirkstoffe bringen das Verdauungssystem der Würmer durcheinander, die letztendlich daran eingehen. Gleichzeitig verschlimmert es aber auch eure Symptome.«

»Das sind ja wunderbare Aussichten für die nächsten Tage.«

Wir verbringen eine traumhafte Nacht in den hyperfunktionalen Hütten, die so keimfrei sind wie Krankenhauszimmer. Der Kontrast zwischen Hölle und paradiesischem Komfort ist von berauschender Brutalität.

Von Akjoujt bis Nouakchott sind es 250 Kilometer. Die Straße führt durch Dünenfelder, die abwechselnd ockerfarben, orange oder rot schimmern. Das Kreuz mit den Bodenwellen setzt sich fort, schlimmer denn je.

Die Voraussagen des Minenarztes bestätigen sich. Die Würmer in unserem Bauch krümmen sich vor Schmerz von den heftigen Leberkoliken, die das Wurmmittel bei ihnen verursacht. Aber ihre Agonie wird auf uns übertragen. Wir verdauen nichts mehr. Und wir lassen auf unserem Weg eine Reihe übelriechender Pfützen zurück, in denen die Kadaver eingegangener Würmer schwimmen.

Unterernährt kämpfen wir uns weiter wie die Tiere, stumm, ohne zu denken. Zum erstenmal seit Beginn unserer Reise halten wir einen Sicherheitsabstand zueinander. Der Vorteil der Wüste liegt darin, daß man einfach nicht aufgeben kann. Man hat keine andere Wahl, als durchzuhalten. Im Grunde ist es also kein großer Verdienst, aus der Sahara wieder herauszukommen.

Am Abend stellen wir das Zelt an einer x-beliebigen Stelle auf, einige Dutzend Schritte abseits der Piste. Wir haben eine bemerkenswerte Erholungs- und Entspannungstechnik entwickelt, die darin besteht, im Inneren des Zeltes ein ebenso künstliches wie beruhigendes Ambiente zu schaffen. Wir pflegen die Sinnenfreuden. Erst betrachten wir lange Fotos von moosbewachsenen Wäldern, die wir auf die Gedichthefte geklebt haben, dann atmen wir den Duft parfümierter Tücher ein, wonach wir ein halbes Stück Schokolade lutschen. Zum Abschluß der Zeremonie lauschen wir der Melodie der Spieldose, woraufhin wir aus einem Pawlow-Reflex heraus einschlafen.

In der letzten Nacht vor Nouakchott werde ich von heftigen Darmkrämpfen befallen, verlasse das Zelt und entferne mich von unserem Lager. Dann gehe ich langsam zurück, genieße die friedliche Stille der Wüstennacht. Es ist kühl und dunkel. Der Sand unter meinen nackten Füßen gibt die Hitze des Tages wieder ab. Plötzlich wird mir bewußt, daß ich schon etwa zehn Minuten gegangen sein muß. Ich kehre um. In 100 Metern Entfernung hebt sich die Kuppel des Zeltes vom Himmel ab. Ich gehe darauf zu und finde mich vor einem runden Schouwia-Strauch wieder. Um mich herum wachsen ein halbes Dutzend krautartiger Büsche und Ehrenbergania-Akazien. Ich habe mich verlaufen. Ich versuche, zur Piste zurückzufinden, aber ich kann den Boden kaum erkennen und fürchte bald, sie bereits überquert zu haben. Ich beschließe zu rufen. Drei langanhaltende Rufe zerreißen die Nacht, dann Stille. Wieder drei Rufe, in alle Richtungen. Es dauert ewig. Endlich bekomme ich Antwort. Alex ist endlich aufgewacht. Weit weg zu meiner Rechten sehe ich den schwachen Lichtschimmer einer Kerze, die Alex anzündet. Erleichterung. Ich habe mich mehrere hundert Meter vom Zelt entfernt.

Uns ist keine Ruhepause vergönnt. Kurz vor Nouakchott geraten wir in einen Sandsturm. Die Sandschwaden, die sich anfangs nur direkt über dem Boden winden, verdichten sich rasch zu undurchsichtigen Sandbänken, und schon nach kurzer Zeit stecken wir mitten in einem dichten Nebel. Wir können nicht einmal mehr die Piste direkt unter uns erkennen. Den Fes um den Kopf geschlungen, kämpfen wir uns blind vor. Der Wind läßt etwas nach, und nach einigen Stunden wird die Sicht wieder klarer. Wir kommen in einem Militärposten 40 Kilometer vor der Hauptstadt unter. Ein maurischer Hauptmann empfängt uns warmherzig. Sein Adjutant, ein Sarakolé, kocht in einer Ecke der Kasematte ein Ziegenragout. Wir legen uns hin, ohne etwas zu essen, und schlafen lange.

Wie Zombies treffen wir in Nouakchott ein. Höhepunkt unseres kurzen, vierundzwanzigstündigen Aufenthalts ist die Begegnung mit Pater Loïc Mégret. Er ist Pfarrer der Kathedrale von Nouakchott und wurde aus dem

Tschad hierher versetzt, um zwei junge Priester zu ersetzen, die während eines Gottesdienstes von einem Fanatiker Allahs angegriffen und verwundet wurden. Der Zwischenfall wurde von der mauretanischen Regierung, die nach letzten Meldungen die Demokratie anstrebt, vertuscht und zu den Akten gelegt.

»Was passiert in Frankreich, wenn ein Präfekt einem Vortimam ein wenig streng kommt?« fragt Pater Mégret.

Er erzählt uns von seiner Kindheit in der Bretagne und seiner Missionarsarbeit in Afrika. Er gesteht uns seine Liebe zum Tschad, wo er Jahrzehnte gelebt hat, schwärmt von der Schönheit des Landes und der Freundlichkeit der Einwohner. Er durchlebt noch einmal die Nächte, in denen er auf der Suche nach Nomaden mit dem Fahrrad durch die Wüste fuhr.

Die Route führt schnurgerade nach Süden in Richtung Senegal. Beim Abschied haben wir Pater Mégret versprochen, ihn irgendwann einmal zu besuchen. Wir fahren die Nacht durch, weil wir uns pünktlich zum verabredeten Zeitpunkt mit meinen Eltern in Dakar treffen wollen. Sie werden Weihnachten mit uns verbringen. In unserer Erschöpfung haben wir die Daten durcheinandergebracht, und jetzt ist uns plötzlich aufgegangen, daß wir nur noch drei Tage Zeit haben, die 500 Kilometer bis Dakar zu bewältigen. Darum sind wir auch so schnell wieder von Nouakchott abgefahren.

Der Mond, der uns bis jetzt geleuchtet hat, verschwindet auf einmal hinter einer dunklen Wolke. Ein seltsames Flüstern erfüllt die nächtliche Stille.

»Heuschrecken!« stöhnt Alexandre.

Innerhalb von Sekunden sind wir umgeben von einer dichten, brummenden Wolke. Wir radeln mitten durch einen riesigen Heuschreckenschwarm, der nach Marokko unterwegs ist und auf seinem Weg alles verwüstet. Die Heuschrecken orientieren sich mit Hilfe eines Schallwellensystems, das ihnen gestattet, Hindernissen auszuweichen. Aber einige der Tiere, die wohl eine geballte Ladung der Insektizide abbekommen haben, die von den Flugzeugen der FAO (Food and Agriculture Organization of the United Nations; Autonome Sonderorganisation der UNO für Ernährung, Landwirtschaft, Fischerei und Forsten; Anmerkung des Übersetzers) versprüht wurden, sind dem Tode nah und so benommen, daß sie heftig gegen uns prallen. Offensichtlich hat vor kurzem erst eine Vernichtungskampagne stattgefunden, denn die Straße ist mit einem roten Teppich aus Millionen von Heuschreckenkadavern bedeckt. Die Profilreifen gleiten auf dieser matschigen Schicht aus, und wir triefen vom Saft der Wanderheuschrecken, die von unseren Reifen zermalmt werden. Als die Sterne wieder auftauchen, ist die Wolke vorübergezogen, und wir können uns im Mondlicht trocknen. Die Insekten setzen ihre zerstörerische Wanderschaft nach Norden fort und tragen pfeilschnell unsere letzten Impressionen von Mauretanien davon.

Wenn man die Grenze zwischen Mauretanien und Senegal überschreitet, kommt es einem vor, als käme man von der Hölle ins Paradies. Die Grenze zwischen beiden Ländern folgt dem rechten Ufer des Flusses Senegal und markiert eine radikale landschaftliche Veränderung. Als wir am anderen Ufer an Land gehen, kommen wir uns vor wie in der Beauce. Alles ist relativ, und die außerordentliche Kargheit Mauretaniens läßt uns das senegalesische Ufer wohl um so zauberhafter erscheinen. Wir sehen wieder Blumen in den Haaren der Frauen, Bäume am Straßenrand, Vögel in den Bäumen und staunen über die Farbenvielfalt des Landes. Wir haben keine einzige Mauretanierin zu Gesicht bekommen. Vielleicht gibt es ja gar keine. Werden die maurischen Kinder durch ein Wunder geboren? Im Senegal stehen die Frauen im Vordergrund, bekleidet mit großen bunten Tüchern und Turbanen in leuchtenden Farben.

Der stählerne, eiskalte Blick der Mauren weicht lächelnden senegalesischen Gesichtern. Bauernkinder kommen schon von weitem angelaufen, sobald sie uns sehen, begrüßen uns tanzend und singend. Das ganze Land wird von einem gewaltigen Lachanfall geschüttelt. Der frische Wind weht durch die Wipfel sechzig Meter hoher Kapokbäume. In ihrem Schatten kosten wir unsere Rückkehr nach Eden aus. Allerdings müssen wir die Straßen Senegals auf die Beschwerdeliste setzen. Wir sind tief enttäuscht, daß es zwischen den unzähligen Schlaglöchern so wenige geteerte Abschnitte gibt.

Die Bauern bestellen die Felder, die Fischer werfen ihre Netze in den Flüssen aus, Händler verkaufen Obst am Straßenrand. Wir rasten im Schatten der Affenbrotbäume. Ein alter Afrikaner erklärt uns ihren Ursprung:

»Die Götter waren erzürnt wegen des Hochmuts des Affenbrotbaums, der sich gottähnlich wähnte. Um ihn für seine Eitelkeit zu strafen, rissen die Götter ihn aus der Erde und pflanzten ihn verkehrt herum wieder ein, mit den Wurzeln nach oben. Darum sind seine Äste so klein.«

In Saint-Louis betrachten wir, auf das Geländer des Hafens Faidherbe gelehnt, die Häuserfront entlang des Deiches. Mermoz ist zur Entspannung hergekommen. Man könnte es für eine Art tropisches Venedig oder Sankt Petersburg halten. Ein Afrikaner kommt auf uns zu und zeigt mit seinem Gehstock auf unsere Räder.

»Woher kommt ihr?«

»Aus Paris. Frankreich.«

»Aber um wieviel Uhr seid ihr denn abgefahren?«

Wir durchqueren den Senegal bester Laune. Wir rennen der Zeit so schnell hinterher, daß wir sie knapp einholen und zwei Stunden vor der Landung meiner Eltern in Dakar eintreffen.

Erst als wir sie aussteigen sehen, wird uns bewußt, wie schmutzig wir sind. Unsere Haut ist von der Wüste gegerbt, unsere Kleider sind steif von Salz. Die Durchquerung der Sahara hat uns außerdem einige Kilo Gewicht als Tribut abverlangt. Die Shorts schlackern um unsere Beine.

Meine Großeltern und meine beiden Schwestern sind mit von der Partie. Das Wiedersehen ist eine Riesenfreude, und ihre Ankunft ist der Anfang einer traumhaften Woche unter den Kokospalmen des Senegal. Wir genießen die Zeit mit der Familie, faulenzen und tauchen mit Begeisterung. Vor der Spitze der Almadien schnorcheln wir durch die vielfältige Fischwelt inmitten der auf das Riff aufgelaufenen und gesunkenen Schiffe und bringen wahre Festmahle heim.

Nach der Abreise meiner Familie verbringen wir noch eine weitere Woche in Dakar. Die Presse widmet uns einige Reportagen: *Le Soleil*, die größte Tageszeitung; RFI; die senegalesische Presseagentur, die Zwanzig-Uhr-Nachrichten des staatlichen Fernsehsenders und sogar France 3.

Eines Morgens treffen die Teilnehmer der Rallye Paris-Dakar in der Stadt ein. Im Pressesaal der Rallye, der im Hotel Méridien eingerichtet wurde, erklären wir den europäischen Journalisten, daß die Teilnehmer der Rallye derselben Route gefolgt sind wie wir, wir aber mit einer Woche Vorsprung eingetroffen sind. Überflüssig darauf hinzuweisen, daß wir drei Monate früher aufgebrochen sind.

Bernard de Buor, ein französischer Industrieller, der sich im Senegal niedergelassen hat, lädt uns für diese letzte Woche in seine Villa ein. Wir werden von seiner Frau, Françoise, und ihren vier Töchtern Ségolène, Sybille, Gwenaelle und Axelle verwöhnt, deren Freundlichkeit und Fröhlichkeit wir nie vergessen werden. Aber die fieberhafte Suche nach einem Flug nach Argentinien läßt uns nur wenig Zeit, ihre Gastfreundschaft zu würdigen. Eines Morgens eröffnen wir ihnen, daß wir am nächsten Tag abreisen. Mit einer Maschine der einheimischen Fluggesellschaft und einer zweiten der Aeroflot werden wir den Atlantik überqueren. Über Kap Verde nach Buenos Aires. Wir haben uns unseren alten Traum erfüllt, die Sahara mit dem Fahrrad zu durchqueren. Jetzt freuen wir uns auf die weite argentinische Pampa, die riesige südliche Prärie, eine zweite Wüste … aber diesmal eine Graswüste.

Von Kap Verde nach Mendoza

Alexandre

Mit zornigem Flügelschlag beendet die kleine zweimotorige Maschine der Air Sénégal ein schönes Kapitel unseres Abenteuers. Vom Fenster aus sehe ich, wie die gischtumtoste Spitze der Almadien sich entfernt wie der Bug eines großen Schiffes. Dann taucht endlich wie ein riesiges Flugzeugträgergeschwader das Archipel von Kap Verde auf. Nie wurde ein Name so unpassend vergeben. Kap Verde, eine Handvoll Steine, die wie Würfel von einem Schöpfer, der den afrikanischen Filz verpaßt hat, mitten in den Atlantik geschleudert wurden, ist ein vulkanisches Archipel, das so grün wie Liberia ist – mindestens!

In Praia besteigen wir eine zweite zweimotorige Maschine, diesmal einer kapverdischen Fluggesellschaft, nachdem wir einige Mühe hatten, unsere Räder im Frachtraum unterzubringen. Doch ein paar Jongleurtricks und die in Afrika erlernte Schlagfertigkeit und Extrovertiertheit schaffen jegliche Vorbehalte aus der Welt. Nach einem gekonnten Landemanöver setzte die Maschine uns auf der Insel Sal ab. Die paar erloschenen Vulkane, die durch Lavagestein miteinander verbunden sind, verdanken ihren Namen einer Saline in einem der Krater.

Das Schicksal ist auf unserer Seite. Es scheint, als wollte es sich unser annehmen, um uns den Alltag zu versüßen. Es erspart uns zwar nicht die Prüfungen, denen wir uns freiwillig unterziehen, aber es fügt hier und da eine magische Note des Glücks hinzu, eine augenzwinkernde Abweichung von der Regel.

Auf dem kleinen verlassenen Flughafen von Sal entdecken zwei junge Französinnen, die gekommen sind, um sich über Flugzeiten zu informieren, die französische Fahne, die auf Sylvains Ärmel genäht ist. Wir sind nur zu viert in der Halle. Sie sprechen uns an und laden uns ein, den Abend auf ihrem Segelschiff zu verbringen. Als erfahrene Globesailer haben die *Fougue* und die *Scrimshaw* Frankreich zur selben Zeit verlassen wie wir, mit zwei Paaren an Bord. Sie sind mit Tauchdiplomen in der Tasche, einer gehörigen Portion Abenteuerlust und dem Willen, ihr leidenschaftlich betriebenes Hobby auszuleben, auf unbestimmte Zeit losgesegelt und befinden sich gerade auf dem Weg nach Tahiti.

Über ein tragbares Telefon verständigen die beiden Nathalies ihre Männer, während wir mühsam die Räder bis zu ihrem 7 Kilometer entfernten Liegeplatz schieben. Wir sind drei Monate nicht mehr gelaufen! Jean-Claude holt uns mit einem Zodiac ab. Er hat blonde Locken, stechende Augen und ein zurückhaltendes Lächeln. Eine richtige Seemannsvisage. Bei einem Aperitif im luxuriösen Salon der *Scrimshaw* tauschen wir Segelgeschichten gegen Wüstengeschichten und Dorfgeschichten gegen Hafengeschichten aus. Sie gewinnen schließlich, als sie uns erzählen, daß sie auf den Kanarischen Inseln mit Delphinen geschwommen sind. Ich fange an zu träumen …

Nachdem wir unsere Räder an den Luftkammern des Zodiacs festgezurrt haben, schlafen wir wie die Murmeltiere im Innenraum des Bootes, von Kalypsos Armen gewiegt.

Sonntag, 9. Januar 1994:
92. Tag, 40 km. G: 6 040 km

Wir haben einen ganzen Tag, um diese Insel zu erobern, die nur 30 mal 11 Kilometer groß ist. Wir werden an Island erinnert, als wir über schwarzes Lavagestein radeln. Die Piste schickt uns von Neck zu Neck (Basaltherz eines Vulkans, der von der Schlacke befreit wurde und aufragt wie ein nackter Hals) wie Flipperkugeln. Der Wind pfeift auf Orgeln aus Basaltgestein sein herzerweichendes Klagelied.

In einer kleinen Ruine denken wir gerührt an unsere lieben Franzosen, die für unsere Wegzehrung gesorgt haben. Während wir uns an köstlicher Schweinepastete gütlich tun, ruft Sylvain aus:

»Wenn man bedenkt, daß Millionen von Menschen auf diese Köstlichkeit verzichten! Es lebe das Schwein!«

Anschließend radeln wir zum Pedra Lume, dem Salinen-Vulkan. Ein Tunnel führt durch die Außenwand bis in den Krater. In einer Farbpalette von Ocker über sämtliche Rosatöne bis Weiß breiten sich die Becken der Saline vor uns aus. Das Meerwasser dringt in den Krater, der unterhalb des Meeresspiegels liegt, und verdampft: ein natürlicher Salzgarten. Wir können nicht widerstehen und gehen ins Wasser. Wie erwartet treiben wir auf der Oberfläche wie Flotthölzer.

»Jetzt brauchen wir keinen Abstecher mehr zum Toten Meer zu machen!« sagt Sylvain, alle Viere von sich gestreckt, vom Wind angetrieben, der in sein aufgeschlagenes Buch bläst.

Eine riesige Iljuschin der Aeroflot entreißt uns am nächsten Morgen diesem unerwartet angenehmen Zwischenstop. Die Maschine kommt aus Moskau und ist vollgestopft mit Russen in altmodischen Anzügen und mit fettigen Haaren. Dicke, stark geschminkte und in viel zu enge Uniformen gezwängte Babuschkas servieren uns mit der Kelle sehr kolchosischen Borschtsch. Die Maschine ist eine echte fliegende Turnhalle und dahingehend konzipiert, im Bedarfsfall für Truppentransporte zu dienen! Entlang der blauen, orangefarbenen und beigen Sitze proben zwei Tänzer Entrechats und Ballerinen Spitzentanz.

Ich bitte die Stewardeß um Erdnüsse. Kokett fordert sie mich auf, ihr zu folgen. Errötend, zögernd, um meine Tugend fürchtend, folge ich ihr. Schließlich öffnet sie mir die Tür zum Cockpit, wo fünf Piloten eine Flasche Wodka leeren! Dazu kommt es, wenn man »peanuts« und »pilots« verwechselt!

Erste Impression von Argentinien: Die verschwenderische Fülle senffarbener Ledersessel in den Wartehallen des Flughafens erinnern an einen englischen Club und verleihen dem Ganzen eine sehr britische Note. Zweiter Schock: die Schönheit der Señoritas. Und letztere in ersteren bieten einen überaus belebenden Anblick. Es ist, als würden sämtliche Kanonen der Erde einen Salut schießen! Wir wissen nicht mehr, wohin wir sehen sollen, uns fallen förmlich die Augen aus dem Kopf!

Ein wenig ergriffen, schreite ich über den Boden, den meine Vorfahren im 16. Jahrhundert für sich erobert haben. In unserer Familie wird erzählt, daß dieser Sebastian de Ocampo, der mit Pizzarro gekommen war, Kuba umrundete, um zu beweisen, daß Kolumbus nur eine Insel entdeckt hatte, um dann selbst in Mexiko an Land zu gehen. Seit meiner frühesten Kindheit erzählt mir meine Mutter von diesen argentinischen Vettern, von den glücklichen Zeiten, die sie bei meinem Großonkel Pierre de Ocampo verbracht hat, ehe sie von den leidenschaftlichen Liebesbriefen eines jungen Normannen – meinem Vater! – fortgelockt wurde. Mir kommt es vor, als würde ich auf diesem Kontinent eine völlig neue Seite von mir entdecken, die mir bis dahin gar nicht bewußt war.

Die Argentinier geraten in »Frenesie« angesichts eines Europäers, eines Nachkommen ihrer Vorväter! Kontakte herzustellen ist leicht, alles läuft von allein, so selbstverständlich, daß wir ganz verdattert sind. Auf der Autopista von Buenos Aires, im Licht der Straßenbeleuchtung, feiert Argentinien unsere Ankunft mit einem Feuerwerk der Gerüche. Genüßlich erkennen wir den Geruch von Stoppelfeldern wieder und den so charakteristischen Duft nassen Grases, dazu das Rauschen des Windes in den Pappeln. Hier auf der südlichen Hemisphäre ist mitten im Januar Frühling! Eine milde, feuchte Wärme liebkost unsere Gesichter …

Die 40 Kilometer bis zur Hauptstadt nehmen kein Ende, wir fahren endlos nach Buenos Aires hinein. Um Mitternacht ist noch alles geöffnet, die *portenos* (Bewohner von Buenos Aires) sitzen mit nacktem Oberkörper auf den Stufen ihrer Apartmenthäuser und genießen die abendliche Kühle. Buenos Aires ist ein kleines konzentriertes Europa, eine Mischung aus Barcelona und Paris, mit einem Touch von Berlin und einem Hauch von Mailand oder Neapel. Buenos Aires ist westlicher als Paris, das Recoleta-Viertel mehr 16. Jahrhundert als die Place Victor Hugo! Wir halten es nicht länger aus und machen in der berühmten Eisdiele Freddo halt.

Heute erweist sich das Schicksal als überaus charmant. Fünf entzückende junge Mädchen, sprudelnd von Fragen und gierig auf Antworten, verschlingen uns mit den Blicken, wobei jede versucht, sich hinter der zu verstecken, die neben ihr sitzt. Es fällt uns schwer, uns auf die Eistüten zu konzentrieren. Andrea, Fernanda, Elvira, Veronica und Soledad nehmen uns mit zu sich nach Hause und schaffen es, uns bis sieben Uhr früh wachzuhalten, indem sie uns mit Spezialitäten des Landes vollstopfen, uns Geschichten aus der Wüste entlocken und uns zum Jonglieren überreden, wofür wir mit zauberhaften Liedern entschädigt werden. Wir haben seit 24 Stunden kein Auge zugetan. Völlig fertig schlafen wir ein.

In den nächsten Tagen kaufen wir die chilenischen Visa, Filme für die Fotoapparate und einen breiten Gauchohut für Sylvain. Bis Santiago müssen wir 2 000 Kilometer radeln und die Anden überqueren. Wir werden Südamerika von Ost nach West durchqueren, wobei wir einer Strecke folgen werden, die parallel zum Äquator verläuft, der Routa 7, auch Via Panamerica genannt, das argentinische Äquivalent der nordamerikanischen Route 66. Erstes Ziel: die Durchquerung der gewaltigen Ebene der Pampa.

Dann geht es los. Über zwölfspurige Prachtstraßen verlassen wir die Stadt in westlicher Richtung und nehmen Kurs auf Santa-Maria, die Familien-Estancia, auf der Onkel Pierre uns erwartet. Überall, wo wir vorbeifahren, grüßen uns wildfremde Menschen, Radfahrer begleiten uns ein Stück, Hausfrauen, die in der Tür ihrer Häuser stehen, reichen uns Vorräte. Auf der Straße verlangsamt ein Wagen von dreien auf unserer Höhe das Tempo, um sich zu informieren, uns Mut zuzusprechen und dann mit lautem Hupkonzert zu überholen.

Argentinien ist ein Land, in dem die Konsum- und Freizeitgesellschaft bisher kaum Einzug gehalten hat, und so sind die Menschen offen für alles Neue. Die Opulenz ist spürbar, liegt auf der Straße, unglaubliche wirtschaftliche Perspektiven! Über Argentinien hängt eine Atmosphäre der goldenen dreißiger Jahre, ein Parfum von Sorglosigkeit wie in den Vereinigten Staaten der sechziger Jahre, die Vitalität der Pionierzeit, die Zufriedenheit des Erreichten, das Wissen um das zukünftige Potential.

In der Ferne tauchen in der silbrigen Nacht strahlend und erleuchtet die zwei Türme einer Kathedrale auf, die der von Chartres in nichts nachsteht: Lujan. Die gleiche Landschaft grenzenloser Felder rundherum, die gleiche Geradeinigkeit, die gleiche Einsamkeit. Der Küster heißt uns willkommen.

Das Leben in Argentinien ist für einen Franzosen teuer. Der Peso richtet sich nach dem US-Dollar; die afrikanischen Verhältnisse liegen weit hinter uns. Der Tag fängt schlecht an. Ein starker Nordwind bläst von rechts. Die Straße ist ziemlich schmal, so daß die Lastwagen uns streifen. In der Theorie ist es ganz einfach: Man braucht sich nur gegen den Wind zu lehnen, um die Richtung zu halten, aber leider muß man dessen Sprunghaftigkeit berücksichtigen. Die Überraschung des Morgens ist grausam: Der Wind hat gedreht und bläst uns schräg ins Gesicht. Mit jeder Minute fühlen wir, wie unsere Geschwindigkeit nachläßt. Eine leichte Rechtskurve, und er kommt direkt von vorn. Wir fluchen und strampeln uns ab wie die Wilden! Heute werden wir die Rekorde der westlichen Sahara ganz sicher nicht brechen! Noch nicht zufrieden mit seiner Boshaftigkeit, setzt der Wind seinen Kurs fort, wechselt über zu unserer Linken, dreht noch weiter, immer weiter, und bläst schließlich aus Süden.

Die feuchte Pampa mit ihren überfluteten Feldern zieht vorüber. Tausende von Hektar werden jedes Jahr überflutet: Uns kommt es manchmal vor, als würden wir über ein Meer radeln! Das Phänomen hat sich im Laufe der vergangenen zehn Jahre verschlimmert: Schilf beginnt zu wachsen, und die Felder verwandeln sich in Sumpfland. Das viele Wasser hat sogar das Klima der Region dahingehend beeinflußt, daß die Winter weniger hart und die Übergangszeiten milder sind.

Die Möglichkeiten in der feuchten Pampa sind simpel: Entweder man grast oder man fliegt! Die Wiederkäuer sind in trockenere Gegenden abgewandert, und zurückgeblieben ist ein wahres Vogelparadies! Ich entdecke stündliche neue Arten, Schwäne mit schwarzem Hals, Störche, Flamingos, Reiher und eine ganze Reihe verschiedener Stelzvögel und Enten. Wir versuchen, ihre argentinischen Namen zu lernen: *tero, chimango, lechuza, pato, flamingo*, schließlich sind sie unsere einzigen Weggefährten!

Während wir acht Stunden täglich durch die Pampa radeln, haben wir Muße zu phantasieren und die Welt neu zu gestalten. Eine Landschaft zu betrachten bringt nichts, wenn sie nicht zu fruchtbareren Gedanken inspiriert oder zu einer flüchtigen Annäherung an den mystischen Charakter der Schönheit. Wir haben unsere Gedichthefte wieder hervorgeholt, und stecken sie aufgeschlagen in unsere Kartenfächer.

Erschöpft von dem launenhaften Gegenwind, verlassen wir kurz vor Sonnenuntergang die Straße, um auf einer Estancia um einen Schlafplatz für die Nacht zu bitten. Der britische Eigentümer ist leider nicht da, aber der Verwalter erlaubt uns, unser Zelt auf dem weichen Grün eines prachtvoll blühenden englischen Gartens aufzuschlagen. Luxus, Stille und Sinnenfreuden.

Samstag, 22. Januar 1994:
104. Tag, 154 km. G: 6 560 km

Am Vorabend sind wir auf unsere Schlafsäcke gefallen wie gefällte Bäume, am nächsten Morgen fühlen wir uns federleicht. Ein durchdringender Eukalyptusgeruch hängt in der frischen Luft des frühen Tages. Da diese Bäume viel Wasser benötigen, sind sie eine ideale natürliche Drainage für das Anwesen. Die Viehhirten laden uns zu einem köstlichen Pfannkuchenfrühstück ein, dann folgen wir wieder unserem nach Westen gespannten roten Faden.

Wir versinken immer wieder in Gedanken und erleben die Schrecken von Schlafwandlern: Wir fahren über den weißen Strich, der den äußeren Straßenrand markiert. Zehn Zentimeter weiter nach rechts, und wir landen in der Botanik; zehn Zentimeter nach links, und wir kommen den Lastwagen in die Quere! Wir balancieren wie Seiltänzer zwischen diesen beiden Gefahren, mit nur einem einzigen Ausweg: einem winzigen Punkt am Horizont, dem Ende eines endlosen Fadens, der zwischen zwei grenzenlosen Horizonten gespannt ist. Die schnurgerade Teerstraße, die unter unseren Reifen vorbeizieht, erschient uns wie ein ewiger Neuanfang.

Welch ein Segen! Heute weht kein Lüftchen! Wir strampeln wie gut geölte Maschinen. Wir brauchen nur eine automatisierte Bewegung auszuführen. Nur der Hunger zwingt uns anzuhalten! Unser Magensaft warnt uns, daß er nichts mehr zu tun hat. Wenn die Knie weich werden, die Augen schwer und der Kopf leicht, ist das für uns das Zeichen, eine Mittagspause einzulegen und etwas zu essen. Aber nicht vorher. Nicht die Uhrzeit bestimmt unseren Rhythmus, sondern die Hypoglykämie! Alle 60 bis 100 Kilometer säumen Fernfahrerraststätten unseren Weg. Sie erleichtern unsere Packtaschen um sämtliche Vorräte und unsere Börsen um sämtliche Pesos! Fernfahrermenü: 500 Gramm Schnitzel Mailänder Art, ein Kilo Fritten und zwei Liter Cola ... pro Kopf!

Unsere »Rettungsringe« schwellen an, wir werden fülliger. Innerhalb eines Monats haben wir die 10 Kilo, die wir in der Wüste verloren haben, nicht nur wieder zugelegt, sondern uns noch zehn zusätzlich angefuttert – das sind 20 Kilo Differenz! Unsere Bäuche werden immer runder und bereiten uns einige Sorge. Vor allem der des anderen! Man empfindet sich ja nur durch die Augen eines anderen als zu dick. Und dann fragt man sich entsetzt: »Bin ich etwa auch dick?«

Die Physiognomie des Radfahrers ist nicht die ästhetischste. Die Anzahl der trainierten Muskeln ist begrenzt. Die Schenkelstrecker und Waden arbeiten nur in eine Richtung und entwickeln eine Muskulatur, die man im Alltagsleben nicht braucht, die Pobacken werden hart, der Rücken krümmt sich und endet in einem Schildkrötenhals, der Trizeps dehnt sich auf Kosten des Bizeps, und die Handgelenke verkrampfen! Das alles wäre ja nicht so schlimm, wenn der Bauch nicht dicker würde! Drama! Durch die gebeugte Haltung werden die Bauchmuskeln praktisch überflüssig. Resultat: Wir sind hinten hart und vorne schlaff.

Inmitten der kolossalen Fernfahrer, die fasziniert sind, daß wir schon da sind, wo es ihnen doch vorkommt als hätten sie uns vor mindestens einer Stunde überholt, verschlingen wir riesige Portionen. Nichts geht verloren, nichts wird neu erschaffen, alles verändert sich! Wir ernähren uns von Pampa, werden zu menschlicher Pampa!

Am Abend nähern wir uns Pehuajo, einem Dorf, das nur noch 40 Kilometer von der Estancia Santa-Maria entfernt ist. Wir verlassen die Straße und folgen einer staubigen, von *alambrados* gesäumten Piste. In der Ferne kündigt ein dichter Wald majestätischer Eukalyptusbäume das Haus an. Alles, was man mir je über diesen magischen Ort erzählt hat überschlägt sich in meinem Kopf, mein Herz klopft wie vor einem romantischen Rendezvous.

Mit geschmeidigem Legionärsgang, markantem Kinn und offenem Blick, aber sanfter Stimme begrüßt Onkel Pierre uns herzlich, überrascht, daß wir so schnell bei ihm eintreffen! Den Abend verbringen wir damit, Geschichten auszutauschen. Im Laufe der Anekdoten entdecken wir einen unerwartet sanften und guten Menschen, strahlend von der ehrfurchtgebietenden Aura, mit der die Familienkultur seine Person stets umgeben hat. Er ist in Paris aufgewachsen und war Ende des Krieges in unserem Alter. Er meldete sich zum Einsatz in Indochina, um den Kommunismus zu bekämpfen. Er erzählt uns von den heldenhaften Stunden und dem Gemetzel. Von 1 500 Mann kehrten nur 15 zurück ... Später zog dieser Ehrenmann dann aus, um in Argentinien, im Land seiner Vorväter, »seinen Garten zu bestellen«.

Der über das Wochenende eingeladene deutsche Botschafter kündigt an, daß er in einer Stunde eintreffen wird. Wir besitzen nur löchrige T-Shirts und zerfetzte Shorts. Onkel Pierre gestattet uns sofort Zugriff auf seine Garderobe, damit wir vorzeigbar sind. In einer Schublade finde ich zwischen den Hemden mehrere Orden. Von unserer Beharrlichkeit und unseren Bitten in die Ecke gedrängt, willigt er schließlich ein, sie uns zu zeigen. Es sind zwölf! Bescheiden, beinahe verlegen, so viele zu besitzen, erzählt er uns von seinem Kriegsverdienstkreuz mit fünf ehrenvollen Erwähnungen, seiner Mitgliedschaft in der Ehrenlegion, die er beim erstenmal ablehnte, von seiner Kriegsversehrtenmedaille, dem Verdienstkreuz von Annam, vom Malteserorden und den vielen anderen ...

Das Abendessen ist ein Ereignis! Im Herzen des Landes der Pioniere empfinden wir die wahre Natur unseres »Europäertums«: unsere Kultur und unsere gemeinsame Geschichte. Wir fünf wechseln über das Französische und Deutsche zum Spanischen und Englischen, um angemessener über jeweilige historische und politische Details debattieren zu können. Zum Abschluß stimmt der deutsche Botschafter, ganz locker geworden nach einem Pflaumenschnaps, *À la claire fontaine* an, mit einer Stimme, die man bei einem hohen Diplomaten nicht vermuten würde. Wir singen zu dritt im Kanon, unter dem bewundernden Blick von Onkel Pierre.

Am nächsten Tag läutet eine Schweizer Kuckucksuhr unseren Aufbruch ein. Der Abschied fällt uns nicht ganz so schwer, da wir wissen, daß wir uns in ein paar Tagen auf einer anderen Estancia wiedersehen werden, gemeinsam mit meinen Eltern, die unsere Anwesenheit zum Anlaß nehmen, einen kurzen Urlaub in Argentinien zu verbringen.

Montag, 24. Januar 1994:
106. Tag, 153 km. G: 6 713 km

Auf des Messers Schneide setzen wir unsere langsame Durchquerung des südamerikanischen Kontinents fort. Wie die Wellen von Siedlern und Pionieren, die loszogen, um den wilden Westen zu erobern, erstürmen wir die Pampa, auf der Millionen wandelnder Steaks weiden, deren glorreiches Schicksal darin besteht, Grillparties der ganzen Welt zu beehren. In der endlosen Prärie weiden schwarze Punkte friedlich inmitten eines wogenden Meeres aus weißen Gräsern und goldenem Weizen. Wir radeln zwischen zwei riesigen Teppichen hindurch, die mit unzähligen Charolais, Aberdeen Angus und Fleckvieh-Simmental gesprenkelt sind.

Sämtliche Linien unseres Universums konvergieren zum Fluchtpunkt hin: der »Rausch der Horizontalen«.

Wir würden uns wünschen, daß die Strommasten schneller vorbeizögen, aber der Wind macht uns wieder einen Strich durch die Rechnung. Ich zähle die Pedaltritte zwischen den einzelnen Masten, das hilft, die Zeit totzuschlagen. Auch Blaise Cendrars hilft mir dabei, mit seiner

Prose du Transsibérien: Er erzählt mir von den Grimassen schneidenden, gestikulierenden Telefonmasten, die von der Geschwindigkeit und den Ondulationen der Leitungen zum Leben erweckt werden, er erzählt mir von den endlosen Weiten und den Wolkenfetzen am Himmel, wo Lokomotiven mit metallischem Kreischen hinflüchten. Unsere Geschwindigkeit ist gemäßigter, hypnotisierender, berauschender.

Ein prächtiger Stier mit überdimensionalen Hörnern steht in der Ferne am Straßenrand. Er scheint den Zaun durchbrochen zu haben, um sich vor dem Ertrinken zu retten. Wir verlangsamen das Tempo. Er wird immer größer. Unschlüssig machen wir halt. Ein Lastwagen fährt dicht vor ihm vorbei, dann noch einer, aber er rührt sich nicht, unerschütterlich!

»Findest du ihn nicht auch seltsam starr?«

»Doch! Komisch! Er dreht nicht mal den Kopf!«

Wir fahren näher: Es ist eine riesige Stierfigur aus bemaltem Blech. Der Rausch der Horizontale hat uns einen Streich gespielt! Einem verrückten Einfall folgend, klettert Sylvain auf den Rücken des Stiers, reitet ihn, simuliert ein wildes Rodeo, wird abgeworfen, hängt sich fünf Meter über dem Boden an seinen Hals und flucht dabei wie ein Stierkämpfer! Vor lauter Lachen habe ich einige Mühe, ihn zu fotografieren. Als er leichenblaß wieder herunterkommt, zeigt er mir sieben schmerzhafte Bienenstiche auf seinem Bauch. Jetzt verstehe ich seinen scheinbar fingierten Sturz und das laute Geschrei.

Die Tage gehen monoton ineinander über, schieben sich ineinander wie ein Teleskop, sind einander so gleich, daß es uns vorkommt, als würden wir immer wieder zum Ausgangspunkt zurückkehren und ein und dieselbe Strecke zurücklegen. Wir folgen dem Lauf der Sonne! Den ganzen Tag fahren wir nach Westen, während er seiner himmlischen Umlaufbahn folgt. Morgens steht die Sonne hinter uns, wir haben einen Vorsprung! Aber es dauert nicht lang, und sie hat uns eingeholt, brennt von ihrem

Zenit unbarmherzig auf uns herab, um uns dann zu überrunden auf ihrem Rennen zu einem rotglühenden Horizont, an dem sie jedesmal wieder vor uns die Tagesetappe abschließt. Wir folgen derselben Route wie sie, auch wir reisen um die Welt. Nur daß wir für die Strecke, die sie in vierundzwanzig Stunden zurücklegt, dreihundertfünfundsechzig Tage brauchen!

Eines Nachmittags tauschen wir unsere Räder gegen Pferde! In der Nähe von Washington, mitten in der Pampa, gibt ein Polofeld, auf dem hitzige Reiterspiele im Gang sind, uns Anlaß zu einer Pause. Neugierig kommen die Ersatzspieler auf uns zu. Ein breites Lächeln, und wir verstehen uns. Das Angebot läßt nicht lange auf sich warten. Da es uns nicht auf eine Verrücktheit mehr oder weniger ankommt, nehmen wir an. Daraufhin prescht ein eleganter Reiter wie aus der Ralph Lauren-Werbung auf meinem Fahrrad davon, während Sylvain sich ganz aufgeregt in den Sattel seines temperamentvollen Rosses schwingt!

Eines Abends werden wir von rasender Wut gepackt, als der Wind, gegen den wir den ganzen Tag mühsam angekämpft haben, sich plötzlich legt. Einstimmig beschließen wir, uns am Schicksal zu rächen und radeln zügig durch die Nacht – wie ein Pariser, der um drei Uhr morgens über den verlassenen Périphérique fährt, um sich dafür zu rächen, daß er dort am morgen zwei Stunden im Stau gesteckt hat. Es ist immer schmerzlich, zur falschen Zeit am falschen Ort zu sein! Wir schalten den Turbo ein, berauscht von einem Gefühl der Befreiung, und radeln drauflos, trotz der wiederholten Proteste von Fernfahrern, die ihren Scheinwerfern nicht trauen! In zwei Stunden schaffen wir so viele Kilometer wie tagsüber in sieben Stunden. Wir haben einen Sieg über Raum und Zeit errungen! Alles nur eine Frage des ... Windes!

Wir schlagen unser Zelt in völliger Finsternis auf, am Rand einer Weide, wie wir vermuten, da es ja weit und breit nichts anderes gibt. Ein Unwetter zieht auf. Bei Kerzenschein schreiben wir unsere Impressionen des Tages auf, als ein geheimnisvolles dumpfes Brummen ertönt. Ein Lastwagen? Das Schnauben eines angriffslustigen Stiers? Wir heben den Kopf und sehen durch das Moskitonetz zwischen Zeltinnen und -außenwand eine abstoßende Wolke von Milliarden von Mücken, die ganz wild auf eine Abwechslung auf ihrem Speiseplan sind oder aber Schutz vor dem Regen suchen, der sich mit lautem Donnergrollen ankündigt. Danke, liebes kleines Nyloniglu!

Mitten in der Nacht werden wir von den Wassermassen eines heftigen Gewitters geweckt, und es kommt uns vor, als gerieten wir zwischen die rotierenden Bürsten einer Autowaschanlage. Es ist alles da: Lärm, Erschütterungen, die Angst, daß Wasser durch eine schlecht verschlossene Tür eindringen könnte. Zusätzlich kommen wir jedoch noch in den zweifelhaften Genuß greller, ohrenbetäubender Blitze. Braves, zähes, kleines Zelt, das den entfesselten Naturgewalten standhält! Nach Schnee und Sandstürmen ist es jetzt einer Sintflut ausgesetzt!

Bei Morgengrauen ist die Pampa reingewaschen.

»Sieh an! Wir haben Besuch!« murmelt Sylvain mit angespannter Stimme.

Vor dem Zelteingang senkt ein riesiger Stier den Kopf und atmet mit geblähten Nüstern unseren fremdartigen Geruch ein. Mit blutunterlaufenen Augen beginnt er, mit einem Vorderbein zu scharren und den Kopf zu schütteln. Wir sind wie erstarrt vor Angst!

»Er greift an! Hol dein Tränengas raus, sonst sind wir am Ende!«

In diesem Augenblick hören wir aus einiger Entfernung Schreie und Hufgetrappel. Der Minotaurus hebt den Kopf, lokalisiert den Ursprung des Lärms, macht lässig kehrt und trabt davon. Zwei Gauchos preschen panikartig heran, Peitsche und *bolas* (durch eine Schnur miteinander verbundene Kugeln, die zum Einfangen von Rindern und Nandus – Straußen – dienen) in der Hand. Inmitten ihrer wirren Gesten und ihrem von der Aufregung verzerrten

Spanisch verstehen wir nur den einen Satz: *Muerte por los dos,* »der Tod für euch beide!«. Das macht uns die Gefahr, in der wir uns befanden, deutlich genug. Die kantigen, wie in Stein gemeißelten Gesichter weiterhin ernst, Blick und Körper angespannt, preschen unsere Schutzengel erst wieder davon, nachdem wir unsere Sachen zusammengepackt haben und losgeradelt sind.

Wir kehren zu unserer Windmühle zurück wie andere zur Arbeit. Wir müssen unsere tägliche Kilometerernte mahlen, gebeugt unter der Last eines von Gewitterwolken verdunkelten Himmels. Schnell! Schnell! Bringen wir die Ernte ein, bevor es regnet, fahren wir die Kilometer ein! Wir sind wieder unterwegs, Sylvain wie jeden Morgen an der Spitze. Die dunklen, grimmigen, stirnrunzelnden Wolken zögern nicht lange, ihre Drohung wahrzumachen. Ein Schleier eisiger »Bindfäden« Marke *Kärcher* geht unbarmherzig auf uns nieder. Wir werden blankgeschrubbt, unsere Räder vom Schmieröl befreit! An diesem Morgen erleben wir praktischen Unterricht in Klimatologie. Wir fühlen körperlich, was es heißt, wenn eine Warm- und eine Kaltfront aufeinanderstoßen. Obwohl die Straße schnurgerade ist, versuchen wir im Zickzackkurs der Front auszuweichen, wobei wir unablässig bei jedem Streckenposten Stratokumulus vom Warmen ins Kalte wechseln und vom Kalten ins Warme.

Nach dem Mittagessen scheint der Himmel sich wieder weitgehend beruhigt zu haben. Das Blau ist nur noch von schwarzen, ausgewrungenen Tüchern verhangen. Das Licht ist rußig, das Dekor dämmrig. Wir radeln durch eine Radierung von Victor Hugo.

Wenn die Landschaft sich auch nicht ändert, vermag sie sich allemal verschieden zu kleiden, hüllt sich in die Lumpen des Gewitters, in den strahlenden Samt der Nachmittage, die flauschige Wolle des Rauhreifs oder den Smoking der Galaabende. Gestern haben wir noch geschwitzt in einem subtropischen Sommer, heute frösteln wir bei subarktischen Temperaturen!

Wir müssen heute nachmittag 108 Kilometer zurücklegen, wenn wir es bis La Toma schaffen wollen, einer weiteren Familien-Estancia, auf der Charles, Pierres Sohn, mit Freunden Urlaub macht. Wir setzen auf die »Anziehungskraft des heimischen Stalls«: La Toma ist unsere Karotte des Tages! Mein linkes Knie zeigt erste Anzeichen von Schwäche, und da ich es schonen möchte, überlasse ich Sylvain die Führung. Von Mercedes an können wir endlich Rache an dem Südwind üben, der uns den ganzen Vormittag von der linken Flanke her hat frieren lassen: Jetzt liegen noch 78 Kilometer Richtung Norden vor uns.

Bevor wir an der Kreuzung nach rechts abbiegen können, bleibt ein schweres weißes Pickup im strömenden Regen neben uns stehen. Der Fahrer steigt aus, um mit uns zu plaudern, den Regen schlicht ignorierend. Manuel ist groß und gutaussehend, mit rabenschwarzem lockigem Haar und einem strahlenden Lächeln; er sieht aus wie Jim Morrison, nur weniger traurig. Er läßt uns in das Führerhaus seines Wagens einsteigen, kauft uns Schokoriegel und Cola und kommt mit seiner Freundin zurück, um seine ausführliche Befragung fortzusetzen. Uns ist es schrecklich peinlich, daß wir den Sitz seines Wagens durchweichen und das Führerhaus in eine Sauna verwandeln. Man kann die Hand nicht mehr vor Augen sehen! Wenn wir uns verbal nicht verständlich machen können, zeichnen wir Bilderrätsel auf die beschlagene Windschutzscheibe, was regelmäßig Heiterkeitsausbrüche zur Folge hat. Das Leben ist schön! Mit Rückenwind und Wind von unten fahren wir weiter, Kriegsgeheul ausstoßend, von Regentropfen so groß wie Murmeln gepeitscht, und »trashen« (trash, trashitude: erzwingen, sich schinden, seine Grenzen überschreiten) bis zum Einbruch der Dunkelheit durch eine Landschaft, die endlich hügelig wird nach den endlosen Ebenen, die hinter uns liegen.

Klatschnaß und mit irrem Blick machen wir an einer Raststätte 15 Kilometer vor La Toma halt und lassen uns den Weg zur Estancia San Leonardo erklären. Die entgeisterten Blicke der Kunden schmeicheln uns insgeheim. Durch die Fenster halten sie Ausschau nach unseren erschöpften Reittieren: Drahtesel! Als würde er uns einen Bären aufbinden, erklärt uns der Barmann, daß die zwei Kilometer lange Piste, die zur Estancia führt, direkt gegenüber anfängt … Darauf wären wir nie gekommen!

Wir kommen an dem schmiedeeisernen Schild vorbei und radeln in der Zufriedenheit des Vollbrachten weiter; träumen, uns trocknen zu können und in weichen Betten zu schlafen. Es brennt kein Licht. Ob sie schon alle schlafen? Ist überhaupt jemand da? Düstere Zweifel schleichen sich ein, werden jedoch sofort wieder vertrieben, als wir durch die Fenster Kerzenschein sehen. In San Leonardo gibt es keinen Strom! Sie sitzen alle im weichen Kerzenlicht bei Tisch. Wir halten uns die Taschenlampen unter das Kinn und drücken die Nasen an den Scheiben platt. Charles und seine Freunde drehen sich erschrocken um, die Kinder brüllen.

Welch ein Auftritt!

Am nächsten Morgen bezahlen wir für das »Trashen« des Vortags. Sylvain hat es im Kreuz, und ich habe ein steifes Knie. Wie zwei alte Opas mischen wir uns in die ausgelassene Atmosphäre. Das Haus ist erfüllt von Geschrei, Getobe, Verfolgungsjagden über das glatte Parkett, Streitigkeiten, Weinen, Gelächter – von Leben. Ja! Victor Hugo hatte ganz recht damit, das Leben sollte von Kindern gefüllt werden, die man herumtollen und lärmen lassen muß wie eine Spatzenschar!

Kaum haben wir zu Ende gefrühstückt, werden wir auch schon von diesem Wirbelwind von Kindern zum Wasserskilaufen zum San Felipe-See gescheucht. Und gestern sind wir noch durch die überschwemmte Pampa »gepaddelt«! Auf dem See, der von Vulkanen umgeben ist, kreuzen wir genießerisch im Fahrwasser des Motorbootes. Es ist berauschend, völlig mühelos vorwärtszukommen, und das auch noch im Zickzack!

Wir nutzen die zwei Tage vor der Ankunft meiner Eltern und Onkel Pierres zum Flicken, Waschen und Reparieren der Räder und genießen ganz nebenbei die süße Sorglosigkeit des Nichtstuns. Ein Energieschub verleitet uns dazu, von der Ranch der Estancia zwei Gaucho-Pferde zu leihen. Wir wollen hinauf auf den Felsgrat, der das Anwesen überragt, um diesen Winkel der Pampa aus der Höhe zu betrachten. Im Schritt reiten wir in einen Wald voller dorniger Sträucher und folgen ausgetrockneten Flußbetten. Im Gebüsch stürmen Kühe in gerader Linie auf uns zu wie angreifende Rhinos. Unsere Pferde scheuen, und wir würden uns die Schenkel böse an den Dornen zerkratzen, wenn wir nicht weite Lederhosen übergezogen hätten. Hier heißen die Kühe nicht Blanchette!

Auf der Allee, die zum Haus führt, veranstalten wir ein Rennen; die Hufe klappern auf den Steinen, Äste zischen an unseren Ohren vorbei, und ich denke voller Schadenfreude an unsere Pariser Freunde, die jetzt in der naßkalten Hauptstadt für ihre Prüfungen büffeln.

Sie sind angekommen! Ich springe vom Pferd und falle meinen Eltern regelrecht in die Arme. Es kommt mir vor, als hätten wir erst am Vortag Abschied genommen! Insgeheim bin ich böse auf mein Herz, weil es mir bis zum Hals schlägt. Sie sind da! Punkt! Das ist doch ganz normal! Sie waren die ganze Zeit über bei mir! Liebe Eltern, euch verdanke ich alles, was ich erlebt habe! Ich schenke es euch!

Während der wenigen Tage ihres Aufenthaltes gönnen wir uns eine Ruhepause, sehen uns mit Onkel Pierre die Gegend an, verbringen wunderbare Abende, an denen er seinen Nichten (meiner Mutter und Tante Zabeth sind die Töchter seiner Schwester) Familiengeschichten erzählt, die sie noch nicht kennen. Der liebe Onkel ist gerührt von ihrer Faszination für die Vergangenheit, die er in Europa zurückgelassen hat, und kramt eine ganze Flut lange zurückgehaltener Schätze hervor. Wir singen bis spät in die Nacht, Lieder aus einer anderen Zeit, die nach heimatlicher französischer Erde duften und nach durchwachten Nächten am Lagerfeuer. Onkel Pierre begleitet uns glücklich auf der Mundharmonika.

Montag, 31. Januar 1994:
114. Tag, 156 km. G: 7 034 km

Die Abreise kommt so schnell, daß sie uns beinahe überrascht. Ich lasse alle eine Runde auf dem Fahrrad drehen, als mir aufgeht, daß nach der letzten Runde die Stunde des Abschieds schlagen wird. Die Emotionen überwältigen mich ohne Vorwarnung, ganz plötzlich, aus dem Hinterhalt. Blind vor Tränen und mit einem krampfhaften Lächeln auf dem Gesicht, höre ich Tante Zabeth mir ins Ohr flüstern: »Paß auf deinen kleinen Arsch auf!« Wir schließen alle fest in die Arme und treten dann in die Pedale, ohne noch einen Blick zurückzuwerfen.

Schluß mit dem Bemuttertwerden, Schluß mit Besuchen der Eltern, mit französischsprachigen Ländern und europäischen Völkern: Jenseits der Anden sind wir auf der anderen Seite der Welt. Paris ist nicht mehr unser Ausgangspunkt, sondern unser Ziel.

Aber vor dem großen Sprung bleibt uns noch ein letzter Besuch. Mama hat uns bestätigt, daß unser Freund Éric Girard, Arzt, Fotoreporter und Pilot aber vor allem unumstößlicher Pfeiler unserer Dreierbande, den wir bei einer unserer zahlreichen Besteigungen von Pariser Bauwerken kennengelernt haben, in Mendoza, am Fuß der Anden, zu uns stoßen wird. Zwischen uns dreien besteht ein unzerstörbares Band, und so will er an unserem Abenteuer teilhaben, auf einem Gerät, das er als widernatürlich betrachtet: dem Fahrrad! Er wird am 2. Februar zu einem perfekt getimten Rendezvous in Mendoza eintreffen. Vor uns liegen 372 Kilometer, die wir in zweieinhalb Tagen zurücklegen müssen, um unser Versprechen zu halten.

Um die Ergriffenheit des zweiten Abschieds zu verdrängen, diskutieren wir über die Tugenden des Versprechens, der Zuverlässigkeit, der Pünktlichkeit und des Organisationstalentes, für die Éric uns ein brillantes Beispiel liefert, nachdem er uns in dem Durcheinander bei unserer Abfahrt in Paris nur zugerufen hat: »Wir sehen uns in den Anden, Jungs!« Jeder andere hätte sich tausend Gründe einfallen lassen, nicht zum Treffpunkt zu kommen; er hat mindestens einen gefunden, das genaue Gegenteil zu tun: Verbindlichkeit!

Wir sind von der Pampa in eine immergrüne Heide gelangt, die uns an Südfrankreich erinnert. Alles stimmt! Hitze, Gerüche, Zikaden. Wir trauen unseren Ohren nicht! In einem eisigen Rio verputzen wir die Brote, die meine Mutter uns mit auf den Weg gegeben hat. In San Luis stoßen wir bei einer Abfahrt wieder auf die Routa 7 und die unvorstellbare Weite der Pampa liegt vor uns. Ich fotografiere Sylvain neben einem Schild mit der Aufschrift: »Via Panam«. In der Ferne, 50 Kilometer weiter, verliert sich die Straße wie eine stählerne Schlange, die versucht, gestreckt in den Himmel zu beißen, in der endlosen und trügerischen Ebene: Nach 44 Kilometern Steigung läuft das Pleuellager aus, sämtliche Schaltkreise sind überhitzt. Der Kühler hat kein Wasser mehr! Wir verlassen die Straße in Richtung Alto Pencoso.

Der Wind wirbelt Staubsäulen zwischen den niedrigen Häusern dieses Geisterdorfes auf. Lose Fensterläden schlagen gegen die vom Wind abgeschmirgelte Lehmmauern. Politische Graffiti an den Wänden künden von der Vergänglichkeit der Zeit. Der verfallene Bahnhof hält am Horizont immer noch Ausschau nach einem Zug, der doch nicht kommen wird. Ein Mann trinkt seinen *maté* auf der Schwelle seiner Haustür, den Blick auf das Nichts gerichtet. Das Gewitter findet sich mitsamt seinem Gefolge dunkler Wolken zum abendlichen Rendezvous ein. An der Wand eines Haus, das ein wenig besser in Schuß ist als die anderen, steht nicht *Bagdad Café*, sondern *Alto Café*. Guillermo empfängt uns mit einer in dieser Männerwelt merkwürdig anmutenden Fistelstimme in seinem kleinen

Laden, der mit allerlei Krimskrams vollgestopft ist. Er schenkt uns an der Theke ein Getränk ein und überläßt uns dann der Obhut seines englischsprechenden Nachbarn. Wir haben kaum unsere Räder in einem Schuppen in Sicherheit gebracht, als auch schon mit einem ohrenbetäubenden Krachen ein Blitz einschlägt und sämtliche Sicherungen herausspringen. Nach einem *asado*, das wir mit einem milden *vino tinto* hinunterspülen, sehen wir uns das Naturschauspiel von der Terrasse aus an.

Stellen Sie sich eine dicke Wolkendecke vor, die ein Kaminfeger in Ruß getaucht hat, breiten Sie sie über einen bis zum Horizont klaren Himmel und lassen Sie vor diese Kulisse theatralisch ein Gestirn aufgehen, als Vorboten einer atomaren Apokalypse! Dann werden Sie Zeuge des Unvorstellbaren: Die schwarzen Wolken schimmern tiefrot wie ein Glutteppich, durchzuckt von grellen Blitzen! Eine Kulisse wie aus einem Science-fiction-Film.

Beim Frühstück besteht Guillermo darauf, uns seine Verlobte vorzustellen: ein Nandu!* In Alto Pencoso, einem wahren *Arizona Dream*, muß man auf alles gefaßt sein – außer auf das, was man eigentlich erwarten würde.

Am Vormittag, nach einigen Stunden Fahrt, erspähen wir in der Ferne ein Fahrrad, das uns entgegenkommt.

»Das kann nur ein Schweizer sein, der durch diese Wüste radelt!« (Vor zwei Jahren sind wir in den isländischen Wüsten schweizer Radfahrern begegnet)

Falsch! Ein Deutscher. Manfred ist Banker. Mit 63 Jahren hat er Familie und Komfort in Frankfurt zurückgelassen, um sich Patagonien einzuverleiben wie andere einen Hamburger. Manfred ist dick. Manfred ist für einen Radfahrer sogar sehr dick. Er platzt förmlich aus seinen Lycrashorts, während er uns von seinen 6 000 Kilometern durch Schafherden, Sträucher und Wind berichtet. Wir verstehen ihn. Er nutzt die Pause, um sich die Nase

---

* Nandu: straußenähnlicher flugunfähiger Laufvogel, der in den Steppen und Savannen Südamerikas lebt.

dick mit weißer Creme einzuschmieren und zwei Bananen zu verputzen. Wir verlassen ihn voller Bewunderung und guter Hoffnung für unser Rentnerdasein!

Wir radeln gen Mendoza. Wir haben nur noch 70 Kilometer vor uns, am Ende derer wir unser Abenteuer endlich mit einem Freund teilen dürfen. Wir werden es gemeinsam erleben und nicht mehr davon erzählen müssen.

Hinter einer Obstplantage, die nicht anders aussieht als die vielen anderen, die wir an diesem Vormittag schon durchquert haben, bemerke ich eine seltsame Wolke am graublauen Himmel, schenke ihr aber keine weitere Beachtung. Das sonderbare Phänomen dauert an, und schließlich mache ich Sylvain darauf aufmerksam.

»Sieh mal die Wolke da drüben! Etwas weiter links! Sie ist quadratisch!«

Fasziniert und mit offenem Mund nehme ich den Anblick der schneebedeckten Gipfel der Anden in mich auf! Diese so unscheinbare, beinahe trügerische Vision ist bedeutungsvoll. Sie kündigt das Ende der Pampadurchquerung an und unsere Begegnung mit einem Mythos, der das Herz jedes angehenden Bergsteigers höher schlagen läßt: die Anden. Wir wiederholen dieses eine Wort in Gedanken immer wieder, trinken es gierig, nähren uns eine Weile von alledem, wofür es steht: Seile, Kletterpartien, Eis, Kondore und ihren Lebensraum …

Einige Minuten später zelebriert ein monumentaler Kondor mit ausgebreiteten Schwingen, in Form einer Statue auf einem Sockel, unseren Eintritt in sein Reich des »vertikalen Rausches«. Wie Nils Holgerson, der auf dem Rücken seiner Gans über Schweden hinweggeflogen ist, erklimme ich die überdimensionale Sitzstange und schwinge mich auf den Rücken des Vogels aus gestrichenem Beton. *El Condor pasa …*

Die Überquerung der Anden

Sylvain

Der Flughafen von Mendoza ist winzig. Das Ende der Landebahn reicht beinahe bis an die Hauptstraße. Eine Absperrung sorgt für ein paar Dutzend Meter Abstand zwischen den Fußgängern und den Flugzeugen, die soeben gelandet sind. Wir warten schon seit zwei Stunden auf Éric. Vor zwei Tagen erst hat Alex´ Mutter uns bestätigt, daß er kommen wird. Éric ist ein richtiger Abenteurer. Als Kriegsfotograf bereist er alle Krisengebiete der Welt. Wenn er zurückkommt, die Nase voll vom Pulvergeruch, fliegt er Flugzeuge, reitet, klettert und behandelt Kranke, er ist nämlich auch Arzt. Manchmal gelingt es uns, ihn zu einem gemeinsamen Abendessen zu überreden, damit er uns ein wenig von seinem abenteuerlichen Leben erzählt. Aber Éric erzählt nicht gern. Er spricht nie über die Dinge, die er getan hat. Er enthüllt nur ab und an einige seiner Projekte, und sein aktuelles Projekt besteht darin, uns auf dem Fahrrad bei unserer Überquerung der Anden zu begleiten. Und darum erwarten wir ihn ungeduldig im Glutofen Mendoza.

Endlich landet seine Maschine. Wir sind ganz kribbelig vor Ungeduld. Die Tür öffnet sich. Die Passagiere steigen aus. Eins, zwei, drei … Ergriffen warten wir. Éric ist nicht dabei. Die Tür wird wieder geschlossen. Wir sind niedergeschmettert. Wir wissen nicht, was wir tun sollen, und betrachten ratlos das seltsame Ballett der Versorgungsfahrzeuge, die sich um das Flugzeug herum zu schaffen machen. Aber dann entdecken wir am Andenhimmel, in Höhe der Berggipfel, eine DC-10, die mit ausgefahrenem

Fahrwerk zum Landeanflug ansetzt. Wir setzen unsere ganze Hoffnung in diese neue Maschine. Lange, heiße Minuten verstreichen, ehe die Passagiere das Flugzeug über die herangefahrene Treppe verlassen. Plötzlich sehen wir auf einem Förderband ein Fahrrad aus dem Frachtraum kommen.

»Er ist da! Das ist sein Fahrrad!«

Aber der Argentinier, der ungerührt fortfährt, das Flugzeug zu entladen, fördert noch ein zweites und drittes Fahrrad zutage. Wir sind verwirrt.

»Éric mit drei Fahrrädern?«

»Unmöglich. Er ist es nicht«, murmelt Alex niedergeschlagen.

Überhaupt hat inzwischen der letzte Passagier die DC-10 verlassen.

Dann taucht plötzlich ein brauner Haarschopf über zwei langen Beinen an der Flugzeugtür auf.

»Das ist Éric!«

Mit seiner riesigen Nase erschnuppert er den Wind der Anden und steigt in seiner schwarzen Jacke die Treppe hinunter, mit seinem typischen seltsamen Gang, der an einen Schlafwandler erinnert.

»Und die beiden anderen Räder?«

Alexandre wird ganz blaß. In der Tür ist gerade Sonia aufgetaucht. Sonia ist seine »Verlobte«. In den afrikanischen Wüsten, auf den Gipfeln des Atlas, mitten in der Pampa, immer war es unmöglich, sich mit Alexandre zu unterhalten, ohne daß er früher oder später unausweichlich auf Sonia zu sprechen kam. Sonia in den Eukalyptusbäumen, Sonia am Ende des Gletschers, Sonia in der Trägheit der Tage auf schnurgeraden Straßen, an deren Ende natürlich Sonia wartete, Sonia hier, Sonia da, Sonia überall. Und jetzt taucht sie am Fuß des Berges auf und schluchzt in Alexandres Armen vor Ergriffenheit.

Das dritte Rad kann von Glück sagen, wenn es heil in die Heimat zurückkehrt, denn es gehört jemandem, der weder sich selbst noch sein Material schont: Natascha. Natascha ist eine deutsche Freundin von uns, die wir auf einer Skipiste kennengelernt haben, nachdem sie sich gerade das Bein gebrochen hatte. Diesmal hat Natascha das Handgelenk in Gips. Natascha ist immer ein wenig angeschlagen, läßt sich aber nicht unterkriegen. Éric wird ihr einen Verband anlegen, ehe wir aufbrechen. Ihre Rekonvaleszenz wird mit der Überquerung der Anden auf dem Fahrrad beginnen. Indem sie bei Schmerzen die Zähne zusammenbeißt, mit dieser Energie, von der man bei Natascha nicht so recht weiß, ob sie von Willenskraft oder Wahnsinn genährt wird. Alex und ich sind noch ganz baff vor Überraschung. Dann taucht der Gipfel des Aconcagua vor uns auf. Staunend betrachten wie den »Steinwächter«, wie ihn die Indios nennen. In wenigen Tagen werden wir an seinem Fuß vorbeiziehen. Alle fünf.

Die Mauer der Anden ragt vor uns auf. Hier gibt es keine Piedmonts, keine Hügel und keine Bodenerhebungen, die den Übergang von Flach- und Hochland markieren. Das Plateau scheint abrupt an die Felsmauer zu stoßen. In rechtem Winkel. Wie ein Meer, das sich gegen Felsenklippen wirft. Als würde die sterbende Pampa röchelnd an die Berge stoßen.

Wir sind am frühen Nachmittag von Mendoza aufgebrochen. Seit mehreren Stunden radeln wir über eine völlig gerade Straße, so gerade, daß sie geradewegs in den Horizont zu klettern scheint. Sie soll uns zum Fuß der Berge führen, durch ein endloses, leicht ansteigendes Glacis, das so zerfurcht ist wie eine vertrocknete Hand. Staubwirbel tanzen zwischen verdorrten Sträuchern. Es ist so heiß, daß man die Sonne brummen hören kann. Wir kommen objektiv weiter, aber die Anden scheinen keinen Meter näher zu rücken. Es ist zum verrückt werden. Wir fangen an, daran zu zweifeln, daß wir je dort ankommen werden. Kein Fixpunkt, kein Hinweis darauf, daß wir uns dem Ziel nähern. Nur eine Mauer und eine schnurgerade Straße.

Sonia und Natascha zeigen erste Anzeichen von Ermüdung, die von dem lästigen Eindruck verstärkt werden, nicht von der Stelle zu kommen. Schließlich erreichen wir doch die ersten schwierigen Passagen. Endlich sind wir an der Grenze angelangt, an dem Punkt, an dem die Erde vertikal wird. Aber noch bevor wir die ersten Steigungen angehen können, geht unseren beiden Freundinnen die Puste aus. Ohne Übergang von den Universitätsfluren in Paris auf die sengendheißen Andenpisten versetzt, erleiden sie einen Schock. Gestern noch auf den Bänken der Vorlesungssäle, und heute auf Pisten mit 12% Gefälle, auf Rädern, die mit vierzig Kilo Gepäck beladen sind. Sie schwanken. Sonia stürzt in einen Graben. Natascha wankt in den Kurven der Piste. Vorhin in Mendoza hatten sie noch dicke Steaks verschmäht. Jetzt zahlen sie den Preis für ihre Eitelkeit. Wir durchwühlen unsere Taschen. Einige verklebte Rosinen bewahren Natascha vor der Hypoglykämie. Alexandre bringt Sonia mit *Dulce de Leche*, einheimischen Karamellbonbons, wieder auf die Beine. Éric und ich fahren an der Spitze und nehmen Natascha in die Mitte. Alexandre kümmert sich 200 Meter weiter hinten um Sonia. Wir bauen sie auf, zwingen sie zum Weitermachen, treiben sie unerbittlich an. In traurigem Zustand, am Rande des Zusammenbruchs, erreichen wir mitten in der Nacht Villavincencio.

Im Argentinien der dreißiger Jahre war Villavincencio ein berühmter Kurort. Ein Thermalbad in einem kleinen Tal empfing in 1 800 Metern Höhe die Bourgeoisie von Mendoza. Von dieser goldenen Zeit sind nur die Ruine eines weißgetünchten Hotels mit roten Fensterläden und einige Hektar duftender Nadelwald, in dem Heilquellen leise vor sich hinplätschern, übriggeblieben. Wir schlagen die Zelte inmitten dieses Paradieses auf.

Alexandre und ich haben einen etwas abartigen Sinn für Humor. Wir nutzen Èrics Abwesenheit und versenken unter den entsetzten Blicken der Mädchen einen lebenden Frosch in der Torte, die es zum Abendessen gibt. Die schleimige Amphibie ist lange bevor Éric zurückkehrt wieder in die Freiheit entlassen. Aber Natascha und Sonia weigern sich strikt, auch nur einen Bissen von dem Kuchen anzurühren. Éric erinnert sie wütend an ihre durch mangelhafte Ernährung bedingten Schwächeanfälle vom Nachmittag. Keine Chance! Schließlich zieht der Hüne sich grummelnd in sein Zelt zurück.

»Sie sehen Frösche auf dem Kuchen! Die beiden haben wirklich etwas Ruhe nötig!«

In den nächsten Tagen dringen wir über schmale Wege ins Herz der Kordillere vor. Wir haben die Straße verlassen und überwinden die Felsen über gewundene, abenteuerliche Pfade. Ebene jene Pfade, die der große San Martin beschritten hat, der Befreier, der Argentinien vom chilenischen Joch erlöst hat.

Zwischen Villavincencio und Uspallata befindet sich in 3 000 Metern Höhe der Paß von Cruz de Portillo. Der Pfad, der dorthin führt, beschreibt 365 Kurven auf 1 500 Metern Höhenunterschied. Die Serpentinen winden sich die steilen Felshänge hinauf. Nach jeder Kurve erwarten uns neue schwindelerregende Perspektiven. Wir kommen nur langsam voran. Kondore über uns, ein steiniges Chaos unter uns. Und wir auf dieser Piste wie auf einem über die Anden gespannten Drahtseil.

Sonia und Natascha akklimatisieren sich verblüffend schnell. Wir schaffen die 365 Kurven an einem Tag. In den letzten Serpentinen kommt uns ein Touristenbus entgegen und hält unmittelbar am Abgrund. Die Fahrgäste steigen aus, stellen sich in einer Reihe auf und feuern uns Beifall klatschend an. Noch 30 Pedaltritte, und wir sind auf dem Paß. *»3 000 mietros sobre el nivel del mar«*, verkündet ein Schild. Die Straße taucht hinab in Täler, die umrahmt sind von runden, nackten Gipfeln. Manchmal hockt auf einer Felsspitze ein Schwarm Kondore. Die Piste führt über freigelegte Flächen zwischen steilen Schieferwänden hindurch. Auf beiden Seiten ragen nackte, von der Sonne rissige Felswände auf. Als wir diese Flure hinter uns haben, bietet sich uns ein Anblick wie aus der Entstehungszeit der Erde. Die Farbpalette der Landschaft ist atemberaubend: das Schwarz der Lava, ab und an durchbrochen von einer Reihe gezackter Felsen, die an die Rückenstachel eines Stegosaurus erinnern; das Rot der Rhyolithwände, der gelbe Schimmer der Granitterrassen, die metallischen Schattierungen des sich zersetzenden Biotits und zuweilen, wie um die Roheit dieser primitiven Töne zu mildern, ein kleiner pastellfarbener Pinselstrich am Horizont. Das Tal taucht vor uns auf. Der ewige Schnee des Axialkammes der Anden bildet die Hintergrundleinwand dieses grandiosen landschaftlichen Schauspiels.

Nach langem Radeln durch Täler so gigantischer Größe, daß in der Breite Alpengletscher hineinpassen würden, gelangen wir an den Fuß des Aconcagua. Der Rio Mendoza umspült die Füße dieses amerikanischen Riesen. Wir folgen dem Fluß und gelangen eines Abends zum Puente del Inca. Der durch braunrosa Schmelzwasser angeschwollene Fluß hat eine 30 Meter hohe natürliche Brücke in die Felsschichten gegraben. Die Brücke ist mit Schwefelkonkretionen bedeckt, die an den Seiten herabhängen wie Speichelfäden. Unter dem Brückenbogen befinden sich auf einer Terrasse die Ruinen der Thermen, die von der einstigen Aktivität an diesem Ort künden.

Wir baden in den flachen Becken und den Quellen, ehe wir in der Dämmerung gleich neben einer verfallenen Kirche auf einer kleinen Böschung unser Lager aufschlagen. Auf alten Bänken sitzend, lassen wir alle fünf die friedliche Stille des Ortes auf uns wirken. Morgen werden wir den Paß Cristo Redemptor überqueren, der in 4 200 Metern Höhe Chile von Argentinien trennt.

Um die Allianz zu besiegeln, die sie verband, ließen Chile und Argentinien auf einem Hang der Kordillere eine 15 Meter hohe Statue aufstellen: Christus, den Erlöser, in Bronze. Das war Anfang des Jahrhunderts. Wir klettern über einen für den Autoverkehr gesperrten Weg hinauf. Der Pfad windet sich in Serpentinen über rote Schutthaufen. Sie sehen aus, als wäre Stoff locker um den Fuß der Berge drapiert worden. Die ersten Auswirkungen der Höhe werden spürbar. Wir erreichen die 3 800-Meter-Grenze. Das Herz rast zum Zerspringen. Bei 3 950 Metern gelangen wir auf die Schiefergrate. Der Pfad führt weiter bergab, auf den Terrassen Halt suchend.

Und dann taucht er ganz plötzlich auf. Der hoch aufgerichtete Christus auf dem Paß streckt in der Pracht des Sonnenuntergangs die Hand aus. Weiter unten im rotschimmernden Abgrund erblicken wir die von dunstigen Tälern durchzogenen chilenischen Berge. Wir lassen die Räder am Fuß der Statue zurück und machen uns alle fünf daran, den heiligen Koloß zu erklimmen. Die Falten des bronzenen Gewandes erleichtern den Aufstieg. Alexandre gelangt als erster oben an. Christus hat einen neuen Gefährten, einen lachenden Dritten, der auf seiner Schulter hockt.

Nach einer eisigen Nacht in der verfallenen Berghütte des Passes machen wir uns im Morgengrauen an die Besteigung des Cerro del Cristo Redemptor, eines kleinen 5 200-Meter-Gipfels, der wie eine lächerliche Steinspitze in der gewaltigen Kordillere untergeht. Mittags haben Sonia und Éric eine Rampe und Bänder an der Westseite des Berges überquert und gelangen auf den Gipfel. Natascha, Alex und ich, die über Geröllablagerungen bis unterhalb des Gipfels gelangt sind, stecken unter einem Felsvorsprung von 200 Metern unterhalb des Gipfels fest. Aber von unseren jeweiligen Logen aus bietet sich uns allen ein unvergleichlicher Ausblick auf die abweisenden, steilen Hänge des Cerro Aconcagua. Und weit unten im Süden sehen wir die Piste. Sie führt auf der anderen Seite des Passes abwärts, durch rötliche Felswände, die hängende Gletscher stützen. Dort werden wir einige Stunden später sein, darauf bedacht, uns auf dem steilen, holprigen Weg, der nach Chile hinabführt, nicht die Knochen zu brechen. Die Straße erzählt noch von dem Konflikt zwischen Argentinien und Chile. Wir schlängeln uns zwischen den Bombenkratern von sechs Metern Durchmesser und den

Wracks zerschellter Flugzeuge hindurch. Über die Bergbäche und Geröllhaufen auf der zersprengten Straße müssen wir die Räder hinwegtragen.

Am Ende der steilen »Straße« gelangen wir an die chilenische Grenze. Und am Ende des Tages an einen der schönsten Orte, an denen wir je gelagert haben: das Ufer des Portillo-Sees. Das Wasser des Sees ist von einem zu reinen Blau und zu tief, um nicht tückisch zu sein. Es ist Schmelzwasser, mineralreich und so kalt, daß es kein Leben zuläßt. Der See ist tot. Der ewige Schnee oberhalb des Wassers trägt noch zur Starre der Landschaft bei. Fels, Wasser, Eis. Die rohen und primitiven Elemente lassen die Landschaft in einer metallischen Schönheit erstarren, die einem kalte Schauer über den Rücken jagt. Wir baden im Eiswasser, barbarische Schreie ausstoßend. Der See markiert das Ende der schwierigen Strecke.

Von jetzt an brauchen wir uns nur noch der Schwerkraft zu überlassen, auf einer Straße, die in nur 200 Kilometern wieder auf die Höhe des Meeresspiegels hinabführt. Erst folgen wir einem gewundenen *caracolès.* Innerhalb von nur 20 Kilometern bewältigen wir einen Höhenunterschied von 1 500 Metern. Chile mißt 4 000 Kilometer von Nord bis Süd und manchmal weniger als 180 Kilometer in der Breite. Wir schwören, daß nicht Faulheit uns bewogen hat, das Land in seiner weitaus schmaleren Breite zu durchqueren! Unsere ganze Reise ist nach Westen ausgerichtet, läßt uns der Sonne nacheilen und einer nach dem anderen mit kräftigen Pedaltritten die Meridianscheiben durchschneiden.

Auf der Straße verkündet ein ganzer Schilderwald: »*Hombres trabajando*«. Aber die Arbeiter können offenbar nicht lesen. In den Gräben liegen ganze Trupps von Straßenarbeitern und schlafen tief und fest. Von Zeit zu Zeit hebt einer einen Stein auf, meditiert dann lange über die geleistete Anstrengung und überlegt sich seine nächste Handlung. Die Arbeiten an dieser Straße über die Anden sind schon seit den Siebziger Jahren in Gang.

Paradoxerweise begegnen wir auf den südlichen Hügeln unserem ersten Lama. In einem Zirkus auf einem Dorfplatz. Ein Schwarm Kinder schart sich um die Käfige, die einige magere Tiere beherbergen. Ein verschlissenes, mehrfach geflicktes Zelt hält sich mühsam aufrecht. Drei ausgemergelte kranke Guanako-Lamas schleppen sich durch den Staub. Wir beschließen, die jämmerliche Szene ein wenig aufzuheitern. Alexandre jongliert und läßt dabei die Augen rollen. Ich spiele auf der Flöte Gigue-Melodien, während die beiden Mädchen die schmutzigen Kinder auf die Arme nehmen. Éric versteckt sich hinter seinem Fotoapparat und hält das Bild fest. Schon bald sind wir von einer Schar neugieriger Kinder umringt. Wir machen dem Zirkus und seiner Menagerie ernsthaft Konkurrenz. Ein Affe entwischt, und beißt – vielleicht erzürnt von der Untreue des Publikums – eins der Kinder in den Arm. Die klaffende Wunde geht bis auf den Knochen. Sonia verarztet den kleinen Roberto, der nicht eine Träne vergießt. Er mustert uns aus Augen, die es gewohnt sind, sich keinen Schmerz anmerken zu lassen. Wir denken erstaunt an den Schulschluß in Paris und die verzärtelten Kinder, die beim kleinsten Wehwehchen lauthals brüllen, noch bestärkt von ihren ängstlichen Eltern. Bei Roberto wird nicht getröstet. Also weint er auch nicht, weil er weiß, daß es sinnlos ist, Schmerzen zu zeigen, wenn einem doch niemand Mitleid entgegenbringt.

Kurz vor Valparaiso entwickeln wir eine Erholungstaktik, die wir »Poussette« taufen (Poussette: unerlaubtes Schieben auf Steigungen beim Radrennen; Anmerkung des Übersetzers). Der Trick besteht darin, sich in einer Steigung an einen Lastwagen zu hängen. Um den Lastwagen voll ausnutzen zu können, muß man zunächst aus der Ferne sein Potential einschätzen. Transportiert er einen Container, kann man es vergessen, weil die glatten Wände des Behälters keinen Halt bieten. Handelt es sich jedoch um einen Lastwagen mit Plane, kommt Freude auf. Die Plane über der Ware ist nämlich mit Seilen befestigt, an denen wir uns festhalten können. Phase zwei erfordert ein wenig Menschenkenntnis. Man muß blitzschnell den Charakter des Fahrers einschätzen, indem man seine Kopfhaltung beobachtet, während der Lastwagen einen röchelnd wie ein sterbendes Tier überholt. Eine niedrige Stirn, vorstehende Neandertaler-Brauen und ein grimmiger Blick deuten darauf hin, daß uns wohl keine freiwillige Hilfe gewährt werden wird. In diesem Fall muß man sich ziemlich weit vorn festklammern, im toten Winkel. Wenn der Fernfahrer uns jedoch freundliche Blicke zuwirft, uns zulächelt und mit lautem Hupen, das uns fast das Trommelfell zerreißt, ermutigt, ist die Sache geritzt. Dann können wir uns in aller Ruhe hinten anhängen. Der Fahrer kann uns im Rückspiegel sehen, und wir tauschen Lächeln und Gesten aus, freundlich, aber kurz, weil wir uns schnell wieder mit einer Hand am Lenkrad festhalten müssen. Die andere hängt an den Seilen wie die Lippen eines Kopfsaugers an der Flanke eines Hais. Hat man sich erst – mit oder ohne Wissen des Fahrers – festgeklammert, ist es nur noch eine Frage des Gleichgewichts. Man muß gewappnet sein, zügig loszulassen und auf Distanz zu gehen, wenn der Lastwagen zu dicht an den Graben heranfährt. Aber das Risiko wiegt die Freude auf, sich mühelos in den Steigungen ziehen zu lassen. Man muß nur noch darauf achten, mit dem linken Arm die einschneidenden Seile festzuhalten, und aufpassen, daß man nicht unter die gewaltigen Räder gerät, die die Schenkel streifen, und sollte versuchen möglichst wenig von den stinkenden Abgasen einzuatmen.

Als wir in Valparaiso ankommen, haben wir unsere lange Durchquerung Südamerikas beendet und sind in gerader Linie von einem Ozean zum anderen geradelt. Valparaiso zeigt Spuren fortgeschrittenen Verfalls. Die Sonne erstickt in feuchtem Smog. Der Pazifik wirft sich schwer an die graue Küste. An die Hügel gelehnt, umgeben sich die Rokokovillen in ihrem verblaßten Luxus mit struppigen Palmen, die aussehen wir die Federboas, die

die ältlichen Kokotten von Pigalles sich früher umhängten. Und in dem alten, im schmutzigen, schrägfallenden Abendlicht glänzenden Hafen wimmelt es von einer ungepflegten, lärmenden Menge dunkelhäutiger Menschen, die in die Kneipen an den alten Kais drängen. Die Möwen fliegen ungehindert in die schmierigen Restaurants. Schilder schwingen im schwülen Wind knarzend hin und her. Betrunkene torkeln zum Ausgang, wie betäubt von den heulenden Sirenen der rostigen Ozeanfrachter.Man meint in einem verzauberten Ort am Ende der Welt zu sein. Auf den Landkarten verleiten schon ihre Namen zum Träumen, werden zu Hoffnungsträgern. *Hisse et ho! Nous irons jusqu´à Valparaiso*! (Anlehnung an ein Volkslied, dessen eigentlicher Text *Hisse et ho! Nous irons jusqu'à San Francisco!* lautet; Anmerkung des Übersetzers). Und wenn am Ende der Bucht die Oase auftaucht, fühlt man sich unsterblich. Dann singt und trinkt man auf eine glückliche Zukunft und geht voller Hoffnung an Land, um in einer solchen Kloake zu landen und hängenzubleiben wie eine Fliege an einem fettigen, nach Fisch stinkenden Stück Papier.

Die Brandung hat uns in den Schlaf gewiegt. Wir erwachen am Strand von Valparaiso, wo wir unser Zelt aufgeschlagen haben. Bevor wir die Stadt verlassen, läßt Éric uns im alten Hafen posieren, um einige Eindrücke von gestrandeten Frachtern, verfallenen Hangars mit ausgeschlachteten Lokomotiven und scheinbar verlassenen Werkstätten, von denen schwer zu sagen ist, ob sie noch in Betrieb sind, festzuhalten. Hier kann man nämlich schwer sagen, ob das Öl an den Händen eines Arbeiters aus den dreißiger Jahren stammt oder vom selben Morgen.

Von Valparaiso bis Santiago sind es 150 Kilometer. Wir werden sie in zwei Tagen zurücklegen, durch wogende trockene, gelbe Stoppelfelder. Alex und ich genießen diese letzten Stunden in Gesellschaft unserer Freunde. Denn in Santiago wird ihre Stippvisite zu Ende sein. In der Hauptstadt empfängt uns Francesco, ein Freund von Éric. Wir sehen uns gemeinsam mit ihm und seiner Frau Andrea die Stadt an. In Santiago duftet es nach Sommer. Auf den öffentlichen Plätzen wird unter Pavillons Schach gespielt oder man lauscht den Marktschreiern, die auf den Rasenflächen ihre Waren anpreisen. Wie in Argentinien sind die Generäle abgetreten, aber hier haben sie hübsche, begrünte Straßen zurückgelassen. Den ganzen Tag flanieren dort Liebespaare entlang. 20 Kilometer schnurgerader, ununterbrochener Alleen! In Santiago sind die Prachtstraßen eben sehr lang. Sie erinnern an die Landkarte Chiles. Sie kreuzen einander in perfekter Geometrie. Von dem Hügel aus, der über der Stadt aufragt, betrachtet eine riesige Madonna, die sicher gern das Meer sehen würde, das Schachbrett und zählt die strahlendweißen Kirchen.

Dann ist es soweit, Abschied zu nehmen. Éric denkt bereits an die nächsten Abenteuer; Natascha reißt die schönen Augen auf, ganz entgeistert, daß es schon vorbei ist; Sonia trennt sich widerwillig von Alexandre und findet das Leben ungerecht. Wir sind wieder allein und auf uns gestellt. Wir können wieder mit den Fingern essen, in der Nase bohren und die Körperpflege auf ein Minimum beschränken. Ein magerer Trost, der nicht verhindern kann, daß uns die Tränen kommen, als das Flugzeug abhebt. In wenigen Stunden werden sie in Paris sein. Wir erst in einigen Monaten. Aber bis dahin werden wir noch viel strampeln und zuerst diesen verfluchten Pazifik überqueren müssen, auf dessen anderer Seite sich, weit fort, unter den Winden Asiens, Singapur ins Meer reckt wie der Kopf eines Drachen.

Die Überquerung des Pazifik

Alexandre

Jetzt, da wir nach der Durchquerung Südamerikas den Pazifik vor uns haben, müssen wir einen Weg finden, nach Südostasien zu gelangen. Der Schalter der Fluggesellschaft Lan Chile kann uns nur einen Flug Mexiko-Singapur via Miami, New York, Los Angeles, Osaka und Bangkok anbieten! Mit anderen Worten, eine ganze Weltreise mit dem Flugzeug. Mit etwas Geduld und Beharrlichkeit bekommen wir einen Flug mit Zwischenstops auf der Osterinsel, in Tahiti und Neuseeland! Wegen der Einfallslosigkeit einer Fluggesellschaft hätten wir beinahe diese traumhafte Überquerung versäumt!

Während Sylvain loszieht, um im Hinblick auf zu erwartende Versorgungsschwierigkeiten Vorräte einzukaufen, flitze ich in eine Buchhandlung, die auch französische Literatur führt, und besorge uns Material über die Osterinsel und ihre geheimnisvolle Kultur. Unser Gastgeber Francesco, der gerade einen Werbespot für Pisco Control dreht, einen Schnaps aus der Gegend, macht sich über unsere kulturelle Gier lustig:

»Ihr würdet besser ein paar Flaschen Pisco mitnehmen!«

Hoffen wir, daß die Bewohner der Osterinsel ihn Lügen strafen! Was werden wir von dieser versunkenen Zivilisation und ihren heutzutage chilenischen Repräsentanten zu sehen bekommen?

Am nächsten Tag bringt Francesco uns zum Flughafen. Brüderliche Umarmungen. Nach dem chilenischen »Klein-Kalifornien« brechen wir wieder auf ins Unbekannte. Jedoch erwarten uns dort keine Gefahren und Prüfungen, sondern Mythen und Legenden!

»Au!«

Sylvain, der gerade bequem inmitten unserer Taschen thront und unter den belustigten Blicken zweier von Kopf bis Fuß in schwarze Spitze gehüllter alter Damen einen Knopf annäht, hat sich mit der Nadel in den Finger gestochen.

Die Osterinsel

Während des ganzen Fluges haben wir Spekulationen über den Geruch der Osterinsel angestellt, da jede Insel ihren ganz speziellen Duft hat. Spannung! Die nächtliche Landung auf dieser Vulkaninsel inmitten des weiten Ozeans hat etwas von einer Landung auf einem Flugzeugträger! Ein Schwall feuchter Wärme, so klebrig wie die Zunge eines Chamäleons, schlägt uns entgegen, als wir das klimatisierte Innere der Maschine verlassen. Mit geblähten Nasenflügeln versuchen wir, die vielen Gerüche, die uns bereits durchdringen, zuzuordnen. Eine Mischung aus Honigbrot, gerade einkochender Erdbeermarmelade, Pfeffer und Vanille! Sylvain hatte (nicht von ungefähr!) auf Schokoladenduft getippt, ich auf den Geruch nassen Asphalts nach einem Gewitter. Die Sinne täuschen einen nicht immer.

Die Zimmervermittler bedrängen uns in schleppendem Spanisch, während wir unsere Packtaschen einsammeln und wieder auf die Räder laden.

»Ihr wollt doch nicht im Freien übernachten, oder? Hier regnet es nachts!«

»Wo wollt ihr hin? Es ist so dunkel wie im Hintern einer Henne.«

»Na also! Wenigstens haben sie den gleichen Humor wie wir!« stellt Sylvain fest.

»Eben. Heute nacht schlafen wir im Nest des Vogelmenschen, inmitten von Schokoladeneiern.«

Ein hünenhafter Packer mit Babygesicht erbarmt sich unser. Er will nicht, daß wir blindlings in die Nacht radeln, wir sollen bei ihm schlafen, kostenlos, keine Widerrede. Also gut.

Chico, der in Hemdsärmeln am Steuer seines Transporters sitzt, der offenbar mit der Kreissäge zum Pickup umgebaut wurde, erzählt uns, daß er der Besitzer des einzigen Nachtclubs der Insel wäre und nur beim Entladen der Flugzeuge helfe, um »in Form« zu bleiben! Er bringt uns in seinem Fitneßraum unter und zeigt uns seinen Tanzschuppen.

»Sag mal, Chico, warum hast du dir die Arme mit Kokosöl eingerieben?«

»Um nicht von irgendwelchen Furien gekratzt zu werden.«

Perplex raunt Sylvain mir ins Ohr: »Soll das ein Witz sein?«

Fast eine Woche lang bleiben wir bei Chio und befahren zwischen Tamouré-Kursen und endlosen Gesprächen über die französischen *mujeres* (Frauen) von dort aus die ganze Insel. Die von den einstigen Seefahrern vielgerühmte Gastfreundschaft hat sich bis heute gehalten.

Im Morgengrauen machen wir uns an die Erstürmung des Rano-Kau-Vulkans, eines großen, abgeflachten Lavabrockens, der durch die Landebahn vom Rest der Insel abgetrennt ist. Auf unseren von den schweren Packtaschen befreiten Rädern fliegen wir förmlich dahin. Wie Kinder, die in die Schulpause stürmen, erklimmen wir die Berghänge, um unsere neue Umwelt in Augenschein zu nehmen. Tauschweres Unkraut, das in der Sonne schimmert, säumt unseren Aufstieg wie eine strahlende, duftende Allee. Zahllose Obsidiansplitter auf der schwarzen, staubigen Piste reflektieren ebenso zahllose Lichterperlen. Alles um uns herum glänzt und schillert. Ein »*miroir aux alouettes*«? (Mit beweglichen Spiegeln versehenes Gerät zum Lerchenfang; Anmerkung des Übersetzers). Wir radeln über die Osterinsel, dieses reale Märchenland.

Je höher wir kommen, desto besser erkennen wir den Umriß der Insel: eine Art nach Osten ausgerichtete Pistole, die aus drei miteinander verbundenen Vulkanen besteht, von denen der Rano-Kau den Kolben bildet. Oben tut sich ein gewaltiger, mit Binsen überwucherter sumpfiger Krater vor uns auf. Lange Zeit war er die einzige Süßwasserreserve der Insel, und die Bewohner der Osterinsel kamen her, um zu waschen und zu baden.

Am stumpfen Krater entlang, der geformt ist wie eine Überlaufvorrichtung, ragt die unterbrochene Krone in einem ultimativen Felskranz auf. Dies ist die Stätte der Petroglyphen von Orogon, einem Dorf von Höhlenbewohnern, wo jedes Jahr der Kult des Vogelmenschen gefeiert wurde. Ein 200 Meter tiefer Abgrund tut sich am Rand der Öffnungen der Felsbehausungen auf. Sylvain versucht, in eine der Höhlen hineinzukriechen.

»Das ist doch nicht wahr. Die Bewohner waren keine Vogel-, sondern Schlangenmenschen!«

Im Stockfinstern robben wir durch einen der rechteckigen Stollen dieser seltsamen Tumulusse aus aufgeschichteter Lauzes und gelangen in eine längliche, etwa einen Meter hohe dunkle Kammer. Die Ureinwohner der Osterinsel lebten in diesen Kaninchenbauten! Fünf Zentimeter über unseren Köpfen entdecken wir auf einer Felsplatte der Decke Felsmalereien des Vogelmenschen …

Die ganze Stätte ist voll von Darstellungen dieses seltsamen Menschen mit dem Kopf eines Vogels. Er symbolisiert ein alljährliches Ritual, bei dem der Sieg des ersten Mannes gefeiert wurde, der von einer Nachbarinsel das erste Fregattvogelei der Saison nach Hause brachte. Für ein Jahr mit außergewöhnlicher Macht versehen, stellte der neue Vogelmensch eine Art Gegenpol zu Stammesrivalitäten dar.

»Sieh dir den Felshang an, den sie hinunterklettern mußten! Darum nannte man sie Vogelmenschen!« sagt Sylvain.

Die Geheimnisse der Osterinsel wurden größtenteils enträtselt. Allerdings gibt es zwei verschiedene Theorien zu ihrer Besiedelung. Die der gemischten Besiedlung erst durch Indianer amerikanischen und später polynesischen Ursprungs und die einer rein mikronesischen Besiedlung. Thor Heyerdal, leidenschaftlicher Befürworter der ersten Theorie, hat sogar die Überquerung von Peru nach Polynesien geschafft, um seine These zu stützen. Tahiti und Chile sind beide über 4 300 Kilometer entfernt!

Heute weisen jedoch die meisten Wissenschaftler diese Thesen zurück und befürworten die Theorie, daß die ersten Bewohner von den Marquesas-Inseln stammten. Die megalithischen Steingebilde von Vinapu im Süden der Insel wären somit nicht von denen Machu Picchus in Peru inspiriert worden!

Wir haben unsere Begegnung mit den berühmten *moai*, den kolossalen Figuren aus vulkanischem Tuffstein, die aus den Flanken des Rano-Raraku-Kraters gehauen wurden, lange genug hinausgeschoben. Am nächsten Morgen brechen wir nach einem Frühstück aus Bananenmus zu diesem so sehnsüchtig erwarteten Rendezvous auf. Die ersten Kilometer durch das blonde Gras sind feucht. Es gibt keine kleine oder große, bauschige oder ausgefranste Wolke, die sich nicht genötigt fühlte, ihre Wassermassen auf diesen Felsen abzulassen. Wettervorhersagen sind sinnlos: Es regnet ja doch immer.

»Als gäbe es im Pazifik nicht schon genug Wasser!« ereifert sich Sylvain.

»Mir gefällt´s. Ist doch erfrischend! Sieh mal, die Wolke direkt über uns, es scheint als würde sie uns folgen wie diese Wolken in Zeichentrickfilmen.«

In einer Abfahrt brechen zwei meiner Speichen. Sie müssen repariert werden. Die Fahrt zu den *moai* lohnt sich! Wir radeln durch eine Vulkanlandschaft wie in der Auvergne, rostrot gebacken von der Sonne, übersät mit kleinen Eukalyptuswäldern und angepflanzten Kiefern. Es gibt keine verstreuten Häuser, alle 2 500 Inselbewohner leben im Dorf Hanga Roa. Die Insel wirkt als wäre sie allein der Herrschaft der steinernen *moai* überlassen.

Sie tauchen in weiter Ferne auf, werden immer klarer, wie eine Fotografie bei der Entwicklung in der Dunkelkammer.

»Sieh mal der kleine Vulkan da drüben. Ich bin sicher, daß das der richtige ist. Man kann die horizontalen Streifen in den großen vertikalen Rissen an den Hängen sehen. Das war sicher der Steinbruch!«

»Und die kleinen schwarzen, schrägstehenden Würfel an den Vulkanhängen, glaubst du, das sind *moai*?«

Mein Herz tut einen Sprung. Da sind sie, jahrhundertealt, wirklicher als wirklich. Sie symbolisieren nichts, stehen nur da, hüten in ihrem steinernen Herzen das plastisch dargestellte Rätsel.

»Komm schnell!« ruft Sylvain, überwältigt von dem Schauspiel, das er jenseits des Kraterrandes entdeckt hat.

Uns stockt der Atem! Im goldenen Abendlicht tollt unten auf dem Grund des sanft abfallenden, mit steinernen Zerberussen gespickten Kegels eine Herde Wildpferde im Süßwasser eines Sees.

»Gehen wir schwimmen?«

Fröhlich lachend, jagen wir den Hang hinunter. Und unter dem Basaltblick unserer steinernen Bademeister lassen wir uns zwischen den Binsen am Ufer in das schwarze, wohltuende Wasser des Sees im Rano-Raraku-Krater gleiten.

Eines Abends organisiert Chico für uns eine Party in seinem Nachtclub. Überflüssig zu erwähnen, wie verblüfft wir sind, als alle zu den abgehackten Rhythmen der neuesten Techno-Scheibe tanzen! Hat MTV mittlerweile die ganze Welt erobert?

Gott sei Dank pflegen die Bewohner der Osterinsel ihre vor kurzem aus der Vergessenheit exhumierten Wurzeln. Chico tanzt einen frenetischen *tamouré* (traditioneller

Werbungstanz), der mit Lachsalven quittiert wird. Lambada und Soca sollten sich warm anziehen!

Am nächsten Morgen umringt eine Schar von Schaulustigen im Hafen von Hanga Roa Fischer, die gerade ein halbes Dutzend Thunfische zerlegen. Über ihren Köpfen, in der Bucht von Caleta, vollführen junge Surfer auf den schaumgekrönten Wellen einen akrobatischen Tanz. Ein Koloß mit majestätischem Bart trennt mit einem Schnitt den Kopf eines riesigen Thunfisches ab, der bis vor Sylvains Füße rollt. Der Fischer entschuldigt sich unter dem Gelächter der Umstehenden. Über der Insel hängt eine milde, süße Sanftmut, die alles in Lächeln verwandelt. Als Chico unser Interesse an den Fischen bemerkt, macht er uns einen Vorschlag.

»*Os gustaria ir al campo?*« -»Hättet ihr Lust, einen Ausflug aufs Land zu machen?«

»*Claro que si!*«

Wir steigen in den Pickup, holen noch jemanden ab und besorgen anschließend alles Notwendige.

»Wir fahren also aufs Land, ja?«

»Also, äh, so habe ich es zumindest verstanden!« antwortet Sylvain.

»Warum haben sie dann eine ganze Ausrüstung zum Tiefseefischen eingeladen, einen Kasten Bier, einen Schnellkochtopf, Feuerholz und den ganzen anderen Mist?«

Auf der von Wasser umgebenen Osterinsel bedeutet »aufs Land fahren« , inmitten der Haie in der Brandung vor der wilden Küste zu fischen! Der Wagen hält am Rand der Felsklippen, im Schatten eines *moai*.

»Die Gefahr ist, daß die *moai* uns den Rücken kehren, wenn wir aufs Meer fahren«, erklärt Chico. »Sie können uns also nicht beschützen.«

Tatsächlich stehen sämtliche *moai* der Insel mit dem Rücken zum Meer. Sie halten nicht am Horizont Ausschau nach irgendwelchen Seefahrern, sondern symbolisieren die Ahnen des Stammes, die über ihre Nachfahren wachen.

Vertrauensvoll entgegne ich: »Das macht nichts. Ich verlasse mich lieber auf dich!«

Vor unseren Augen schleudert ein beeindruckender Brecher seine aufgewühlten Tonnen Wasser gegen den zerklüfteten Basalt der Klippen.

»Der Trick besteht darin, zu springen, gleich nachdem eine Welle sich an der Küste gebrochen hat, damit der Sog einen aufs Meer hinauszieht«, erklärt uns Jorge, der sandelholzfarbene Koloß, der uns begleitet.

»Anschließend muß man sofort den Kopf ins Wasser stecken und sehen, ob Haie da sind. Im allgemeinen schwimmen sie weg.«

»Brrrr, ich mag keine Allgemeinheiten.«

Krönung der Prahlerei auf die französische Art:

»Wer A sagt muß auch B sagen!« überredet mich Sylvain.

In Badehose, zwei Flossen an den Füßen, Schnorchel im Mund, Schwimmbrille über den Augen und die Harpune fest umklammert, springe ich ins Wasser, dicht gefolgt von Sylvain. Wir werden uns diese primitive Armbrust mit den Gummis aus Lastwagenluftschläuchen teilen …

Wir verbringen eine Stunde im Wasser. Die Fische, die um uns herumtanzen, sind zu schön, zu kostbar, um als Zielscheiben für unsere Pfeile zu dienen. Um nicht mit ganz leeren Händen dazustehen, erlege ich widerwillig einen Trompeten- und einen Papageifisch.

Chico und Jorge entsteigen dem aufgewühlten Wasser wie glorreiche Atlanten, beladen mit buntschillernden Brustharnischen. Beim anschließenden Schuppen der Fische fliegen rote, grüne, gelbe und blaue Schuppen wie Kometen nach allen Seiten.

Chico reicht uns rohe Fischdärme (ohne Inhalt!).

»Ein wenig bitter, aber köstlich wie eine Muschel«, meint Sylvain.

Wir verstehen das einsetzende Gelächter erst, als Chico uns mit unmißverständlichen Gesten zu verstehen gibt, daß man Fischdärmen aphrodisierende Eigenschaften nachsagt ...

Jorge entzündet ein Schwelfeuer – an Basalt mangelt es ja wahrlich nicht! Anschließend brauchen wir nur noch die längs geteilten Fische auf den Steinen auszubreiten. Dann gibt Jorge Wasser, Salz, Tomatenmark, Zwiebeln, Gewürze, Fischbrocken und Dosenmuscheln hinein und läßt das Ganze zehn Minuten köcheln: himmlisch! Andere Fische werden in Zitronensaft gegart, nachdem Chico und Jorge sie geschickt filetiert haben.

Mit den Fingern stopfen wir den saftigen Fisch in uns hinein und spülen ihn mit eiskaltem Bier herunter, unter tropischer Sonne, gewiegt von den süßen Klängen einer Ukulele. Nach einigen Bieren kommt es uns vor, als würden die *moai* an unserem Fest teilhaben!

Nach der Siesta, die wir im Anschluß an dieses Festmahl eingelegt haben, trübt ein Wermutstropfen den perfekten Tag. Unsere Freunde lassen ein Schlachtfeld leerer Konserven, Bierflaschen und Plastiktüten auf den Felsen zurück. Wir protestieren ein wenig, können ihnen aber schwerlich im eigenen Land einen Vortrag über Umweltschutz halten.

Am darauffolgenden Tag lädt Chico persönlich unser Gepäck ins Flugzeug. Als Pfand unserer Freundschaft zieht er sein Hemd aus und schenkt es mir, zusammen mit zwei *moai*-Anhängern. Er verlangt kein Gegengeschenk, er weiß, daß wir knapp bei Kasse sind. Die Bewohner der Osterinsel haben im Leben nicht viel mehr als ihre Freunde; vielleicht sind sie deshalb so großzügig. Nur das Heulen der Motoren kann uns schließlich voneinander loseisen.

Tahiti

Im Flugzeug beschreibt uns Arnaud, ein 29jähriger junger französischer Heilgymnast und Literaturfanatiker in allen Einzelheiten die Insel, auf der er seit sechs Jahren arbeitet.

»Ich habe mit 20 Jahren alles aufgegeben, als ich ein Boot hierher überführt habe. Eigentlich hatte ich nicht geplant, hier zu bleiben, aber ich bin immer noch da!« Und er fährt fort: »Ist es nicht Swann, der sich in ›Die Suche‹ fragt, wie er sein ganzes Leben mit Odette verbringen konnte, die er gar nicht liebte? Nun, verstehst du, ich glaube, so geht es mir mit Tahiti.«

Er gehört zu all diesen Franzosen im Ausland, die nicht mehr auf die Übel verzichten können, an die sie sich mit der Zeit gewöhnt haben.

Arnaud zählt die ganzen bürokratischen Hindernisse dieses TOM (Territoire d´Outre mer; Anmerkung des Übersetzers) mit den verschwommenen Konturen auf. Die Liste reicht von Unterschlagung bis zu den skandalösen Löhnen einiger Beamter, vom Konsumrausch der Bevölkerung, über Zollgebühren, die 70% der Einnahmen der Insel ausmachen, bis hin zum chinesischen Handelsmonopol.

Dann läßt er sich über die Bevormundung der bei weitem nicht unabhängigen Bevölkerung aus (nur einer von 200 Schülern schafft das Abitur!) und beschließt dieses düstere Bild mit der hohen Zahl von Sozialhilfeempfängern, den »Hosenstallzuschüssen«, wie er das Kindergeld nennt, und weiteren Mängeln der Metropole.

»Sag mal, du willst uns nicht zufällig die Freude verderben, oder?«

»Ihr werdet sowieso nichts von alledem mitbekommen. Tahiti agiert wie ein Anästhesist, der einem versichert, daß man nichts spüren wird, einem eine schöne Gutenachtgeschichte erzählt und einen hinterher aufweckt und sagt: ›Siehst du, es ist alles gutgegangen!‹«

Wie viele andere Kenner vor ihm, rät uns auch Arnaud, die zwei Tage unseres Aufenthaltes unbedingt zu einem Ausflug nach Moorea, gegenüber von Papeete, zu nutzen.

Mit der gleichen Ungeduld wie auf der Osterinsel warten wir, daß die Tür der Maschine aufgeht. Es ist ein Uhr früh; wie mag wohl Tahiti duften? Der erste Eindruck ist ein Keulenschlag. Ein bleierner Schleier legt sich um unsere Schultern. Die schwüle, stickige Luft packt uns, umfängt uns; und innerhalb weniger Sekunden hat sie uns sich einverleibt.

»Ihr werdet sehen«, ruft Arnaud uns zu, »die Tahitianer lieben Feiern jeder Art und haben nur Singen im Kopf!«

Tatsächlich hüllt die *Vahiné-Tamouré-Ukulele*-Atmosphäre uns schon nach unseren ersten Schritten auf der Insel ein: Eine Gruppe tahitianischer Sänger und Tänzerinnen empfängt uns in der ansonsten menschenleeren Flughafenhalle. Eine reizende Einheimische reicht mir eine Tiaré und flüstert mir ein liebes »Willkommen, *Popaa*!« ins Ohr. Die Tiaré ist eine kleine weiße Blume, die man den ersten Tag lang als Zeichen des Willkommens bei sich tragen soll.

»So ist das hier! Seit der Eröffnung des Flughafens sind alle ankommenden Flugzeuge auf diese Art empfangen worden. Zur Zeit der ersten Kolonisten sind die Vahiné (Tahitianerinnen) zu den Schiffen hinausgeschwommen, um den Seefahrern Blumengirlanden zu überreichen. Verstehst du jetzt, was uns hier hält?«

Wir sind erst zehn Minuten da, aber ich glaube, ich habe bereits verstanden. Tahiti geht unter die Haut. Tahiti durchdringt die Seele.

Hilfsbereit bietet Arnaud uns an, den Rest der Nacht bis zu unserer Abfahrt nach Moorea bei ihm zu verbringen. Ich verstecke unsere Kartons in einem Schrankfach – wir werden sie morgen bei unserem Abflug nach Auckland brauchen – morgen schon, zwei Tage, das erscheint uns so kurz.

»Hier habt ihr eine Wegbeschreibung zu meiner Wohnung. Seid ihr sicher, daß ihr euch nicht verfahren werdet?«

»Geh nur, wir werden noch vor dir da sein!«

Die 8 Kilometer bis Papeete legen wir euphorisch zurück. Nach fünfmonatigem »Exil« finden wir einen Hauch von Frankreich wieder. Hier eine Telefonzelle, dort eine Bäckerei …

Wir sind schweißgebadet von der drückenden Schwüle.

»Ich fürchte, ich bin leckgeschlagen«, ruft Sylvain lachend.

Die Düfte sind rund und stark. Es ist wenig Raum für sanfte Geruchsnuancen, unsere »Nüstern« sind mit süßen Düften gefüllt, mit weichen Düften, die man als exotisch einstuft, ohne sie wirklich zu kennen.

Mit jedem Pedaltritt entdecken wir einen neuen Duft, jeder Strauch verbreitet eine Wolke geheimnisvoller Gerüche. In dieser pechschwarzen tropischen Nacht wird unsere Fahrt zu einem olfaktorischen Genuß. Dank der Wegbeschreibung von französischer Präzision treffen wir nur wenige Minuten nach unserem Gastgeber ein.

Er teilt sich ein schönes Kolonialhaus in der Innenstadt mit drei weiteren jungen Franzosen, die sich wie er für ein Dasein entschieden haben, in dem die Lebensqualität schwerer wiegt als die Karriere.

»Ist die Gastfreundschaft ansteckend?«

»Weißt du, wenn du hier lebst, paßt du dich sehr schnell der polynesischen Kultur an. Überhaupt, wenn ihr morgen abend vor eurem Flug noch einmal herkommen möchtet, kein Problem! Ich werde nicht da sein, aber ihr braucht nur zu sagen, daß ihr Freunde von mir seid, und könnt euch hier wie zu Hause fühlen.«

Beim Einschlafen in meiner Hängematte im Wohnzimmer, unter den rotierenden Blättern eines Deckenventilators, singe ich leise vor mich hin: »*C´est une maison bleue … accrochée à la colline … in y vient à pied … ceux qui vivent là ont jeté la clef …*« (Lied von Francis Cabrel, einem bekannten französischen Sänger; Anmerkung des Übersetzers).

Ein knuspriges Baguette und echte Croissants locken uns schon bei Sonnenaufgang aus unseren Hängematten.

Überall sind Blumen! Sie kommen vom Dach, von den Wänden, den Fenstern, ranken von einem Baum zum anderen, ergießen sich wie bunte Wasserfälle von den Gebäuden, dringen durch jede Öffnung! Ein Reich der Blumen.

»Komisch, in Frankreich pflanzt man Blumen in Kästen, um die Hausfassade zu schmücken, hier kommen sie durch die Fenster rein, um das Innere zu verschönen!« rufe ich überwältigt aus.

»Sei bloß vorsichtig mit den Blumen«, erwidert Arnaud warnend. »Man kann sie nicht einfach verschenken oder tragen. Sie haben alle eine ganz bestimmte Bedeutung, verraten deine guten oder bösen Absichten. Ich kann dir gar nicht sagen, was für Patzer ich begangen habe! Beinahe hätte mich der Ehemann einer Bekannten umgebracht, weil er in der Blume, die ich mir hinters Ohr gesteckt hatte, eine sexuelle Aufforderung gesehen hatte! Im Zweifel sollte man lieber darauf verzichten.«

Philippe, ein Mitbewohner und Sportlehrer, gesellt sich zu uns. Er ist groß, hat kurzes Haar und einen schraubstockartigen Händedruck.

»Ihr macht also eine Weltreise, ja? Aber was habt ihr dann auf einer Insel zu suchen? Ihr müßt übers Meer, Jungs! Ich wette, ihr seid wie die Touristen mit dem Flugzeug gekommen. Wenn es euch interessiert ... ich breche in drei Wochen in einer traditionellen Piroge auf ... nach Australien!«

»Nach Australien! 7 000 Kilometer paddeln?«

»Ja, aber nicht an einem Stück. Wir haben uns ausgerechnet, daß wir zwischen verschiedenen Inseln nie länger als eine Woche auf dem Wasser sind.«

»Schließt euch bloß nicht diesem Irren an!« warnt uns Arnaud. »Ich habe gesehen, wie er seine Piroge aus Kokospalmen gezimmert hat. Nicht ein einziger Nagel, nur Holzzapfen und Hanf. Die Überquerung dauert wahrscheinlich sechs Monate, und nach zwei Monaten auf dem Meer wird das Holz zum Schwamm und fault ... Dann müßt ihr den Rest schwimmen.«

Ah, diese Franzosen! Philippes Plan ist faszinierend. Welche Versuchung! Doch unser Freund Arnaud erinnert uns prosaisch an die Zeit.

»Euer Boot legt um neun Uhr ab, Freunde! Und ihr müßt erst noch zur Bank. Moorea ist nicht billig. Laßt euch von dem Spinner nicht einseifen, er braucht nur Leute zum Wasserschöpfen.«

Die Fähre *Tamarii Moorea*, ein riesiger motorisierter Katamaran trägt uns bald vom Kai Papeetes fort. Unser erster Eindruck der Stadt war besser als erwartet. Vielleicht ist es besser, vorab nur Negatives über einen Ort zu hören, dann ist die Gefahr, enttäuscht zu werden, geringer!

Als wir den Hafen verlassen, wird das Blickfeld endlich größer. Vom dritten Deck aus sehen wir die Insel in ihrer Gesamtheit. Ihre grünen, vom den sintflutartigen Regenfällen zerklüfteten Bergkämme ragen, allen Gesetzen der Schwerkraft trotzend hoch in den Himmel auf. Die bunten Häuser am Fuß der Berge sehen von weitem aus wie Blumen.

Auf dem Deck klimpert ein tahitianischer Rasta auf der Ukulele. Sein stämmiger Oberkörper ist mit Tätowierungen und Amuletten bedeckt, und auf seinem Haar ruht eine Krone aus verwelkten Blumen.

»Vielleicht fährt er zur Arbeit?« flüstere ich Sylvain zu.

»Stell ihn dir mit einer Spitzhacke oder in einem Anzug vor. Sähe doch drollig aus, oder?«

Moorea reißt uns aus diesen Spekulationen. Kokospalmen, deren Wipfel sich sacht im Wind wiegen, kitzeln die Füße hochaufragender steiler Berge, die von der üppigen Vegetation völlig überwuchert sind. Ein hängender Garten über den onyxfarbenen, von schäumenden Fransen gesäumten Lagunen.

Die Fähre legt in Vaiare an. Eine bunte Menschenmenge tauscht Blumengirlanden aus; Kühlschränke, Schweine, eine Betonmischmaschine werden abgeladen und gegen Obst, Grünpflanzen oder Kopra-Säcke getauscht. Wir sind die einzigen, die von niemandem erwartet werden. Ein alter Mann spricht uns an.

»Hey, *Popaas*! Kommt her und trinkt etwas Kokosmilch! Was macht ihr denn mit dem Fahrrad hier?«

»Wir wollten eigentlich um die Welt fahren, aber jetzt begnügen wir uns mit der Insel.«

»*Fiu!*« entgegnet er, schon allein bei dem Gedanken erschöpft.

»*Fiu*« ist ein von den Tahitianern häufig verwendeter Ausdruck; eine Art tiefer, müder Seufzer, der in sympathisch trägem Tonfall ausgestoßen wird.

»Wißt ihr, daß ihr noch 60 Kilometer vor euch habt? In welchem Hotel steigt ihr ab? Ich bringe euch mit dem Transporter hin, wenn ihr wollt.«

Der gute Mann ist sprachlos, als wir ablehnen, dann erzählt er uns von Meisterschaften im Tiefseetauchen, an denen er in den Dreißiger Jahren in Marseille teilgenommen hat. Er hat sämtliche Medaillen eingeheimst! Bevor wir gehen, nimmt er uns das Versprechen ab, zu seinem »*faré*« (traditionelle Behausung) zu kommen, falls wir keinen Platz zum Schlafen finden.

Am Anlegeponton des *Cook´s Bay Resort Hotel* entdecken wir die Tauchschule von P. Molle, einem bekannten Tauchlehrer, dessen Bücher ich regelrecht verschlungen habe! Wir vereinbaren für morgen einen Tauchgang mit *shark-feeding* (Haifütterung).

Pierre, der Pizzabäcker des Hotels, leiht uns Masken und Schnorchel für einen Vorgeschmack auf den morgigen Tauchgang. Am Fuß des Pontons, in drei Meter tiefem Wasser, schwimmen ganze Schwärme kleiner Fische. Sie sind alle da, haben sich in der Welt der Stille versammelt, nicht einer fehlt: *Chaétodon, Diodons*, Clowns, Meerengel, *Cochers* und vor allem *pterois volitans*, die racasse volante mit den karamelfarbenen Tüllflügeln, unter denen sich Stachel mit tödlichem Gift verbergen! Wie gefaßte, funkelnde Edelsteine wirbeln und flattern sie in der Sonne.

»Nach dem Tauchen solltet ihr zum Aussichtspunkt fahren!« hat Pierre uns geraten.

Im Laufe der endlosen Serpentinen wollen wir schon aufgeben. Wozu sich da raufquälen? Zu hoch, zu heiß! Doch die Essenz unserer Weltreise steht auf dem Spiel. Die Freude daran, vorwärtszukommen, Neues zu sehen, Prüfungen zu bestehen, muß als Belohnung für die Plackerei genügen.

Der Blick auf die Buchten Cook und Opunohu, die durch einen zuckerhutförmigen Granitkegel voneinander getrennt sind, belohnt uns reichlich. Vom Herzen der Insel fahren wir hinunter zur Opunohu-Bucht. Ein alter chinesischer Fischer steht bis zu den Knien im Wasser und fischt stumm mit einem schwimmenden Schleppnetz. Von weitem sah er durch das Grün der Palmen, das sich auf dem Wasser spiegelte, aus wie ein Beinamputierter, der auf einem Golfplatz seine Bälle einsammelt. Wenn man sich ständig in Tagträumen ergeht, bildet man sich irgendwann den größten Unsinn ein!

Im Beachcomber-Hotel, einer paradiesischen Anlage aus kleinen traditionellen Pfahlhütten, spielen drei vor kurzem gestrandete Delphine mit den Tierärzten, die mit ihrem Schutz betraut wurden. Wieder einmal erweisen sich unsere Fahrräder als großartige Botschafter. Nach dem üblichen Protokoll werden wir bei einem ausgelassenen Bad mit diesen Prinzen der Meere bekannt gemacht.

»Wir sind wirklich fies!« meint Sylvain.

»Genieß es, es wird nicht immer so sein«, kann ich gerade noch antworten, ehe ich von der Rückenflosse meines Meerespegasus' davongetragen werde.

Das Lachen der Delphine, das Streicheln ihrer samtigen Leiber, die zärtlichen Blicke, die wir flüchtig mit diesen »intelligenten Meeressäugern« tauschen, machen uns auf ewig zu leidenschaftlichen Meeresschützern. Der Sonnenuntergang überrascht uns inmitten dieser Euphorie. In den Tropen versinkt die Sonne nicht langsam im Meer, sondern stürzt wie ein Stein hinein.

Auf dem Weg zurück zur Cook-Bucht geraten wir in sintflutartigen Regen. In Badehose radeln wir durch die Wassermassen. Plötzlich taucht der Mond hinter Wolkenfetzen auf und wirft silbrige Reflexe auf die wogenden Wellen.

»Wo werdet ihr übernachten?« fragt Pierre im Hotel, als wir unsere Sachen zum Trocknen aufhängen.

»Wissen wir noch nicht. Im Zelt irgendwo!«

»Campen ist auf der Insel verboten. Das könnte euch ein saftiges Bußgeld kosten.«

»Sag sowas nicht!«

»Ihr könnt zu mir aufs Schiff kommen, wenn ich mit der Arbeit fertig bin. Ich müßte auch noch etwas zu essen an Bord haben …«

Pierre ist Exil-Lyoneser, Möbeltischler von Beruf. Er hat in der Heimat alles hingeschmissen und arbeitet jetzt als Pizzabäcker inmitten einer der schönsten Landschaften der Welt. Er zahlt weder Steuern noch Miete … klar, er wohnt auf einem kleinen Segelboot, das in der Mitte der Bucht verankert ist: Durch den Stau zur Arbeit? »Kenn ich nicht!«

»Heute abend findet im Hotel eine *otea* statt. Das ist eine Vorstellung traditioneller Tänze. Ich würde euch raten, hinzugehen, da kann es ganz schön heiß zugehen!«

Die große Truppe von Sängern und Tänzerinnen enthüllt die Seele der Tahitianer. »Leben, um zu singen, oder singen, um zu leben?« Anstelle einer Antwort bekommen wie eine Flut diatonischer Noten zu hören. Gänsehaut …

Die tiefen, ergreifenden Stimmen folgen den wilden Rhythmen des *Tamouré* und *Hivinau* (Tanz, bei dem sich jeweils zwei Tänzer in einer Viererreihe gegenüberstehen). Was die Tänze betrifft, sind wir uns einig: Diese reglosen Nabel inmitten der ruckartigen Hüftschwünge sind einfach faszinierend. Die *Morés* (Röcke aus Kokosfasern) peitschen uns ins Gesicht, wenn diese weibliche Welle dicht an uns herantanzt, ehe sie sich wieder zurückzieht. Die kleinen Vahiné verstehen es verdammt gut, ihre Reize zur Geltung zu bringen!

Nach der *oparima,* dem traditionellen Gesang zur Verabschiedung der Pirogen, besteigen wir Pierres Ruderboot und paddeln zur *Jojo,* dem kleinen Acht-Meter-Segler. Alle Wanten der *Wind Song* sind mit Lichtergirlanden geschmückt: ein richtiger Weihnachtsbaum, der märchenhafte Lichtreflexe auf die Bucht wirft. Vereinzelte Rufe dringen über das spiegelglatte Meer bis zu uns herüber. Wir gleiten beinahe lautlos durch die Stille, die kaum vom Klatschen des Wassers gegen den Rumpf aus Kokospalmenholz gestört wird.

Titus, der Wachkater, greift uns an. Nachdem wir das Nachthaus betreten haben, kommen wir nicht mehr heraus. Pierre beruhigt sein Raubtier und sperrt es in das ausnahmsweise zum »Catpit« umfunktionierte Cockpit.

»Man sieht gleich, wer der Herr an Bord ist«, meint Sylvain mit einem Blick auf das Durcheinander.

»Was soll ich machen? Ich wollte ein Kätzchen, das mir den Haushalt führt, und bekommen habe ich einen Kampfkater!«

Pierre bereitet uns zur Wiedergutmachung ein großes Omelett aus acht Eiern und eine Reisplatte zu. Er hat wie ein Robinson ein Jahr lang auf einem Atoll der Tuamotu-Inseln gelebt. Er hat sämtliche, typisch polynesische Arbeiten verrichtet: Kopra-Herstellung, Perltauchen, Mechaniker, Maurer, Tischler … und gesteht uns, daß er oft restlos pleite war. Aber gleich darauf meint er: »Nein, ich finde, daß ich ganz gut zurechtkomme!« Der Gute! Wir schlafen ein wie die Babys, vom leisen Plätschern der gegen den Rumpf schlagenden Dünnung in den Schlaf gewiegt.

Göttliche Nacht! Almeria, Tanger, Sal und dann Moorea … Nächte auf See haben etwas für sich. Ich fühle mich wohl auf dem Wasser. Eines Tages werde ich segeln!

»Klarmachen zum Gefecht! Ihr verpaßt noch die Abfahrt zu eurem Tauchgang!«

Ruckzuck sind wir an Land. Nachdem Pascal, unser Lehrer, uns mit der nötigen Ausrüstung versorgt hat, steigen wir in den Außenborder. In einer Ecke des Bootes liegt ein Müllsack mit dem Festmahl, das wir an die Haie verfüttern werden: ein Schwertfischkopf. Wir versuchen, uns Mut zu machen. Über das Dröhnen des Motors hinweg ruft Sylvain mir zu:

»Stell dir vor, wir gehen Haie füttern, während andere Dosenfutter für ihre Katze kaufen!«

Nachdem wir das Riff hinter uns gelassen haben, erklärt uns Pascal den Ablauf des Tauchgangs und wie wir uns zu verhalten haben, damit nichts passiert.

Ab ins Wasser! Luftblasen! »Sie« tauchen ganz plötzlich aus den Tiefen des Meeres auf – ein perfekt inszenierter Auftritt. Wie von einer unsichtbaren Energiequelle angetriebene Torpedos schießen die Haie mit unaufhaltsamer Kraft auf uns zu. Sie kommen, um sich zu informieren, wie Lehnsherren, die sich ansehen wollen, wer ungebeten in ihr Territorium eingedrungen ist. Unerbittlich und unheimlich ziehen sie ihre Kreise um uns.

Die Haie mit den kalten, inquisitorischen Augen sind immer in Bewegung. Sie atmen beim Vorwärtschwimmen, und darum wirkt ihr Ballett auch so perfekt einstudiert, jeder Schlag der Schwanzflosse so präzise. Hastig ziehen wir uns auf den Meeresgrund zurück, damit sich die Unruhe unter ihnen wieder legt.

Tatsächlich hält Pascal, der Chef der Truppe, »einen Käse im Schnabel« (Bezug auf das Märchen »Le Renard et le Corbeau« von Jean de Lafontaine; Anmerkung des Übersetzers): Kopf und Gerippe des Schwertfisches. Er zückt den ersten Köder und hält ihn beim »Schwert« über seinen Kopf. Sofort schießt ein Schwarm zitronengelber Barsche herbei und reißt einige Fetzen Fleisch heraus. Daraufhin scharen sich schwarze Chirurgiens um die bewegliche, glitzernde Kugel. In einer akrobatischen Pose, die nur die Schwerelosigkeit unter Wasser ermöglicht, scheint es, als würde Pascal einen riesigen Strauß lebendiger, zuckender Blumen in der ausgestreckten Hand halten, die ab und an von den pfeilschnellen Zugriffen silberner Bonitos aufgescheucht werden.

Der erste Hai, der den Zauber bricht, durchtrennt gleich drei Fische mit einem Biß. Schnurgerade schwimmt er weiter und seine Eskorte von Saugfischen streift mein Gesicht. Wir beäugen uns skeptisch. Eiskalt! Vor allem darf ich meine Angst nicht zeigen. Keine ruckartigen Bewegungen! Keine unbedachte Geste! Der Hai nimmt gleich wieder seinen Platz im Reigen ein. Jetzt verursachen uns schon etwa 20 dieser Raubtiere einen Drehwurm. Ich sehe, wie Sylvain förmlich mit einer Koralle verschmilzt, fasziniert von der gelassenen Kraft dieser Bestien, die eine nach der anderen die Zähne in den Schwertfischkopf graben und dann ruckartig den ihren schütteln, um ein Stück herauszusäbeln.

Unter der Gewalt einer dieser Angriffe wird Pascal der Fischkopf aus der Hand gerissen. Hierauf folgt ein wildes Durcheinander von zuschnappenden Zähnen, Blutschweifen und zuckenden Leibern. Wir ziehen uns hinter die Korallen zurück, um abzuwarten, bis die Lage sich wieder beruhigt hat. Beinahe wäre die Situation uns entglitten.

Es dauert nicht lange, und die Haie schwimmen wieder um uns herum, als wäre nichts gewesen, gelassen und unbezwingbar. Pascal beeilt sich, den restlichen Inhalt des Beutels an sie zu verfüttern. Bald sind es 50 Haie, die unser ganzes Blickfeld ausfüllen. Sie sind überall, wir haben nichts mehr für sie, und alle kleinen Fische, die die Schlacht um die Beute erahnt haben, sind verschwunden.

Diesmal spüren wir an etwas Unbestimmbarem, daß die Spannung nachgelassen hat und die Herren satt sind. Die Verlockung, sie zu streicheln, wie ein Dompteur den Kopf in den Rachen eines Löwen steckt, ist groß.

Den letzten Besuch statten wir – beim langsamen Auftauchen – der Klatschtante der Unterwasserwelt ab: Frau Muräne. Wie eine richtige Concierge hat sie sich keine

Sekunde der Szene entgehen lassen! Als Dank für die Unterhaltung gestattet sie uns, ihren samtweichen Hals zu streicheln ... ich denke, sie schnurrt heute noch vor Wonne!

Der Höhepunkt dieser Unterwassersymphonie ist erreicht, als wir das sanfte, melodische Pfeifen von Delphinen hören, die sich aber leider nicht blicken lassen. Die Rufe bleiben immer auf Distanz, außer Reichweite ... vielleicht sind wir ihrer nicht würdig?

Neuseeland

Schon in der Ankunftshalle sehen wir, woran wir sind: Die Männer sind wahre Hünen in Cowboystiefeln und Jeanshemden über breiten Schultern. Und auch hier sind die Frauen unglaublich schön! Diese Art von Details gehören zu jenen, die mir als erstes ins Auge fallen!

Durch die Überquerung der *date line* während des Fluges haben wir einen Tag verloren. Unser Samstag, der 26. Februar, war nur sechs Stunden lang! Als die Zollbeamten von Auckland unseren Pässen entnehmen, daß wir in Afrika waren, schicken sie uns zur Gesundheitskontrolle. Hier haben wir es mit Sicherheitsfanatikern zu tun, die mit angewiderter Miene unser Zelt ausrollen, auf der Suche nach weiß Gott welchem Becquerel oder Pesterreger. Als würde er alle Neuseeländer vor dem sicheren Tod bewahren, beschlagnahmt einer der Zollbeamten unsere Rosinen und vernichtet sie vor unseren Augen!

Als wir auf dem Parkplatz gemächlich unser Gepäck auf die Räder laden, werden wir von einem amerikanischen Ehepaar um die Siebzig angesprochen. Sie haben auch Räder dabei. Als sie erfahren, daß wir auf unserer Weltreise nur drei Tage Zwischenstopp in Neuseeland einlegen, klopft der alte Mann mir auf die Schulter und meint: »*Crazy Frenchmen!*« Ein bemerkenswerter Radfahrer von vierundsiebzig Jahren!

Als wir gerade losfahren wollen, werden wir von einem diesmal jüngeren Paar angesprochen.

»*Are you German*?«

»O nein! Das kann doch nicht wahr sein! Jetzt hält man uns wieder für Teutonen!« amüsiert sich Sylvain.

»Überhaupt nicht, wir sind Franzosen.«

»Oh! Ich hoffe, Sie sind keine Taucher?«

»Als *Froggies* haben wir wohl gar keine andere Wahl!«

Alan Lightbody bricht in schallendes Gelächter aus. Dann entführt er uns regelrecht! Wir haben keinerlei Mitspracherecht! Er lädt uns die drei Tage in sein Haus ein und beginnt die Führung durch seine Heimatstadt mit dem *one tree hill*, einen Hügel mit einem einzelnen Baum und einem Obelisken, die auf einhundertfünfzig Jahre Geschichte zurückblicken. Auch hier werden wir keine alten Gemäuer zu sehen bekommen! Seit Paris, auf einer Strecke von insgesamt 8 060 Kilometern, haben wir noch kein einziges altes Gebäude zu Gesicht bekommen! Die Welt ist jung!

Neuseeland! Atmosphäre aus hübschen Blondschöpfen in schönen weißen Uniformen, die auf makellosem Rasen Krickett spielen, Joggern, die durch gepflegte Sträßchen laufen, die gesäumt sind von viktorianischen Häusern mit lachsfarben oder gelbgestrichenen Holzveranden; aber auch Atmosphäre, die geprägt ist von Gelassenheit, Schafen, Zurückhaltung, Disziplin, *Teatime* und dieser jovialen und geistigen Besonnenheit, die den Angelsachsen eigen ist.

Als ich über einer roten Ampel ein Straßenschild mit der Aufschrift »Beaumont Street« entdecke, dem Namen guter Freunde von mir, kann ich der Versuchung nicht widerstehen, mit dem Rad auf der Schulter hinaufzuklettern, damit Sylvain ein Foto von mir schießt. Aufruhr, Tumult, Attentat! Von überall kommen Leute angerannt, die einen mit dem Fotoapparat, die anderen wüste Beschimpfungen ausstoßend. Der Verkehr kommt zum Erliegen. Es dauert nicht lange, und die Polizei ist zur

Stelle und nimmt uns fest wie gemeine Verbecher! Auf unsere ausschweifenden Erklärungen gegenüber dem Beamten auf dem Revier erhalten wir als einzige Antwort das mit einem verständnislosen Seufzer ausgestoßene »*Crazy Frenchmen!*« , das unseren kurzen Aufenthalt in diesem Land in der gleichen Weise schließt, wie er begonnen hat.

Wir steigen in das Flugzeug nach Singapur. Vor uns liegt der dickste Brocken unseres Abenteuers, eine »Diagonale der Verrückten« quer durch Eurasien: Singapur-Paris mit dem Fahrrad. Kneif mich, ich glaube, ich träume!

Von Singapur nach Bangkok

Sylvain

Die Ankunft in diesem schwülen Land schnürt einem die Kehle zu wie das Brennen von Alkohol in noch jungen Kehlen. Nach einiger Zeit gewöhnt man sich dran. Man ergibt sich resigniert der Lethargie, ohne zu murren. Als wir jedoch groggy den Glutofen Singapur betreten, fühlen wir uns außerstande, in dieser stickigen Hitze Fahrrad zu fahren.

Mein Onkel und meine Tante, Didier und Marie-Claude, die seit einigen Jahren in Singapur leben und dort einen Verlag gegründet haben, nehmen uns in ihrem *kampang* auf. Der asiatische Kampang entspricht einer Ansammlung niedriger Häuser aus traditionellen Materialien, die um einen Garten herum gebaut sind. Die große Besonderheit dieses speziellen Kampangs besteht darin, daß er mitten in der Stadt steht, wie eine grüne Oase inmitten der Wolkenkratzer der Metropole.

Wir verbringen über eine Woche in Singapur, um unsere weitere Route festzulegen. Ursprünglich hatten wir vor, die Halbinsel Malaysia und Thailand in nördliche Richtung zu durchqueren, um über Birma und Indien nach China zu gelangen. Doch von allen Seiten wird uns abgeraten, uns weiter als Bangkok vorzuwagen. Man zeichnet uns vom Goldenen Dreieck und dem Norden des Königreiches Siam ein alptraumhaftes Bild von Drogenkartellen und Karen-Rebellen, die sich raubtierbewohnte Urwälder streitig machen. Die Lösung wäre, im thailändischen Pukhet ein Schiff zu besteigen und über die Andamanensee nach Bangladesch überzusetzen. Aber diese

Möglichkeit widerstrebt uns, und so machen wir uns an die Erstürmung der birmanischen Botschaft, die uns schließlich Visa ausstellt, jedoch mit dem Hinweis, daß sie wertlos seien und es in Birma strikt verboten sei, sich außerhalb der offiziellen Routen zu bewegen. Aber wir sind fest entschlossen, trotzdem unser Glück zu versuchen, auch wenn wir notfalls über Laos oder Vietnam ausweichen müssen. Asien ist unser. Unser einziges Ziel ist es, nach China zu gelangen, ganz gleich, welche Hindernisse wir auf dem Weg dorthin überwinden müssen.

In dieser Atmosphäre vergeht die Woche in Singapur, die ausgefüllt ist mit Botschaftsbesuchen und der Besichtigung der Sehenswürdigkeiten der Insel.

Wir fahren mehrmals mit meinem Vetter Nicolas hinüber in das Dorf Punggol. In diesem Hafen östlich von Singapur haben die Mangroven die Ufer der Bucht überwuchert; die Mangrovensümpfe haben den kleinen Hafen förmlich eingekreist. Morsche Pfähle stützen alte Holzhütten. Sie dienen den nicht mehr seetüchtigen Booten als Remise. Ein abstoßendes Chaos nautischen Zubehörs und buntzusammengewürfelter Gegenstände stapelt sich zwischen defekten Motoren. Vögel in Käfigen ärgern die ausgemergelten Katzen. Durch die Bambuslatten dieser verfallenen Bruchbuden hindurch sieht man den Hafen von Singapur mit seinen riesigen Frachtern.

Vor dieser kontrastreichen Kulisse wollen wir Wasserski fahren. Eine Weltumradelung besteht nicht nur aus Plackerei. Das Wasser ist so warm, daß man sogar beim Schwimmen weiterschwitzt. Es ist so verschmutzt, daß man die Hand nicht sieht, die man hineintaucht. So glatt, daß man den Eindruck hat, über einen Spiegel zu gleiten. Stundenlang beschreiben wir Schleifen auf dieser schwarzen, schlangen- und schiffölverseuchten Fläche, blickten über das Heck des Motorbootes hinweg auf die Gebäude, die über den Mangrovenwald hinausragen.

Die Innenstadt von Singapur ist wie geleckt. So sauber und blank, daß man zögert, über die Bürgersteige zu gehen. Man findet keinen Papierschnipsel auf dem Boden, keine Flecken an den Wänden und keine Schlieren auf der Fahrbahn. Auch keine lauten Rufe und aufheulende Motoren: Lärmbelästigung ist tabu. Dank einer verblüffenden natürlichen Disziplin halten die Bewohner ihre Stadt makellos sauber. Kein Fuß, der übersteht, kein In-die-Luftgucken, kein überflüssiges Wort. Aber dergleichen würde die Regierung ohnehin nicht gestatten.

Das einzige, woran es in diesem perfekt funktionierenden System mangelt, ist Phantasie. Man versichert uns, daß Singapur nicht repräsentativ sei für Asien. Was für ein Glück für den Kontinent, denn die Bewohner Singapurs sind langweilig. Und ihr ganzes trostloses Dasein dreht sich um die eine Hauptbeschäftigung: Shopping. Man bummelt nicht an den Schaufenstern vorbei, man bleibt förmlich an ihnen kleben. Konsum intravenös. Der Rhythmus der Stadt orientiert sich an den Ladenöffnungszeiten.

Die Chinesen der Insel haben kleine Gettos geschaffen, und ihre Geschäfte in der Stadt florieren. Im Laden eines dieser Chinesen lassen wir vor unserer Abreise aus Singapur die Hinterreifen unserer Räder, die im heißen Sand der Sahara und auf den Pisten der Anden stark gelitten haben, komplett austauschen.

Am Morgen des 8. März 1994 um neun Uhr umarmen wir Onkel, Tante und Vettern zum Abschied und brechen nach Norden auf. Mit Kurs auf Paris!

Wir haben Glück. Die malaiische Regierung hat vor zwei Monaten eine brandneue Autobahn von Singapur nach Kuala Lumpur, der Hauptstadt des Landes, eingeweiht. Der glatte, schwarze Asphalt fliegt mit einem Schnurren zufriedener Gummis unter unseren Reifen dahin. Zwei Tage – so lange brauchen wir nach Kuala Lumpur – kommt es immer wieder zu Auseinandersetzungen mit den Polizisten und Autobahnbehörden, die sichtlich verärgert sind von unserer Anwesenheit.

»*You are not allowed to cycle here*«

Ein Beamter der Sicherheitsbrigade ruft uns zu, wir sollen seitlich ranfahren. Wütend befiehlt er uns zu warten, bis er zu seinem Wagen gegangen ist, der auf der anderen Seite der Fahrbahn geparkt ist, und an der nächsten Ausfahrt kehrt gemacht hat, um uns von der Autobahn zu werfen.

»In Ordnung«, versichern wir ihm. »Wir rühren uns nicht von der Stelle.«

»Ihr bleibt hier! Bewegt euch nicht von der Stelle! Ich bin gleich zurück!«

»Ja, ja, sicher.«

Sobald er uns den Rücken gekehrt hat, treten wir in die Pedale, was das Zeug hält. Mit Vollgas gewinnen wir Vorsprung und halten verzweifelt Ausschau nach einer Möglichkeit, uns zu verstecken. Wir flüchten uns auf einen Parkplatz, der gerade neu gebaut wird. Hinter einer niedrigen Mauer liegen wir im Schlamm und beobachten das Schauspiel der aufgeregten Beamten, die uns suchen, sich über Funk austauschen und schließlich ratlos wieder abziehen. Der Freeway ist unser.

Wo man auch hinsieht, erstrecken sich endlose Wälder. Palmenhaine wechseln sich mit Kautschukplantagen ab. Ohne Unterbrechung. Keine Lücke in diesem gepflegten Wald. Bis auf vereinzelte Blutspuren auf dem ansonsten makellosen grünen Teppich. Lateritpisten, die vom Regen freigelegt wurden. Hier und dort überragt ein kleiner, urwaldüberwucherter Hügel die Baumwipfel. Plötzlich stößt das Meer von Bäumen auf einen grauen Fleck. Kuala Lumpur. Nach zwei Tagen Radeln und einem Durchschnitt von 170 Kilometern haben wir die Hauptstadt Malaysias erreicht.

Wir sind fest entschlossen, an diesem Abend Malaien kennenzulernen. In wessen Arme wird der Zufall uns führen? Wo werden wir in diesem Labyrinth von Gebäuden jeden Alters, jeder Größe und jeder Bauart Unterschlupf finden? Wir schieben die Räder neben uns, schlendern durch das Geschäftszentrum. Die Malaien unterscheiden sich radikal von den Einwohnern Singapurs. Letztere tragen abweisende, angespannte Gesichter zur Schau, während man hier großer Sanftmut und warmen Blicken begegnet.

Plötzlich stoßen wir beinahe mit einem Westler zusammen, der uns zu Fuß entgegenkommt. Sofort beginnen wir ein Gespräch, dank dieses völlig natürlichen Phänomens, das die Weißen instinktiv zusammenrücken läßt, wenn sie sich in der Fremde begegnen. Er erzählt uns, daß er eigentlich den Abend mit einer hübschen Siamesin verbringen wollte, die ihn aber versetzt habe.

»*She was my plan A, now guys, you're my plan B!*«

John ist Neuseeländer, ehemaliger Alkoholiker, perfekter Lebemann und ein lustiger Kerl, den Geschäfte nach Südostasien verschlagen haben. Er redet wie ein Wasserfall, was uns verrät, wie selten er einem Westler begegnet, während er uns ins chinesische Viertel führt, in dem reges Treiben herrscht. Er bestellt Meeresfrüchte, prüft mit einem Blick die Qualität der Auslagen, redet weiter auf uns ein und grüßt dabei charmant die hübschen Verkäuferinnen. Mit demselben Elan bringt er uns zu sich nach Hause. John wohnt in einem Wolkenkratzer im Zentrum von Kuala Lumpur. Das Gebäude wurde gerade erst fertiggestellt. John ist der erste Mieter. Er ist ganz allein an Bord.

»*What about a bath in the sky?* – Was haltet ihr davon, im Himmel zu schwimmen?«

Wir finden uns in einem traumhaften Schwimmbad im Hollywoodstil wieder, das im sechsten Stock eines vorgezogenen Turms untergebracht ist. Wir schwimmen auf dem Rücken, über uns leuchten, wie eine Milchstraße, die Lichter der umliegenden Hochhäuser, die wie monströse Pilze aus dem Boden geschossen sind.

»Bei welcher Temperatur möchtet ihr gern schlafen?« fragte John und hantiert an der Klimaanlage herum.

Der Traum setzt sich fort. Wir schlafen in der futuristischen Wohnung unseres Gastgebers, weit entfernt von der stickigen Schwüle und dem Lärm der Stadt.

Am nächsten Morgen fällt uns der Abschied schwer. Wieder einmal haben wir enge Bande zu einem Menschen geknüpft, den wir zufällig auf der Durchreise kennengelernt haben. Aber es ist wohl Eigenschaft und Risiko der Vagabunden, überall und schnell Wurzeln zu fassen. Wir setzen unsere einsame Fahrt nach Norden fort.

Bald ist *Ari Raya,* das moslemische Fest, mit dem in Malaysia das Ende des Ramadans gefeiert wird. In den Dörfern sitzen die Menschen bis spät in die Nacht auf dem Marktplatz. Kerzen und Lampions entlang der Häuser weisen darauf hin, daß die Menschen sich auf das Fest vorbereiten. In Gopeng, einem kleinen Dorf im Norden des Landes, treffen wir während eines krachenden bengalischen Feuers ein. Wir werden mit offenen Armen aufgenommen. Alias, ein Wirt, überläßt uns eine Hütte für die Nacht. Durch die Magie der Buschtrommeln angelockt, eilen Dutzende von Malaien herbei. Die einen fegen, andere stellen Kerzen auf. Der eine zündet eine zusammengerollte Wurst aus undefinierbarem Material an, um die Mücken fernzuhalten, ein anderer stopft unsere durchweichten Schuhe mit Zeitungspapier aus und repariert dann die quietschende Tür. Im Nu ist Alias´ Schuppen zu einer bequemen Unterkunft umfunktioniert worden.

»Ihr seid meine Gäste«, verkündet er und führt uns zum Abendessen in sein Haus.

Zu unserer großen Freude nimmt die Frau unseres Gastgebers mit uns am Tisch Platz. Ihr Mann spricht mit ihr, ganz normal, raunt ihr nicht ständig Befehle zu. Die moslemischen Frauen in Malaysia sind anders als diese unglücklichen, tiefverschleierten Wesen, die in dunklen Küchen ein tristes Dasein fristen, ein Kind auf dem Rücken, eins im Bauch, drei unter den Armen und die anderen Gott weiß wo, weil es so viele sind, daß man den Überblick verliert.

Der Tisch ist gedeckt. Erfreut stellen wir fest, daß wir mit Besteck essen werden anstatt wie viele Moslems mit den Händen. Wir verbringen unglaublich freundschaftliche Momente mit den Malaien und geben es auf, die Köstlichkeiten und Aufmerksamkeiten zu zählen, mit denen sie uns überhäufen.

Eines Tages teilen wir unser Mittagessen mit einem von ihnen. Er zieht sich zum Essen unter einen Lastwagen zurück wie ein gehetztes Tier, weil noch Ramadan ist. Er riskiert eine Rüge, wenn man ihn erwischt, aber der Ruf seines Magens ist stärker als die Stimme Allahs.

»Der darf doch auch fressen«, erklärt er uns mit einem Tritt gegen seinen Lastwagen.

Eines Nachmittags, als die Sonne sengend herabbrennt, baden wir in einem Fluß, der sich träge durch das Schilf windet. Eine Gasleitung führt auf Pfählen hinüber und dient uns als Sprungbrett. Aber das Wasser ist so schmutzig und ölig, daß unser Bad uns in Kanalratten verwandelt.

»*Please!* Wir brauchen eine Dusche«, bitten wir eine Bäuerin in einem einsamen Haus am Ufer.

Sie säubert uns mit dem Schlauch. »Wartet, ich komme gleich wieder.«

Die Bäuerin bringt uns literweise kühles Bier, das aus der heimlichen Reserve eines moslemischen Apostaten stammen muß. Im Zickzackkurs brechen wir dann auf zu unserem nächsten Etappenziel.

Seit wir den Norden Malaysias erreicht haben, regnet es täglich. Oft radeln wir in strömendem Regen durch menschenleeren Urwald. Und wir kommen um vor Durst, sind vom Saufgelage der Erde ausgeschlossen. Dank eines dieser tropischen Unwetter haben wir keine Mühe, die thailändische Grenze zu passieren. Keine Kontrollen, kaum ein Zöllner, der sich bei diesem Regen blicken läßt. Wir gelangen in das Königreich wie ein Päckchen Kokain nach Europa. Ein vom Monsun überspültes Schild verkündet still: »Willkommen in Thailand.«

Auf der Straße, die der Landenge von Kra folgt, die so schmal ist wie ein Rückgrat, entdecken wir die ersten wahren asiatischen Landschaften. Jene, um derentwegen wir diese Reise unternehmen. Urwaldüberwucherte Zuckerhüte ragen kuppelförmig über der schlammigen Ebene auf. Rechteckige Reisfelder leuchten in Samtfarben, deren Schattierungen von englischem Grün bis zu verwaschenem Gelb reichen. Weiße, lepröse Felshänge, die weite Sumpfgebiete säumen. In dieser Kulisse leben Menschen, die urzeitlichen Berufen nachgehen, die entfernte Ahnen an die folgenden Generationen weitergegeben haben.

In Kuri Buri werden wir Zeugen eines seltsamen Schauspiels des Zusammenspiels von Mensch und Tier. Der Mensch ist Ubon, das Tier eine Meerkatze. Ubon setzt sein Haustier für die Kokosnußernte ein. An einer 20 Meter langen Leine gehorcht das Tier seinen knappen Befehlen. Der Affe springt von Baum zu Baum, wählt die Früchte aus, wobei er die verdorbenen verschmäht, und wirft sie zu Boden. Der Herr überwacht das Ganze von unten, leitet seinen Helfer an, lobt ihn und meditiert über das Glück, einen so geschickten Gehilfen zu haben.

Wir begegnen auch Männern, die riesige Tonkrüge zum Auffangen des Regenwassers aufstellen, Wasserträgern, Fischern mit Wurfnetzen, Rinderhirten. Sie alle sind zum Leben erwachte Figuren aus asiatischen Graphiken.

Auch die buddhistischen Klöster, in denen wir regelmäßig um Obdach bitten, sind von dem allgemeinen Lärmen nicht ausgenommen. Eines abends, in Khunau, 1 000 Kilometer südlich von Bangkok, werden wir von jungen, kahlköpfigen, in weite Gewänder gehüllten Mönchen eingeladen, die uns in ein kühles, geräumiges Zimmer führen. Auf Bastmatten ausgestreckt, fallen wir schon bald in tiefen Schlaf. Nach fünf Minuten werde ich von einem Summen geweckt, das wellenartig abnimmt und wieder anschwillt.

»Alex, hör doch!«

»Das muß ein Insekt sein, vielleicht eine Gottesanbeterin.«

Im Licht unserer Stirnlampen suchen wir alle Winkel des Zimmers nach dem ungebetenen Gast ab. Dann hören wir plötzlich Glockengebimmel. Das Summen schwillt zu einem ohrenbetäubenden Dröhnen an, und endlich begreifen wir, worum es sich handelt. In dem Saal gleich nebenan findet eine buddhistische Zeremonie statt, die von eintönigem Gesang untermalt wird. Ein Mönch sagt Gebete auf, die Dutzende von Gläubigen zum Klang der Gamelane, den einheimischen Xylophonen, nachsprechen. Die Zeremonie dauert die ganze Nacht, begleitet von Gongschlägen, die uns regelrecht betäuben. Manchmal setzen sich Mönche vor unsere Tür und führen Unterhaltungen, die nur dürftig das Kläffen der herrenlosen Hunde im Tempelhof übertönen. Wen wundert es angesichts dieses Spektakels, daß Buddha erwacht ist?

Wir setzen unsere Fahrt nach Norden fort. Die Straße befindet sich oben auf einem Erdwall, weil sie durch sumpfige Gebiete führt. Soweit das Auge reicht, liegen Quadrate überschwemmter Felder vor uns. Radikal geebnet, bilden sie einen hübschen Sockel, auf dem der Reis hervorragend gedeiht.

Die Schuldirektoren, die wir aufsuchen, bereiten uns immer einen herzlichen Empfang. Der Ablauf ist immer der gleiche. Der Englischlehrer wird geholt und übersetzt dem Direktor unseren Reisebericht. Wir werden den Lehrerfamilien vorgestellt, die in der Schule wohnen. Wir besuchen eine Klasse. Der Mathelehrer räumt die Stühle beiseite, der Geschichtslehrer bringt Spiegeleier und Reis, der Englischlehrer regelt die Kommunikation, und der Direktor koordiniert die Vorbereitungen. Innerhalb weniger Minuten ist das Klassenzimmer in ein gemütliches Lager verwandelt. Auf einer Leine, die zwischen zwei Fenster gespannt wird, trocknet unsere Wäsche. Weihrauchstäbchen werden am Fuß unserer Matratzen entzündet. Und dann, bevor wir uns schlafen legen, halten wir den Lehrern, die auf den Pulten ihrer Schüler Platz genommen haben, einen Vortrag. Die Tafel ist bald mit Weltkarten bedeckt. Darauf beginnt ein großes Gestenspiel, um die übersetzerischen Lücken des Englischlehrers auszufüllen. Dann lernen wir unsererseits die Aussprache gebräuchlicher Wörter, die wir in unserem Überlebenslexikon festhalten. Manchmal nimmt die anfangs ernsthafte, protokollarische Unterhaltung barocke Formen an, wenn die Lehrer uns thailändische Tänze vorführen, die wir auf der Mundharmonika begleiten, ehe wir ihnen dann den Wiener Walzer nahebringen. Hin und wieder überzeugt sich der Direktor, der um den guten Ruf seiner Schule bangt, mit wachsamem Blick davon, daß niemand durch die Fenster hereinschaut. Wir schlafen inmitten von Erdkundelandkarten, Anatomietafeln und Porträts des Königs. Wir machen es uns zur Regel, vor unserem Aufbruch für die Kinder zu jonglieren und Flöte zu spielen.

Unser Gauklerrepertoire ist die einzige Möglichkeit, unseren Dank auszudrücken. Ob unsere Gastgeber nun Mönche, Lehrer oder Bauern sind, wir zeigen ihnen unsere Dankbarkeit, indem wir für sie den Clown spielen. Wir haben die stereotypen Schemata umgekehrt. Gewöhnlich ist es der Westler, der die Taschen voller Glasperlen hat. Aber wir besitzen nichts außer unserer Ausrüstung, und die Menschen, die uns aufnehmen, begreifen schnell, daß wir als Bittsteller zu ihnen kommen. Wir sind Habenichtse, die von den Armen aufgenommen werden. Ist nicht eben das der Grund, weshalb wir überall so großzügig empfangen werden? Wir erregen keinen Neid. Wir befinden uns in einer Position der Schwäche. Und zum Dank bringen wir ein wenig Abwechslung und Exotik in diese tropischen Dörfer, in denen die Jahreszeiten monoton aufeinanderfolgen. Wir denken noch oft zurück an eine Unterhaltung, die wir einige Kilometer vor Bangkok mit einem Thai geführt haben. Er stellte uns Fragen, erzählte uns sein Leben und überließ uns dann unserer Siesta. Als wir unser Mittagessen bezahlen wollten, erklärte uns der Wirt, der Thai habe die Rechnung bereits beglichen. Wir hatten ihm Geschichten zum Träumen aus Europa erzählt, und dafür hatte er uns gedankt.

Prachuap Kiri Khan ist unsere letzte Chance. Unsere letzte Gelegenheit, das Meer zu sehen. Jenseits dieser Stadt werden wir die Landenge von Kra und die Küste des Golfes von Siam verlassen, um uns landeinwärts zu wenden, in Richtung Bangkok. Die Bucht von Prachuap ist schön wie eine Ansichtskarte. Der Sand ist schneeweiß, und der Strand endlos. Im Hintergrund ragen gewaltige, von Urwaldteppichen bedeckte Granitkuppeln über dem tiefblauen Meer auf. Vor dieser Karikatur des Garten Eden werden wir von Pavianen angegriffen.

Bis hierher hatte sich unser Kontakt mit den Tieren Siams auf die Welt der Insekten beschränkt. Wir hatten riesige Spinnen gesehen, mit Leibern groß wie Gewürzgurken. Sie balancierten auf Netzen, die sie zwischen Stromleitungen gesponnen hatten, ersetzten gewissermaßen unsere heimischen Schwalben. Auch einige Gottesanbeterinnen mit schmalem Kopf und andächtiger Haltung hatten uns besucht. Und wir haben längst aufgegeben zu zählen, wie oft wir uns in Wasserbottichen vor einem Publikum aus Eidechsen und Fröschen gewaschen haben. Aber bislang waren unsere Begegnungen nicht über die Welt des Kriechenden hinausgegangen.

Heute lernen wir die Paviane kennen. Die erste Begegnung ist heftig. Ein kräftiger Schlag erschüttert Alexandres Fahrrad, als wir den Strand entlangfahren. Alex dreht den Kopf und sieht sich Nase an Nase einem Affen gegenüber, der auf seinem Gepäckträger hockt. Der Primate ist von einem Baum herab auf das Fahrrad gesprungen. Das war offenbar das Signal: Dutzende von Affen springen auf die Straße herab und umzingeln uns zähnefletschend. Eisenknüppel in der Hand, schlagen wir die dreistesten Angreifer zurück, die versuchen, auf die Räder zu klettern. Sie tanzen einen frechen Reigen um uns herum. Manchmal bleckt einer von ihnen die Zähne, um von einem Artgenossen abzulenken, der versucht, sich von hinten anzuschleichen. Blitzschnell und mit einem erstaunlichen Satz springt einer der Paviane auf meinen Sattel und fängt an, ungeniert in der Lenkertasche zu wühlen. Ein gezielter Knüppelschlag befördert ihn in die Seile. Der Affe hat gerade noch Zeit, einen Brüll auszustoßen. Allgemeine Panik. Die Affen treten den Rückzug an und verschwinden kreischend. Die Mütter umklammern ihre Jungen. Die Kolonie flüchtet in die Bäume. Wir radeln weiter auf den Strand zu.

Wir werden das Meer erst in Europa wiedersehen. Wir platschen gerade zehn Minuten in der schäumenden Brandung, als plötzlich, ohne Vorwarnung, zwei steife Arme aus dem Wasser auftauchen, unmittelbar gefolgt von einem Körper, der auf den Wellen schaukelt. Eine Leiche, die irgendeine Strömung hergetragen hat, treibt auf dem Rücken auf dem Wasser, die Augen verdreht, der Blick leer. Eine Welle trägt sie an den Strand. Wir steigen, doch etwas mitgenommen, aus dem Wasser. Das Bad hat ein Ende. Der sichtlich noch frische Kadaver dreht sich, von den Wellen umspült, auf die Seite, dann wieder auf den Rücken. Schon haben sich Dutzende von Schaulustigen eingefunden, die den Leichnam interessiert betrachten. Die Menge wird immer größer. Ein wahres Dorffest. Man rempelt sich an, drängelt sich nach vorn. Laßt doch die Kinder nach vorn! Die Alten setzen die Ellbogen ein. Es wird wild gestikuliert und debattiert. Junge, du wirst nicht umsonst gestorben sein. Polizisten, die herbeigelaufen sind, betrachten ungerührt die Leiche, die sich im Wasser dreht. Ihre verkrampfte Haltung ist grotesk. Wie eine Wasser schluckende Marionette wälzt sie sich auf dem Sand. Und jetzt fangen die Umstehenden an zu lachen und zu spotten. Wir treten kräftig in die Pedale.

Freitag, 18. März 1994:
Buddhistischer Tempel von Samuit Songkram

»Wißt ihr, die Asiaten fürchten den Tod nicht. Er ist der Atem, der einen in ein anderes Leben trägt. Es gibt keinerlei Tabu gegenüber dem Tod, und wenn die Gaffer sich an diesem traurigen Schauspiel ergötzt haben, dann deshalb, weil es für sie nichts Erschreckendes hatte. Sie wußten, daß die Seele des Ertrunkenen bereits in einem anderen Körper wohnt.«

So lautet die Antwort Silais, als wir ihm die Geschichte erzählen. Silai ist Sekretär des buddhistischen Tempels von Samut Songkram. Pater Bosco, ein thailändischer Priester, der uns die Nacht bei sich aufgenommen hat, hat uns mit Silai bekannt gemacht und uns den Tempel gezeigt. Stundenlang übersetzt Bosco dem Mönch unsere Fragen.

»Was habt ihr aus dieser Lektion gelernt?« fragt uns Bosco, als wir durch düstere, feuchte Viertel zur Kirche zurückkehren.

»Daß der Mensch sich von Bedürfnissen und Gefühlen freimachen muß, um zum göttlichen Nirwana zu gelangen, dem Zustand ultimativer Erleuchtung, in dem der losgelöste Geist keiner Hülle mehr bedarf.«

»Aber«, fügt Alex hinzu, »bis man diesen nicht greifbaren Zustand erreicht hat, ist man dazu verdammt, in verschiedenen Hüllen wiedergeboren zu werden.«

»Seht ihr«, erklärt uns Pater Bosco. »Es gibt da eine Hierarchie. Je dicker man ist, desto reiner ist man. Darum werden auch die Elefanten verehrt. Der Elefant ist unbesiegbar. Aber der Dinosaurier war noch größer und somit reiner. Er ist ausgestorben. Das bedeutet, er ist im Nirwana. Darwin hat sich geirrt; der Mensch stammt nicht vom Affen ab; der Floh wird zum Brontosaurus, wenn er weise ist.«

Hierauf biegt sich Pater Bosco vor Lachen, entzückt von seiner schrägen Erklärung.

»Und das Ei und das Huhn, Vater?«

»Da rührst du an eine Schwäche der Philosophie Buddhas«, entgegnet Bosco stirnrunzelnd. »Das Huhn und das Ei, das ist eine Lücke im Buddhismus. Ein Huhn legt ein Ei, aus dem ein Huhn wird. Es gibt kein Ausbrechen. Das ist ein Kreislauf in einer perfektesten, geschlossensten Form. Huhn und Ei stecken in einer Sackgasse. Da kann man nur Rührei machen. Aber ohne Speckwürfel. Speck ist Schweinefleisch, und das mag Allah gar nicht.«

Bosco scheint eine Schwäche für humoristische Kurzanalysen zu haben. Wir sind auf einen phantasiereichen Priester gestoßen. Wir sind wieder an der Kirche.

»Gute Nacht, Pater, bis morgen!«

In unseren Zimmern denken wir über Silais Ausführungen über die Loslösung und die Abkehr von allen Freuden nach. Aber was ist mit diesen Mönchen, denen wir unterwegs begegnet sind, die uns aufgenommen haben, Zigarette zwischen den Lippen, Videospiel in der Hand, und die sich im Fernsehen dämliche Clips oder gar Pornos ansahen? Das System hat Schwächen. Die thailändische Tradition verlangt, daß jeder Junge eine gewisse Zeit in einem Kloster verbringt. Wie eine Beugestrafe. Wie ein Militärdienst. Jedes Jahr pilgern Tausende von Jugendlichen, ob aus Überzeugung oder nicht, mit rasierten Köpfen und in Mönchsgewändern zu den Klöstern des Landes. Zwangseingewiesen, reißen sie die Monate ihres Bonzendaseins ab. Sie vermitteln kein sehr strenges Bild des Klosterlebens und schaden dem Ansehen der echten Mönche, den wahren buddhistischen Asketen. Ihre Hauptbeschäftigung besteht darin, Sachspenden zu sammeln, mit denen sie förmlich überschüttet werden von den Einheimischen, die bestrebt sind, Gutes zu tun, da jede gute Tat ihnen angerechnet wird und den Weg ins Nirwana ebnet. Die Fürsorge gegenüber den Mönchen ist für jeden eine willkommene Gelegenheit, sich Buddhas Wohlwollen zu sichern. Darum häufen sich bei den Mönchen auch Berge von Vorräten, die ausreichen würden, die Regale eines ganzen Ladens zu füllen. Und wie oft profitieren wir von diesen Spenden, wenn wir an die reich gedeckten Tafeln der Mönche geladen wurden, auf Kosten der Dorfbewohner, zum Ruhme Buddhas und unter den klagenden Psalmodien eines alten betenden Mönches.

50 Kilometer südlich von Bangkok erstrecken sich Salzgärten über das Land. In Quadrate von etwa zehn mal zehn Metern eingeteilt, wird jede kristallweiße Parzelle von einem Arbeiter mit Strohhut und einem großen Rechen bearbeitet. Handgefertigte Schöpfräder sorgen für die Bewässerung der Salinen. Die Mühlen dienen als Wasserpumpen. Das Ganze sieht aus wie eine überdimensionale Ameisenkolonie, die minutiös Salzkörner einsammelt und aufhäuft. Die Ernte wird unter Peddigrohrdächern, die von Holzpfeilern getragen werden, eingelagert.

In einem dieser Salzlager, in dem wir ein wenig Schatten suchen, begegnen wir einem kleinen Mädchen. Tika spielt mit einigen anderen Kindern in den kristallenen Bergen zwischen den aufgeschichteten Säcken. Die Töne der Mundharmonika faszinieren sie. Alexandre ergeht sich in einer pädagogischen Erläuterung der Jonglierkunst. Tika und die anderen lachen schallend über unsere Akrobatenstücke. Ein Mann spricht uns an, ein kleiner Thai, der mit weißen Beinen und seinem Rechen unter dem Arm von einer Saline zurückkommt. Wie sich herausstellt, ist er der Vater der kleinen Tika.

»300 Baht. Ihr könnt sie haben. Ist hübsch, oder? 300 Baht.«

Der Vater will uns allen Ernstes seine Tochter verkaufen. Tika wartet mit fragendem Blick auf unsere Antwort, und ihr Erzeuger drängt uns, sein eigen Fleisch und Blut zu schänden. Wir haben große Lust, ihm sein Affengesicht mit der Spitzhacke zu Brei zu schlagen. Aber wozu sollte das gut sein? Das ganze Land mischt in der Prostitution mit.

Wir verlassen Tika und radeln auf eine Rauchwolke im Norden zu, die sich ausbreitet wie Wundbrand. Bangkok!

Wo sind wir? Bereits in der Stadt? An ihrem Rand? Noch in den Vororten? Man weiß nie so genau, wo dieser 50 Kilometer lange Betonpilz, der sich tagtäglich nach allen Seiten hin weiter ausbreitet, beginnt und wo er endet.

Ein sechs Meter hohes Schild hängt hoch über der Straße. Auf ihm prangt in weißen Lettern: »Bangkok«. Angetrieben von dem Drang, alles Vertikale zu besteigen, macht Alexandre sich daran, zu dem Schild hinaufzuklettern. Die Autofahrer, die darunter langfahren, haben gerade Zeit, einen flüchtigen Blick auf die Gliederpuppe zu werfen, die an einem Arm über ihren Köpfen hängt. Ein empörtes Hupkonzert ertönt. Aber in Bangkok passieren noch viel verrücktere Sachen. In der Tageszeitung steht die Geschichte eines Polizisten, der in der Innenstadt den Verkehr regelte. Der Lärm, die Abgase und der Streß haben ihn durchdrehen lassen. Er signalisierte nach allen Seiten freie Fahrt und begann mitten auf der Straße zu tanzen, was einen 20 Kilometer langen Stau zur Folge hatte.

Alexandre schwingt sich wieder in den Sattel seines Rades. Wie Taucher, die ins Wasser springen, schließen wir die Augen, halten uns die Nase zu und stürzen uns in die Hölle aus Beton und Stahl.

Von Bangkok nach Chiang-Khong

Alexandre

Bangkok: Wir haben es bis hierher auf dem Fahrrad geschafft! Das Schild, das zu erreichen wir uns redlich verdient haben, markiert unseren Eintritt in die unbekannte Stadt. All unsere Sinne sind geschärft. Wir werden sofort von einem stinkenden Strom rollenden Metalls verschluckt. Verfolgungsjagden, Ausweich- und Überholmanöver, riskante Spurwechsel, Vollbremsen und Flüche tragen uns in einem schwindelerregenden Malstrom weiter. Wehrlos sind wir der unaufhaltsamen Strömung ausgeliefert, die uns trägt, wohin es ihr gefällt, und uns trennt wie das Paar von Édith Piaf, das »von der Menge mitgerissen« wird.

An den von den Abgasen grauverhangenen Ufern dieses stinkenden, dröhnenden Metallflusses wimmelt es von schwerbeladenen Männern, gebeugten Zwangsarbeitern und reglosen Frauen in Imbißwagen. Auf den schmalen Gehwegen türmen sich in einem bunten Durcheinander Küchenutensilien, Lebensmittel und andere Waren, die aus verfallenen Ständen und dichtgedrängten Buden quellen. Entlang dieser Berge von Allerlei bewegt sich zwischen Gehweg und Rinnstein in beiden Richtungen ein Strom von Passanten, die ernsthaft Gefahr laufen, von der unerbittlichen Blechlawine verschluckt zu werden. Stau, Embolie, wir sitzen in der Falle! Alles ist rußbedeckt, und auch unsere Lungen blieben nicht verschont. Nur den Wolkenkratzern gelingt es, sich über den Gestank zu erheben wie riesige Bäume in einem Großstadtdschungel.

Alles in Bangkok ist Lärm. Die Thais sind mit ihrer Hupe verwachsen und benutzen sie im Übermaß wie angehende Musiker, nur so zum Spaß. Es geht hier nicht um überschrittene Dezibelgrenzen oder Lärmbelästigung, sondern um ohrenbetäubendes Getöse, einen Angriff auf das Trommelfell, das Gebrüll der Materie. Die Geräusche prasseln auf uns nieder wie Schläge, bringen uns aus dem Gleichgewicht: Wir werden wahnsinnig! Der Rhythmus beschleunigt sich, wir suchen unser Heil in der Flucht. Unsere einzige Hoffnung auf Stille besteht darin, die Schallmauer zu durchbrechen!

Unsere Augen brennen, uns wird schwindlig, unsere Nasenflügel protestieren. Alles stürzt auf uns ein, unerträglich! Schock! Splitterndes Glas! Gemetzel! Ein Mann liegt zermalmt in seinem Blut. Schwindel! »*Fuir! Lá-bas fuir, je sens que des oiseaux sont ivres/ d´être parmi l´écume inconnue des cieux* – Fliehen! Weit fort fliehen, dorthin, wo ich fühle, daß die Vögel berauscht sind/ von der unbekannten Gischt des Himmels …« (aus *Brise marine* von Stéphane Mallarmé).

Ehe wir auf die Memorial Bridge getragen werden, der Stahlbrücke, die den Chao Phraya überspannt, schaffen wir es, uns aus dem tödlichen Strom zu befreien – wie Kriminelle springen wir aus dem noch fahrenden Zug. Wir gelangen auf eine Terrasse auf Pfählen. Endlich können wir Halt machen und uns an der freien Fläche über dem Wasser erfreuen. Häuser auf Stelzen ragen in die trüben Wasser des breiten Flußes, als wären sie von dem unglaublichen Gedränge, das hinter ihnen tobt, vorwärtsgeschoben worden. Lange, bunte Boote, deren sichtbare Schiffsschrauben wie große Mixer die verdächtigen Klumpen im öligen Wasser zerhacken, tragen die Lärmkulisse aufs Wasser. Keine Verschnaufpause für die Trommelfelle in diesem Königreich des Lärms!

Unberührt von all dieser Schändlichkeit heben die funkelnden Dächer und die strahlendweißen Türme der Tempel sich in ihrer unantastbaren Reinheit vom rußigen

Himmel ab. Die Sonne, stumpf wie das Gelbe eines Eis aus der Legebatterie, schafft es gerade mal, ein mattes Licht zu verbreiten. Wir verharren einen Augenblick, ganz benommen, auf unserer Terrasse und genießen, unsere ersten Sekunden in Bangkok.

Unsere Anwesenheit lockt bald die Betreiber des Terrassencafés an, die wir offenbar aus dem Schlaf gerissen haben. Sie müssen heute früh spät zu Bett gegangen sein, denn sie erklären uns, daß sie uns nicht bedienen können. Daran soll es nicht scheitern! Sylvain verschwindet und kommt einige Minuten später mit Hühnchen und Reis zurück. Wir wollen unsere Mahlzeit gleich hier einnehmen.

»Ich habe den Eindruck, daß man, wenn man in dieser Stadt einen einigermaßen ruhigen Ort gefunden hat, daran festhalten sollte!«

»Guck dir mal den Gorilla an, der auf uns zukommt! Er scheint anderer Ansicht zu sein!«

Der Kerl macht Anstalten, uns rauszuwerfen. Beim ersten Anzeichen von Widerstand unsererseits schnauzt der kleine Affe an seiner Seite uns an und hält seinen Molosser zurück.

»Be careful! Mister is thai-boxing champion!«

Um das Schlimmste zu vermeiden, gebe ich ihnen zu verstehen, daß meine Spezialität Armdrücken sei. Der Gorilla verpaßt mir … einen Stuhl und setzt sich an unseren Tisch. Die Stützpfähle erzittern, als er seinen Ellbogen aufstützt.

Zu meiner eigenen Überraschung schlage ich ihn zweimal in Folge, mit dem rechten und auch dem linken Arm. Mir zittern die Knie, gleich gibt es Ärger!

Nein! Nichts passiert! Er lacht! Ein Thailänder verliert nie das Gesicht; er lacht und sagt *»may pen ray«* («Das macht nichts«), nichts für ungut. Dort, wo Boxen Hackfleisch aus uns gemacht hätte, hat Armdrücken uns gerettet.

Sich seine Angst nie anmerken lassen …

Sylvain fängt an, Flöte zu spielen. Möge die Völkerverständigung beginnen ...

Ausgeruht und gesättigt, schlendern wir über den Blumenmarkt und die Gemüsehalle in der Chakkraphet Road. Sofort zeigt Bangkok ein völlig anderes Gesicht. Hier steht die Hektik im Dienste der Schönheit. Alte Frauen mit breitkrempigen chinesischen Hüten thronen inmitten von bunten Blumenteppichen. Weißer Jasmin, rosa Lotusblumen und gelber Safran werden von geschickten kleinen Händen zu Opfergirlanden gebunden, die man dem Buddha zu Füßen legt oder auf die Miniaturaltare der Geister des Stadtviertels legt, der sogenannten *phii*, mächtigen Ektoplasmen, deren grausame Folter man von sich abwenden muß, indem man sie mit regelmäßigen Opfergaben besänftigt. Blumen gegen die Hölle!

Aufs Geratewohl schlendern wir durch ein Labyrinth schmaler, von Holzhäusern gesäumter Gassen: Palisaden ziehen vorbei, wir überqueren kleine Brücken, wenden uns nach rechts, weichen links einer Wasserträgerin aus, umgehen diverse Hindernisse und gelangen an eine kleine Brücke, die über einen Kanal führt. Dort spielt ein Vogelfänger mit Freunden Ma-Jongg, eine Art chinesisches Domino. Die in einer solchen Stadt so unerwartete friedliche Stille schlägt uns in ihren Bann. Nur ganz leise dringt das Rauschen des Verkehrs bis hierher. Ein am ganzen Körper tätowierter Mann mustert uns stumm. Das Ende seiner Zigarette glimmt auf. Der Rauch steigt in einer vertikalen Säule zum Himmel auf. Die Beos des Vogelfängers pfeifen ängstlich. Wir imitieren sie, um das Eis zu brechen. Hübsche, junge Frauen scharen sich mit schüchternem Lächeln um uns, Kinder laufen herbei, zwei Hähne mit zerzaustem Gefieder jagen einander mit heiseren Schreien vor dieser ansonsten so friedlichen Kulisse. Wir holen die Flöten und die Jonglierbälle hervor.

Von überall eilen lachende Thais herbei, Köpfe tauchen an den Fenstern auf, verschwinden kurz und kehren dann vervielfältigt zurück: Was für sonderbare *farang*! (Bezeichnung für Weiße). Man bringt uns Tee, und wir beginnen eine Partie Ma-Jongg.

Auch das ist Bangkok! »Man muß den Drachen zerlegen, seine Gedärme aufschneiden und in ihrem Inneren nach kleinen versteckten Goldkörnern suchen«, sagt ein chinesisches Sprichwort.

Am Abend fängt es an zu regnen. In diesem Königreich der Ungewißheit kippt alles sehr schnell. Es gießt in Strömen. Als müßte dieser Müllhaufen jede Nacht von den Schrecken des Tages reingewaschen werden! Die Stadt, die zuvor schon nach Luft rang, ertrinkt nun. Das Herz Bangkoks beginnt zu rasen. Der Blutdruck steigt. Wir müssen zum De-La-Salle-Gymnasium am anderen Ende Bangkoks. 23 Kilometer die Sukhumvit Road hinaus!

Bruder Joseph Mertz aus Lothringen nimmt uns auf. Wir sind so erschöpft, als hätten wir einen Exorzismus hinter uns. In dieser Klosterschule mit 3 000 Schülern, in der die gesamte thailändische Elite versucht, ihre Kinder unterzubringen, beträgt der Anteil Christen gerade mal zehn Prozent. Weder Französisch noch der Katechismus stehen auf dem Lehrplan; statt dessen werden die Schüler in den buddhistischen Lehren unterwiesen. Als er unsere Verblüffung bemerkt, erklärt uns der gute Joseph:

»Die Leute hier sagen *›may pen ray‹* und akzeptieren, was sie nicht ändern können. Das leistet zwar häufig Fatalismus und Trägheit Vorschub, verleiht ihnen aber gleichzeitig auch eine unglaubliche Fähigkeit zur Akzeptanz und Losgelöstheit. Darum lachen die Thailänder auch die ganze Zeit! Für uns zählt nur, daß wir aus den Söhnen von Ministern erleuchtete Humanisten machen. Wenn wir ihnen auch nur ein wenig Pragmatismus, Kartesianismus und Transzendenz vermitteln können, haben wir unsere Aufgabe erfüllt!«

Vorübergehend tauchen wir wieder in eine Welt der Bequemlichkeit ein, zelebriert durch ein freudiges Wiedersehen mit Luxus, Toiletten aus Porzellan, Teppichboden, Klimaanlage und sauberen Laken. Wir nutzen diese paar Tage, um uns die weitere Route genauer anzusehen. Wir sorgen vor, indem wir jetzt schon Visa für Indien und Birma kaufen. Unglücklicherweise steht auf beiden »Zugang über die Landesstraßen verboten«. Birma ist ohne Reisegruppe nicht zugänglich, und das indische Assam ist gesperrt. Die Botschaft von Laos empfängt uns nicht einmal, als sie erfährt, daß wir Franzosen sind! Wo sollen wir langfahren?

Wir erleiden einen wahren ästhetischen Schock, als wir zwischen zwei Gebäuden, in einem trist betonnierten Grau-in-Grau, die prächtige leuchtende Flamme unserer republikanischen Fahne entdecken. Im französischen Lyzeum bereiten wir einen Vortrag für die Schüler vor. Ein Datum wird festgesetzt, und die Aufgaben werden verteilt. Als wir uns am vereinbarten Tag frühzeitig vor Ort einfinden, ist nichts gemacht! Der Saal ist gar nicht reserviert worden! Welche Kränkung! Am selben Abend tritt in der Schule eine unter großem Kostenaufwand aus Paris eingeflogene Rap-Gruppe auf! Eine Frage der Wahl!

Es hat die ganze Nacht geregnet. Am Morgen finden wir eine überschwemmte Stadt vor; das Wasser reicht den Autos bis zur Motorhaube. Die Motoren saufen ab. Britische Geschäftsleute waten würdevoll durch das kniehohe Wasser, ihre Church´s in der einen Hand, ihre lederne Aktentasche in der anderen. Bei Mc Donald´s essen wir unsere Hamburger mit den Füßen im Wasser. Das Leben geht weiter!

Während wir noch darauf warten, wieder aufbrechen zu können, begegnen wir Franzosen, die schon seit einer Ewigkeit hier leben. Einer von ihnen, Jean-Noël Haxo, Haute-Couture-Designer, erzählt uns, wie er der verführerischen, freundlichen siamesischen Schönen erlegen ist, die sich später in einen stinkenden, zornigen Drachen verwandelt hat.

In Asien, wo unser moralisch-religiöser Dualismus nicht existiert, wo die Relativität von Gut und Böse die Einführung universeller Regeln schwierig gestaltet, sind wir auf der Suche nach emotionalen Fixpunkten, die uns die Unterschiede erfahren lassen. Wir wollen Gefühle, bestätigte oder unbestätigte Intuitionen nach Frankreich mitnehmen und dabei Globalurteile möglichst vermeiden, aber die Prüfungen der Realität nagen schon bald an diesem frommen Wunsch. Es ist ebenso schwierig, eine kritische Haltung beizubehalten, ohne zu kritisieren, wie nicht mit unseren Westleraugen zu sehen! Wir versuchen, die Welt mit dem Herzen zu sehen, und das ist ja schon nicht schlecht! Aber Bangkok entzieht sich jeder Vernunft und hat keinen Platz in unseren Herzen gefunden.

Bei mir hat es fünf Tage bis zum Nervenzusammenbruch gedauert, fünf Tage ehrenhaften Widerstandes: eine Revolte gegen das Absurde! In dieser Stadt des Überkonsums habe ich fünf Stunden kämpfen, mehrfach mein Leben riskieren, unsägliche Behandlungen über mich ergehen lassen müssen, um eine Rolle schwarzes Klebeband und zwei Fahrradgriffe aus Schaumgummi zu bekommen!

Ich beruhige mich erst wieder, als ich mit einem eiskalten Bier in einem wohltuenden heißen Bad sitze. Es braucht nur so wenig zum Glücklichsein! Um in Bangkok leben zu können, muß man einen faustischen Pakt abschließen, als Ästhet die »Schönheit des Teufels« würdigen.

Samstag, 26. März 1994:
168. Tag, 135 km. G: 10 173 km

Wir verlassen Bangkok wie von riesigen Fliegenklatschen verfolgte Fliegen – allerdings ohne den Überraschungseffekt. Inzwischen sind wir mit den Spielregeln vertraut. Innerhalb einer Woche haben wir uns beinahe an die ständigen Aggressionen gewöhnt. Die Routine ist das Ende der Menschheit! Wir brechen leichten Herzens auf, auf der Suche nach dem Thailand der Ansichtskarten und Reisebüros …

Am Abend, nachdem wir durch eine undefinierbare Landschaft geradelt sind, die weder landwirtschaftlich oder industriell genutzt wird, noch unbewohnt, aber trist und häßlich, versengt und karg ist, werden wir wieder von Mönchen in sonnenfarbenen Kutten in einem buddhistischen Tempel in Phrom Buri aufgenommen. Wieder sehen wir pornographische Kalender, Gameboys, »angereicherte« Zigaretten und das ganze spirituelle Brimborium der jungen Rekruten! Die jungen Mönche, die ihren »spirituellen Dienst« leisten wie einen initiatorischen Ritus, weil er ihnen von der Gesellschaft aufgezwungen wird oder sie um einen nahen Verwandten trauern, brauchen wohl die Prüfung der Versuchung durch materielle Güter! Ihr Weg, um zur Askese zu gelangen, erscheint uns jedoch merkwürdig – sie würden sich uns besser auf dem Fahrrad anschließen!

Abgesehen von diesem Paradoxon und dem gutmütigen Spott, dem wir ausgesetzt sind, machen die symbolischen Gesten und der tiefe Respekt, den sie einflößen, die Klöster zu Inseln des Friedens. Sie spielen eine unverzichtbare Rolle in der thailändischen Gesellschaft, verkörpern eine Reihe von Riten und Praktiken, eine Art zu sein und zu leben.

Unsere Tage folgen aufeinander und verschmelzen. Wir begegnen allerlei Arbeitern, aber es ist sehr schwer für uns, echte Kontakte zu ihnen herzustellen. In diesem Land wird der *farang* derart mit dem reichen Touristen assimiliert, daß ein armer *farang* auf dem Fahrrad nur Unverständnis und Spott auslöst. Wir sind sehr allein. Es fällt uns wahnsinnig schwer, an die Thailänder heranzukommen. Die sprachliche Hürde und ihre chronische Belustigung sind zu große Handicaps: Es ist alles so viel witziger, wenn man überhaupt nichts versteht! Wir bemühen uns dennoch, aber angesichts von sieben verschiedenen Tonalitäten und einem sehr begrenzten Vokabular … Thailändisch verstehen zu wollen hat etwas von der Analyse serieller Musik!

Nehmen wir drei verwirrende Beispiele: *ma*! Diese zwei scheinbar unbedeutenden Buchstaben haben je nach Betonung fünf verschiedene Bedeutungen: kommen, mehr (Steigerungsform), Hund, viel/sehr und Pferd. Das Resultat übersteigt bei weitem den Schwierigkeitsgrad von »Fischers Fritz fischt frische Fische« oder »Brautkleid bleibt Brautkleid und Blaukraut bleibt Blaukraut«! Die Thais beweisen weit größeres Geschick, wenn sie sagen wollen »Die Hunde kommen viel öfter als die Pferde« : *ma ma ma ma ma*! Oder auch: »Der Flügel ist weiß wie Reis aus den Bergen«: *kao kao kao kao*. Aber auf die Spitze getrieben wird das Ganze, wenn sie sagen: »Der das Ei weit fort vom Huhn verkauft«: *kai kai kai kai kai*! Die Thailänder haben das Problem gelöst, ob nun das Huhn oder das Ei zuerst da war. Jedenfalls haben sie allen Grund, sich den ganzen Tag schiefzulachen.

Eines abends in Nakhon Sawan baden wir im Fluß Mae Nam Nan, der vor einer weiteren Klosterschule vorbeifließt. Ein Vorgeschmack auf den Mekong! Ich halte die Luft an, tauche auf den Grund und lasse mich von der Strömung davontragen. Der Sand singt. Das erinnert mich sofort an eine Novelle von Jules Supervielle: *L´inconnue de la Seine* – die Unbekannte aus der Seine, die Geschichte eines jungen Mädchens, das in Paris ertrinkt und seine Reise bis nach Le Havre beschreibt! Ich denke an die schlammige Reise, die mir bevorstünde, wenn ich mich weiter von der Strömung tragen ließe! Als ich wieder auftauche, habe ich 100 Meter zurückgelegt und komme zu dem Schluß, daß das Rad mir als Fortbewegungmittel doch lieber ist.

Auf dem Treppenabsatz im ersten Stock der Schule zieren Maximen in fetten roten Lettern die Wände, unglaublich veraltet, aber Symbol für das Festhalten des Westens an seinem Kulturgut: »Leichter gesagt, als getan! Eine begonnene Aufgabe ist schon so gut wie bewältigt! Verschiebe nicht auf morgen, was du heute kannst besorgen!« Zwei lassen sich auf uns beziehen: »Den letzten beißen die

Hunde« und »Wo ein Wille ist, ist auch ein Weg!« Wir werden eine Möglichkeit finden, nach China oder Indien zu gelangen. Seit unserer Abfahrt aus Singapur, seit 2 500 Kilometern, haben wir das ungute Gefühl, blind in eine Sackgasse zu radeln!

Nach dem Abendessen kehrt Sylvain mit seiner Flöte zurück ins Erdgeschoß, wo die Akustik besser ist, und verzaubert das ganze Gebäude mit einer Flut von Trillern. Die leeren Klassenzimmer berauschen sich an den fließenden Echos der *Suiten* von Bach, die Fensterläden klappern vor Freude, die Hefte spenden diesen unerwarteten Vibrationen Beifall; ein kleines Mädchen erscheint und stellt den Fernseher an. Ein goldiger flauschiger Hundewelpe mit noch blauen Augen, feuchter Nase und seidigem Fell stimmt mich traurig, als ich an das Schicksal denke, das ihn an der Seite der Menschen erwartet. Geprügelt, nur spärlich ernährt, schlecht gepflegt und verachtet, wird er räudig umherschleichen und mit Steinen beworfen werden. Er wird anfangen, sich zu kratzen, mit den anderen zu heulen, aus Kummer zubeißen, das bißchen Zuneigung und Vertrauen verlieren, das er bei einem Herrn, der seiner würdig wäre, hätte lernen können. Statt dessen wird er das triste Leben eines gescheiterten Mönches führen und unter den Rädern eines Lastwagens enden.

Wir haben sie gesammelt, diese kubistisch inspirierten Hunde, denen die Eingeweide aus dem offenen Maul quollen, Kopien des Pferdes von *Guernica* , das dank Picasso Unsterblichkeit erlangt hat. Angesichts der 5 000 Lastwagen, die uns tagtäglich überholen, würde eine einzige Sekunde der Unachtsamkeit genügen, so zu enden wie sie!

Den ganzen Tag über durchquerten wir lepröse, verwüstete Landschaften. Wir befinden uns mitten in der Trockenzeit. Die ersten Hügel tauchen auf und enthüllen uns eine unbeschreibliche ökologische Katastrophe. Die Wälder auf diesen Hügeln inmitten der Reisfelder werden systematisch abgeflämmt, damit der Monsunregen den fruchtbaren Schlamm hinabspült, der die Reisfelder düngt. Die Regierung müht sich vergeblich, mittels der zwischen den verkohlten Stämmen aufgestellten Schilder auf die verheerenden Schäden hinzuweisen, die diese Verfahrensweise anrichtet. Es ist sehr heiß, sehr trocken, und eine unirdische Stille liegt über diesen gespenstischen verkohlten Flächen. Es riecht nach Tod! Der thailändische Urwald existiert nicht mehr.

Während einer »*keo, nam khaeng, pipsi*«-Pause (»Glas, Eiswürfel, Cola«) unter einem hochwillkommenen Schutzdach vor der sengenden Hitze geschützt, sehen wir zwei betrunkene Polizisten auf einem Motorrad heranfahren. Gefahr im Verzug! Torkelnd kommen sie näher und rufen uns an:

»*You want girls! Good, good! Satisfaction! No?*«

Nein danke.

»Ah! Ich verstehe! Ihr zieht Kinder vor! Kein Problem, kommt mit!«

Als wir vehement ablehnen, sind sie verärgert. Mit drohendem Blick, wackelndem Kopf und lächerlich verzerrten Zügen mustert der Polizist uns abwechselnd mit einem Blick, der keinen Zweifel daran bestehen läßt, welcher Neigungen er uns verdächtigt. Interessiert, offenbar selbst vom anderen Ufer, macht er Anstalten, sich in unsere »Beziehung« einzuklinken, indem er uns mit unmißverständlichen Berührungen anmacht. Das ist zuviel! Ich stoße ihn, vielleicht ein wenig zu heftig, zurück und wende mich ab, um unsere Rechnung zu begleichen. Der Polizist macht Anstalten, nach seiner Dienstpistole zu greifen. Mir gefriert das Blut in den Adern, und ich zeige mit ausgestrecktem Finger auf ihn und brülle ihn herrisch an: »*No!*« Sein Kollege greift ein und hält ihn zurück. Das Biest von Bedienung nutzt die Gelegenheit, uns beim Preis für die Cola zu betrügen. Sylvain mischt sich ein, und der Polizist greift auf legalere Mittel zurück, uns Ärger zu machen. Nachdem wir gezwungen wurden, den zehnfachen Preis zu zahlen, verschwinden wir. Als die Polizisten uns überholen, biegen sie sich vor Lachen!

Um unseren Adrenalinspiegel zu senken und den Schrecken zu verarbeiten, radeln wir bis spät in die Nacht, strampeln wie die Wahnsinnigen im Kilometerrausch. Wir werden von Reisdreschern aufgenommen, die zu dieser späten Stunde noch bei der Arbeit sind! Kraftlos sinken wir auf die Säcke, von gesunder Müdigkeit umgehauen.

Donnerstag, 31. März 1994:
174. Tag

Die Straße erstreckt sich trotz aller Illusionen des Vortages weiterhin vor uns. Sie ist da und rollt geduldig ihren Teerteppich vor uns aus. Immer wieder sehen wir in der Ferne den Punkt, den es zu erreichen gilt, dann den nächsten, und noch einen. Es gibt immer einen nächsten, wie Jacques Brel es so treffend singt: *Au suivant! Les distances sont élastiques, seul le temps que nous passons à mouliner compte*!

Auf zum nächsten! Die Entfernungen sind elastisch, nur die Zeit, die wir uns abstrampeln, zählt!

In Chiang Rai gehen wir in die Baïtong-Bar eines Australiers, der uns der Obhut von Guy-Noel Vautrin alias Arthur übergibt, seines Zeichens Französisch-, Englisch- und Klavierlehrer. Nachdem er Brest zuerst wegen einer Liebesgeschichte verlassen hatte, verlangte der ehemalige Verkäufer einer Pariser Buchhandlung eines schönen Tages an der Gare de l´Est eine Fahrkarte nach Oulan-Bator! Die Schalterdame antwortete darauf: »Wenn Sie in die Bretagne wollen, müssen Sie zur Gare de Montparnasse!« Da er nicht dumm war, nahm er wie Blaise Cendrars den Transsibirienexpreß bis in die mongolische Hauptstadt. Nachdem er sich sechs Monate in China herumgeschlagen hatte, landete er wie ein Hase in der Schlinge in einer geopolitischen Sackgasse: dem Goldenen Dreieck!

Drehkreuz des Waffen-, Teakholz- und Drogenhandels zwischen Thailand, Birma, Laos und China, hat das Goldene Dreieck sich so lange um die eigene Achse gedreht, bis es mit seinen scharfen Spitzen den Sack nach allen Seiten hin gesprengt hat. Eine Sackgasse ist vielleicht noch für uns – für andere ist es das reinste Sieb. Arthur kommt richtig in Fahrt.

»Das Goldene Dreieck? Ein riesiger Schwindel! Eine Illusion für fette Deutsche auf der Suche nach Nervenkitzel! Es gibt nur noch Vier-Sterne-Hotels, Golfplätze und ein riesiges, noch im Bau befindliches Kasino an den Ufern des Mekong. Das alles 200 Meter vom birmanischen Dschungel entfernt, von wo Khun Sa, der die gesamte Produktion von Opium und Opiumderivaten bis in die Shan-Staaten Chinas kontrolliert, tagtäglich im Hubschrauber herüberfliegt, um seine Kohle abzuholen, mit der er sein Kartell finanziert und die thailändischen Behörden schmiert. Jeder weiß das! Und keinen kümmert es! Hier gibt es keine moralischen Werte, hier ist alles relativ, und alles geschieht mit einem Lächeln!

Wütend fährt er fort:

»Es gibt die Akkha, die Hmong, die Lahu und die Lisu. Die Thais haben sie immer als Wilde betrachtet. Immerhin darf man nicht vergessen, daß es die Hmong waren, die erst Frankreich und dann den USA 100 000 Söldner angeboten haben, um die Kommunisten und die Nationalisten zu bekämpfen! Natürlich wurden die niedergemetzelt, als wir uns aus dem Staub gemacht haben! Jetzt machen sie es wie mit den Indianern in den USA: Sie füllen sie mit Alkohol ab und schicken ihnen Horden von Touristen, die enttäuscht sind, keinen Stoff in den Taschen der mit Patronengürteln behangenen Militärs gefunden zu haben. Sie haben Elefanten aus Laos und Kosmetikerinnen aus Bangkok kommen lassen, diese traurigen Clowns herausgeputzt und sie zu den Chartergesellschaften und den Organisatoren von Ausflügen geschickt! Die fetten Engländer mit ihrem knallroten Sonnenbrand reiten auf Elefanten durch zehn Hektar noch erhaltenen Urwald, man zeigt ihnen ein Dorf professioneller Schauspieler, und sie ziehen glücklich mit ihren Geldbündeln und ihren Souvenirs made in China wieder ab. Tourismus? Eine Plage! Leute, die zu Hause besser dran wären, werden an Orte gebracht, die ohne sie besser dran wären!«

Finger und Stimme erhoben, setzt Arthur zu seiner Tirade gegen eine Region an, in der er seit sechs Jahren lebt:

»Wartet´s nur ab, Jungs! In fünf Jahren ist es in Laos soweit, und in zehn Jahren in Birma. Hier ist alles von der chinesischen Kohle unterwandert! Es soll eine Autobahn nach Kunming gebaut werden, quer durch den laotischen Dschungel, letzter Abschnitt der panasiatischen Autobahn von Singapur nach Peking. Und es ist die Rede von einem Hochleistungsschiff, das die Stromschnellen rauf bis Jinghong fahren soll. Logisch, die Regierung der Provinz Chiang Mai ist tonkinesisch!«

Nachdem er ein paar Gläser geleert und uns dabei sein Leben erzählt hat, ein wenig verstört, als hätte der Bericht ihm seine wahre Natur enthüllt, grausamer und roher als die Entdeckung eines illusorischen Eldorado, lädt Arthur uns zu sich nach Hause ein; klammert sich an uns wie ein Patient an seinen Psychoanalytiker. Am Rande eines Slums etwas abseits von Chiang Rai, auf Pfählen errichtet, thront seine schäbige Behausung über einem stinkenden Sumpf, in dem, begleitet von einem Froschkonzert, Autowracks des gleich nebenan gelegenen Schrottplatzes vor sich hin rosten.

»Ich habe es nicht mehr ausgehalten, meine Sonntagmorgende mit Jacques Martin zu verbringen!« erklärt er uns aus heiterem Himmel und betrachtet dabei die rote Sonne, die gerade hinter einem kuppelförmigen Hügel verschwindet.

Er läßt sich über die Steuern, die Versicherungsgesellschaften und die Staus aus und sperrt dann die Tür auf. Wie der Stein Abrahams in der Moschee von Mekka, wie der faszinierende schwarze Monolith aus *2001 – Odyssee im Weltraum*, thront ein Klavier inmitten des Durcheinanders aus Abfall, schmutziger Wäsche und fettigem Papier!

»Versteht ihr! Hier nerven mich die Miteigentümer nicht! Ich kann mitten in der Nacht spielen, wenn ich Lust habe! Wartet! Ich spiele euch meine Froschsonate.«

Er spitzt die Ohren, von Ticks geplagt, die Hände über den Tasten schwebend, stimmt sich auf die Armee von Amphibien ein, die seine Bambusfestung belagert, und stürzt sich dann in das verrückteste Musikstück, das wir je zu hören bekommen haben. Sein Klavier quakt, hüpft, fügt sich in das Froschorchester ein; Arthur hat Gold in den Händen! Wir erleben eine »Klavierstunde« im Stil Dadas.

Den ganzen Abend begleitet er Sylvains kristallklare musikalische Schnörkel, wobei er sich allein auf sein Gehör verläßt, um die Flötentöne auf dem Klavier zu reproduzieren. Hinterher schwärmt er uns von seinem »schönen Leben« vor, von dem Bier für zwei Francs, den Motorradausflügen in den Urwald, monatlichen Opiumpfeifchen bei seinen Freunden und dem Englischunterricht, den er Leuten erteilt, die »noch bescheuerter sind als die Franzosen, aber viel netter!« Er hat nur einen Freund: San Keo, alias »drei Gläser«, weil San Keo beim vierten nämlich umkippt!

Morgen, am 1. April, werden wir genaueres über unsere weitere Route wissen. Die birmanische Grenze von Mae Saï wird unser Aprilscherz sein! Scherz oder Glück? Streich oder Weiterkommen ohne Umwege?

Freitag, 1. April 1994:
174. Tag, 98 km

Wir nehmen Abschied von Arthur, erwartungsvoll, mit Schmetterlingen im Bauch, die Lippen fest zusammengepreßt unter einem Kopf voller inbrünstiger Gebete, fühlen uns wie Schüler, die zu ihrem ersten Examen antreten. Am Ende der 64 Kilometer dieses Vormittages werden wir die Antwort auf 2 800 Kilometer fragender Pedaltritte finden!

Mae Saï erstreckt sich entlang einer einzigen Straße wie jene staubigen Westernstädte der *desperados*. In dem Ort herrscht die gleiche Hektik wie an allen Drehkreuzen der Welt, die gleiche hinterhältige Unehrlichkeit der am hellichten Tag verübten Verbrechen in all ihrer prahlerischen Bedeutungslosigkeit. Drogen sind Antriebskraft, Ursache und Essenz dieser brodelnden Atmosphäre. 3 600 Tonnen Heroin sind dieses Jahr über diese Grenze gebracht worden. Gott sei dank findet man in Mae Saï auch Cola! Während wir die – wie wir glauben – für längere Zeit letzte Cola trinken, begegnen wir einem Paar französischer Touristen, denen wir belichtete Filme und Briefe an unsere Eltern mitgeben. Jenseits der Grenze beginnt das Unbekannte, China oder Assam, Charybde oder Scylla!

»*Now accept or get out! Don't ask any more questions!*« »Akzeptieren Sie oder verschwinden Sie! Keine Fragen mehr!« herrscht uns ein hysterischer birmanischer Oberst an, der mit Orden behängt ist wie ein Weihnachtsbaum, der geschorene Schädel flachgeklopft vom ideologischen Knüppel, das Gebiß lückenhaft und die Schläfenadern so stark angeschwollen, daß sie zu platzen drohen.

Dieser faschistoide Kommunist hat gerade unser Schreiben vom französischen Konsul zerknüllt. Im Gegenzug hat er uns ein großzügiges Angebot gemacht, das dahingehend lautet, daß wir 6 000 Francs für eine Strecke von 120 Kilometern zahlen sollen, hin und zurück bis Kengtung an einem Tag, in einem Wagen mit Eskorte. Wir sind fassungslos! Mit offenem Mund stehen wir vor ihm, niedergeschmettert von dieser unabänderlichen Realität: Die Straße durch Birma ist gesperrt! Wir sind zu keiner Reaktion fähig, *big bug*! Brei ersetzt unsere Neuronen!

Um unsere Rückkehr in die harte Wirklichkeit zu beschleunigen, befiehlt der Zerstörer unserer Träume zwei jungen Rekruten, die sichtlich erfreut sind bei der Aussicht auf ein wenig Körperertüchtigung, uns rauszuwerfen. Was für ein böser Aprilscherz!

Benommen wie Boxer nach einem verlorenen Kampf, radeln wir an der Grenze entlang, in Richtung der zweiten Möglichkeit: dem Mekong!

Seine gelben, trägen Fluten tauchen völlig überraschend zwischen zwei Bergen auf. Der linke ist birmanisch, der rechte laotisch. Wir betrachten das Blut dieser schlammigen Erde, das lautlos dahinfließt. Die Mythen, die der Fluß mit sich führt, tauchen in Wellen vor unserem geistigen Auge auf: Kotschinchina, Kanonenboote und Vietnamkrieg …

Der Mekong ist Fluß wie die Sahara Sand ist. Genau genommen ist er beides gleichzeitig, so groß ist sein Anteil abgetragener Erde aus den Bergen. Alles ist Bewegung, in völliger Lautlosigkeit, majestätisch, jungfräulich und kraftvoll. Grenze zwischen drei Ländern, ist der Mekong ein natürliches Niemandsland. Er strahlt die Religiosität eines menschenleeren Heiligtums aus. Oberhalb von Chiang Saen ist der Mekong tot.

Im Méridien von Chiang Saen zeichnet uns der Leiter einer sechs Mann starken *Alliance Française* (Vereinigung zur Verbreitung der französischen Sprache und Kultur; Anmerkung des Übersetzers) ein alptraumhaftes Bild der Region und warnt uns eindringlich vor primitiven, blutrünstigen laotischen Stämmen, korrupten Militärs, wilden Tieren – er fährt alle Geschütze auf, uns von unserem Vorhaben abzubringen. Er legt die ganze Vehemenz jener Pseudo-Abenteurer hinein, die uns davon abbringen wollen, etwas zu tun, das sie nie gewagt haben!

»Letzten Monat haben zwei Amerikaner versucht, die Grenze zu passieren. Man hat sie nicht wiedergesehen! Ihr könnt nur eins tun: nach Chiang Mai zurückfahren und mit dem Flugzeug nach Kunming, der Hauptstadt des chinesischen Yünnan fliegen!«

Dieser Unglücksprophet fährt in einem Bus davon, der ihn in zwei Stunden nach Hause bringt: Und er hatte Paris wegen der ewigen Staus verlassen!

Wir sind allein! Unentschlossen! Ohnmächtig!

Um uns auf andere Gedanken zu bringen, schwimmen wir in dem mythischen Fluß. Zu unserer Verblüffung ist er nicht sehr tief, so daß wir bis auf etwa 100 Meter ans laotische Ufer waten können. Auf der anderen Seite, so nah, regiert der pure, harte Kommunismus. Langsam gewöhnen wir uns an den Gedanken zu fliegen. Schade!

Nach einem üppigen Mittagessen als Trostpflaster und nachdem wir beschlossen haben, am nächsten Tag nach Chiang Mai zu radeln, kaufe ich in einer chinesischen Spelunke eine Flasche Cola. Und da erfahre ich zufällig, dank einer dieser Fragen, die man stellt, ohne eine Antwort zu erwarten, daß von Chiang Khong, 30 Kilometer südlich, ein Bus über Laos nach Mengla fährt. Wir beschließen, in der Nacht nach Chiang Khong zu radeln, um bei Morgengrauen rechtzeitig parat zu sein. Im Dorf angekommen, klopfen wir an die Tür der bescheidenen Behausung eines Mönches. Ein schöner grüner Rasen umgibt das Kloster. Er öffnet. Fünf Mönche kommen aus den vier Quadratmetern, in eine halluzinogene Rauchwolke gehüllt. Auf einer Fläche, etwa so groß wie der Kofferraums eines Volvo-Kombi, türmen sich Matratzen, eine Stereoanlage, ein Fernseher und Berge von Krimskrams. Verzicht, gewiß! Askese der Abgeschiedenheit!

Verlegen gestattet uns der kleine pummelige Mönch, das Zelt neben seiner Hütte aufzustellen, unter der Bedingung, daß er es vorher segnen darf.

Samstag, 2. April 1994:
175. Tag, 0 km. G: 11 000 km

Ein ohrenbetäubender Cocktail aus Hundegekläff, anhaltendem Hahnengeschrei, Motorenlärm und Glocken mit Decrescendo-Klang bereitet uns ein unangenehmes Erwachen. Zip! Ich öffne das Zelt. Durch die nach Osten ausgerichtete Zeltöffnung überraschen wir die Mönche dabei, wie sie sich, eingehüllt in die ersten Sonnenstrahlen, auf die Kollekte vorbereiten. Ihre grazilen Silhouetten heben sich in theatralischen Schatten von ihren prächtigen safrangelben Gewändern ab, die für diese komplizierte Übung zwischen der Sonne und uns ausgebreitet sind, strahlend von dem hindurchfilternden Licht. Bald darauf kehren die Mönche mit ihrem Frühstück zurück und warten mit überzeugenden Argumenten auf, eilig unsere Sachen zu packen: Bananenkrapfen, Mangos, klebriger Reis und Frühlingsrollen. Sehr Zen!

Wir düsen zum Einreisebüro, wo ein Offizier uns bestätigt, daß ein Lastwagen von Muang Pakbeng, also 160 Kilometer den Mekong hinauf mitten im laotischen Urwald, nach China fährt. Nur noch eine Kleinigkeit! Um mitzufahren, muß man Chinese oder Thailänder und in Besitz einer Sondergenehmigung für den Transit sein! Mit jeder Minute verdichtet sich die Lösung, das Flugzeug zu nehmen. Dann nähert sich uns ein Laote in verschwörerischer Manier. Diskret steckt er uns einen Zettel zu, auf dem in holprigem Englisch steht:

»Kommen nach Ban-Houaxay,
warten uns an Zoll-Checkpoint«
gezeichnet: Kuncha

Wir wechseln einen Blick. Natürlich wagen wir den Versuch!

Innerhalb von zwei Minuten lassen wir unsere Visa mit einem thailändischen *exit stamp* versehen, laden unsere Räder in eine Piroge und brechen mit dem Überbringer der Botschaft in Richtung Laos auf. Es ist alles so schnell gegangen, daß wir keinen Blick mehr auf Thailand geworfen haben, das wir nun endlich wieder verlassen! Wir springen ins Wasser, laden unseren Krempel aus und gehen zu dem kleinen Holzposten. Kein Kuncha. Die Militärs teilen uns mit, daß er auf thailändischer Seite ist. Die Sache stinkt. Verwirrt debattiert unser Bote mit den Soldaten und verschwindet dann, nachdem er uns aufgefordert hat, auf ihn zu warten. Die Militärs verlangen unsere Pässe und fordern uns auf, bis ans Ufer zurückzutreten. Sylvain schäumt:

»Wir haben uns reinlegen lassen wie die Anfänger! Wir hätten ihnen niemals unsere Pässe geben dürfen. Sie werden versuchen, sie uns zurückzuverkaufen!«

Da wir nicht bis zum Einbruch der Dunkelheit und der Schließung des thailändischen Grenzpostens warten oder uns in ein Hotel einquartieren wollen, beschließen wir, umzukehren, und beauftragen unseren Boten, unsere Pässe zurückzuholen! Er verschwindet und bleibt eine Ewigkeit weg! Widerwillig bringt er sie uns schließlich. Erleichtert steigen wir wieder ins Boot. Die Thais annullieren unseren *exit stamp*. Ein vergeudeter Tag. Unser Flugzeug startet morgen um halb zwölf von Chiang Mai. Am Ladungssteg spricht uns ein Franzose an. Er ist MSF (Médecin sans Frontière; französische Organisation von Ärzten, die ehrenamtlich in Entwicklungsländern arbeiten; Anmerkung des Übersetzers) im Ambulatorium (kostenlose medizinische Versorgungsstelle; Anmerkung des Übersetzers) von Ban Houaxay. Er verspricht uns, daß er versuchen wird, ein Wort beim zuständigen Kommandeur, den er gut kennt, für uns einzulegen. Alles oder nichts! Entweder es klappt, oder wir verpassen das Flugzeug! Morgen ist Ostern! Wir bleiben! Wir klammern uns an jeden Strohhalm, um nicht das Flugzeug nehmen zu müssen. Voller Weltschmerz fahren wir die Straße von Chiang Khong wieder hinauf, als ein Wagen geradewegs auf uns zurast. Erschütterung. Stille. Eine Sekunde, und wir stürzen in einen Abgrund des Entsetzens. Diagnose: Ich taste mich vorsichtig ab, ich lebe, Sylvain lebt. Beinahe wäre unsere Reise hier zu Ende gewesen. Von jetzt an haben wir nur noch ein Ziel: so schnell wie möglich aus dieser Hölle verbeulten Blechs und zerbrochener Träume wegzukommen!

Dienstag, 5. April 1994:
178. Tag, 100 km auf dem Mekong

Eine goldene Brücke über dem Mekong, vom Moskitonetz gedämpft, dringt in die Hütte, und die Helligkeit läßt uns die Augen öffnen. Gesang des Tages.

Laos, so nah und uns bereits so vertraut, erscheint uns unerreichbar. Wir haben wieder zwei kostbare Tage mit dem Hin- und Zurück über den Mekong verloren. Wir sind die Versuchskaninchen der Grenzöffnung, Marionetten eines aussterbenden Systems. Befehle, Gegenbefehle, Hoffnung, Verzweiflung! Heute ist unsere letzte Chance, wir bekommen unseren letzten *exit stamp*. Der thailändische Offizier hat die Nase voll von uns. Wir stellen die Laoten vor vollendete Tatsachen. Wenn sie uns abweisen, müssen sie uns nach Vientiane und zum internationalen Flughafen schicken. Wir haben sie in der Hand!

Am späten Nachmittag sucht der für innere Angelegenheiten zuständige Offizier uns auf: Noch nie haben zwei *farang* dieses gefährliche Dschungelgebiet durchquert, schon gar nicht auf dem Fahrrad. Die wenigen Touristengruppen reisen nie weiter als bis Luang Prabang, und noch nie hat ein Weißer die Grenze von Boten nach China passiert, die erst seit drei Monaten wieder geöffnet ist, nachdem sie 32 Jahre gesperrt war: Die Durchquerung kostet uns 100 Dollar pro Kopf.

Etwas abseits trennen wir die Säume unserer Lenkradtaschen auf, um das Geld für unsere Passage herauszunehmen, und gehen dann zum Grenzposten hinüber. Die Beamten sind begeistert bei der Sache und drücken uns mit der Konzentration guter Schüler auf die Schnelle gefertigte Stempel, die gezeichnet und gegengezeichnet werden, in unsere Pässe.

Auf dem Programm stehen: drei Tage mit dem Schiff den Mekong hinunter und dann 300 Kilometer mit einem Führer im Lastwagen durch den Bergdschungel. Wir haben gewonnen! Plötzlich geht alles sehr schnell. Somphavanh, unser Führer, teilt uns mit, daß gleich eine Schute nach Muang Pakbeng ablegt. Schnell! An Bord! Den Schraubstock dieser zwei Ufer hinter uns lassen, wo wir von unseren drei schlimmsten Feinden bearbeitet worden sind: Warten, Zweifel und Unfall.

Der Kapitän, Silay Sittiphone, sieht es anfangs nicht gern, daß wir an Bord kommen. Mit der lächelnden Freundlichkeit der Laoten berichtet ihm Somphavanh von unserem fünftägigen Warten, erzählt ihm von unserem Vorhaben. Der Kapitän lächelt, ruft einen Befehl, und sofort wird ein langes Brett »ausgefahren«. Ein wahrer Drahtseilakt! Vor allem nicht ins Wasser fallen! Uff! Wir sind an Bord! Der Rumpf erzittert, das eine Ufer rückt näher, das andere weicht zurück; Chiang Khong und Ban Houaxay verschwinden, lockern ihren grausamen Griff. Wir sind unterwegs nach China ... indem wir dem Paradebeispiel asiatischer Subtilität den Rücken kehren!

Bei dem Schiff handelt es sich um eine große, quadratische Schute, deren hintere Hälfte von einem schweren zweistöckigen Kastell eingenommen wird, zu dem eine chinesische Ladung aus Lebensmitteln und Baumaterialien ein entsprechendes Gegengewicht bildet. Am Heck flattert stolz die laotische Fahne, blau mit rotem Rand und einem Vollmond in der Mitte, über dem karamelfarbenen Mekong.

Der hintere Teil des ersten Stocks besteht aus einer überdachten, von einem Geländer umgebenen Terrasse. Sofas machen aus dem Ganzen einen Logenplatz mit Blick auf den Mekong. Dort werden wir die kommenden drei Tage wohnen. Am Abend, während wir den Blick auf den orangefarbenen Mond heften und unsere Gedanken ordnen, wird ein runder Tisch aus geflochtenem Bambusrohr in der Mitte des »Salons« aufgestellt. Wir sind Gäste des Kapitäns. In einem Dutzend Schalen befinden sich marinierte pflanzliche Soßen in überraschenden Farben. In einer großen Schale in der Mitte des Tisches schwimmen Fischstücke und merkwürdige Knollen. Eine Frau trägt einen schweren, dampfenden zylindrischen Behälter aus feingeflochtenem Hanf herein: Wir lernen echten klebrigen Reis kennen. Köstlich. Er ist trocken und weich, wird mit einer Hand zu einer Kugel geformt und in die verschiedenen Soßen getaucht, während man mit der anderen Hand Fisch in sich hineinstopft, der in ein Kohlblatt gewickelt wurde.

Wir sitzen im Kreis um den Tisch herum und unsere Gastgeber mustern uns im Licht der Sturmlampe strahlend. Ihre kleinen, listigen Augen funkeln über einem breiten Lächeln, das ihre schlechten Zähne entblößt. Silay Sittiphone, der Besitzer des Schiffes und der Ladung, bestürmt Somphavanh mit Fragen über uns. Seine geröteten Augen, sein irrer Blick und seine oft zu Grimassen verzogenen Gesichtszüge verraten seinen starken Opiumkonsum.

Ein entsprechendes Angebot läßt nicht lange auf sich warten. Wir lehnen höflich dankend ab und schützen mit lautem Hüsteln eine Rauchallergie vor. Die lange Pfeife, die Pique und die kleine Opiumkugel, die auf einem kleinen Kohlenbecken erhitzt wird, knistern in der Nacht. Silay liegt seitlich auf dem Sofa ausgestreckt, das uns als Bett dienen soll, und baut den Streß des Tages ab, indem er das ganze Deck in eine beißende, berauschende Rauchwolke hüllt. Aus dem Urwald dringen erstickte Schreie zu uns herüber. Ein bewaffneter Mann hält bei der Ladung Wache.

Wenn der Fluß uns eine Pause gönnt, betrachten wir die vorbeiziehenden Szenen aus einer anderen Zeit. Nackte, lehmfarbene Kinder spielen im gelben Sand, mit Angeln gespickte Felsen und ein Pirogenballett ziehen vorüber wie Archivaufnahmen. Die Aktivität am Fluß nimmt zu. Straßen und ihre stinkenden Karossen, Strom und die mit ihm betriebenen Geräte sind noch nicht bis in diesen Raum und diese Zeit vorgedrungen. Alte schlammfarbene Drucke, braun-goldene Camaieux´, werden von Prozessionen schwerbeladener Frauen, Fischern und Goldwäschern, die am Mekong hocken, zum Leben erweckt. Die bronzefarbenen Fischer werfen ihre Netze wie Gladiatoren von den Felsen hinab in die Fluten.

Der Urwald, den wir in Thailand vergeblich gesucht haben, scheint nach Laos geflüchtet zu sein. Riesige Teakbäume ragen mit ihren imposanten Stämmen wie Wächter aus dem üppigen Blätterdach auf. Doch schon kreischen in den Tälern die Motorsägen … Der letzte Urwald Südostasiens weckt die Gier der chinesischen und japanischen Investoren. Immer wieder tauchen Holzfällerlager mit Bergen noch nicht entrindeter Stämme auf, die das Voranschreiten des heimlichen Abholzens des Urwalds bekunden.

Aber noch eine Krankheit nagt an diesem Dschungel: die weitverbreitete saisonale Brandkultur. Die Stämme der Hmong und Akkha brennen auf diese Weise hunderttausende Hektar Urwald ab, um wilden Reis anzubauen: *rai*. Der Mann bohrt mit einem Stock ein Lock in die aschige Erde, die Frau legt ein paar Samenkörner hinein, und der Monsun erledigt den Rest. Diese Stämme fressen den Wald auf, ohne ihn wieder aufzuforsten. Der *rai* laugt den Boden aus und macht ihn unfruchtbar, so daß die Bauern die Brandkultur immer weiter ausdehnen müssen. Den ganzen Tag regnen verkohlte Blätter, die durch die Luft tanzen wie Schmetterlinge, auf uns herab. Die ökologische Katastrophe übersättigt die Atmosphäre mit Ruß und Kohlendioxid. Die Luft brennt in den Lungen, die Schleimhäute rebellieren. Riesige Rauchwolken, die zu schwer und ölig sind, um sich aufzulösen, kleben an den Bergen und ersticken die Täler.

Die Sonne geht nicht unter, sie errötet vor Scham am aschgrauen Himmel, den sie nicht mehr zu durchdringen vermag, verkürzt verstimmt ihre Auf- und Untergänge und verläßt den Himmel vorzeitig wieder. Die Natur wird verzaubert von goldbraunen Reflexen. Goldener Fluß, goldene Ufer, flammender Urwald, glühender Himmel, tiefrote Sonne – Laos ist ein Weltmorgen mit Gala-Allüren.

Die Menschen am Ufer beeilen sich, um vor Einbruch der Dunkelheit wieder bei ihren Stämmen zu sein; es hieße, die *phii* herauszufordern, wenn man in der Dunkelheit noch unterwegs wäre. Uns kommt es vor, als sei eine nächtliche Ausgangssperre über Laos verhängt worden.

Sylvain jagt die Hmong, die bei der Ankunft des Schiffes urplötzlich aufgetaucht sind, mit seiner Flöte und seiner Brille in die Flucht. Das Abendessen wird diesmal von einem Karaoke von Sylvain und einem Silay Sittiphone, der noch berauschter als gewöhnlich ist, gekrönt. Sylvain begleitet ihn auf der Mundharmonika, deren Klänge von den Lautsprechern des Radios verstärkt werden. Als auf die Bitte des Kapitäns hin wieder Ruhe einkehrt, stimmen wir zweistimmig einen Legionärsgesang an, der sich in der Nacht erhebt wie ein Aufruf an die französischen *phii*, die im Uferschlamm schlummern.

Sie sind ergriffen. Ihr revolutionärer Stolz vermischt sich mit kolonialer Wehmut. Wir vertreiben die aufkommende Nostalgie mit einem fröhlicheren Lied: *Tiens, voilà du boudin, voilà du boudin*! Der Kapitän kennt das Lied und singt uns mit nasaler, übertrieben schriller Stimme nach. Alle lachen sich schief über den »*boudin*«. Sylvain versucht, ihnen mit Gesten zu erklären, was Blutwurst ist. Er spielt das Schwein und den Schlachter, schlitzt sich selbst die Kehle auf, weidet sich aus wie der Heilige Erasmus, zuckt, spielt toter Mann – oder besser totes Schwein –, um von den Toten wiederaufzuerstehen und die Wurst aus seinem eigenen Blut zu essen. Die Laoten können nicht mehr vor Lachen und flehen um Gnade. Die Gastronomie und unser Brot sind die einzigen Dinge, die wir exportieren können.

Feuerschein bekränzt die Hügelkuppen in der Ferne. Die hungrigen Flammen erstürmen die Gipfel und schließen sich im Laufe ihres Aufstieges enger zusammen, um sich auf die Wolken zu stürzen. Die Sturmlampe wird von Zikaden bombardiert, die von der Flamme unwiderstehlich angezogen werden. Der Kapitän nutzt den Augenblick, um das Dröhnen der B-52-Bomber nachzuahmen, die er in seiner Jugend auf ihrem Weg nach Hanoi hat vorbeifliegen sehen. Einer der Seeleute fängt die Zikaden ein und reißt ihnen genießerisch die Flügel aus. Aus dem Kampfbomber wird ein Laster, und schließlich endet das Insekt zwischen den Zähnen seines Folterknechtes. Sylvain, der eine Schwäche für kulinarische Experimente hat, lutscht an einem Zikadenpanzer,.

»Willst du mal probieren?«

»Danke nein, ganz sicher nicht! Du bist schuld, daß ich jetzt von Blutwurst träume!«

Am übernächsten Morgen, nach einer halb durchwachten, halb durchträumten Nacht, taucht Muang Pakbeng auf wie von Zauberhand, hastig an den Hang eines Berges geworfen. Es gibt weder eine Anlegestelle noch einen Hafen. Eine Piste reicht bis ans Wasser. Dort steht eine Schlange von Lastwagen, die von Kolonnen fleißiger, mit Kisten, Säcken oder Brettern beladener Ameisen be- und entladen werden. Sämtliche Hmong sind von Kopf bis Fuß schwarz gekleidet und tragen kleine, schwarze Filzhüte über schwarzem Haar und schwarzen, grimmigen Augen. Sylvain läßt sich die Gelegenheit nicht entgehen.

»Ich träume. Die Tontonenmanie ist bis hierher vorgedrungen!«

Seit unserer Abfahrt aus Paris betreten wir zum erstenmal den wahren »Unterschied«, einen Satelliten des Planeten China. Wir feiern diese Begegnung, indem wir das Schauspiel der stammlichen Einheitlichkeit genießen. Unterschied gegen Einheitlichkeit? Nach unserer Erfahrungen in Thailand lechzen wir nach Authentizität!

Von Pakbeng nach Zonghdian

Sylvain

»*Very good, mister, very good!*«

Der Wirt hält uns eine Schale entgegen. In einer schwarzen Soße schwimmt etwas, das aussieht wie eine verkohlte Fledermaus. Wir sitzen an einem Tisch eines kleinen Wirtshauses in Pakbeng.

»Sind Sie sicher, daß man dieses Ding essen kann, Somphavanh?«

»Nur zu, es schmeckt köstlich. Das ist Flughörnchen, eine laotische Spezialität. Essen Sie nur alles auf. Ich nehme nur Reis und Spiegeleier.«

Vor den Augen Dutzender Kinder, die uns aus großen dunklen Augen anstarren, versuchen wir, dem gebratenen Flattermaki ein wenig genießbares Fleisch abzuringen. Danach machen wir uns wieder auf den Weg gen China. Wir können es kaum erwarten, die Straße zu befahren, die seit 1975 für Westler gesperrt ist.

»Adieu, Somphavanh!«

»Es ist alles geregelt, meine Freunde! Fahrt alleine los, ich bleibe ein paar Tage hier, bevor ich nach Ban Houaxay zurückkehre und den Behörden mitteile, daß ich euch bis nach China begleitet habe. Adieu und gute Fahrt! Paßt gut auf euch auf!«

Somphavanh schwenkt einen Eichhörnchenschenkel, während er uns seine Ratschläge mit auf den Weg gibt. Die Kinder hinter ihm winken.

»*Sabadicap! Sabadicap!*« »Guten Tag!«

Eine Steigung, eine Kurve, und wir sind im Urwald. Über eine Strecke von 300 Kilometern führt diese Straße nach China durch den großen Dschungel im Norden von Laos. Aber die Abschnitte üppiger Vegetation wechseln sich mit düsteren, verkohlten Flächen ab. Hier hat das Feuer alles auf seinem Weg vernichtet. Todesfelder, Aschefelder. Aus dieser Verwüstung wird eine extensive Reisernte hervorgehen. Dann wird der Regen den Boden wegschwemmen. Und um sich für diese Vergewaltigung zu rächen, wird die Erde sich mit dem sterilen, roten Panzer überziehen, der die Wälder durchzieht wie ein blutiger Schild: Laterit. Dürre Sträucher und mickrige Heide werden die Berghänge hinaufkriechen. Die Stämme werden das Feuer anderswohin tragen. Von diesen Urwäldern mit ihren vielen pflanzlichen Straten, die die Stufen einer gigantischen grünen Treppe bilden, wird nichts übrigbleiben. Die phantastischen buschigen Kronen am Ende gigantischer Baumstämme werden spurlos vom Erdboden verschwinden.

Es ist ein seltsames, unangenehmes Gefühl, durch Naturschätze zu radeln, von denen man weiß, daß ihre Tage gezählt sind.

Wir beschließen, die Nacht in dem Dorf Muangmoung zu verbringen. Kaum sind wir von den Rädern gestiegen, werden wir von einer Horde Kinder umringt. Sofort bildet sich um die Schar ein Kreis von Eltern, die gekommen sind, nach dem Rechten zu sehen.

»*Farang! Farang!*«

Die Nachricht hat sich in Windeseile im ganzen Dorf verbreitet.

»Weiße! Weiße!«

Gott weiß, um wieviele Neugierige das Gerücht unser Gefolge vergrößert hat. Jede Geste unsererseits wird von zahllosen aufmerksamen Blicken verfolgt.

»Alex, ein solches Publikum hatten wir noch nie! Das ist *die* Gelegenheit zum Jonglieren.«

»Irre! Wir haben schon Erfolg, ohne überhaupt etwas zu tun!«

Flöten, Jongliervorführungen, Mundharmonika und akrobatische Einlagen bringen sämtliche Dorfbewohner zum Lachen. Alte Frauen, so häßlich wie die Nacht, zeigen ihre vergammelten Zahnstümpfe. Kleine Kinder kreischen vor Begeisterung und Furcht, als Alexandre mit den Augen rollt. Schallendes Gelächter erhebt sich von der neugierigen, lärmenden Menge. Die *Cour des miracles* (früher Bezeichnung für das Pariser Viertel der Bettler und Diebe; Anmerkung des Übersetzers) biegt sich vor Lachen. Als wir genug haben von den schmutzigen, heiteren Visagen geben wir den Umstehenden mit Gesten zu verstehen, daß wir Hunger haben. Ein junges Mädchen bedeutet uns, ihm zu folgen, und zeigt auf ein Holzhaus. Wie das Volk Israels durch das geteilte Rote Meer gewandert ist, bahnen wir uns einen Weg durch die Menge. Die Masse öffnet sich und schließt sich hinter uns wieder, wie von Zauberhand gesteuert.

»Ich komme mir vor wie Jesus!« ruft Alexandre mir in aller Bescheidenheit zu.

Die junge Laotin hat uns zum kleinen, von ihren Eltern geführten Dorfrestaurant gebracht. Die Mutter, die wie ein wandelndes Völkerkundemuseum aussieht, so beladen ist sie mit traditionellen Stoffen und schwerem Schmuck, serviert uns ein dampfendes Abendessen. Durch sämtliche Ritzen in den Wänden der Hütte beobachten uns unzählige Augenpaare dabei, wie wir unser Mahl verschlingen. Brüllendes Gelächter begleitet unsere Gesten, als wir mißtrauisch einen Frosch oder ein mitsamt der Knochen zerhacktes Huhn aus der Brühe fischen und begutachten. Auch nach dem Essen läßt unsere Eskorte nicht locker und folgt uns wie ein lebender Schatten. Sogar durch die Öffnung des Bambusschuppens, in dem man zwei Betten für uns aufgestellt hat, mustern uns schweigende Gesichter, während wir die leeren Seiten unserer Tagebücher vollschreiben.

Die Schulen in den laotischen Dörfern gleichen in jeder Hinsicht den Wohnhäusern: Sie haben Strohdächer, Bambuswände, Stützpfähle und Terrassen aus Holz. Der einzige Unterschied besteht in der Größe. In einem großen, zugigen Gemeinschaftsraum werden die Kinder unterrichtet. Der Wind trägt Fetzen von Rezitationen oder Abzählversen durch das Dorf. Jedesmal, wenn wir an einer Schule vorbeikommen, stürmen alle heraus. Wir verursachen wahre Aufstände. Es gibt immer einen Schüler, der verträumt aus dem Fenster sieht. Und wenn er zwei *farang* auf Rädern entdeckt, stößt er einen spitzen Schrei aus. 50 Köpfe wenden sich uns zu. Unmöglich, kehrt zu machen. 50 Augenpaare umzingeln uns. Viele haben noch nie einen Weißen gesehen. Manche sind bis nach Oudoumxai gekommen, wo eine Satellitenschüssel in miserabler Qualität einen amerikanischen Videoclip-Sender empfängt. Sie müssen glauben, die Menschen im Westen wären große schwarze Männer, die den ganzen Tag zu merkwürdiger, abgehackter Musik tanzen.

»Au«, brüllt Alexandre. »Sie reißen mir die Beinhaare aus!«

Kleine Hände gleiten über sein Bein. Die Kinder spielen Reisernte an unseren Waden und ziehen mit demselben zärtlich-mitleidigen Lächeln an unseren Bärten, mit dem man im Zoo von Vincennes ein Schimpansenbaby streichelt. Wir lassen uns untersuchen. Da tritt ein Schüler näher, der ein wenig größer ist als die anderen. Er nimmt ein Quadrat haariger Haut von Alexandres Arm zwischen Daumen und Zeigefinger und stellt in seinem besten Englisch die bedeutungsschwere Frage: »*Why?*«

Aber noch sind wir nicht fertig mit der gegenseitigen Begutachtung. Jetzt betrachtet ein kleines Mädchen aus großen runden Augen meinen Arm. Sie dreht ihn herum. Inspiziert ihn von oben, von unten. Sie spricht zu ihren Kameraden, die ihr fasziniert zuhören. Wir verstehen kein Wort, können uns aber den Inhalt des Gesprächs mühelos vorstellen.

»Seht euch den Arm des *farang* an! Oben ist er schwarz, schmutzig und von der Sonne gegerbt wie die Schwarte der Wildschweine. Und jetzt seht euch das an! Unten drunter ist er weiß und weich wie der Bauch eines toten Frosches!«

United bicolore of Benetton. Der Lehrer, der versucht, seinen gestörten Unterricht zu retten, nutzt die Gelegenheit, einige Worte Englisch anzubringen, Er nimmt nun seinerseits meinen Arm und zeigt ihn der Klasse. Von oben und von unten.

»*You see! Cooked, not cooked!*«

Ein Xylophonkonzert unterbricht die allgemeine Heiterkeit. Um uns herum hockend, tippen die Kinder mit einem Fingernagel auf die Metallteile des Fahrrades und lauschen den verschiedenen Klängen, die sie so erzeugen. Das Titan kristallklar, das Karbon dumpf und kurz, das Aluminium hohl und traurig. Die Symphonie der Legierungen weckt verzücktes Staunen.

»Die Szene müssen wir filmen!«

Ich hole die Kamera heraus und visiere die Kinder an. Sie rennen davon. Der Zauber ist gebrochen. Auf dem Film ist später nur eine davonjagende Horde kleiner Laoten zu sehen, die verängstigte Blicke auf das große, schwarze Auge werfen, das sie verfolgt. Schließlich verstecken sie sich hinter Bäumen oder den Beinen ihrer großer Brüder. Man könnte meinen, wir würden einen Dokumentarfilm über Strauße drehen.

Unsere Begegnungen mit den Laoten sind von permanenten Lachanfällen begleitet. Abgesehen von den vereinzelten Hmong und Akkha, denen wir unterwegs begegnen und in deren Augen sich nur Furcht oder abgrundtiefe Verständnislosigkeit spiegeln, lebt dieses Volk in ständiger Heiterkeit.

Eines nachmittags lädt eine Bäuerin uns im Dorf Nan Na Met zum Essen ein. Wir betreten ihr Haus. Zwei Räume sind mit einer Wand aus geflochtenem Schilf voneinander abgetrennt. In einer Ecke schnurrt ein Feuer. Einige Küchenutensilien und eine große Matte mit einem Moskitonetz darüber sind das einzige Mobiliar. Wir nehmen auf einem Boden aus geflochtenem Bambus Platz, der sich, von Pfählen gestützt, sechzig Zentimeter über dem Erdboden befindet. Die Hausherrin bereitet klebrigen Reis und eine Soße aus Entenfüßen zu. Wir essen im Gemeinschaftsraum der Hütte zu Mittag. Durch welches Wunder auch immer weiß bereits das ganze Dorf Bescheid. Die Kinder drängen herein, um Mansgas Gäste aus der Nähe zu betrachten. Jede Ritze zwischen den Bambusstäben dient einem Augenpaar als Guckloch. Ohne daß die geringste Hektik zu spüren wäre, füllt sich das Haus unmerklich. Unauffällig schleichen sich die Kinder ins Zimmer. Es werden immer mehr. Schon bald drängen und zwängen 60 kleine Laoten schweigend um uns herum. Die Hausherrin lächelt ungerührt. Wir essen unseren Reis und erwidern ihr Lächeln. Niemand sagt ein Wort. Man hört, wie Gottesanbeterinnen ihre Partner vertilgen. Langsam wird es in der vollgestopften Hütte stickig und heiß. Und dann kommt es zur Katastrophe. Mit einem gräßlichen Krachen gibt der Boden nach! Er hat der ungewohnten Überlastung durch uns und die Kinder nicht standgehalten. Der Bambus, der »sich biegt, ohne zu brechen« ist diesmal sehr wohl durchgebrochen. Die ganze Gesellschaft findet sich exakt in der gleichen Position 60 Zentimeter tiefer wieder. Die Staubwolke legt sich. 60 angstvolle Gesichter warten darauf, daß das restliche Haus zusammenstürzt. Geschockt von dem Unglück wagen wir nicht, einen Laut von uns zu geben. Plötzlich zerreißt ein schrilles Glucksen die unerträgliche Stille. Es ist die Hausherrin, die sich biegt vor Lachen. Ihr Heiterkeitsausbruch entlockt den Kindern fröhliches Gekreische. Eine Minute lang hallt ein unbeschreibliches Gelächter von den Wänden wieder. In allen Tonlagen. In der allgemeinen Fröhlichkeit lassen wir auch unser eigenes Gelächter heraus. Und unsere Gastgeberin hält sich mit tränennassem Gesicht den Bauch. Wir betrachten die Bäuerin, die fröhlich und nach Luft schnappend inmitten der Verwüstung thront. Ihre Hütte ist zur Hälfte eingestürzt, aber sie nimmt das Desaster mit Humor.

Schon versammeln sich Männer um das Haus herum, um den Boden zu reparieren. In einer Atmosphäre allgemeiner Ausgelassenheit wie bei den Dorffesten bei uns auf dem Land, packen alle mit an … Mit herzlichen Umarmungen nehmen wir Abschied von unserer Freundin und radeln aus dem Dorf. In der Ferne verdeckt eine dicke Rauchwolke den Horizont.

Das Feuer ist ganz plötzlich aufgetaucht. Seit wir in Laos sind, haben wir diese Bedrohung unterschwellig gespürt. Die Atmosphäre und die verkohlten Hügel gaben Feueralarm. Die Sonne darbte am Himmel, verschlungen von einem Aschehimmel. Aber bislang hatten wir keine Flammen gesehen. Dann, ganz plötzlich, züngeln sie hinter einer Wegbiegung auf. Auf dem Südhang eines windgepeitschten Hügels frißt das Feuer den Dschungel auf. Innerhalb von Sekunden, explosionsartig, brennen Baumriesen lichterloh. Wieviele Tonnen Biomasse – wie die Geographen die Vielschichtigkeit der Lebensformen bezeichnen – werden wohl mit diesen riesigen Fackeln vernichtet? Wieviele Federfächer, Tiere und leuchtende Farben werden zerstört wie ein Streichholz, das man entzündet? Die Feuerfront breitet sich aus wie eine Hydra, zieht sich zusammen, entspannt sich, ballt sich erneut zusammen und stürmt wieder vor. Das Feuer breitet sich mit schwindelerregender Geschwindigkeit aus und greift auf die umliegenden Hügel über.

»Vorsicht, Alex!«

Alexandre, der sich dem Straßengraben genähert hatte, um den traurigen Anblick zu fotografieren, spürt die brennenden Finger einer Flamme an seiner Wange. Das Feuer, das eben noch 150 Meter über uns wütete, hat in einem Windstoß einen Waldabschntit übersprungen und frißt sich nun durch die Vegetation unmittelbar am Straßenrand. Wir brechen jeden Geschwindigkeitsrekord, um aus dieser tödlichen Falle zu entkommen. 200 Meter von der Feuerfront entfernt, können wir die Hitze des Brandes immer noch fühlen.

»Da war aber verdammt knapp!«

Der Mann spricht Französisch! Rittlings sitzt er auf einem alten Mofa und wartet auf uns.

»Beinahe wären Sie gegrillt worden!«

»Sie sprechen Französisch?«

»Ich heiße Maeioun, Registriernummer 6565. Sanitäter beim zweiten Bataillon der dritten Kompanie von Kommandeur Benconi 1956.«

»Freut mich, Sie kennenzulernen. Ich bin Sylvain, und das ist Alexandre.«

»Wo wollen Sie denn hin?«

»Nach China.«

»20 Kilometer von hier gibt es ein größeres Dorf. Ich lade Sie zu einem Tee ein.«

Freudig nehmen wie Maeiouns Einladung an und machen uns gemeinsam auf den Weg nach Ban Na Pa.

»Sylvain! Langsam! Ich komme mit meinem Mofa nicht mehr mit.«

Maeioun schließt in einer schwarzen Wolke zu uns auf. Er erzählt uns sein Leben. Er lebt in einem Dorf am Ufer des Mekong. Im Augenblick besucht er gerade seine Eltern, die in der Gegend wohnen. Er bestätigt uns, was wir bereits von Somphavanh wußten. Diese Straße war für Weiße gesperrt. Darum haben wir auch so großen Erfolg in den Dörfern. Dort hat man seit über 20 Jahren keinen *farang* mehr zu Gesicht bekommen. Wir sprechen ihn auf die Brände an.

»Wissen Sie, ganz Laos brennt. Eines Tages werden die Wälder völlig verschwunden sein. Die Bauern verbrennen die Erde. An der Grenze werden ganze Hektare Urwald gerodet, um die Teakbäume abzuholzen. Aber die Regierung in Vientiane ist zu sehr damit beschäftigt, Fünfjahrespläne auszuarbeiten, um sich für brennende Urwälder zu interessieren. Halt, wir sind da.«

Ban Na Pa sieht etwas größer, aber ansonsten genauso aus wie die anderen Dörfer, die wir durchquert haben. Wir haben vor einem unscheinbaren Haus haltgemacht. Laut Maeioun ist es ein Bistro. Neugierige umringen uns.

Stolz, in der Begleitung zweier *farang* zu sein, befiehlt Maeioun einer Frau, den Wirt zu holen. Dieser trifft kurz darauf verlegen und betreten ein und stürzt sich in ein langes Gespräch mit Maeioun.

»Was ist denn los?«

»Dieser Idiot hat den Schlüssel zum Vorhängeschloß verloren.«

Die Tür der Hütte ist tatsächlich mit einer Kette verschlossen, die mit einem Vorhängeschloß gesichert ist. Es ist das erste Mal, daß wir in Laos ein richtiges Schloß zu sehen bekommen. Wir machen langsam Anstalten, weiterzufahren. Maeioun grummelt unzufrieden vor sich hin, wütend, daß ihm die Gelegenheit entgehen soll, in Erinnerungen an die alten Zeiten bei der Marine-Infanterie der Kolonialtruppen zu schwelgen. Aber plötzlich hat der Bistroinhaber, der sich das seltene Glück nicht entgehen lassen will, zwei *farang* zu bewirten, eine geniale Idee. Ehe wir einschreiten können, hat er sich eine scharfe Machete geschnappt und fängt an, die Tür seiner Hütte zu zerhacken. Unter den aufmerksamen Blicken des gesamten Dorfes unterhalten wir uns vor einer brennendheißen Teekanne mit Maeioun über die Legion, zu unseren Füßen die Überreste dessen, was einmal eine Tür war.

Das Dorf Namor läutet des Ende der schwierigen Strecke ein. Wir sind nur noch einen halben Tag von China entfernt, und die Straße wird mittlerweile besser. Wir gönnen uns ein Bad in einem kleinen Fluß und ein Schläfchen im Schatten eines Baumes. Aber unsere Ruhepause hat bald schon ein Ende. Als wir aufwachen, sind unsere Körper über und über mit Blutegeln bedeckt. Die Viecher haben sich vom Baum herabfallen lassen und saugen fröhlich unser Blut.

»19, 20, gewonnen!«

»Nein! Ich habe gewonnen! Den da zwischen meinen Zehen hatte ich übersehen.«

Mit dem Feuerzeug versengen wir die Egel. Das ist die einzige Möglichkeit, sie dazu zu bewegen, ihre kraftvollen

Kiefer zu öffnen und loszulassen. Vor ihrer Hinrichtung werden sie noch getauft.

»Drakula, Vampira, Sanguinola ...«

Die öffentliche Verbrennung findet vor den Augen der Dorfkinder statt, die lachend unser »Grillfest« verfolgen. Sie zeigen uns ihre Tagesbeute. An langen dünnen Stöcken sind Zikaden aufgespießt, die sie direkt von den Bäumen picken. Wenn in Laos eine Zikade abrupt verstummt, hat gerade der Spieß eines Kindes ein weiteres Opfer gefunden.

Wir erreichen Boten, den chinesisch-laotischen Grenzposten, erst lange nach Einbruch der Dunkelheit. Die Grenze ist geschlossen, und wir müssen bis zum nächsten Morgen warten, um sie zu passieren. In einer Spelunke, in der uns klebriger Reis serviert wird, spricht uns ein Mann auf Englisch an. Er ist Beamter beim Versorgungsministerium und befindet sich gerade auf einer Rundreise durch den Norden des Landes. Er repräsentiert *den* Archetyp des laotischen Apparatschik. Wie man sie zu Zeiten der GPU* in der UdSSR hervorgebracht hatte. Er ist für sich allein eine wandelnde Quelle der Fehlinformationen und völlig verbohrt. Wir sagen ihm, wie sehr wir sein Volk mögen und wie sehr wir die Schönheiten seines Landes bewundern. Aber das scheint ihn nicht weiter zu interessieren. Er zieht es vor, uns ein offizielles Porträt seines Landes zu zeichnen.

»Wissen Sie, ich war im vergangenen Jahr in Sydney, und ich habe in Sachen Entwicklung keine großen Unterschiede zu Vientiane feststellen können.«

»Australien sollte achtgeben, daß es nicht von Laos überrundet wird!« raunt Alex mir ins Ohr.

»Laos ist ein Land strahlender Demokratie«, fährt unser Funktionär fort.

---

* GPU war die politische Polizei der UdSSR von 1922 bis 1934, deren Funktion später vom KGB wahrgenommen wurde.

Die Platte dreht sich. Die Maschinerie läuft. Als wir ihn nach seiner Meinung zu den Feuern im Urwald fragen, klingt seine Antwort so überrascht, daß man tatsächlich meinen könnte, er hätte noch nie etwas davon gehört. »Feuer? Was für Feuer?«

Wir kommen bei Bauern unter und verbringen unsere letzte Nacht in Laos in einem brachliegenden Gemüsegarten. Vielleicht sind sie ja chinesisch, die Frösche, die uns in den Schlaf singen.

Über die Hügel von Yünnan – Die Durchquerung Südchinas

Sylvain

»*Farang*?«

Die laotischen Grenzbeamten sind völlig entgeistert. Der Grenzposten Boten existiert erst seit 1992, und wir sind die ersten Weißen, die ihn unbegleitet, ohne offizielle Eskorte, passieren.

Exit. Nach einigem Zögern und interner Rückfragen haben die Beamten doch noch den Stempel in unsere Pässe gedrückt, der unsere Ausreise besiegelt. Jetzt radeln wir durch den schmalen Streifen Niemandsland zwischen den beiden Ländern.

»Ich hoffe, sie lassen uns rein.«

»Sie haben ja doch keine Wahl: Sie können uns schließlich nicht nach Laos zurückschicken.«

Kaum haben wir den Grenzstein nach China passiert, verwandelt sich der zerfurchte, schwer befahrbare Trampelpfad in eine breite glatte Teerstraße, die von gepflegten Randstreifen gesäumt ist. Es wird bald schon Ernüchterung folgen, aber in der Überraschung des Augenblicks lobpreisen wir die Regierenden der Volksrepublik China, und ich frage mich naiv, was den Zorn der Studenten von Tian'anmen erregt haben mag, wo sie doch so schöne Straßen haben.

Die chinesischen Militärs reagieren bei unserem Anblick noch verwirrter als ihre laotischen Kollegen. Als würden wir mit Packtaschen voller Sprengstoff einen Kamikazeangriff auf ihren Posten planen, richten sie die Gewehre auf uns und schreien lautstark. Weder unsere beschwichtigenden Gesten noch unser Lächeln scheinen sie sonderlich zu beeindrucken. Die Chinesen sind vollkommen perplex. Sollen sie zwei Radfahrer aus dem Westen durchlassen, die außerhalb jeder staatlichen Struktur unterwegs sind? Andererseits, wie sollen sie die beiden abweisen, da sie doch in Besitz eines gültigen Visa sind und nicht zurück können? Dieser Art stellen wir uns die Überlegungen der kleinen uniformierten Truppe vor, die über unseren Pässen debattiert.

»Sieh mal«, sagt Alexandre und zeigt auf ein Schachbrett auf einem Tisch. »Das älteste Spiel der Welt: Go.«

»*What? Go? No! You don't go! You stay here! You wait!*« brüllt uns ein Soldat an, der unseren Wortwechsel mitgehört hat.

»*Open your bike*!« fährt er dann grimmig fort.

Beinahe könnte man ihm Bösartigkeit unterstellen, wenn seine Züge nur nicht so unergründlich wären.

»Er will bestimmt die Taschen durchsuchen.«

Die Chinesischen machen sich einen Spaß daraus, jeden Gegenstand, den sie aus unseren Packtaschen zutage fördern, genauestens zu begutachten. Wir fürchten ein wenig um unser Foto- und Filmmaterial, aber sie schenken unseren Apparaten keinerlei Beachtung.

»*What is this?*«

»*Mao red book!*« entgegnet Alexandre dreist und nimmt die Bibel aus den Händen des Grenzers entgegen.

»*Okay, you go!*«

Wir verstehen sehr rasch, warum China das Reich der Mitte genannt wird. In Thailand ist Linksverkehr, in Laos Rechtsverkehr. In China gibt es keine Regelung. Man fährt irgendwo und die meiste Zeit in der Straßenmitte. Es grenzt an ein Wunder, daß Hunderte von Fahrrädern, antiker Lastwagen und seltsamer Gefährte aus einem Rasenmähermotor mit Überbau nicht kollidieren.

Gleich auf den ersten Kilometern ist der Kontrast der chinesischen Landschaft im Vergleich zu der laotischen verblüffend. Innerhalb weniger Meter hat sich das Landschaftsbild radikal verändert. Hinter den ersten Kurven entdecken wir riesige parzellierte Reisfelder, mit Büffeln auf jeder Parzelle, die den Boden düngen. Die Hänge der Hügel sind fein säuberlich terrassiert, wobei die Parzellen dort exakt der der Form des Berges folgen. Auch die Straße folgt den Windungen der Hänge und meidet die Kuppen zugunsten des Talsockels. Kein Quadratzentimeter Boden, der nicht bestellt würde. Keine noch so kleine Abweichung in der strengen Verplanung der Natur. Keine Lücke, kein Fleckchen, an dem der Mensch die Natur nicht in Besitz genommen hat. Liegt darin nicht das eklatanteste Versagen aller deterministischen Erklärungen für das Unglück der Menschen? Soll man an die Fatalität der sterilen Erde gegenüber dem Schlamm glauben, des schwierigen Terrains gegenüber sanft modellierter Natur? Ist der Abgrund des Entwicklungsstandes zwischen zwei Ländern nicht vielmehr auf die Divergenz zwischen dem Know-how der einen und dem veralteten Empirismus der anderen begründet? In China betreten wir die Reiszivilisation.

Auf unserer Karte ist die nächstgelegene Stadt Mengla.

»Mengla?« fragt Alexandre einen Radfahrer und zeigt mit dem Finger nach Norden.

»Mengla«, bestätigt der Chinese.

»*How much kilometers*?« fragt Alex und zeigt auf einen Kilometerstein.

Der Chinese tippt auf seine Armbanduhr und hebt dann vier Finger. In China scheint man räumliche Entfernungen in der Anzahl Stunden zu messen, die man mit dem Fahrrad bis dorthin braucht. Aber der offizielle Radstundenkurs ist etwas höher als der unsere, denn wir erreichen Mengla bereits nach drei Stunden.

»Alex! Sieh mal, was ich entdeckt habe!«

»Pepsi!«

Auf einem Regal hinter dem Tresen eines Cafés stehen einige Plastikflaschen. Wir versuchen, ein Glas Cola mit Eis zu bestellen. Und da beginnt im Zeitalter der Satelliten und der globalen Kommunikation ein Epos der Verständigungsproblematik. Wir mimen mit Gesten einen Eiswürfel, malen ein Glas voller Eiswürfel und zeigen auf einen alten Kühlschrank aus der Chiang Kai-shek-Epoche, der in einer Ecke steht. Endlich! Eine der Bedienungen versteht, was wir wollen. Sie verläßt das Restaurant und verschwindet draußen auf der Straße. Zuversichtlich warten wir. Drei Minuten später kommt die Chinesin mit einem Glas Milch zurück. Wir sehen uns mit dem Gesichtsausdruck zweier Ethnologen an, die einem Eingeborenen begreiflich machen müssen, daß sie für ihren Kassettenrecorder eine Lithiumbatterie brauchen. Wir fangen noch einmal von vorne an. Diesmal hat sie verstanden. Sie verschwindet erneut und kommt mit zwei Gläsern Aprikoseneis mit Orangenscheiben zurück. Köstlich zwar, aber es bringt uns nicht weiter.

Wir stehen den Chinesen so hilflos gegenüber wie dem Rosettenstein. Unmöglich, mit Gesten auch nur den einfachsten Gedanken auszutauschen. Als wäre ihre Denkweise, ihre Mentalität, so verschieden von der unseren, daß wir weder über symbolische Gesten noch über bildliche Darstellungen zueinanderfinden können. Nehmen wir beispielsweise Reis. Eines abends versucht Alexandre vergeblich, in einem Wirtshaus in Yünnan Reis zu bestellen. Er stürzt sich in einen erklärenden Tanz, mimt abwechselnd den Monsun, der seine Wassermassen über dem Land ausschüttet, die Rinder, die über das Feld stapfen, um es zu ebnen, den Bauern, der seine Setzlinge pflanzt, die Freude der Familie, als sie den staatlich subventionierten Einachsschlepper bekommt, usw. Aber es ist alles vergebens. Niemand versteht ihn, und wir bekommen keinen Reis. Schließlich sehen wir uns genötigt, Chinesisch zu lernen. Aber da verschärft sich das Problem. Ein Chinese braucht im Durchschnitt 15 Jahre, um lesen und schreiben zu lernen. Es gelingt uns, ein Dutzend grundlegende Sätze auswendig zu lernen und uns einige einzelne Wörter einzuprägen. Aber schon nach wenigen Kilometern müssen wir feststellen, daß Aussprache und auch verschiedene Vokabeln von Tal zu Tal verschieden sind. Wie im Mittelalter, als 30 Kilometer Berge ausreichten, ein Dorf vom Rest der Welt zu isolieren. Wir haben Peking-Chinesisch gelernt, und man antwortet uns in einem regionalen Dialekt!

Yünnan ist die größte Region Südchinas und auch die mit der geringsten Bevölkerungsdichte. Der Süden der Provinz ist mit tropischen Urwäldern bedeckt, die die Hügel überwuchern. Für uns beginnt eine völlig neue Erfahrung. Von jetzt an betreten wir die Welt der Achterbahnen.

Zu unserem Leidwesen scheint es, als würde die Straße jede Steigung angehen, um anschließend wieder abwärts zu führen. Lange Abfahrten mit reichlich Haarnadelkurven führen uns zurück in die Täler und machen so die Anstrengung des Bergaufradelns wieder zunichte. Endlose Stunden radeln wir in der schwülen Hitze durch die Hügel, in einem geradezu lächerlichen Tempo.

»Wieviel zeigt dein Zähler an?«

»6,3 Stundenkilometer.«

»Gut, wir werden schon noch schneller.«

In den Steigungen werden wir von Melancholie befallen, weil man nie weiter als 200 Meter sehen kann, die Sicht von einem Berg oder einer Front riesiger Bäume versperrt wird. Keine Perspektiven, keine Lücken, nichts, was einen an der Landschaft begeistern würde. Und wenn wir oben auf dem Kamm einen Blick auf den Horizont erhaschen, sehen wir nur eine scheinbar endlose Fläche weiterer Hügel. Wir kommen uns vor wie Läuse in einem Eierkarton.

»Jetzt haben wir den Salat! Ich habe einen Platten!«

»Ich auch!« entgegnet Alexandre.

Wir haben beide gespürt, wie unsere Hinterreifen sich in Bleiräder verwandelt haben. Aber tatsächlich haben wir gar keinen Platten. Es ist der Teer, der in der Hitze schmilzt, sobald die Sonne durch eine Lücke in der Vegetation auf die Straße fällt. Unsere Reifen versinken darin wie in weichem Leim.

»Das hat uns gerade noch gefehlt!« grummelt Alex. »Mao-Teer!«

So nennt er diesen Straßenbelag aus einer Pfütze Altöl über einer Lage Frostschutz.

»Ich habe im Reiseführer gelesen, daß es in dieser Gegend Tiger gibt. 1986 sind Amerikaner, die auf einen Bus warteten, gefressen worden.«

»Gut. Wenn der Tiger über diesen miserablen Teer läuft, verkleben seine Pfoten, und dann haben wir eine Chance, ihm zu entkommen.«

Während dieser eintönigen Tage stoßen wir auf keine einzige Behausung. Niemand hört unsere Flüche, wenn eine Steigung plötzlich noch ein wenig steiler wird und unsere Durchschnittsgeschwindigkeit bis auf 4 Stundenkilometer abfällt.

Im Yünnan gibt es noch einige Holzdörfer, Überbleibsel aus längst vergangenen Zeiten. Man weiß nicht recht, welch gnädiges Schicksal sie vor der Kulturrevolution bewahrt hat. Sie halten sich tapfer, wie Relikte aus einer Zeit, da China noch im Dunkel der Zeiten lebte. Die Dächer bestehen aus Holzschindeln, die an den Rändern aufwärtsgebogen sind wie Blütenblätter, Gemüsegärten umgeben die Häuser aus Steinen und Brettern – das Profil des traditionellen Dorfes der Region ist eindrucksvoll. Einige Ethnien leben noch in diesen unberührten Landschaften. Yünnan ist bekannt als Heimatstaat der letzten authentischen Stämme des alten Chinas.

Freitag, 15. April 1994:
Simao

Alexandre ist krank. Ein tropisches Fieber fesselt ihn seit zwei Tagen ans Bett. Er ruht sich in einem kleinen Hotel in der Stadtmitte aus. Simao ist ein recht großer Ort, 300 Kilometer südlich von Kunming, der Hauptstadt Yünnans. Während Alex sein Leiden auskuriert, radle ich ziellos durch die schmutzigen, öden Straßen. Ich verschmelze mit dem Radfahrerstrom, der sich wie eine Blechlawine vorwärtswälzt, sobald die Ampel auf Grün springt. Und plötzlich stoße ich auf Sylvie.

Sylvie ist eine junge Chinesin, die an der Universität von Simao Französisch und Englisch unterrichtet. Sie hat mich kürzlich in einem kleinen Restaurant auf Französisch angesprochen. Sie erzählte mir von ihrer Liebe zu Frankreich, von ihren Schwierigkeiten, sich Bücher zu beschaffen, und dem Elend ihres Beamtinnendaseins … Sylvie hat sich unser angenommen.

»Hier, Alex. Sylvie hat dir Antibiotika gekauft.«

»Das ist ja ein Ding! Und wir haben nicht einmal die Apotheke gefunden.«

Als es Alex wieder besser geht, besuchen wir Sylvie bei sich zu Hause. Die Professoren sind Privilegierte. Sie leben in Dienstwohnungen. Sylvies ist 25 Quadratmeter »groß«. Dort lebt sie mit ihrem Mann und dem einen Kind, das die Geburtenkontrolle ihr gestattet.

»Kommen Sie, ich zeige Ihnen meine Bücher.«

Unter den wenigen Büchern auf einem Regal befinden sich Werke von Vian, Colette und Michaux.

»Sylvie, könnten Sie uns für unseren letzten Tag in Simao Ihre Bücher von Colette borgen?«

Wir verschlingen die Seiten über Claudine, Angorakatzen, Zitronentees in der Avenue Marceau und gemütliche Salons voller Jungmädchengeheimnisse. Seltsame, Veilchenduft verströmende Lektüre inmitten der tristen Kreuzungen von Simao. Wir verabschieden uns von der armen, in Tränen aufgelösten Sylvie in ihrem Betonverschlag und verlassen diese seelenlose Stadt.

Unser nächstes Etappenziel ist Pu´er. Dort müssen wir die Hauptstraße verlassen und auf eine Nebenstraße nach Xiaguan abbiegen. Auf der Terrasse eines Cafés sitzen wir vor einer Nudelsuppe und betrachten die Straßen, die sich kreuzen und wieder auseinandergehen.

Seit wir in Yünnan sind, ist unsere Ernährung recht einseitig: Nudelsuppe morgens, mittags und abends.

Das Nudelsuppenritual endet stets mit einem großartigen Spucker. Auch das ist eine Eigenart der Chinesen: Sie spucken andauernd und überall. Als wären sie von chronischer Bronchitis befallen. China ist ein Spucknapf. Alte, Junge, Kinder, Bauern oder Mandarine, sie alle fügen dem Spuckkonzert ihre ganz persönliche Note zu. Manchmal nähert sich eine hübsche, anmutige junge Frau mit einem kleinen blumengeschmückten Hut auf dem Kopf. Ein Kompliment liegt einem auf der Zunge; »Mademoiselle, Sie sind wirklich bildhübsch.« Aber es verschlägt einem die Sprache, wenn sie einem dann plötzlich einen riesigen Schleimbrocken zwischen die Füße spuckt. Ganz gleich, wo. Man spuckt, wo man gerade ist, im Büro, im Restaurant, bei sich zu Hause oder auf der Straße. Es ist widerlich.

Wir lassen Pu'er hinter uns und radeln in Richtung Mekong. Bevor die Straße die Kuppe eines Hügels erreicht, führt sie zuweilen durch ebene, bewirtschaftete Täler, die sich zwischen gewaltigen Granitgipfeln hindurchschlängeln. Die Chinesen haben in der Anlegung ihrer Terrassen solche Perfektion erlangt, daß es ihnen tatsächlich gelingt, den angelegten Feldern eine Schönheit zu verleihen, die die der natürlichen Formen übertrifft. Die Reisfelder bilden sauber angelegte Stufen. Die Parzellen sind winzig, zwei Meter lang und 15 breit, durch einen kleinen Erdwall voneinander getrennt. Ein kompliziertes System sorgt für ständige Bewegung des Wassers innerhalb jedes Rechtecks. Schwere Schaufelräder drehen sich wie Holzkarusselle und speisen die Bewässerungsgräben.

Den Teer haben wir weit hinter uns gelassen. Wir fahren über eine von Regen und Lastwagen zerfurchte Straße.

»Der Teer war mir noch lieber als diese elenden Radspuren und Schlaglöcher!« flucht Alexandre, während er über die Unebenheiten holpert.

»Meiner Meinung nach können wir Asphalt mindestens bis Xiaguan vergessen. Ich habe gelesen, daß die Nettofläche asphaltierter Straßen in Frankreich zehnmal größer ist als in China.«

»Kein Wunder. Hier befindet sich der Teer in den Köpfen der Politiker, zu einer Dichtungsmasse in den Hirnen der Greise in Peking verklebt.«

Wir kommen in Sichtweite der Großstadt Jinggu, die wie ein Furunkel inmitten eines großen Tales wuchert. Als wir die ersten Gebäude erreichen, dringt blecherner Lärm zu uns, der immer lauter wird, je weiter wir radeln. Aus Lautsprechern, die an Strommasten befestigt sind, dröhnen politische Reden und Ansprachen.

»*Please come with me! Come! Come!*«

Der Mann, der uns anruft, ist Englischlehrer am Gymnasium von Jinggu. Er heißt Deng. Er hat uns auf der Straße gesehen und möchte uns zum Essen einladen. Er führt uns ins Regierungsrestaurant.

»*You will taste this delicious speciality!*« sagt er, als uns Bienenfrikassee serviert wird.

Die Insekten sind am Stück geröstet und werden gereicht wie eine Portion Cornflakes. Sie schmecken leicht nach Honig oder Karamel, als hätte man sie in den Pollen gedünstet, die noch an ihren Füßen hafteten. Wir übernachten bei Deng.

»*Now I show you the city*«, verkündet er am nächsten Morgen.

Die Freiheitsstatue, der Platz der Arbeiter, die Kaserne, das Telekommunikationsgebäude mit seinem 27,50 Meter hohen Betonturm, die Stromversorgung, der Verschiebebahnhof usw. Wir versäumen keine einzige Kuriosität von Jinggu.

»Und dieses Gebäude dort drüben, Deng?«

»Das ist ein Tempel!«

Es handelt sich um eins der letzten Überbleibsel der Dhai-Ethnie. Der Tempel besteht aus einem religiösen Bauwerk, ist umgeben von Arkaden und mit einem Pagodendach versehen. Etwas abseits, in einem schlichteren, baufälligen Haus, ist ein Gemeinschaftssaal untergebracht, in dem die Gläubigen Reis essen, trinken und Wasserpfeife rauchen. Im Garten dient ein steinerner Stupa einem Baumriesen als Stütze, dessen Wurzeln sich in das Gemäuer gefressen haben wie bei den vom Urwald überwucherten Statuen von Angkor. Von den Deckenbalken des Tempels hängt ein ganzer Wald von bedruckten Stoffbahnen. Alte Bonzen, so starr wie Reliquien, murmeln Gebete, während Frauen Weidenkörbe mit Opfergaben um sie herum abstellen.

Plötzlich läuten dröhnende Beckenschläge im Garten einen wilden Reigen ein. Mönche und Gläubige beginnen zu den Klängen der Trommeln, Miniaturgongs und Metallperkussions wild zu tanzen. Während wir, die Fahrräder in der Hand, verblüfft das unerwartete Schauspiel betrachten, werden uns plötzlich zwei große längliche Trommeln in die Hände gedrückt, und wir werden in die Mitte des Kreises gezogen. Die religiöse Feier artet zu einem grotesken Spektakel aus. Wie zwei Derwische tanzen wir und bemühen uns dabei, dem Rhythmus der Gongs zu folgen, den die Musiker boshaft stetig beschleunigen. Von Deng erfahren wir, daß heute das Fest des Wassers begangen wird.

In China wird einmal jährlich, einer alten heidnischen Tradition folgend, der Neubeginn der Jahreszeiten damit gefeiert, daß man sich gegenseitig naßspritzt. Und so bewaffnen sich alljährlich Mitte April eine Milliarde Chinesen mit entsprechenden Gefäßen. Drei Tage lang spritzt sich das ganze Land naß. Wir bereiten uns seelisch darauf vor, einige sehr feuchte Stunden zu erleben. Das Fest im Dhai-Tempel war nur der Startschuß dieser Wasserfreuden.

Wir haben den Tempel verlassen und versuchen, zum Ortsausgang von Jinggu zu gelangen. Aber Hunderte von Chinesen auf ihren Balkonen lauern nur darauf, daß wir in Reichweite kommen. Sie freuen sich diebisch über die

Gelegenheit, zwei so exotische und ungewohnte Ziele wie Radfahrer aus dem Westen ins Visier nehmen zu können. Ganze Wasserfälle ergießen sich von den Häusern herab auf die Straße. Überall leeren lachende Chinesen Wassereimer über unseren Köpfen aus. Wir sind die ersten Franzosen, die unter den Niagarafällen hindurchgeradelt sind.

»Vorsicht, links!«

Alexandre kann dem Wasserschwall nicht mehr ausweichen, der auf ihn niedergeht. Zwei Chinesen mit einer leeren Plastikwanne biegen sich vor Lachen.

»Wir müssen unbedingt hier raus, langsam löse ich mich auf!« ruft er mir zu, als er einen neuerlichen Schauer abbekommt.

Wir radeln aus der Stadt heraus. Ganz benommen vom Klatschen der Wassermassen und den ausgelassenen Schreien der Chinesen finden wir uns auf dem menschenleeren Land wieder. Wir schlagen den Weg nach Lincang ein. In jedem Dorf, das wir durchqueren, dasselbe Spiel. Sobald sie uns in der Ferne entdecken, hören die Bewohner auf, sich gegenseitig zu bespritzen, und stieben in perfekter Eintracht los, um ihre Gefäße schnell nachzufüllen. Wenn wir dann an ihnen vorbei müssen, bricht das Chaos los. Die Wassermassen klatschen manchmal mit solcher Wucht auf uns nieder, daß wir vom Rad geschleudert werden.

»Wenn ich daran denke, daß wir in zwei Monaten in den Monsun kommen ...«

»Sylvain, wir müssen uns zur Wehr setzen!« zürnt Alexandre, der bäuchlings in einer Pfütze schmutzigen Wassers gelandet ist.

Mit unseren lächerlichen Kanistern von fünfundsiebzig Zentilitern bewaffnet, gehen wir zum Angriff über. Uns stehen an die 15 Chinesen gegenüber.

Sie besitzen einige schwere Geschütze, darunter vor allem ein riesiges Bierfaß, dessen Inhalt schwungvoll auf uns niedergeht. Wir treten den Rückzug an.

»Mein Kanister ist leer.«

»Meiner auch.«

»Aber wir haben unsere Ehre gerettet!«

Die Lage wird besorgniserregend. Wir zählen die Rinnsale in unseren Packtaschen gar nicht mehr. Alexandre, der noch an den Nachwirkungen seiner Fieberattacke zu leiden hat, würde liebendgern auf die stündliche Sintflut verzichten.

An diesem verfluchten Tag, an dem wir versuchen, das Fest des Wassers zu umgehen, verfahren wir uns und vergeuden 24 Stunden, ehe wir schließlich kehrt machen, verzweifelt, nachdem wir vergeblich versucht haben, nach dem Weg zu fragen.

Auf der Straße über die Berge nach Lincan entdecken wir in einem Café am Straßenrand einen antiken Billardtisch, vermutlich ein Überbleibsel irgendeiner britischen Garnison. Der Filzbelag ist so löchrig wie die Straße, die Queues sind zerbrochen, die Kugeln scheinen quadratisch zu sein, aber der Anblick der Chinesen mit den Verbrechervisagen, die mit der Miene kultivierter Gentlemen über den Tisch gebeugt sind, ist verblüffend.

Wir stoßen wieder auf den Mekong. Diesmal überqueren wir ihn über eine Steinbrücke. Die Straße durchquert komplexe orographische Formationen. Schmale Täler zwängen sich zwischen die Hügel. Von jedem Gipfel aus bietet sich uns, so weit das Auge reicht, das gleiche Panorama. Das Problem dieses Landes ist seine Größe. Seine dramatische Weite. Den ganzen Tag über strampeln wir wie die Wilden, und wenn wir dann abends haltmachen, verzweifeln wir beinahe an der geringen zurückgelegten Strecke.

Aber wo sind in diesem angeblich mehrtausendjährigen China die Zeichen der Zivilisation? Warum gibt es in diesem überdimensionalen Yünnan nur endlose Wälder und keinerlei Relikte einer antiken Epoche? Hat man uns betrogen? Ist das Reich vielleicht in Wirklichkeit eine erstarrte Zivilisation, die nur in der Lage ist, eine Verbotene Stadt hervorzubringen und eine Mauer, um sich vom Rest der Welt abzuschotten?

Haben die Maoisten der siebziger Jahre ihren Lobgesang auf das Morgen mit solchen Keulenschlägen untermauert, daß von der Vergangenheit nichts übriggeblieben ist? Vermutlich ist die Provinz Yünnan zu abgelegen, als daß man bei ihrer Durchquerung Rückschlüsse auf den Rest des Landes ziehen könnte. Was wir zu sehen bekommen, ist der Dschungel Chinas und der Chinesen. Wie sollte man den Jingo, der nicht einmal den Namen seines Dorfes kennt, mit dem Händler in Shanghai an der Ostküste vergleichen? Wir bekommen nur einen eingeschränkten Teil Chinas zu sehen. Yünnan ist das häßliche kleine Lackentlein Chinas.

Donnerstag, 21. April 1994:
Lincang

»Schläfst du?«

»Spinnst du? Wie soll man denn bei dem Getöse schlafen?«

»Sind wir je einem so lärmenden Volk begegnet?«

»Die Thailänder waren nicht schlecht, aber sie haben zumindest hin und wieder geschlafen. Bei diesen Chinesen frage ich mich, ob sie überhaupt jemals die Augen schließen.«

Es ist zwei Uhr früh, und wir unterhalten uns in unserem kleinen Hotel in Lincang. Gestern wurde unter unseren Fenstern bis spät in die Nacht ein Obst- und Gemüsemarkt abgehalten. Es herrschte ein reges Kommen und Gehen. Zahllose Chinesen schoben sich schreiend durch die Weidenkörbe, die Warenberge und die freilaufenden Hühner. Aufgrund eines Stromausfalls war das Chaos nur vom Mond erleuchtet worden.

Im Anschluß an den Markt waren die Chinesen in die angrenzenden Zimmer geströmt. Dort haben sie sich einem Spiel gewidmet, das uns jede Nacht wieder wachhält: Es geht darum, vor seinem Partner Handgesten zu machen, ein bißchen wie bei diesem europäischen Ratespiel. Nur daß die Chinesen jede Geste mit Kriegsgeschrei untermalen. Und jeder Sieg des einen oder anderen Mitspielers wird mit schallendem Gelächter quittiert. Keine Nacht in den Dörfern oder Städten von Yünnan, in der wir nicht von Geschrei, Gelächter, Unterhaltungen und allerlei anderen Geräuschen wachgehalten worden sind.

»Diese Menschen schlafen offenbar nie!« haben wir wütend geschlossen.

»Wenn sie Opium rauchen würden«, meinte Alex noch, »wären sie um neun abends high und man könnte in Ruhe schlafen.«

Und um dem Ganzen die Krone aufzusetzen, findet sich immer ein Chinese, der uns pflichtschuldigst weckt, wenn wir endlich, wie durch ein Wunder, gegen vier oder fünf Uhr früh eingeschlafen sind. Letztens im Dorf Mango, wo wir bei Bauern untergekommen waren, wurden wir von Geflüster in unserem Zimmer geweckt.

»*Sué! Sué!*« murmelte ein alter Chinese mit faltigem Gesicht, während er uns wachrüttelte.

»*Sué*? Wie? Was? Was sagt er?«

»*Sué* heißt Wasser.«

»Und warum erzählt er uns um drei Uhr nachts etwas von Wasser?«

»Hör doch, Sylvain. Es regnet!«

Regentropfen trommeln auf das Dach des Bauernhofes.

»*Sué! Sué!*«

Der alte Chinese hat uns geweckt, um uns zu sagen, daß es angefangen hat zu regnen…

»Danke, mein Alter! *Good night*.«

An diesem Morgen in Lincang holt uns Straßenmusik bei Morgengrauen aus dem Bett. Wir öffnen das Fenster. Eine Melodie im Dreivierteltakt dringt in das Zimmer ein. Auf dem Parkplatz vor dem Hotel üben 30 Chinesen unter Anleitung eines Tanzlehrers Walzer. Die Musik kommt aus Lautsprechern, die gewöhnlich Propagandazwecken dienen.

Begleitet von »*Schöne blaue Donau*« gönnen wir uns die erste Dusche seit 14 Tagen und segnen die Hotelbesitzerin, die jene für Yünnan einzigartige Idee hatte, einen Duschkopf am Wasserhahn anzubringen.

Xiaguan rückt näher. Das Relief hat sich verändert. Die Hügel sind richtigen Bergen gewichen. Endlich haben wir die verfluchten, von schmalen Furchen durchzogenen Kuppen hinter uns. Jetzt liegen 3 000 Meter hohe Gipfel und weite Täler vor uns. Große kraftvolle Flüsse haben breite Betten in den Grund gegraben. Die Straßen führen durch die Täler und beschreiben nicht mehr diese endlosen Serpentinen wie in den hügeligen Regionen.

»Kneif mich, Alex!«

»Nein! Es ist Wirklichkeit! Halleluja!«

200 Meter vor uns ist die Straße wieder geteert. Der gute alte Asphalt, den wir so sehr lieben, wartet nur darauf, unter unseren Reifen zu schnurren. Leider ist unsere Freude nur von kurzer Dauer. Schon wenige 100 Meter weiter stoßen wir wieder auf die unbefestigte Piste. Aber wir wollen die zukünftigen Generationen, die diese Straßen befahren werden, nicht entmutigen. Hunderte von Arbeitern sind mit der Instandsetzung der Piste beschäftigt. Unter ihren breitkrempigen Hüten hockend, verlegen einige von ihnen per Hand einzelne runde Steine, die andere aus dem Berg meißeln. Das ist das Wunder Chinas: Männer, die mit mittelalterlichen Methoden die Straßen des Jahres 2 000 bauen. Was soll aus China werden, wenn diese Millionen von Land- und Straßenarbeitern von Maschinen ersetzt werden? Wenn China die Mechanisierung entdeckt, wird ein Alptraum beginnen.

»Da ist er wieder!«

»Ich grüße dich, Lancang-Jiang.«

Unser Hin und Her über den Mekong setzt sich fort. Wir stoßen wieder auf ihn, nachdem wir einen halben Tag lang einem seiner karamelfarbenen Nebenflüsse bergab gefolgt sind. Dort, wo der kleine Wasserlauf in den mythischen Fluß mündet, vermischen sich seine schmutzigen, bräunlichen Wasser mit den grünen, hellen des Mekong. Wie die Ader eines unreinen Minerals in grüner Jade.

Ein Bergkamm hat die Sonne verschluckt. Die Nacht bricht über Xiaguan herein. Wie ein Flugzeug im Landeanflug nähern wir uns in weiten Schleifen den Lichtern der Stadt. Xiaguan ist eine kleine chinesische Stadt mit einigen Tausend Einwohnern. Nicht interessanter als die anderen Orte in Yünnan. Unserer Neugier hat Xiaguan nur die düstere Perspektive seiner von verfallenen Gebäuden gesäumten Straßen zu bieten. Xiaguan ist der Prototyp einer Stadt, in der der gesündeste Reflex darin besteht, sie wieder zu verlassen, kaum daß man sie betreten hat. Aber im Augenblick ist es das wichtigste, ein Krankenhaus zu finden. Eitrige Mykosen bedecken meine Oberschenkel. Die Pilze lassen meine Haut faulen wie alte Flechte.

»Wir müssen Jod besorgen«, rät Alexandre.

Aber in einer chinesischen Stadt Jod auftreiben zu wollen ist ein hoffnungsloses Unterfangen.

»Das Krankenhaus finden wir sicher schneller. Das ist etwas größer als eine Flasche Jod.«

Drei Stunden lang befragen wir etliche Chinesen. Wir zeichnen das Krankenhauskreuz auf, suchen sogar das entsprechende Ideogramm in unserem Wörterbuch heraus. Wir mimen die Krankenwagen, die einen Todkranken abholen. Aber niemand versteht, was wir wollen, und keiner kann uns den Weg zeigen. Wir haben den Gipfel der Kommunikationslosigkeit erreicht. Schließlich finden wir allein, wonach wir suchen. Das Krankenhaus befindet sich in einem Büroviertel der Stadt. Aber das, was wir dort zu sehen bekommen, veranlaßt uns beinahe, unser Jod anderswo zu suchen.

In der großen Eingangshalle, die nicht bewacht wird und die wir mitsamt unserer Rädern betreten, hält eine Gruppe von Chinesen zu Radioklängen eine Gymnastikstunde ab. Auf der Suche nach einem weißen Kittel schieben wir unsere Räder durch die Flure. Aber das

Krankenhaus scheint vom Personal verlassen. Manchmal erhaschen wir durch eine halboffene Tür einen Blick auf ein häßliches, schmutziges Zimmer, in dem ein völlig verdreckter Sterbender stöhnt und röchelt. Das letzte, was man in der Volksrepublik China tun sollte, ist krank zu werden.

Schließlich finden wir doch noch einen Arzt. Er spricht Englisch und untersucht mich zügig. Seine Diagnose fällt in einem Zug mit dem Eingeständnis seiner Inkompetenz. Er erklärt mir, ich hätte eine Pollenallergie, während ich an einem schmerzhaften Pilzbefall leide. Er gehört zu diesen chinesischen Ärzten, die in drei Jahren auf dem Land ausgebildet werden. Leider scheinen Mykosen erst im vierten Jahr auf dem Lehrplan zu stehen.

Erschöpft haben wir nicht einmal mehr die Kraft, das Krankenhaus zu verlassen, um uns ein Nachtlager zu suchen. Wir breiten unsere Schlafsäcke im Heizungsraum aus und schlafen sofort ein.

»Wach auf, es gibt Ärger.«

»Wie, was?«

Mühsam krieche ich aus meinem Schlafsack.

»Alex, ich bin blind!«

»Aber nein, das ist der Dampf! Der Heizkessel ist angesprungen. Die Ventile sind offen!«

»Wir müssen hier raus.«

Entsetzlicher Lärm erfüllt den Raum, und überall schießen Geysire aus den Rohren. Wasser überschwemmt den Fußboden. Eine Sirene ertönt. Jemand trommelt gegen die Tür, die wir am Vorabend abgesperrt haben. Heißer Dampf droht, uns zu ersticken. Im Halbschlaf, immer noch in unsere Schlafsäcke gewickelt und inmitten eines Heizkesselgewitters fällt uns das Wachwerden schwer. Es gelingt mir, die Tür zu öffnen. Eine schimpfende Krankenschwester stürmt wie ein Drache in unsere Sauna und stürzt sich auf die Hähne der Ventile. Es gelingt ihr tatsächlich, sie zuzudrehen. Die Dampfschwaden lösen sich auf. Der Anblick, der sich uns in der Türöffnung bietet, übersteigt das Alptraumhafte. Dutzende Chinesen mit zornigen Gesichtern drängen sich auf der Schwelle, schwenken Thermoskannen und beschimpfen uns rüde. Sie warten darauf, sich endlich heißes Wasser für den Morgentee aus dem Heizkessel holen zu können. Es ist, als hätten wir in der Teekanne geschlafen. In Unterhosen, den Schlafsack in der einen und das Rad in der anderen Hand, schleppen wir uns mit kleinen Schritten über die Flure und kommen langsam wieder zu uns. Aber unser Staunen hat noch kein Ende. Plötzlich fährt ein riesiger, mit Töpfen beladener Ochsenkarren in die Eingangshalle. Kranke strömen von allen Seiten auf den Karren zu. Jeder hält einen Napf in der Hand. Jene, die keine Arme mehr haben, halten ihn zwischen den Zähnen; jene, die gehen können, halten zwei oder drei Näpfe bereit, für jene, die keine Beine mehr haben. Essenszeit. Wir reihen uns in die Schlange ein und bekommen eine Portion Reis und Ragout. An unsere Räder gelehnt, essen wir unsere Ration, umgeben von den vielen kranken Chinesen, die schweigend ihren Anteil des Festmahls kauen. Wir verlassen dieses Floß der *Medusa*, ohne einen Blick zurückzuwerfen.

Von Xiaguan nach Lhasa

Alexandre

Wir radeln zügig in Richtung Dali, der berühmten Touristenstadt am See von Xiaguan, wo wir ein letztes Mal werden telefonieren können! Die von der Kulturrevolution verschonte historische Stadt mit ihren bunten ethnischen Clowns, Authentizitätsprofis in traditionellen Kostümen, erinnert uns an Disneyland. Kleine, gepflegte Häuschen, die nach chinesischem Geschmack im reinsten Neonpailletten-Stil lackiert sind, stehen malerisch in Reih und Glied. Sämtliche Charterflüge aus Yünnan und Sichuanbannah legen hier eine Zwischenlandung ein. Hier parkt man die Ethnien und Touristen, zwei für das Regime »schädliche« Gattungen, auf daß sie sich unter den verächtlichen Blicken ihrer chinesischen »Luden« fetzen.

In fetten lateinischen Lettern, eine Seltenheit in China, hebt sich das Schild der Bar, die man uns in Xiaguan empfohlen hat, inmitten der traditionellen chinesischen Pracht ab: das *Le Jacky*. Der Inhaber, ein Hongkong-Chinese, spricht ein einwandfreies Englisch. Er zeichnet uns ein düsteres Bild. Sehr düster. Seine schrille Stimme quietscht wie Kreide auf einer Tafel. 50 Kilometer weiter nördlich schneit es; Scharmützel zwischen Chinesen und Rebellen blockieren die Straße nach Deqûen (Deu-tschen ausgesprochen) und hierauf folgen verschneite Berge. Die Straße nach Lhasa, von der chinesischen Armee, die dort mehrere 10 000 Männer verloren hat, auch »Straße des Todes« genannt, ist noch nicht wieder geöffnet. Der Bus, der früher einmal wöchentlich die Strecke fuhr, hat seinen

Pendelverkehr noch nicht wieder aufgenommen, und was die Lastwagenfahrer betrifft, droht ihnen eine Gefängnisstrafe, wenn sie Weiße mitnehmen.

Alles bei ihm ist beschädigt, schäbig, aber das Lachen hat er nicht verlernt! Er fährt fort:

»Sie benötigen eine Sondergenehmigung, die sie sich in Chengdu besorgen müssen, hi! hi! hi! (600 Kilometer nördlich von unserer Route), aber die Straße nach Chengdu ist gesperrt, hi! hi! hi! Sie müssen also über Chongqing fahren, hi! hi! hi! (1 000 Kilometer nördlich von Xiaguan). Andererseits haben die Behörden die erforderlichen Genehmigungen noch nie jemandem erteilt, der nicht mit dem Bus gereist ist. Das beste wäre, wenn Sie nach Kunming zurückkehren und von dort aus nach Lhasa fliegen würden!«

»Langsam gehen sie mir auf die Nerven mit ihren Flugzeugen!« mault Sylvain.

In der Vergangenheit, zwischen 1914 und 1923, wurde Alexandra David-Neel, eine Orientforscherin, gleich viermal von den Chinesen, den Engländern und den Tibetern selbst abgewiesen, ehe sie nach Tibet gelangte, in den Lumpen einer Bettlerin, die nach Lhasa pilgert. Der einzige Durchgang, den sie fand, war der Kham, weil diese Region von Kontrollen verschont geblieben war. Dort streiften »Gentlemen-Banditen« umher, furchteinflößende Reiter, aber auch Menschenfresser …

Die Umgehung Birmas, die wir seit dem Norden Thailands unternommen haben, führt uns zum Dach der Welt, einem riesigen Sedimentschwamm in den Bergen, der von Flüssen trockengelegt wird, die mehr als ein Drittel des Planeten nähren: ganz China und den indischen Subkontinent. Im Kham reihen die Täler sich dicht aneinander, ehe sie in Ebenen übergehen, die von Nordchina bis Pakistan reichen. Diese Region wurde » Grenze der Parallelflüsse« getauft. Die grünen, roten, gelben und blauen Flüsse tragen sämtliche Farben Tibets mit sich und führen die bunte Palette der geologischen Schätze des Landes vor. Die 4 000 bis 6 000 Meter tiefen Täler verlaufen in einer Nord-Süd-Achse parallel zueinander, und wir wollen nach Westen!

Diesmal stehen wir wirklich am Fuß der Mauern! Der echten! Wir sind ganz aus dem Häuschen! Tibet ist der Schlüssel! Wir werden das Hindernis überwinden, koste es, was es wolle. Wir schaffen es. Noch nie haben wir kehrt gemacht.

Heute, Donnerstag, den 21. April, erfahre ich, daß am Sonntag das Kind meiner Schwester auf die Welt kommen wird. Mein Vater hat mir die Neuigkeit über ein Telefon mitteilen können, das speziell für Ausländer eingerichtet wurde, die sich an diesen Ort am Ende der Welt verirren. Bettina Schreiber, *guest manager* des Holiday Inn von Lhasa, wurde von unserer Ankunft unterrichtet und erwartet uns. Meiner Schwester Virginie geht es glänzend. Die ganzen Sorgen fallen von mir ab bei diesen kleinen französischen Impulsen, die über das chinesische Bakelit an mein Ohr dringen. Es wird ein kleiner Stier werden, so wie Sylvain und ich! Nichte oder Neffe? Die Antwort darauf werde ich erst in Lhasa erfahren.

Wir rechnen rasch nach: 1 600 Kilometer trennen uns noch von der tibetischen Hauptstadt. Unsere Visa sind noch 20 Tage gültig. Wir müssen also durchschnittlich 80 Kilometer am Tag zurücklegen, auf der schwierigsten und wildesten Route der Welt!

Sylvain ruft bei seiner Mutter an und hat Gaston am Apparat, ihren treuen Mitarbeiter, der uns mitteilt, daß sie auf einem Ärztekongreß auf Madagaskar ist. Pech! Findig, wie er ist, versucht dieser Schutzengel, sie über eine zweite Leitung in ihrem Hotel in Antananarivo zu erreichen. Schade! Sie ist gerade gegangen. Er hinterläßt eine Nachricht; wir hinterlassen die Telefonnummer des *Le Jacky* und versichern ihm, um ihn zu beruhigen, daß wir pünktlich am 10. Mai in Lhasa sein werden. Als wir einhängen, geht uns durch den Kopf, daß der gute Mann, ein Virtuose des Telefons und der Zeitplanung, unsere letzte Spur in

Händen hält. Wir haben das *Le Jacky* gerade verlassen, als der Inhaber uns zurückholt.

»*Phone for you*!«

Die Telefonistin auf Madagaskar ist aus dem Hotel gelaufen, um Sylvains Mutter zurückzuholen, die sofort Gaston angerufen hat, der wiederum gleich die Nummer des *Le Jacky* gewählt hat, dessen Wirt sich sogleich an unsere Fersen geheftet hat. Eine scheinbar endlose Sekunde; eine Verbindung, die an ein Wunder grenzt. Gaston, der große Organisator in Paris, zaubert mit seinen zwei Telefonhörern und verbindet diese beiden Enden der Welt, verknotet die unmögliche Spleißung, und Sylvain spricht mit seiner Mutter.

»Ich werde in Lhasa sein.«

Das ist alles. Die Verbindung wird unterbrochen. Es ist alles gesagt. Fünf Worte, die uns die Kraft geben werden, Berge zu versetzen. Der Glaube wird uns antreiben, die Gewißheit, daß sie dort sein wird, wird uns den Weg ebnen.

Freitag, 22. April 1994:
195. Tag. 95 km. G: 12 188 km

Das ist der Tag des großen Sprungs nach vorn. China interessiert uns nicht mehr. Wir sind wie besessen von Tibet. Unsere Herzen sind bereits im Himmel. Wir haben zwei Straßen zur Wahl: Die rechte, die offizielle Route, führt nach Likiang und Chengdu und steht für kafkaeske Anträge und Behördengänge, während die linke, heimliche Route über Zhangdian nach Markham verboten und gefährlich ist. Eine von beiden ist der Schlüssel nach Tibet. Wir entscheiden uns für die linke, die Straße des Schattens, der Grate und der großen, von zwei Seiten eingeschlossenen Flüsse.

Entgegen jeder Erwartung beginnen wir mit einer endlosen Abfahrt einen mit Tannen bewachsenen Hang hinunter. Haarnadelkurven, Schleifen, Spiralen, wo soll die Straße bloß hinführen? Zum Yangzi Jiang! Der Name hallt wie eine Kanonensalve. Der »große blaue Fluß« liegt uns zu Füßen. Er hat sich auf seinem wilden Weg ins Tal die Gelbsucht geholt! Blau und gelb, der Yangzi Jiang ist grün. Noch führt er nur Gletscherwasser; noch hatte er keine Gelegenheit, Schlamm aus den Ebenen Sichuans aufzunehmen. Kein Boot stört die spiegelglatte Oberfläche des träge dahinfließenden Stromes, in dem sich unerschütterlich unsere drei ersten verschneiten Gipfel spiegeln. In diesem Tal sind wir auf 1 000 Meter abgestiegen, aber mit der tropischen Hitze Yünnans ist Schluß. Die Kirschbäume stehen in voller Blüte, die Bäume knospen blaßgrün: Es ist Frühling! In den Abfahrten müssen wir unsere gefütterten Jacken überziehen. Ein prächtiger Betonbogen stalinistischer Architektur führt uns ans andere Ufer des Flusses, und beherzt gehen wir unsere erste Steigung gen Tibet an.

Je höher wir kommen, desto mehr nähern wir uns wieder dem Winter an. Hier richten sich die Jahreszeiten nach der Höhe. Die Knospen werden nach und nach weniger, die Blätter dürftiger und seltener, Nadelbäume tauchen auf. Zum erstenmal haben wir das Gefühl, die Meter würden über die Erdanziehung siegen. Illusion! Nachdem wir den ganzen Nachmittag einem Wildbach, der nach und nach zum Rinnsal verkümmert, bergauf gefolgt sind, gelangen wir in kaltem Grau in Grau auf ein Höhenplateau. Wir befinden uns in 3 600 Metern Höhe, wir haben 2 600 Meter Höhenunterschied bewältigt! Das Gras ist braun und kraftlos, der Schnee muß erst vor kurzem geschmolzen sein. Ein eisiger Wind fegt über diese noch verschlafene Fastebene, um sie auf die alljährliche Hochzeit mit dem weiter unten aufgehaltenen Frühling vorzubereiten. Die gedrungenen Häuser mit ihren vom Himmel abgeflachten Dächern drängen sich aneinander, um sich zu wärmen. Das oberste Gebot für uns lautet, nach angemessener Kleidung zu suchen! 40 Kilometer vor Zhongdian stoßen wir auf eine Fernfahrerraststätte, in der Maiskuchen serviert werden. Hoppla! Die Stäbchen sind nicht mehr aus Bambus, sondern aus Kiefernholz, das ist doch ein Zeichen!

Im Fernsehen, einem Gerät aus grauer Vorzeit, groß wie ein Kühlschrank, läuft ein schlechter französisch-italienischer Krimi aus den Siebziger Jahren. Marie Laforêt und François Périer zwitschern auf Chinesisch und füllen bald mit ihrer Präsenz den dunklen, eiskalten Schuppen aus, in dem wir uns an einem Kohlenbecken aufwärmen.

Der Himmel ist wolkenverhangen, als wir am nächsten Morgen Zhongdian erreichen.

Wir verbringen den Tag damit, Geld zu wechseln, Kleidung und Vorräte einzukaufen und diskret Karten zu beschaffen, auf denen unsere weitere Route eingezeichnet ist. »Ah! Wie schwierig ist es doch, in China zu reisen!« klagte schon Alexandra David-Neel. Daran hat sich seither nichts geändert. Die Energie, die wir an den Tag legen, um so rasch wie möglich ans Ziel zu gelangen, verblüfft die Tibeter, die es gewohnt sind, sich mit nichts zufrieden zu geben, und verärgert die Chinesen, die mit allem zufrieden sind.

In einem Laden, in dem überschüssiges Armeegut verkauft wird, versucht Sylvain vergeblich, dem Verkäufer begreiflich zu machen, daß er die Hose erst in einer anderen Größe anprobieren müsse, ehe er sie kaufen könne. Der kleine Chinese seinerseits behauptet steif und fest, daß die gefütterte Armeehose, die Sylvain mit seinen endlos langen Beinen gerade mal bis unters Knie reicht, ihm wie auf den Leib geschneidert sei. Klar: Es gibt nur eine Größe! Das gleiche Drama bei den schwarzen Regenmänteln, den Pullovern, langen Unterhosen und Handschuhen. Nichts verlangen, alles hinnehmen, uns von Bedürfnissen und Wünschen freimachen, darin liegt unser Heil!

Da ich kälteempfindlicher bin als Sylvain und mein Schlafsack nicht ganz so warm ist wie seiner, kaufe ich einem Hirten seinen warmen Yakfellmantel ab. Wir sind entzückt! Es scheint, als wäre der Umgang mit den Tibetern einfacher! Auf einem Markt finden wir Yakpemmikan, getrocknetes Schweinefleisch in Tüten, Nudelsuppenpulver und Schokoladenersatz. Wir sind beinahe für alles gerüstet! Ein Detail nur: der Zeitplan! Im *Lhasa Café*, Treffpunkt aller alten ausländischen Haudegen, malen wir per Hand detaillierte Karten ab.

Diese oberflächlich gezeichneten Umrisse, auf denen wir in Chinesisch und Tibetisch die Etappen, Pässe und Berge eintragen lassen, erinnern an jene Gesichter, die Jean Cocteau mit einem durchgehenden Strich zeichnete; die Karten sind die Gesichter ferner Länder.

Zhongdian ist das Ende Chinas. Endhaltestelle, alles aussteigen! Die Straße, die von dort nach Norden führt, wird nur von Soldaten und tibetischen Lastwagen benutzt. Die Pässe sind noch gesperrt; eine Genehmigung ist unumgänglich, sonst riskieren wir, daß unser ganzes Hab und Gut konfisziert wird und wir selbst des Landes verwiesen werden. All diese Schreckgespenster erscheinen uns abstrakt, denn der Countdown läuft: In 17 Tagen müssen wir in Lhasa sein. Wir machen uns den berühmten Satz von Guillaume d´Orange zum Leitsatz: »Man braucht nicht zu hoffen, um zu handeln, und keinen Erfolg, um durchzuhalten.« Das Gelände lügt jedenfalls nicht!

Wir befinden uns wieder im Frühling. Dazu reichte es, dem Yangzi Jiang, der sich durch ein von uralter Axt geschlagenes Tal schlängelt, stromaufwärts zu folgen. Höhe: 1 200 Meter. Unser mühsamer Aufstieg vom Vortag war kein Zuckerschlecken, von jetzt an bekommen wir nichts mehr geschenkt.

Den ganzen Nachmittag überqueren und folgen wir dem Fluß durch Schluchten, in denen Bergflüsse aus Schmelzwasser rauschen, die an unserer Piste nagen. Der Yangzi windet sich wie eine Viper zwischen zwei Gesteinskolossen hindurch, beschreibt dann einen weiten Bogen und versucht einen Ansturm auf die Felswände, die ihn bezähmen. Besänftigt verschwindet er schließlich in einer Felswand. Alles eingefangene Sonnenlicht konzentriert sich auf dem Grund dieser Gesteinsfalz. Die Steine platzen ausgelaugt in der sengenden Sonne. Wir können in den schattigen Zonen nichts mehr erkennen, und sind bald taub vom Dröhnen des Flusses. In diesen Eingeweiden der Erde kann man nichts anderes tun, als die Augen gen Himmel zu richten und den nächsten Paß suchen.

Jede bewältigte Schleife enthüllt uns ein Panorama, das noch grandioser ist als das vorangegangene. Die Höhe verherrlicht alles! Die Eroberung des Passes ist ein tiefer Atemzug vor dem Ausatmen des Abstiegs.

Nach 1 200 Metern Schinderei passieren wir einen Grat und entdecken an einem Hang, der rechts im Abgrund versinkt, ein an die Felswand geklammertes Kloster. Die Piste führt dort vorbei. Wie ein Floß auf einer riesigen Welle thronen die weißen, gedrungenen Würfel des Klosters an der steilen Felswand und fordern die Schwerkraft heraus.

In dicke weinrote *Zen* (Toga-ähnliche Klosterkutte) gehüllt, empfangen uns junge, ein wenig streng riechende Mönche herzlich in ihrem *khamtschan* (Unterkunft in einer Mönchsschule unter Leitung eines *geshe*, eines gelehrten Lamas). Das ist unsere erste Begegnung mit dem tibetischen Buddhismus. Als einzige Möbelstücke des Raumes finden die ärmlichen Lagerstätten vielerlei Verwendung. Durch die Ritzen zwischen den Bodenbrettern pfeifen die Windgeister. Mit Einbruch der Dunkelheit hält auch die Kälte Einkehr. Die Mönche, die schweigend auf den Betten sitzen, die man uns zugewiesen hat, mustern uns mit Gesichtern, die an die geschminkten Schauspieler aus *Der Name der Rose* erinnern. Wir versuchen, uns nicht anmerken zu lassen, wie sehr sie uns einschüchtern. Unsere fröhlichen Gastgeber verströmen einen durchdringenden Wollfettgeruch. Niemand spricht hier Englisch, aber die Unterhaltung beginnt mit einem leisen Lächeln; wir reden mit den Händen, legen immer wieder Pausen ein, machen uns mimisch über die Chinesen lustig: Sie verstehen uns.

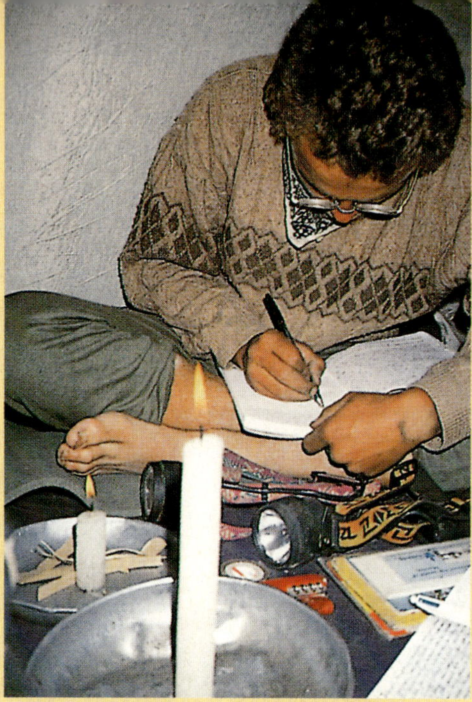

Die tägliche Routine: der Eintrag ins Reisetagebuch, das als Grundlage dieses Buches diente.

Die beiden Akrobaten Alexandre und Sylvain können es nicht lassen, auf alles zu klettern, was ihnen in den Weg kommt, Denkmäler und Berge ... hier kurz vor Bangkok.

Überall folgen ihnen Kinder. Sie laufen im Rudel hinter den Fahrrädern her oder schauen gebannt auf die Musik- und Jongliervorstellungen von Sylvain und Alexandre. Bald heißen sie nur noch die »Fliegen-Kinder«.

Die Ruine einer ehemaligen Wüstenfestung kurz hinter Agadir. Jeden Abend hissen Alexandre und Sylvain neben ihrem Zelt die französische Flagge – ein Stückchen Heimat ...

Die Osterinsel. Auf einem der Podeste hat ein Eindringling die alte Statue entthront.

Der verzauberte See von Rawu im Herzen Tibets entschädigt dafür, Hunderte von Kilometern bergauf geradelt zu sein.

Eine der kleinen alltäglichen Quälereien: Radwechsel unter der glühenden Sonne der Wüste von Belutschistan.

Das Wasserfest in China: Während mehrerer Wochen begießt jeder jeden, so gut er kann. Und unsere Fahrräder sind ein bevorzugtes Ziel.

Ein Schneesturm im Kham.
Als er völlig erschöpft am Paß ankommt, sieht Sylvain Krokodile im Schnee!

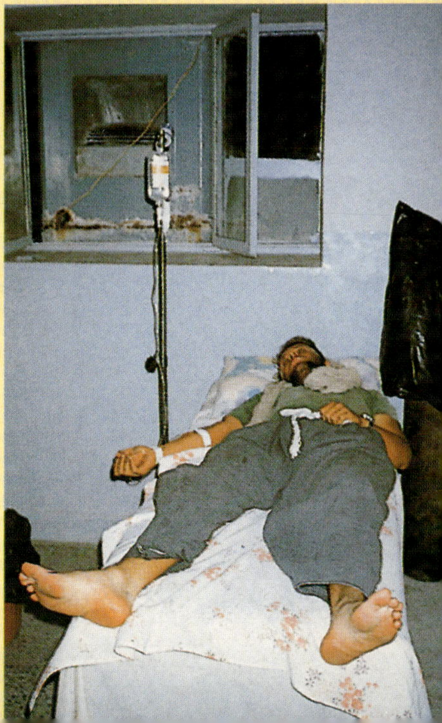

Alexandre liegt mit einer Hepatitis darnieder.
Seine Heilung verdankt er dem ungewöhnlichen Rezept einer alten Frau:
ein Kilo Honig am Tag!

Gerstenfelder
im Süden Chinas.

Die Atmosphäre entspannt sich, es funktioniert. Warum hat es bei eben diesen Chinesen, über die wir herziehen, nicht geklappt? Die tibetischen Buddhisten sind wohl, weil sie sich selbst in der Meditation verlieren, anderen gegenüber aufgeschlossener.

»*Om mani padme oum*«: Gegrüßt seist du, o Edelstein in der Lotusblume! – »Sehr erfreut, ich heiße Alex!« Ich habe noch einiges vor mir, ehe ich mich von meinem »Ich« befreien kann. Verrückt, wie befremdlich die Position ist, ständig irgendwelchen Wünschen ausgesetzt zu sein! Bei uns ist das die Essenz des Lebens, im tibetischen Buddhismus sein Ende.

Bei einer Mahlzeit aus Kohl und Reis mit gewürzten Brocken Schweinefett herrscht eine eher ausgelassene Stimmung. Wir stammeln unsere auswendig gelernten tibetischen Sätze und lösen damit allgemeine Heiterkeit aus. Sie verstehen nicht, wie wir aus reinem Spaß an der Freude so weit reisen können. Hier verläßt man seine vier Wände nur für eine Pilgerfahrt oder zu wirtschaftlichen Zwecken. Die Flöte erregt ungeahntes Interesse, aber unsere Gastgeber finden, daß wir spielen wie die Anfänger mit unseren abgetrennten Noten, unseren Crescendos, unseren Rhythmuswechseln und Refrains. Nachdem sie begriffen haben, daß man nicht zu feste hineinblasen darf, ergehen sie sich in frenetischen, monochorden Trillern, die der zufälligen Position ihrer Finger überlassen bleiben, die über den Plastikkörper huschen. Bei ihnen ist Musik nicht konstruiert, sondern eine Vibration. Händel kann einpacken!

Montag, 25. April 1994:
198. Tag, 46 km. G: 12 372 km

Wir verlassen unsere Mönche im Schnee. Wir haben von ihnen keine näheren Angaben zum nächsten Paß erhalten können, von dem wir wissen, daß er schwierig zu bezwingen ist: Der Deqûen-Paß in 5 500 Metern Höhe. Im Eisregen versuchen wir, auf der schlammigen Piste einen Galeerensklavenrhythmus beizubehalten. Am Morgen haben wir zum erstenmal *tsampa* gekostet, geröstetes Gerstenmehl, das man in mit Yakbutter gesalzenem Tee zu einer Kugel formt. Neben seiner pampigen Konsistenz und seinem faden Geschmack, der nicht an Cornflakes heranreicht, bekommen wir bald seinen geringen Nährwert zu spüren. Mitten im Schneesturm geht uns die Puste aus! Kein Saft mehr! Pemmikan-Pause! Innerhalb von zwei Minuten sind wir so durchgefroren, daß wir weiterradeln und unser Trockenfleisch im Fahren kauen müssen.

Den ganzen Tag sehen wir uns mit ernsten Problemen konfrontiert, die körperliche Anstrengung bei großer Kälte mit sich bringt: Der ständige Kleiderwechsel, ständiges Zögern und ständige Unzufriedenheit machen uns zu schaffen. Sobald wir uns auf die Räder schwingen, fängt es an zu regnen. Wir ziehen entnervt Regenmäntel über, die bald zu reinsten Schwitzkästen werden, nachdem es prompt aufgehört hat zu regnen und sie ohnehin überflüssig geworden sind. In den durchnäßten T-Shirts frieren wir erbärmlich, und so ziehen wir unsere gefüttertem Winterjacken an, wobei wir für Lüftungslöcher sorgen, um die überschüssige Wärme abzulassen. Und schon geht es von vorne los: Es fängt wieder an zu regnen! Wir verwenden beträchtliche Zeit damit, uns ständig umzuziehen!

Die Höhe schließlich bereitet dem sprunghaften Regen ein Ende; er verwandelt sich in Schnee.

Die zwei Schneemauern, zwischen denen wir hindurchfahren, flüstern uns mit weißen Lippen zu: »Fahrt nur! Fahrt nur weiter! Haltet bloß nicht an!« Die sinnlosen Bemühungen, unsere Räder unter Kontrolle halten zu wollen, fordern einen hohen Preis; die Hypoglykämie in der Höhe führt dazu, daß unsere Köpfe leer sind und unsere Reflexe nachlassen. Wir stürzen häufig im schneidenden Schnee, der sich wie ein Leichentuch über das Land legt. Und der Paß läßt auf sich warten! Die Falle schnappt unabwendbar zu. Der Wind wird noch einmal stärker, droht uns aus dem Sattel zu werfen, peitscht unsere Gesichter aus.

»*C'est alors qu'apparut tout hérissé de flèches*« – »Und da erschien gespickt mit Pfeilen« (Cf. *Soir de bataille*, Heredia) … und vom Sturm errichteten Schneewehen der Paß.

Wir sind gerettet! Jetzt können wir auf der anderen Seite wieder hinabfahren. Schneeböen spannen einen fahlen Schleier über die Berge, der das Ende des Tages ankündigt. Vom Paß aus, im Schutz einer Schneemauer, halte ich Sylvains Ankunft für die Nachwelt fest. Sein Gesicht ist vor Anstrengung verzerrt, doch wir trödeln nicht, überqueren die weiße Kuppe und sehen dem Tod ins Auge: Das war gar nicht der Paß! Der echte erscheint uns, als die Wolkendecke vorübergehend aufreißt, in etwa 2 Kilometern Entfernung! Wir schöpfen aus unserer Verzweiflung neue Energie. In 5 000 Metern Höhe und mitten in einem Schneesturm darf man sich keinen Fehler erlauben. Sylvain kann nicht mehr, sein Herzschlag verlangsamt sich, er muß gegen die Versuchung ankämpfen, sich einfach in das strahlendweiße Leichentuch fallenzulassen und auszuruhen. Als er sieht, daß ich den Paß erreiche, weht eine Windbö seinen verzweifelten Ausruf zu mir herüber: »Geht es bergab?«

Ja, es geht bergab, diesmal war es der richtige! Halleluja! Mit zusammengebissenen Zähnen rollen wir hinunter: vor allem nicht hinfallen! Das diamantharte Eis wäre tödlich!

Nach 5 Kilometern Abfahrt in Richtung Leben: Entsetzen! Die weiße Schlange, die Krönung der Tücke, steigt in der Dunkelheit wieder an. Wir sind erledigt. Weiterfahren zu wollen würde heißen, direkt ins Paradies der Bergopfer aufzusteigen. Wir müssen in aller Eile das Zelt im Schnee aufschlagen. Wir gehen ein Stück zurück und entdecken in der Mulde eines kleinen Talzirkusses eine windgeschützte Fläche. Operation Überleben. Unsere Sekunden sind gezählt. Sylvain sieht mir in die Augen und stellt fest:

»Scheiße! ›Das ist verdammt knapp‹, wie Éric sagen würde!«

Unsere Gedanken wenden sich unweigerlich ihm zu, sobald unser Leben in Gefahr ist.

»Stimmt! Ich höre ihn förmlich sagen: ›O, diese Anfänger, denen fehlt zum Eis am Stiel nicht mehr als ein Stäbchen im Hintern!‹«

Diese Vorstellung treibt uns an. Reaktion! Die Schnallen der Packtaschen sind festgefroren, die Finger gehorchen uns nicht mehr; bloß nicht das durch die Kälte empfindliche Zelt zerreißen! Wir verankern unsere »Nußschale« über einer Überlebensdecke und kriechen hinein, um einen strengen Aktionsplan umzusetzen: vollständiges Umziehen, energisches Warmrubbeln, Suppe, Nudeln, Fleisch, süßer Tee, Schokolade. Unser Leben hängt am Schnurren des Campingkochers. Braver, kleiner Gaskocher! Wir schlüpfen in unsere Daunenschlafsäcke, decken uns mit Yakfellen und Regenmänteln zu und heulen wie die Wölfe, als unsere steifgefrorenen Extremitäten sich wieder aufwärmen. Es tut gut, wieder zum Leben zu erwachen! Es tut weh! Ich bemühe mich mit aller Kraft meines schwachen Geistes, in meinem Schlafsack die Energie des *toumo* auszustrahlen, eine Übung des inneren Feuers, die es den Bonzen ermöglicht, auch größter Kälte zu trotzen … wirklich praktisch, der Buddhismus! Sehr bald erliegen wir der Müdigkeit. Nur 0,3 Millimeter Polyäthylen trennen uns vom »ewigen Schlaf«. Kurz vor dem Einschlafen murmelt Sylvain:

»Hast du oben auf dem Paß auch die Krokodile im Schnee gesehen?«

Am nächsten Morgen scheint es im Zelt geschneit zu haben. Alles ist mit einer dünnen Schicht vereisten Kondenswassers überzogen. Das Wasser in unserem Kanister ist gefroren; es ist totenstill. Wir haben geschlafen wie

Murmeltiere im Winterschlaf; unser Erwachen ist allerdings grausam. Die steifgefrorenen Hosen anzuziehen hat etwas von chinesischer Folter! Der Himmel ist von jeder Sünde reingewaschen, vom Sturm blankgeschrubbt. Die Kapitelle unseres Bergzirkusses glühen aus. Unser Schatz des Tages ist ewig: ein Paß in 5 500 Metern Höhe, ein Fluß aus Diamanten, gekrönt von einer Tiara ätherischer Saphire. Ein wirklich schönes Geschenk für Sylvain, der heute, am 26. April, Geburtstag hat!

Zügig packen wir ein. Die Gangschaltung unserer Drahtesel ist von einer gefrorenen Matschschicht überzogen. Einzige Lösung: Morgenpipi. Es funktioniert! Auf zu dem Paß, den wir diesmal für den richtigen halten! Aller guten Dinge sind drei, oder?

Er läßt nicht lange auf sich warten. Drei Chinesen sind damit beschäftigt, einen zugeschneiten Lastwagen freizuschaufeln, um an die Ladung Nudeln heranzukommen, die sonst den ganzen Winter dort festsitzen wird. Wir sind baff, aber sie zeigen sich nicht im mindesten überrascht von unserer Anwesenheit, stellen weder uns noch sich selbst irgendwelche Fragen.

Wir schieben die Räder durch den tiefen Schnee, passieren endlich das Zielband: Auf dem Paß herrscht eine feierliche Atmosphäre! Hunderte bunter Fähnchen flattern in der Brise und vertrauen ihre Gebete dem nicht greifbaren Medium Luft an. Es sind *lupkas*, kleine Stoffquadrate, die mit Gebeten und Gottheiten bedruckt sind, die es schlau ermöglichen, per procura zu beten, im Einklang mit den Elementen.

Wir ziehen unsere Regenmäntel über, um uns gegen den aufspritzenden Schlamm zu schützen, und stürzen uns mit Feuereifer in die Abfahrt wie hilflose Sisyphusse, die wieder einmal den Felsen, den sie zwei Tage lang vor sich hergeschoben haben, den Berg hinunterrollen sehen.

Gruppen von angeschirrten Yaks steigen stumpfsinnig die Piste hinauf, gefolgt von Männern mit uralten Schwingpflügen. Die Blicke kreuzen sich wie Säbel – Zing! –, ziehen in Zeitlupe vorüber.

Sie sind auf dem Weg, die kleinen vom Schnee befreiten Erdflächen zu erobern. Zwei Männer, die dem weiten Panorama zugewandt am Rand der Piste sitzen, laden uns ein, ihr mageres Mahl mit ihnen zu teilen. Ledertaschen, Säcke aus Tierhaaren, Heubündel, Schaffelle, der verbeulte Kochtopf, Hacke und Kornschwinge, das Jagdgewehr, alles ist museumsreif. Wir parken unsere Räder bei ihren Yaks, und die gehörnten Lasttiere tauschen sich aus. *Tachideleg!* Die Tibeter lächeln uns an, wir sind nicht sinophon. Mit Yakbutter gesalzener Tee, Käse desselben Vierbeiners, Fladenbrot und Schweinefett, das ganze mit *tsampa* getränkt. Wir verständigen uns durch Handzeichen und Mimik. Das Nichtverstehen der Chinesen war unbegreiflich; mit den Tibetern unterhalten wir uns in der Zeichensprache, und das ist um so vieles sympathischer!

Hoch oben thronend wie eine Gletscherzunge, läßt Deqûen seine Betonblocks in eine Hangfurche fließen. Die Holzhäuser mit ihren Spitzdächern über schrägen Fronten weichen nach und nach den weißgefließten Würfeln der chinesischen Kolonisten. Während wir unsere vom Unwetter des Vortages stark mitgenommenen Ketten einfetten, vernehmen wir das vertraute Geräusch aneinanderschlagender Kugeln. Durch einen Portalvorbau sehen wir vor dem Hintergrund der verschneiten Gipfel einen Hof, der zu Gemeinschaftsunterkünften führt. Dort leuchten in der Sonne die grünen Rechtecke von fünfzehn Billardtischen, um die sich eine interessierte Menge drängt!

Tow sow kong li Markham? – »Wieviele Kilometer bis Markham?« Niemand weiß es. Ein alter Chinese spreizt zwei Finger ab. 2 Kilometer? 20 Kilometer? 200? Nein, schließlich verstehen wir, daß er zwei Tage meint. Hier werden Entfernungen in Tagen gemessen.

Mekong! Sein Name klingt wie das Dröhnen eines Gongs! Ein schwindelerregendes V-förmiges Tal. Weit, weit unten, zu weit weg, als daß sein Plätschern zu uns dringen würde, versickert der gewaltige Mekong im Erdboden, den er zu gründlich ausgewaschen hat. Vor uns, am anderen Ufer, tun sich 3 500 Meter Höhenunterschied auf ... bergab. Maßstäbe machen keinen Sinn mehr, wir radeln in der dritten Dimension, alles ist da, mit einem Schlag. Der Mekong hat diese majestätische Bergkette des Himalaja vom restlichen China abgetrennt. Die Schlucht ist atemberaubend, die Piste, die hinabführt, kaum mehr als ein langes Haar. Unser drittes Wiedersehen mit den 4 200 Kilometern der »Mutter aller Flüsse« (»Mekong« in Sanskrit) wird vom phantastischen Spiel des Sonnenlichts auf dem Panorama würdig untermalt.

Wir radeln zwei Stunden lang stromaufwärts bergab! Das ist das ganze Parodoxon Chinas. Im Laufe der Kilometer lebt der Fluß, der an dieser Stelle die gleiche Reife besitzt wie in Laos, seine wilde Jugend aus.

Am Straßenrand geben Kilometersteine die Entfernung bis Lahsa an. Zum Zeitvertreib kramen wir Daten oder Ereignisse aus unserem Gedächtnis hervor, die der Kilometerzahl entsprechen. Tagtäglich gehen wir um ein Jahrhundert zurück, indem wir 100 Kilometer zurücklegen. Unsere Räder haben sich in Zeitmaschinen verwandelt. Gestern, bei Kilometer 1945, habe ich den Zweiten Weltkrieg Revue passieren lassen; heute morgen die Belle Époque und die Kolonialzeit; übermorgen, bei Kilometer 1792, ist das Ende der Regentschaft Ludwig des XVI. dran. Wenn wir in Lhasa eintreffen, werden wir bei Christi Geburt angelangt sein!

Eine Brücke, die über den Mekong führt, krönt unseren Tag. Wir überqueren den Fluß symbolisch und steigen einen steilen Pfad hinauf, überqueren Seilbrücken und klopfen an die Tür eines befestigten, baufälligen Hauses. Klopf, klopf! Nichts. Wir lassen uns nicht entmutigen. Vom anderen Ufer rufen Chinesen herüber, als befänden wir uns in Lebensgefahr. Endlich öffnet ein entstellter Mann ein Fenster ... und schleudert uns eine Handvoll Steine ins Gesicht. Netter Empfang! Wir verschwinden, überqueren den Fluß erneut und kommen bei chinesischen Straßenwärtern unter. Mit Hilfe von Zeichnungen und Grimassen geben sie uns schließlich zu verstehen, daß wir an die Türe einer Leprastation geklopft haben …

Wir werden zum Essen in eine Lehmküche eingeladen, in der sich nach uns noch ein Soldat, ein Lastwagenfahrer, zwei Khampa-Hirten und seltsame Chinesen einfinden: ein bunt zusammengewürfelter Haufen Tischgenossen, die der Zufall in diesem Tal, in dem der Mensch wieder zum Herdentier wird, zusammengeführt hat. Auch Alain Prost gehört zu den Gästen! Wir trauen unseren Augen nicht! Diskret, von einer schmutzigen, als Tapetenersatz und zur Abdichtung an eine Bretterwand geklebten Zeitungsseite blickt er verblüfft in die Runde. Bei einem Omelett mit Champignons entwickelt sich ein wahrer musikalischer Austausch. Im gelblichschimmernden Feuerschein stößt unser Khampa seine schrillen Rufe aus, die Sylvain auf der Flöte nachspielt. Hohe und klagende Töne wechseln sich ab. In einem Augenblick der Unachtsamkeit, als sie uns nach unserem Alter fragen, sind wir so unvorsichtig, ihnen zu verraten, daß Sylvain heute Geburtstag hat und ich in zwei Tagen. Das Resultat ist, daß jeder von uns sechs Liter Bier trinken muß! Verheerender Brauch! Es ist das erste Mal, daß wir dem Alkohol nachgeben.

Als wir den Mekong überqueren, gelangen wir auf die andere Seite der Welt. Sofort werden wir in ein gewaltiges geologisches Gemetzel gestürzt. Riesige Kuchen mit verschiedenfarbigen Lagen, von der Erosion angenagt und von der Zeit ausgefeilt, ragen in übereinanderliegenden Pyramiden vor uns auf, ergießen sich in Geröllmassen.

In Niangseng begegnen wir den Bewohnern dieser Welt, den Khampa. Das ganze Dorf versammelt sich zu einem sehr interaktiven Schauspiel unter der Sonne. Die Kinder sind mit dabei; Baumstämme ersetzt die Stufen des Amphitheaters. Diese Tibeter sind schön und stolz. Die Männer tragen ihr Haar zu einem langen Zopf geflochten, der durch dicke Elfenbein-, Türkis- oder Bernsteinringe gezogen und mit einem noch einmal so langen, silberdurchwirkten Zopf aus roten Fäden verlängert wird. Das Ganze wird dann wie ein Turban um den Schädel gewickelt. Den ziselierten Dolch am Gürtel, Symbol ihres aufbrausenden Wesens, schreiten sie hochmütig einher. Sie sind in *chuba* gehüllt, weite Mäntel aus Schaffellen, die auf links getragen und mit einem Gürtel um die Taille zusammengehalten werden. Nur der linke Ärmel wird übergezogen, der andere hängt lässig auf dem Rücken herab und läßt die rechte Schulter frei. Die Frauen tragen lange Kleider unter schwarzen, längst gewebten Kitteln, in die blaue Fäden eingearbeitet sind. Die Ärmel ihrer Kittel und ihre Kopfbedeckungen sind rosa und gelb verziert. Ihre eingerollten Zöpfe sind mit Bernsteinketten, Türkismedaillons und Geldstücken geschmückt. Und das ist keine Festtags-, sondern Alltagskleidung. Inmitten dieser farbenfrohen, fröhlichen Menge fällt das Olivgrau der Kommunisten in Form einer Mao-Mütze, einer grünen Weste oder einer grauen Hose sofort auf.

Als wir am Nachmittag ein kleines Dorf durchqueren, streckt eine Horde Kinder uns zum Zeichen der Gastfreundschaft die Zunge heraus! Tim hat nicht gelogen. Sylvain als braver Haddock antwortet mit einem stilechten »Taratata!« – Daumen auf der Nase, den kleinen Finger abgespreizt und die restlichen hin und her bewegend. Aus der Schule strömt eine Flut von Strolchen, die, ganz fasziniert von der (bescheidenen) Behaarung unserer Waden, eine Epilationsbehandlung einleiten! Wir brüllen vor irrem Gelächter.

Am nächsten Tag überqueren wir in 4 500 Metern Höhe den Paß und durchqueren unser erstes hochgelegenes Tal, in dem hektische Betriebsamkeit herrscht. Kham! Der Name knallt wie ein Gewehrschuß! Da ist es, dieses Schlaraffenland mit seinen flachen Tälern inmitten abgerundeter Hügel; das ist das alte, von der Erosion der Jahrtausende fruchtbar gemachte Tibet. In regelmäßigen Abständen säumen Bauernhöfe, die wahren Festungen gleichen, unseren Weg. Das Gewicht ihrer sich nach oben hin verjüngenden weißen Mauern; Pfade, die Füße im Laufe der Zeit tief in die Erde gegraben haben, markieren unser Wiedersehen mit der Geschichte.

Etwas nervös betreten wir Markham, wo ein Posten an einem Schlagbaum die Genehmigungen kontrolliert und die Zugänge nach Tibet drastisch filtert. Diskret ziehen wir uns in ein Wirtshaus zurück, um nicht in den Gassen herumzuhängen. In kommunistischen Ländern, in denen persönliche Initiative ein Fremdwort ist, brauchen wir nur darauf zu achten, daß wir dem einzigen Menschen, der uns Ärger machen könnte, sprich dem Kommandeur des Grenzpostens, nicht über den Weg laufen. Außer ihm wird sich niemand an unserer Anwesenheit stören oder sich darüber wundern; der Kommunismus verzeiht keinen Machtmißbrauch! Wir hoffen, ihnen mit etwas Glück durch die Lappen zu gehen.

Im übrigen gibt es in diesem Land keine Polizeipsychosen; die Selbstüberwachung ist völlig in die chinesische Mentalität integriert. Die Gaffer sind zurückhaltend, stellen weder anderen noch sich selbst irgendwelche Fragen: *Big Brother is watching them, not us*! Wir passieren die Grenze völlig unbemerkt. Richtig kränkend! Aber an diesem Abend kommt es uns gerade recht!

Wir feiern meinen Geburtstag an diesem 28. April in 4 067 Metern Höhe mit einer Verdoppelung unserer Ration *campeï tudo, thami* und *tan*: Kartoffelkuchen, Reis und Eier.

Einen nach dem anderen lassen wir unsere Verwandten und Freunde Revue passieren: Denken sie wohl an unsere Geburtstage? Wir imitieren sie, lassen sie sprechen, ihre Prüfungen bestehen, sich amüsieren, begleiten sie ins Restaurant: Kalbsbries, Bordeaux, Roquefort. Wir nehmen ein heißes Bad, gehen barfuß über den flauschigen Teppichboden, schlendern durch die Rue Saint-Louis-en-l'Île, beschließen den Abend im *Charlotte*, einem entzückenden kleinen Café, und malen uns die tausend Kleinigkeiten aus, die wir so schmerzlich vermissen, während die anderen sie gar nicht mehr bewußt wahrnehmen.

Freitag, 29. April 1994:
202. Tag, 75 km. G: 12 705 km

Er hat schon wieder gerülpst. Er rülpst zwischen den Worten und spuckt zwischen den Sätzen: Er spricht zu mir, und ich verstehe nur die Geräusche, die er von sich gibt. Ich beginne mein 24. Lebensjahr mit einer Kolik. Einer, die sich gewaschen hat. Und dieser Chinese, der an meiner Seite hockt, leistet mir in meinem Leid Gesellschaft. Obwohl ich die öffentliche Toilette (private gibt es nicht) behelmt, bewaffnet und gestiefelt betreten habe, fällt es mir schwer, mich der heftigen Angriffe auf meine gerade erst erwachten Sinne zu erwehren. Ellbogen an Ellbogen hocken ein halbes Dutzend Chinesen nebeneinander, um in diesem düsteren Schuppen dem gleichen Bedürfnis nachzukommen. Maschinengewehrsalven! Geknalle! Körper fallen! Meine sämtlichen Sinne leiden aufs heftigste unter dieser Sonate für Furzomanen.

Der Schlagbaum ist oben, die Offiziere kehren uns den Rücken zu, und wir schweben vorbei wie die »Schwingen des Adlers«, wie unsichtbare, lautlose Engel. Von hier ab können wir die Partie bis Lhasa als gewonnen betrachten. Ein geopolitischer Schritt; die Überquerung einer Grenze ist gewöhnlich endgültig, das wissen alle Illegalen dieser Welt.

Zum erstenmal seit Argentinien radeln wir nach Westen. Die letzten 4 500 Kilometer sind wir nach Norden gefahren, und diese klare Linkskurve beschließt unsere Umgehung Birmas. Hurra! Wir nehmen unseren Wettlauf mit der Sonne wieder auf.

Ein Paß, eine letzte Abfahrt hinab zum Mekong, der hier nicht mehr ist als ein schmaler Wasserlauf, ein weiterer Paß, dicht gefolgt von seinem falschen Freund, das ist unser täglich Brot. Wir tun unser Bestes, geraten aber in Verzug; die durchschnittliche Entfernung, die wir zurücklegen müssen, um pünktlich in Lhasa einzutreffen, nähert sich bedrohlich der 100-Kilometer-Grenze. Seit Markham haben uns zwei oder drei Lastwagen aus Chengdu überholt. Die unausweichliche Versuchung ergibt sich eines späten nachmittags in einer endlosen Steigung, die nicht minder grausam ist als die vergangenen. Wir haben nicht die Kraft, dem Vorschlag eines chinesischen Fahrers zu widerstehen, der uns anbietet, uns mitzunehmen. Aber wie kommt es, daß wir uns dabei unwohl fühlen? Liegt es an dem Verstoß gegen unsere Regeln? Nein, wir meinen, genügend Tribut an die Pässe entrichtet zu haben. Vermutlich haben wir um so vieles betteln müssen, daß uns jede spontane Hilfsbereitschaft verdächtig erscheint.

Die Zementsäcke sind unbequem, und wir bekommen nichts von der restlichen Steigung mit, die uns jetzt erspart bleibt: Der Lastwagen ist durch eine Plane vollständig verschlossen. Der Motor heult beim Gangwechsel auf, die Straße muß sehr steil sein! Oben auf dem Paß beschließt unser Chauffeur, eine Teepause einzulegen. Sei's drum. Im Laufe der Unterhaltung, die sich mit erstaunlichem gutem Willen seinerseits entwickelt, verstehen wir nach und nach, daß er ein Intellektueller ist, ein unerwünschter politischer Verbannter, den man als Kolonist und »Zwangsfahrer« auf die Straßen Tibets geschickt hat. Darum also hatte er keine Angst, uns mitzunehmen. Er ist ein freier Mensch, ein Frondeur.

Wenn der Aufstieg noch harmlos war, erweist sich die Abfahrt in der Dunkelheit schon in der ersten Kurve als lebensgefährlich. Es scheint, als würde der Lastwagen immer schneller; das unheilvolle Knallen der Plane verrät unsere Geschwindigkeit; die Räder, die auf dem Boden des Lastwagens liegen, hüpfen wie Karpfen in einem Fischerboot, und Wolken von Staub, die beim Bremsen aufgewirbelt werden, dringen unter die Plane. Wir sind angespannt, verschreckt und blind, versuchen vergeblich, abrupte Richtungswechsel und Bremsmanöver vorauszusehen. Das brüllende Gelächter der Kamikaze-Besatzung läßt uns langsam, aber sicher das Blut in den Adern gefrieren. Angst packt uns. Ich fühle, wie sie sich mit kräftigen Adrenalinschüben in mir ausbreitet. Im Dunkeln gestehen wir uns unsere Panik ein. Zum erstenmal in sieben Monaten haben wir Angst. Wir haben Angst vor der wahren Angst. Dieser Todesangst, von der die Knie weich werden und sich einem der Magen umdreht.

Wir versuchen, tief durchzuatmen, als ein heftiger Aufprall uns gegen das Führerhaus schleudert. Peng! Das Geräusch des Todes! Wir werden uns überschlagen! Metall knirscht, doch wir kippen nicht um, der Aufprall bleibt ohne Folgen, wie befinden uns in der Schwebe. Der Lastwagen rührt sich nicht mehr. Zitternd und zerschlagen versuchen wir, uns von unseren Rädern zu befreien, die in dem Durcheinander auf uns gefallen sind. Schnell! Nur raus!

Mitten in den Bergen hat der Lastwagen einen Reifen verloren. Kopf oder Zahl? Wäre es der linke Reifen gewesen, wären wir in den Abgrund gestürzt! Welche Schande! Nach 13 000 geradelten Kilometern in unserem ersten und einzigen Lastwagen zu sterben! Nie wieder! Verstimmt trennen wir uns von unserem chinesischen Intellektuellen und bauen in der sternenklaren Nacht unser Zelt auf.

Wie beruhigend doch Satelliten sind, wenn man so weit entfernt ist von den Menschen, die man liebt! Wie Stars flanieren sie zwischen den Sternen, und man weiß, daß sie, sobald sie am Horizont verschwinden, unsichtbar am sonnigen Himmel vorbeiziehen, der unsere Lieben wärmt. Auf, kleine Satelliten! Bringt die Nachricht von meiner Liebe und meinem Heimweh von einem Ende der Erde ans andere! Wie lange hätte es wohl gedauert, bis unsere Eltern von unserem Ende in diesem dämlichen Lastwagen erfahren hätten?

Die Morgendämmerung verrät uns, daß wir uns am Bamda-Paß befinden, in 5 000 Metern Höhe. Seltsamerweise liegt kein Schnee. Ein strahlendweißer *chorten* (Reliquienschrein in Form einer umgedrehten Glocke mit einer Stufen-Fiale darüber, die die sieben Himmel symbolisiert; in Indien heißen sie *Stupa*) signiert das atemberaubende Panorama der orientalischen Bataillone des Himalaja. Lange betrachten wir diese stolzen birmanischen und indischen Hauptmänner in Galauniform, deren Gipfel zwischen 6 000 und 7 000 Meter hoch aufragen.

Die Piste verschwindet im Bauch der Erde; 45 Kilometer Abfahrt, um einen Höhenunterschied von 3 500 Metern zu überwinden. Diesmal ist es die Salween. *No comment*! In der Abfahrt gleitet Sylvain auf einem Stein aus, zögert zwischen Abgrund und rauher Felswand, stürzt mit dem Röcheln eines sterbenden Gladiatoren auf die Straße und bleibt dann reglos liegen. Von meinem Schwung getragen, fahre ich an ihm vorbei und werde blaß, als ich sehe, daß er nicht wieder aufsteht. Diagnose? Nichts gebrochen, gestockter Atem und geprelltes Handgelenk. Vorsicht!

Wir passieren Paxoï (Paschier ausgesprochen) und strampeln mühsam zu einem weiteren Paß in 5 000 Metern Höhe hinauf. Achterbahn? Von wegen! Chinabahn, ja! Um mir die Zeit zu vertreiben, lasse ich vor meinem geistigen Auge einen Film ablaufen. Andere nennen das Meditation. Gelangweilt von einer steinigen Landschaft, die ich inzwischen auswendig kenne, lasse ich beispielsweise unsere Überquerung des Pazifik Revue passieren, flüchte mich in die Vergangenheit, um die Gegenwart zu vergessen. Wenn mein Gedächtnis an einem Detail scheitert, rufe ich Sylvain zur Hilfe, und gemeinsam rollen wir den Faden dessen auf, was wir seit Paris alles erlebt haben. Diese Übung lenkt uns so erfolgreich ab, daß wir gar nicht mitbekommen, wie die Zeit vergeht.

Ein Sumpf ohne Oberfläche, ein Sedimentschwamm mit vereinzelten verschneiten Flächen, das ist ein Paß im

Plateaustil, das ist die tibetische Vollendung der Trogtäler, der Wasserturm der Erde!

Der hier schmelzende Schnee wird ins Chinesische Meer strömen. Innerhalb von drei Kilometern wird sich der Schnee im Salz des Indischen Ozeans in Bangladesch auflösen, und Tausende Kilometer weiter: die Trennlinie der Gewässer. Diese unsichtbare Grenze bedeutet für uns einen großen Sieg, einen großen Sprung nach vorn: Wir verlassen Südostasien! Von jetzt an wird uns die Erdanziehungskraft zum indischen Subkontinent leiten. Bis dahin werden noch viele Pässe und Steigungen die physikalischen Gesetze widerlegen, aber wie dem auch sei, das Wasser wird die Richtung ändern, wir werden ihm nicht mehr ständig stromaufwärts folgen, sondern stromabwärts. Die Erdanziehung befiehlt, Wasser und Radfahrer gehorchen.

Alles ist weiß, blendendweiß. Die umliegenden Gipfel sind 7 000 Meter hoch, und wir haben uns perfekt akklimatisiert. Seit 25 Tagen bewältigen wir täglich einen Höhenunterschied von durchschnittlich 1 700 Metern; unsere Lungen haben sich geweitet, unser Herzschlag hat sich verlangsamt, und unser Blut hat sich mit Hämoglobin angereichert.

Dann rollen wir auf der anderen Seite der Erdkugel talwärts. Nach einigen Kilometern berauschender Abfahrt am Abend stoßen wir auf die Kolonne von 14 chinesischen Militärlastwagen, die uns beim Aufstieg überholt haben. Die Soldaten haben haltgemacht, um bei einem Straßenwärter Tee zu trinken. Sie reichen uns brühendheiße Tassen und heißen uns willkommen. Sie sind auch auf dem Weg nach Rawu. Wir wechseln ein paar Worte auf Englisch, als plötzlich in der Ferne dumpfes Donnergrollen wie von einem Gewitter ertönt. Besorgt spitzen alle die Ohren. Explosionen? Bombardierungen? Niemand weiß es. Wir brechen vor ihnen wieder auf, ziemlich verunsichert, und gelangen auf eine verschneite Furche, die bald darauf in eine schmale Schlucht übergeht, die geradezu prädestiniert ist für einen Hinterhalt.

Plötzlich entdecken wir hinter einer Kurve die Ursache für das Donnergrollen von vorhin. Eine Steinlawine ist zu Tal gegangen, exakt dort, wo eine Art Brücke an einem Abgrund entlangführt. Kalter Schweiß und rückwirkende Angst. Ein Jasmintee hat uns möglicherweise das Leben gerettet. Man sollte nie eine Tasse Tee ausschlagen!

Kurze Zeit später trifft auch die Lastwagenkolonne ein. Die Straße ist unpassierbar. Nach langem Palaver überreicht uns der höchste Offizier einen Zettel, auf den nicht zu entziffernde Schriftzeichen gekritzelt sind. Wir sollen die Nachricht dem Kommandanten des Militärpostens von Rawu übergeben. Welche Ironie! Und wir wollten uns unbemerkt vorbeischleichen! Wir machen den Lastwagen eine lange Nase und steigen vorsichtig, die Räder auf dem Rücken, über den haushohen Geröllhaufen. Wir versinken in der in ein eisiges Schlammloch verwandelten Piste, es regnet Steine, die klappernd gegen unsere Speichen schlagen, und wir legen ein zügiges Tempo vor. Uff! Wir überstehen die hinterhältige Falle unbeschadet und erreichen bei Einbruch der Dunkelheit Rawu.

Das kleine Dorf schläft unter einer Schneedecke und ist von chinesischen Militärbauten des »großen Erwachens« umringt. Tibetische Gebetsfahnen bluten am Himmel, verwischt von der majestätischen kommunistischen Flagge, die diese Gelegenheit nutzt, uns noch ein paar Sterne zu stehlen: die Sterne der Hoffnung. Wir führen unsere Mission beim Lagerkommandanten aus, nachdem wir einige Mühe hatten, die Wachposten zu passieren. Der Kommandant lädt uns dankbar ein, mit ihm zu Abend zu essen. Wir lassen uns das Festmahl etwas verlegen schmecken, unter den traurigen Blicken der Tibeter, die uns mit dem Besatzer paktieren sehen. Am unerträglichsten ist die Art, wie der Offizier den Mann behandelt, der uns bedient: Er schlägt und beschimpft ihn ununterbrochen. Über unsere entrüsteten Mienen amüsiert er sich königlich. Wir haben ja nicht einmal Sinn für Humor!

Dienstag, 3. Mai 1994:
206. Tag, 100 km. G: 12 988 km

Die Gleichung mit mehreren Unbekannten scheint simpel: 766 Kilometer in acht Tagen, aber zahlreiche Xe und Ye werden die Rechnung bis zum Ziel noch verkomplizieren. Im polaren Rauhreif des frühen Morgens oben in den Bergen knirscht der Schnee unter unseren Reifen. Ein traumhafter See, der von Firn gespeist wird, der sich in seinen Wassern spiegelt, breitet sein diamantenes Kaleidoskop vor uns aus. In diesem kubistischen Spiegel werden Ebenen und Oberflächen zu Reliefs, und die funkelnden Gipfel irisieren von Facetten. Die Sonne, von den unzähligen Gipfeln aus dem Gleis geworfen, entfesselt ein Feuerwerk von Blitzen auf den kahlen Bergen, sät Panik im Reich der Schatten.

Und dann begegnen wir dem Yeti. Dicht behaart und schwarz, gedrungen und gegerbt, lächelte der kleine Mann uns an. Auf dem Rücken trägt er den in Kiefernzweige eingewickelten Kadaver eines Schneeleoparden. Der See schickt ein Band grünes, reines Wasser auf den Weg nach Indien. Dort beginnen wir mit der Abfahrt. Es fängt schlecht an. Immer wieder ist die Piste zerfurcht, weggeschwemmt, unterbrochen. Die Schneeschmelze hat sie wieder in eine Baustelle verwandelt. Wir passieren Lawinenfelder, Schlammfluten, Erdrutsche und umgestürzte Baumstämme. Die Räder leiden, die Packtaschen knallen ihnen in die Seiten, die Felgen klappern.

Die stille Erhabenheit der Gipfel, die hinter den Biegungen hoch über unseren Köpfen auftauchen, bildet einen krassen Kontrast zum Getöse und Chaos in den tiefen Schluchten, die wir hinabrasen. Ich stürze in voller Fahrt auf die steinige Piste. Während ich am Rand des Abgrunds entlangkugele, höre ich Sylvains erschrockenen Aufschrei. Das wäre beinahe die Schlußszene des Films gewesen. Trauriger Nachruf!

Humpelnd steige ich wieder zur Piste hinauf. Ich habe mir den Oberschenkel aufgeschürft. Alles in Ordnung! Das Rad ist unbeschädigt! Das wäre eine Katastrophe gewesen! Hier oben kann es nicht heilen! Ich fahre wieder los in Gedanken bei der unglaublichen Überlegenheit des Lebenden über das Mineral!

Am nächsten Tag ist das Tal um vieles breiter. Der Bach, der im Verlauf von 150 Kilometern zum Fluß angeschwollen ist, windet sich über den funkelnden Sand am Fuß der mit dunklen Kiefern bewaldeten Hänge. Der Gyalwa Pal Ri, ein imposanter Siebentausender, dessen Gipfel abgerundet ist wie ein Eis am Stiel göttlichen Ausmaßes, wie ein Juwel zwischen zwei Bergmassiven eingefaßt, verleiht der Landschaft Symmetrie und Ewigkeit.

Unsere chinesischen Mittagessen sind schmerzliche Erfahrungen. Erst müssen wir einer Bedienung, die etwa so viele Neuronen besitzt wie Nasenlöcher, klarmachen, daß wir nichts anderes wünschen als das einzige Gericht, das sie anzubieten hat: *mien tao*, Nudelsuppe. Mehrere Minuten spielen wir diese zwei Melodien in allen Tonlagen, um ihr Zeit zu lassen, zu schalten. Wenn es Klick macht – tilt! Heureka! Mein Gott, natürlich! – hellen sich ihre Züge schlagartig auf: *Aaaaah! Mien tiao! OK.*

Erster Sieg. Der eigentliche Kampf erfolgt erst bei der Rechnung. Mit einem breiten Lächeln verlangt die Wirtin regelmäßig das Vierfache des üblichen Preises, wenn sie nicht gar in grotesker Naivität auf den höchsten Preis auf ihrer Speisekarte zeigt! Wir sind wütend, protestieren; sie klammert sich an unsere Börsen; wir berufen uns auf die anderen Gäste, sie bleibt stur; wir schlagen mit der flachen Hand auf den Tisch, geraten in Harnisch: Sie steckt das Geld ein und lacht. Es ist ermüdend! Und dabei sollen die Mahlzeiten und Nächte eigentlich wohlverdiente Ruhepausen sein!

Donnerstag, 5. Mai 1994:
208. Tag, 75 km. G: 13 186 km

Wir sind wieder auf 1 700 Meter abgestiegen, mitten im Herzen Osttibets, an der Stelle, wo der Zangbo (Brahmaputra) nach Süden und zum indischen Arunachal Pradesh abbiegt, in einer Furche des Himalajagebirges, dem er 1 700 Kilometer weit gefolgt ist. Von Tenmaï aus, das sich so verschwommen präsentiert wie ein japanisches Aquarell, radeln wir durch atemberaubende Rhododendronbüsche wieder bergan. Ein üppig wuchernder Urwald aus mit Schafgarbe verwachsenen Baumfarnen und Flechtenschals, die in langen Lumpen von den Eichen herabhängen, Bambus und Moosen, verleiht unserem Aufstieg das Geheimnisvoll-Märchenhafte verlorener Welten. Wenn dazu noch Nebelschwaden die Natur umwabern und man einen Bach plätschern hört, rechnet man beinahe damit, auf Elfen zu treffen!

An diesem Morgen entdecke ich unterhalb der Piste eine Säule von Vulkandämpfen. Weiter unten ist ein Loch zu sehen, das den kochenden Schwefel aus den Eingeweiden der Erde spuckt. Als eine Zone tektonischer Verwerfungen, wächst der Himalaja jährlich um zehn Zentimeter. Ein Stück weiter wurden ganze Abschnitte der Piste von Erdrutschen zerstört. Anstatt über den »*chinese highway*« , wie es in unserer deutschen Straßenkarte heißt, schieben wir unsere Räder durch den Schlamm und durchwaten Furten, um den Hindernissen auf dem unpassierbaren Pfad zu umgehen, angesichts dessen jedem Wanderweg in Frankreich vor Stolz die Brust schwellen würde! Am Abend stoßen wir wieder auf Schnee, am nächsten Tag erwarten uns Regen und der Lula-Paß in über 5 000 Metern Höhe. Der Monsun, dessen erste Fronten über den Himalaja hinwegziehen, um Tibet aus seiner winterlichen Trägheit zu reißen und seine Wiedergeburt zu beschleunigen.

In dichtem, eisigem Nebel, durch Schlammlöcher und von heftigen Bauchkrämpfen geplagt, die Zähne zusammengebissen und unter unseren Regenmänteln unsere ganze Körperflüssigkeit ausschwitzend, kommen wir unter Schmerzen mit einem weiteren Paß nieder. Als wir unter die bauschige Nebelbank gelangen, tut sich zu unserem Entsetzen ein ebenso beklemmendes wie deprimierendes Panorama vor uns auf. Die 4 000 Meter Höhenunterschied unseres hübschen Babys, das wir zwei Tage lang mühsam in uns getragen haben, werden zunichte gemacht, regelrecht abgetrieben: Es geht wieder abwärts zum Brahmaputra.

Mehrere Kilometer folgen wir einem Yak, das vor uns flüchtet. Vermutlich ein Aufklärer-Yak? Es öffnet uns den Weg! Das Tier denkt keine Sekunde daran, uns vorbeizulassen; es ist wohl überzeugt davon, daß wir es verfolgen, daß wir ihm ans Leder wollen – ein echt paranoides Yak.

In Linz am Fuß des Berges, in bereits frühlingshaft milden Temperaturen, werden wir von einem wichtigtuerischen Offizier, der stolz eine Plakette mit der Aufschrift »*foreign officer*« an der Uniformjacke trägt, auf Englisch angesprochen.

»Die Pässe, bitte! Ich verhafte Sie! Ihre Reise hat ein Ende! Die Straße nach Lula ist für Ausländer gesperrt, Sie müssen noch heute abend zurück nach Lhasa!«

Sofort begreifen wir, daß dieser Idiot uns nicht in der Stadt hat eintreffen sehen und glaubt, wir wären aus Lhasa gekommen.

»Ihr Wunsch ist uns Befehl, Herr General!«

Die Tibeter, komplizenhafte Zeugen der Szene, biegen sich vor Lachen: Sie wissen, woher wir gekommen sind! Sie haben nur Gelächter und Tränen, um ihren friedlichen Widerstand auszudrücken. Innerlich jubilierend, setzen wir enttäuschte, aber resignierte Mienen auf, brechen unverzüglich in Richtung Lhasa auf und stellen unser Zelt außerhalb des Dorfes am Ufer des Brahmaputra auf.

Die sandige Piste am folgenden Tag ist mit faustgroßen Kieseln übersät.

Im Regen »trashen« wir bis spät in die Nacht: Mein Reifen platzt, und ich nähe ihn im Licht meiner Stirnlampe, während Sylvain im Schutz seines weiten Regenmantels den Schlauch flickt. Wir sitzen in der Patsche; wir haben nur noch zwei Flicken bis Lhasa! Kein Licht, kein einziger Stern weist uns den Weg. Wir verfluchen die Stolperfallen auf der Straße und sind nur noch von einem besessen: unserem nächsten Etappenziel!

Völlig durchnäßt, erschöpft und verstört erreichen wir Paroutchia. Wir verstehen kein Wort. Großartig! Leichte Opfer! Es dauert nicht lange, und man versucht, uns übers Ohr zu hauen. Der chinesische Wirt der Fernfahrerraststätte verlangt von uns, daß wir für alle sechs Betten in unserem Zimmer bezahlen. Wir flüchten zu einer freundlichen Tibeterin. Vor dem Schlafengehen überprüfe ich den Beutel im Geheimfach meiner Lenkradtasche, der unseren gesamten Dollarschatz enthält: verschwunden! Panik! Wir kehren zu unseren Chinesen zurück, zum Äußersten entschlossen. Unser Auftritt geht daneben, ein echter Blindgänger. Keine Reaktion, nichts, was auch nur einen Hauch von Verlegenheit verraten würde. Undurchschaubare Chinesen! Intuition überzeugt uns davon, daß sie unschuldig sind. Blaß und deprimiert, verbittert, so wie jeder Tourist, dem die Reisekasse abhanden kommt, entdecke ich benommen die Schwachstelle meines Nervenkostüms: Ich ertrage es nicht, Geld zu verlieren! Sylvain, viel buddhistischer veranlagt, macht sich mit einer Kerze auf in die Dunkelheit.

Angespannte Minuten verstreichen, als plötzlich in der Ferne die vertrauten Klänge des *Exultate, Jubilate* von Mozart ertönen: Er hat den Beutel gefunden! Heiße Tränen laufen mir über das Gesicht, noch bevor er das Zimmer betritt. Wir umarmen uns, singen Hallelujas; die Chinesen halten uns für irre!

Schon bei Morgengrauen zieht ohne Vorwarnung eine unheilvolle Gewitterfront über uns auf. Schwarze, undurchdringliche Mauern tauchen auf, wo eben noch

Schafherden friedlich grasten, lösen Panik unter den Tieren aus. Der Sturm läßt nicht lange auf sich warten. Wir bekommen eine horizontale Salve Hagelkörner ins Gesicht, während riesige Staubwolken unsere linke Flanke angreifen. Als sich wieder alles beruhigt hat, kommt die Sonne hervor, um die ihren neu zu sammeln und das Schlachtfeld zu inspizieren. Ein phantastisches Schauspiel, das von den Yaks belebt wird, deren zielloses Dahinjagen die letzten Dämonen vertreibt.

Der Dalai Lama öffnet uns an diesem letzten Abend die verräucherte Jurte eines weiteren Yeti. Ein Ngolok, ein schwarzhäutiger, behaarter, stämmiger Nomade, freut sich derart darüber, daß Tenzin Gyatso, die vierzehnte Inkarnation des Buddha des Mitgefühls in Frankreich und auf der ganzen Welt ein Star ist, daß er uns in seine Höhle einlädt. An seiner Seite kauen wir, auf Yak-Häuten sitzend, Yak-Pemmikan. Hier stammt alles vom Yak: das Brennmaterial aus getrocknetem Dung, das Zelt aus Fellen. Morgen werden wir unseren letzten Paß überqueren. Morgen wird wunderbar oder gar nicht sein! Dienstag, der 10. Mai, ist unser Stichtag!

Dienstag, 10. Mai 1994:
212. Tag, 112 km. G: 13 672 km

Wir erklimmen den Paß, jagen seine Rückseite hinab, heben ab, von Engeln getragen. Die Steine summen wie goldene Bienen, die Sonne lacht über unsere Euphorie: Wir radeln auf Lhasa zu!

Wird Mme Tesson zu unserer fraglichen Verabredung kommen? Wir rechnen ständig damit, in einer Staubwolke ihrem Blick hinter der Windschutzscheibe eines Geländewagens zu begegnen.

Was Bettina Schreiber betrifft, *personal guest manager* des Holiday Inn, sind unsere Ansichten geteilt. Gegenstand langer phantasievoller Debatten, veranlaßt uns diese Frau mit dem geheimnisvoll klingenden Namen zu wildesten Spekulationen. Sylvain sieht sie wie eine Heldin aus einem S.A.S.-Roman, überlegen, der kopflosen Chinesen Herr werdend, während ich sie mir als psychedelische beleibte Deutsche vorstelle, die in Lhasa gestrandet ist wie ein Wal auf einer Sandbank.

»Da! Das Potala! *Lha Gyelo dé tamtché pam* – »Sieg den Göttern! Die Dämonen sind besiegt!« (Ausruf der Pilger bei ihrem ersten Blick auf die Potala).

Ich schreie wie ein Matrose, der Land gesichtet hat! In der Ferne, gedrungen, auf seinem Sockel im Herzen des Tales, weiß, aber mit Fenstern gesprenkelt, ragt sein roter Tempel in die Lüfte auf, seine glitzernden goldenen Dächer schicken feurige Lobgesänge gen Himmel, Blitze und Gelöbnisse.

Das Bild wird abrupt verdorben, als wir eine Felsnase passieren, die die Sicht bis dahin weitgehend verdeckte. Eine plumpe, mit orangefarbenen Straßenlaternen gespickte Betonbrücke eröffnet uns eine Perspektive, die alle Übel umfaßt, die ein herrliches Panorama sabotieren können: Tanks und Zisternen, qualmende Schlote, Baukräne und Fertigbaubaracken, Übel und Stempel der Chinesen.

Sylvain lag, was unseren *personal guest manager* betrifft, ganz richtig. Verdammter Sylvain!

»*Nobody is there, but I have a fax for you.*«

»Eintreffe Dienstag 10. Mai. Marie-Claude«, lesen wir.

Aber heute ist Dienstag, der 10. Mai! Wilde Hoffnung folgt auf unsere anfängliche Enttäuschung.

»Landet heute eine Maschine aus Katmandu?«

»Ja! Sie landet um 14 Uhr 30; die Passagiere treffen um 16 Uhr hier ein!«

Es ist 15 Uhr 45. Uns wird ganz schwindlig, wir wagen es kaum zu hoffen! Benommen setzen wir uns inmitten unserer Räder auf die Eingangsstufen des Hotels und warten.

Zehn Minuten später trifft wie die Kavallerie der Geländewagen ein; seine kostbarster Fahrgast springt mit einem Satz heraus, und Marie-Claude wirft sich in die Arme ihres Sohnes.

»Ihr seid wirklich großartig!«

Sie hat ja keine Ahnung, wie großartig sie uns erst erscheint.

Von Lhasa nach Katmandu

Sylvain

»Tibeter! Ihr habt sie, eure Rache! Seht sie euch an, die emsigen Chinesen. Sie bauen eure Tempel wieder auf. Es sind die Söhne jener, die sie, vom Quartier Latin bejubelt, vor 20 Jahren dem Erdboden gleich gemacht haben. Jeder gemauerte Stein ist ein Widerruf ihrerseits. Ihr wurdet besiegt, sicher, aber ihr habt niemals Schuld auf euch geladen.«

Pst! Pst! Was sagst du, kleine Tsedrin, die uns durch das Labyrinth der Potala führt? Wie? Du bist ergriffen von der Besichtigung dieser Flure und Höfe? Was? Dort sind deine 18jährigen Brüder unter den Schlägen der Chinesen aus Peking gefallen? Sie sind in ihr Gewand wie in ein Leichentuch gehüllt gestorben, mit leeren Händen und reiner Seele? Sprich doch lauter! Du hast nichts zu befürchten, wir befinden uns auf der Terrasse, die auf Lhasa hinabblickt. Du weinst? Deine Jungmädchenaugen erkennen die Stadt nicht wieder, die deine Großmutter dir beschrieben hat? Was sagst du? Sie sind es, die Chinesen, die diese riesigen Zisternen, diese Betonblocks und Müllhalden errichtet haben. Sie haben das Antlitz der Stadt entstellt? Glaubst du? Sie haben die Berggötter beleidigt? Wonach hältst du im Süden Ausschau? Nach ihm? Wer ist er? Der Dalai Lama? Du weißt, daß er eines Tages zurückkehren wird? Du wartest auf ihn? Du sehnst seine Rückkehr herbei? Und du hältst im Herzen über den Bergen des Himalaja Ausschau?

So lautet das Klagelied einer jungen Tibeterin. Einer Überlebenden der chinesischen Massaker, die 20% ihrer

Brüder das Leben gekostet haben. Tsedrun führt uns, meine Mutter, Alex und mich, drei Tage lang auf einer Besichtigungstour durch die Klöster Lhasas.

Wir haben Ganden gesehen, eins der 6 000 zerstörten Klöster in 4 000 Metern Höhe. Auf den Baustellen der Schande bauen chinesische Arbeiter die zerstörten Schätze originalgetreu wieder auf. Sie versuchen, Schmach, Wunden und Erinnerung des Großen Steuermanns auszulöschen.

Wir haben die Tempel von Sera und Drepung von Gebeten widerhallen hören. Im Halbdunkel einer Säulenhalle lesen die Mönche in ihrem heiligen Buch. Als die heiligen Gebete sich wie ein Summen erhoben, erinnerten sie uns an Bienenstöcke.

Wir haben den ekelerregenden Geruch der Kerzen aus Yakbutter gerochen. Ihre flackernden Flammen erhellen die vorquellenden Augen der Ungeheuer, die die Potala bewachen. Und Weihrauchschwaden wabern in Spiralen durch den Raum, in dem die Kopfbedeckung, die der Dalai Lama bei seiner Flucht verloren hat, darauf wartet, wieder getragen zu werden. Der durchdringende Geruch hüllt die Mönche ein wie penetranter Raubkatzengeruch.

Wir haben die Gebetsmühlen berührt, die den Jokkang umgeben. Und wir haben die Gläubigen gesehen, die kriechend nach Lhasa gelangt sind, mit den Abschürfungen an Händen und Knien als einzigem Maß der Entfernung.

Wir haben erschreckende Gesichter alter, faltiger Menschen gesehen, die noch die Freiheit kannten. Und die glatten Gesichter der Kinder, die ihrer harren. Und die Gesichter geschmückter, lächelnder Frauen. Und auch die edlen Gesichter schweigender Reiter. Und all unsere Entdeckungen wurden begleitet vom traurigen Lied Tsedruns, die auf ihren Dalai Lama wartet.

Sonntag, 15. Mai 1994:
Lhasa

Meine Mutter ist gestern abgereist. Wir gönnen uns einen Erholungstag im Holiday Inn, ehe wir wieder aufbrechen.

»Alex! Ich habe gerade ein Fax von meiner Mutter bekommen. Sie hat es aus Katmandu geschickt, wo sie zwischengelandet ist.«

Meine lieben Kleinen!

Ich schreibe euch vom Zollbüro aus. Ich bin verhaftet worden. Die Zöllner haben in meinem Gepäck die Gegenstände gefunden, die die Mönche von Drepung uns geschenkt haben. Die Steinstelen und die hölzernen Gebetsplatten. Mir wurde mitgeteilt, die Ausfuhr sei illegal. Sie wollten mich zwei Tage festhalten, um meinen Fall zu prüfen. Ich habe mich aus der Affäre gezogen, indem ich den Zöllnern zwei Exemplare von Tim und Struppi in Tibet *geschenkt habe. Ich bin über den Everest geflogen. Er ist grandios. Beeilt euch, hinzukommen.*

Kuß
Marie

Montag, 16. Mai:
Abfahrt aus Lhasa

Die Straße, die von Lahsa über den 50 Kilometer entfernten Flughafen nach Nepal führt, ist eine Wonne. Schmucke Dörfer säumen den Weg. Schnurgerade Reihen schöner Bäume führen an den gepflegten Häusern vorbei. Der glatte, dicke Asphalt kündet von sorgfältiger Instandhaltung. Buddhas in leuchtenden Farben, die auf die Wände gemalt sind, versichern einem, daß alles bestens ist. Die Chinesen sind clever. Meister in der Kunst der

Illusion. Diese Straße ist ein Meisterwerk der Propaganda. Ein Paradebeispiel. Die Fassade eines künstlichen Tibet für Touristen, die gerade dem Flugzeug entstiegen sind.

Unterdrückung? Wo denn? Seht euch doch die fröhlichen Hausfassaden und die Qualität der Straße an. Am Stadtrand gibt es sogar eine Waschanlage, bei der die Wagen obligatorisch haltmachen müssen, ehe sie in die Stadt zurück dürfen. Was für ein Witz! Wenn man an die dürftige Hygiene dieses Volkes denkt! Aber blitzender Chrom hat schon immer einen guten Eindruck auf Touristen gemacht, die ohnehin nichts mehr wahrnehmen, weil die Höhe ihnen zu schaffen macht und sie nur noch daran denken, ins Hotel zu fahren und sich einen großen Schluck Sauerstoff aus der Flasche zu genehmigen.

Aber der Spaß hat seine Grenzen. Gleich hinter der Gabelung zum Flughafen stößt man wieder auf die gute alte holprige Straße, chinesische Militärbasen und schäbige Lager deportierter Tibeter. Verjagt das Natürliche von den Straßen Chinas, es kehrt im Galopp zurück. Es hat alles wieder seine Ordnung. Das Chaos, die Furchen, die Erdrutsche. Jetzt befinden wir uns am Anfang der Hochstraße. Am Ende des Wegs erwartet uns Katmandu.

Zu unserer Linken fließt der Brahmaputra. Zwei Tage lang radeln wir stromaufwärts in Richtung seiner mythischen Quellen. Der alte Fluß aalt sich in einem breiten Tal. Schon haben wir wieder gegen den Wind zu kämpfen. Er wird uns bis Nepal begleiten. Jeden Morgen verraten uns die Gebetsfahnen, was uns erwartet. Flattern sie in der richtigen Richtung? Nein. Gegenwind, ein höllischer Tag.

Dienstag, 17. Mai 1994:
Nemyo. Mittags

Kurz vor der Stadt Xigatse kommt ein wahrer Orkan auf. Wir können uns nicht erinnern, schon einmal mit so heftigen Böen zu kämpfen gehabt zu haben wie jenen, die uns jetzt von der Straße drängen. Der Brahmaputra brodelt und schäumt. Die Dünen auf dem Talboden zwischen den Flußrinnen erheben sich wie Wellen. Ein Sandsturm in Tibet! Was ist das für ein Land, in dem verschneite Gipfel Wüstenlandschaften überragen? Wir brauchen Stunden, um tief gebeugt durch das Unwetter zu radeln und Xigatse zu erreichen.

Mittwoch, 18. Mai, sechs Uhr früh:
Xigatse

Schnee! Das ist unser erster Eindruck, als wir morgens aufwachen. Es ist äußerst unangenehm, wenn man bei Morgengrauen seine Zimmertür öffnet und vom Dach eine wahre Schneelawine auf einen niedergeht. Von unserem Balkon aus können wir die von einem Schneeteppich bedeckte Straße nach Westen sehen. Wir nutzen die Frist, die uns der Himmel gewährt, um uns eines delikaten Problems anzunehmen.

»Also los, Sylvain, mach dich frei!«

Seit zwei Tagen quält mich ein Furunkel am Po. Alexandre desinfiziert ein Messer über einer Kerze und anschließend mit Alkohol. Die Operation ist langwierig, weil man tief ausschaben muß, um die Wurzeln des Abszesses zu entfernen.

»Fertig. Jetzt kannst du wieder auf dem Sattel sitzen.«

Aber entgegen unserer Annahme, hat die Reiseapotheke an diesem Morgen noch nicht ausgedient. Aus dem Nebenzimmer ertönt ein Schrei. Wir laufen hinüber.

»John!«

Wir erkennen den Amerikaner wieder, einen Langzeitreisenden, den wir eine Woche zuvor in Lhasa kennengelernt haben. Er liegt bäuchlings auf seinem Bett. Seine Wade ist zerfetzt und sein ganzes Bein blutüberströmt.

»Sie kennen sich?« fragt ein Weißer in einem Yakfell, der sich ebenfalls im Zimmer aufhält, auf Englisch.

»Natürlich! Und wer sind Sie?« fragte Alex.

»Ich heiße Pete. Ich treibe mich seit 15 Jahren in Tibet herum. Euer Freund ist im Kloster von einem Hund gebissen worden.«

»Es tut wahnsinnig weh«, erklärt John.

John ist erstaunlich gefaßt!

Ein Mönch versucht, ihm eine Mixtur auf Wurzelbasis einzuflößen, während ein anderer Fotos des Dalai Lama auf die Wunde drückt. Dieser Teil der Operation hat ihm vorhin auch den Schmerzensschrei entlockt.

»John, möchten Sie, daß wir versuchen, die Wunde zu nähen?« fragen wir ihn.

»Was Sie wollen, aber sagen Sie diesem Kerl, er soll aufhören, mit dem Foto über die Wunde zu reiben.«

Wir bereiten das Desinfizierungsmaterial vor. Die Mönche betrachten unsere Fläschchen interessiert. Pete versucht, alle zu beruhigen.

»Wenigstens gibt es in Tibet keine Tollwut«, versichert er.

»Wir brauchen etwas, um das Bein hochzulegen«, sagt Alex.

»Sehen Sie in meiner Tasche nach«, sagt John. »Ich habe *A la recherche du temps perdu* von Proust dabei.«

»Was? Proust? Wer ist das denn?« fragt Pete, der sich einfach für alles interessiert.

»Das ist ein französischer Schriftsteller vom Anfang des Jahrhunderts, der … Au! Sie tun mir weh!«

»Das ist nur das Antiseptikum, das etwas brennt«, erklärt Alexandre.

»Dieser Proust, was für einer Stilrichtung gehört er an?« fragt Pete hartnäckig.

»Der Literatur, die sich der Analyse von Gefühlen annimmt. Er war besessen von der Erinnerung und der Referenz an die Vergangenheit. Was machen Sie denn da?«

»Wir fangen jetzt mit dem ersten Stich an. Halten Sie still, John.«

»Leisten gute Arbeit, die beiden Franzosen. Was für ein Mistköter«, bemerkt Pete.

»Ich habe ihn gar nicht kommen sehen.«

»So. Nur noch ein Stich!« trompetet Alex. »Sagen Sie mal, Sie haben da aber eine schlechte Übersetzung. »Das Vergangene« anstatt *À la recherche du temps perdu*.«

»Stimmt, aber der eigentliche Text ist gut übersetzt. Sind Sie fertig?« fragt John besorgt.

»Fast. Wir müssen die Naht noch desinfizieren. Wie weit sind Sie denn mit dem Buch?«

»Ich habe gerade *In Swanns Welt* gelesen.«

»Swann? Wer ist das?« will Pete wissen.

»Ein Kleinbürger«, antwortet John. »Au! Das tut weh. Was will denn der?«

»Das ist der Mönch, er will das Foto des Dalai Lamas im Verband unterbringen.«

»Lassen Sie ihn«, rät Pete. »Eines Tages in Goldmud habe ich gesehen, wie ein kleines Mädchen von einer ganzen Meute angefallen wurde. Die Eingeweide hingen raus. Sie haben ihr ein großes Poster des Dalai Lamas auf den Bauch gelegt. Das hat ihr Erleichterung verschafft.«

»In Ordnung! Der Verband ist fertig!«

»Danke. Ich hoffe, ich hole mir nicht die Tollwut«, stöhnt John.

»Ich sagte doch, daß es die hier in Tibet nicht gibt. Wollen Sie mir nicht Ihr Buch überlassen?« fragt Pete.

Das Wetter hat sich ein wenig beruhigt. Wir wollen uns wieder auf den Weg machen. »*Well, bye bye, John*. Wie heißen Sie überhaupt weiter?« fragt Alex.

»John Fungis wie der Held aus *Die Geschichte einer Stadt* von Dickens.«

»Von wem?« fragt Pete. »Dickens? Wer ist das?«

Wir brechen auf zur nächsten Etappe im Schnee.

Die Sicht ist auf wenige Meter beschränkt. Wir tasten uns vorsichtig vor. Nach und nach löst dichter Nebel den Schnee ab. Die Piste, die aus Xigatse hinausführt, hat sich in ein einziges Schlammloch verwandelt. Hin und wieder reißen lange Schwaden weißen Nebels auf, und dann taucht in tiefblauem Licht eine Tempelruine oder ein weißer Bauernhof auf. Manchmal erscheint auch ein Nomadenlager im Dunst. Einige schneebestäubte Zelte harren in der stillen, starren Luft der Rückkehr der Sonne wie ein letzter verlorener Posten in der Beresina.

Der Hund hat sich den Nebel zunutze gemacht. Er hat unsere Anwesenheit gerochen, lange bevor wir ihn sehen konnten. Er hat sich, hinter den Wolken versteckt, auf die Lauer gelegt ... Als wir dann an ihm vorbeigefahren sind, ist er zum Angriff übergegangen. Sein schwarzer Kopf ist wie ein in Nebellumpen gehüllter Dämon aus der milchigen Weiße aufgetaucht. Der Hund jagt hinter uns her. In der Stille sind nur die schmatzende Geräusche der Reifen im eisigen Schlamm und das Hecheln der Tibetdogge zu hören. Im Rückspiegel sehen wir, daß sein Rücken naß ist und sich in eine Damfpwolke hüllt, die sich mit den bauschigen Schwaden der feuchten Luft vermischt. Eine Steigung. Der Hund holt auf. Wir treten so verzweifelt in die Pedale, daß wir unsere Schenkel nicht mehr spüren. Aber das ist ein Fehler. Die Geschwindigkeit scheint den Hund zu berauschen. Das rasche Auf und Ab unserer Waden reizt ihn. Es ist besser, wenn wir haltmachen und uns ihm stellen.

Bremsen, schlitternd zum Stehen kommen, aus dem Sattel springen. Auf der richtigen Seite, so daß wir unsere Räder wie ein Schutzschild zwischen uns und den Hund halten können. Und gleichzeitig nach dem Knüppel greifen. Wieviele Male finden wir uns tagtäglich in dieser Position wieder? Das Rad in der einen Hand, den Knüppel in der anderen, stellen wir uns zwei, manchmal auch drei Hunden gleichzeitig. Und sammeln uns, ehe wir zum Angriff übergehen. Knüppelschwingend stürmen wir auf die Tiere zu, die sich gewöhnlich hiervon beeindrucken lassen und mit eingezogener Rute das Weite suchen. Aber manchmal starten sie auch wild kläffend einen zweiten Angriff. Dann beginnen wir in unserer Angst und Wut zu schreien. Ein prähistorisches Gebrüll, denn wir haben diesen alten Reflex, ein wildes Tier anzuschreien, sehr tief aus unserem Inneren hervorgekramt. Überrascht und verschreckt, flüchten die Hunde endgültig.

Die Tibetdogge sieht aus wie ein Neufundländer, der sich im Staub gewälzt hat. Ihr Fell ist eher dunkelgrau als schwarz. Das Haarkleid ist lang, um sie gegen die Kälte zu schützen. Denn sie lebt auf den Hochplateaus und bewacht die Yakherden. Nicht einer dieser Hunde läßt uns unbehelligt. Jedesmal, wenn wir einer solchen Dogge begegnen, kommt es erst zur Verfolgungsjagd und schließlich zum Kampf.

In Xigatse verlassen wir den Brahmaputra.

Ohne sie zu zählen, radeln wir Stunden durch dieses menschenleere Gebiet. Wir fahren langsam, überwinden einen Kilometer nach dem anderen. In die verschiedensten Gedanken vertieft. Wir meditieren über die Effizienz von zwölfzahnigen hinteren Antriebsrädern, über die Bezwingung des Everest, Profilreifen und die tibetischen Gesänge. Ab und an heben wir wie alte grasende Büffel langsam den Kopf. Der Berg, der vorhin noch so weit entfernt war, ist keinen Deut nähergerückt. Ein Blick nach rechts. Der Steinrutsch ist noch an seinem Platz. Ein Blick nach links. Die Gipfel des Himalaja ebenfalls. Wir versinken wieder in unserem Stumpfsinn, den Blick auf die Schlaglöcher geheftet. Eine Art tiefer Sanftmut ergreift von uns Besitz. Man könnte es für Lethargie halten, wenn wir nicht wüßten, daß es sich tatsächlich um ein Gefühl überwältigten Staunens und starker Beklemmung handelt, das uns angesichts dieses gigantischen Wunders befällt. Vielleicht ist das der Grund für die Glückseligkeit auf den Gesichtern der zerlumpten Mönche, denen wir begegnen. Ihr Lächeln ist ein Lobgesang.

Donnerstag, 19 Mai 1994:
Tsola-Paß

»Bist du sicher?« fragt mich Alexandre.

»Ja! Da steht es, lies doch das Schild. Ich sage dir, wir sind schon da.«

Es ist vier Uhr nachmittags, und wir haben wie eine Formalität den Tsola-Paß in 4 600 Metern Höhe überquert. Unsere Kondition fängt an, sich auszuzahlen. Jetzt überwinden wir die Pässe schon, ohne es zu merken. Plötzlich zieht ein Gewitter auf. Hagelkörner, dick wie Fingerhüte, zerfetzen die Gebetsfahnen und peitschen uns ins Gesicht. Wir treten den Rückzug an und gehen die Abfahrt in Wind und Regen an.

Ein Dorf in der Ferne. Latshe. Eine winzige Siedlung: eine chinesische Pension, einige Restaurants für Lastwagenfahrer, eine staubige Straße und zwei oder drei kleine Kramläden. Überall findet man unweigerlich die gleichen Waren: Kerzen, Nudelsuppe im Beutel und Plastikschuhe, Einheitsgröße, dem Verbraucher noch nicht angepaßt. Wir betreten ein Wirtshaus.

»*Tsou*?« fragt Alex den Koch.

Eine heikle Frage. Denn *tsou* bedeutet je nach Betonung Schwein oder Alkohol. Ich nehme an, daß Alexandre Appetit auf Schwein hat, da wir seit dem Morgen noch nichts gegessen haben ... und da er inzwischen auf allen Vieren herumläuft und quiekt, als würde er abgestochen. Der Wirt stellt prompt eine Flasche Bier auf den Tisch.

»Ich muß ihm ein Schwein zeichnen. Er hat mich nicht verstanden; meine Aussprache ist schlecht.«

»Dabei war deine Schweinimitation wirklich gelungen.«

»Er muß geglaubt haben, ich würde einen Betrunkenen mimen und wir wollten uns besaufen.«

Ich mache mich daran, ein Schwein auf ein Stück Papier zu zeichnen. Eindeutig ein Schwein. Universell als solches erkennbar. Der Chinese hat endlich verstanden.

»*Tsou?*«

»*Ja, ja, tsou!*«

»*Meïo!*«

Meïo bedeutet »gibt es nicht«.

Wenn sie das definitive *meïo* aussprechen, vollführen die Chinesen eine charmante kleine Handgeste, die den Mangel bestätigt.

Da stehen wir auf und gehen höchstpersönlich in der Küche nachsehen. Das tun wir, seit wir in China sind. Wenn wir den Service nicht selbst in die Hand nehmen, sind wir dazu verdammt, unter einem Hagel unerbittlicher *meïos* zu verhungern. Die erschrockene Überraschung der Chinesen, wenn wir die Küche betreten, weicht bald völliger Gleichgültigkeit. Wir bauen uns neben den Köchen vor dem Herd auf. Trotz der *meïos* von vorhin, die Mangel und Knappheit verkündeten, finden wir immer genug Speisen für ein üppiges Mahl. Und wenn der Wirt uns wüst beschimpft, weil wir uns nicht beeindrucken und das Dreifache des angemessenen Preises aus der Tasche ziehen lassen, werfen wir ihm beim Besteigen unserer Räder lautstarke *meïos* an den Kopf!

In der Abenddämmerung verlassen wir Latshe. Eine Kreuzung. Ein Weg führt nach Nordwesten. Das ist die mythische Straße, die durch Osttibet über das Karakorum-Massiv nach Pakistan führt. Aber um auf die andere Seite zu gelangen, müßte erst ein Hindernis fallen, das den Durchgang versperrt: der Khyber Paß, ein von heftigen Stürmen umtoster Paß in 5 500 Metern Höhe. Unsere Straße ändert ebenfalls die Richtung. Sie beschreibt eine Biegung nach Süden. Nachdem sie mit dem Himalaja geflirtet und ihn gestreift hat, ohne sich ihm je anzunähern, beschließt sie endlich, ihn zu überqueren. Auf der anderen Seite liegt Nepal. Noch trennen uns zwei Pässe in mehr als 5 200 Metern Höhe von unserem nächsten Etappenziel. In dieser Nacht lagern wir an der Kreuzung am Straßenrand.

Freitag, 20. Mai, sechs Uhr früh:
Am Fuß des La-Pak-La-Paß

»*Dalaï-lama picture! Dalaï-lama picture!*«

Das Zelt bebt. Hastig kriechen wir heraus, um zu sehen, was los ist. Das Bergpanorama, vor dem wir eingeschlafen sind, ist verschwunden. Man sieht nicht einmal mehr unsere französische Fahne an ihrem Pfosten, auf den wir einen Ziegenschädel gesteckt haben. Die Zeltöffnung wird von 30 tibetischen Gesichtern ausgefüllt, jedes schmutziger und strahlender als das andere.

»*Dalaï-lama picture! Dalaï-lama picture!*«

Wenn es einen Schrei gibt, der von den stillen Plateaus widerhallt, dann dieser.

Der Tibeter besitzt nicht viel. In den vergangenen 40 Jahren hat man ihm fast alles geraubt. Ihm sind nur Hoffnung und Traum geblieben. Die Hoffnung, daß der Dalai Lama eines Tages zu Pferd das indische Daram Sala verläßt, in das er geflüchtet ist, und über die Berge in sein Land zurückkehrt. Der Traum, daß er sich wieder in der Potala niederläßt und Tibet regiert. In der Zwischenzeit:

»*Dalaï-lama picture!*«

»Alex, gib mir das Taschenmesser.«

Mit dem Messer schneiden wir Miniaturporträts des Dalais aus, die wir in Lhasa gekauft haben. Die Verteilung kann beginnen.

Die Kinder helfen uns, das Zelt abzubauen, und wir machen uns wieder auf den Weg. Dann beginnt eine endlose Steigung zum Paß. Es gibt nur einen Weg, nicht entmutigt zu werden: Man muß sich Fixpunkte merken und verschiedene Landmarken anvisieren. Bis zum nächsten Strauch, dann, wenn es keine Vegetation mehr gibt, bis zum nächsten Felsen, und wenn schließlich alles mit Schnee bedeckt ist, bis zur nächsten Verwehung. Strampeln, strampeln und nochmals strampeln, bis zum nächsten Kilometerstein, der etwas weiter oben auszumachen ist. Kilometerstein? Sollten wir am Ende angelangt sein? Auf dem Paß?

Wir wagen nicht, daran zu glauben, und zwingen uns, nicht hinzusehen. Er ist es. Der Betonwürfel, den die Chinesen aufgestellt haben und der 5 200 Meter Höhe verkündet. Es ist siebzehn Uhr. Wir sind neun Stunden am Stück geradelt.

Die Abfahrt ist lebensgefährlich. Der Luftdruck nimmt rapide ab, und unglaublich heftige Winde schieben uns in den Gefällen an. Mit 70 Stundenkilometern bewältigen wir scharfe Kurven, berauscht von der Geschwindigkeit und der majestätischen Landschaft. Dann entlädt sich ein Gewitter über dem Paß.

Ein Geländewagen rast an uns vorbei und macht in einer Staubwolke vor uns halt. Zwei Weiße steigen aus.

»Sylvain! Alexandre! Ihr seid ja schon da!«

»Nathalie! Philippe! Welche Freude!«

Wir haben Philippe und Nathalie in der vergangenen Woche in Lhasa kennengelernt. Sie wollten einige Tage nach uns nach Nepal aufbrechen, und wir hatten locker vereinbart, uns unterwegs wiederzutreffen. Sie glaubten schon, sie hätten uns unterwegs unbemerkt überholt, und haben nicht mehr damit gerechnet, uns wiederzufinden. Es ist ein fröhliches Wiedersehen.

»Als wir den La-Pak-La-Paß und den Sturm bei der Abfahrt sahen, haben wir uns gesagt, daß ihr Übermenschen seid, wenn ihr da rüberkommt.«

»Übertreibt nicht, uns schwellen ja die Waden«, entgegnen wir bescheiden.

»Wir übernachten in einem Hotel in Xegar, drei Kilometer von hier. Sollen wir uns dort treffen?«

Samstag, 20. Mai 1994:
Xegar

»Was benutzt du heute morgen?«

»*Poison* von Christian Dior, und du?«

»*Safari* von Ralph Lauren oder etwas von Hermès, ich habe mich noch nicht entschieden.«

Seit Lahsa wachen wir jeden Morgen im großen Parfumluxus auf. Meine Mutter hat uns eine Reihe von Pröbchen mitgebracht, mit denen wir uns noch vor dem Aufstehen großzügig parfümieren. Parfum auf Schmutz und Dreck. Wie im Grand Siècle, im 17. Jahrhundert in Frankreich.

Wir haben die Nacht im Zelt auf dem Parkplatz des Hotels von Xegar verbracht. Das Gebäude ist im neo-moskowitischen Stil der Kulturrevolution errichtet und verschandelt die Landschaft. Wie eine Geisterstadt steht es mitten in einer Wüste. Seine Mauern aus grauem Beton ragen am Straßenrand auf, an der Kreuzung eines Weges, der zum Dorf Xegar führt. Dort dominiert ein tibetisches Kloster, das an einem steilen Felshang klebt, das Plateau.

»Kommt, ich lade euch zum Frühstück ein«, verkündet Philippe am Morgen.

Im Speisesaal des Hotels mustert eine spöttisch lächelnde Chinesin Philippe und erklärt:

»*Meïo coffee*!«

»Natürlich gibt es Kaffee, Madame, sehen Sie doch all diese Leute, die hier frühstücken.«

»*Meïo coffee, get out!*«

Die Chinesin ist offensichtlich nicht geneigt, nachzugeben. Sie scheint sich an unserer Anwesenheit zu stören. Wir stehen nicht auf ihren Reservierungslisten. Aber bei Philippe ist sie an den Falschen geraten. Die Schwierigkeiten, die Behörden und Hotelangestellte in China ihm seit Beginn seiner Reise gemacht haben, endgültig leid, geht er in die Luft. Daß ihm der Kaffee verweigert wird, ist der Tropfen, der die Porzellanvase zum Überlaufen bringt. Wir werden Zeugen eines Zornausbruchs der schlimmsten Art. Kalt und furchteinflößend. Philippe greift nach einem Tisch mit schmutzigem Geschirr. Der Tisch beschreibt einen hübschen parabolischen Bogen, ehe er in einer Ecke landet und zersplittert. Das Porzellan geht mit ohrenbetäubendem Getöse zu Bruch.

»Er ist zur Zeit etwas gereizt. Versucht ihr doch bitte, ihn zu beruhigen«, bittet uns Nathalie.

Aber wir können nicht mehr viel tun. Die wenigen deutschen Touristen im Saal haben die Luft angehalten. Einige haben nicht einmal den Kopf gewendet und betrachten starr die Muster auf der Tischdecke. Die Chinesen verstecken sich hinter den Vorhängen. Philippe steht inmitten der Menge, die seinem Blick ängstlich ausweicht.

»*Please, I need some coffee*«, wiederholt er ruhig.

Eine zitternde Hand mit einer dampfenden Kaffeekanne schiebt sich durch die Küchentür. Sie gehört zur Wirtin, die inzwischen zur Vernunft gekommen ist.

»*Mister, please, here, coffee, mister, coffee.*«

Wir frühstücken alle vier in dem großen, menschenleeren Saal. Die Deutschen haben sich auf Zehenspitzen hinausgeschlichen. Die Chinesen bleiben in Deckung.

»Manchmal muß man es verstehen, seinen Wünschen Nachdruck zu verleihen«, schließt Philippe lächelnd.

Die beiden brechen vor uns nach Nepal auf, aber ein Stück weiter holen wir sie an einer Polizeikontrolle ein. Die Wirtin hat die Behörden verständigt. Hier wird alles vor einer Schirmmütze geregelt.

»*Excuse me please!*«

In dem Augenblick, da wir in die Pedale treten, um vom Hotelhof zu fahren, winkt eine alte Dame uns zurück. Sie heißt Adriana. Sie erklärt uns, daß sie zu den Fahrgästen des großen deutschen Busses auf dem Parkplatz gehört. In diesem Bus hat sie den Mittleren Osten und Asien durchquert. Ein gutes Dutzend Deutsche fahren in dem großen Hotelbus, wie sie ihn nennen, um die Welt.

»Wie ich sehe, sind Sie mit dem Fahrrad unterwegs. Wohin fahren Sie?«

»Wir versuchen, nach Hause zurückzukommen. Nach Frankreich.«

Hierauf folgt eine außergewöhnliche technische Unterhaltung mit der alten Dame.

»Ich bin selbst schon viel mit dem Rad gefahren. Erst vor sechs Monaten auf Shetland. Sehr schwieriges Gelände, mieses Wetter, und ich hatte Schwierigkeiten mit den Zahnrädern. Sind Sie mit Hyperglyde oder Powerglyde ausgestattet?«

»Äh … äh … Powerglyde, glaube ich.«

»Ah, gut, und Ihre Naben, sind das Exage oder XTR?«

»Also … XTR, meine ich.«

»Das ist gut, Sie haben ganz recht, das ist stabiler. Ah! Wie ich sehe, haben sie eine indexierte Gangschaltung. Perfekt, Sie sind gut ausgerüstet.«

»Danke, Madame … Wir …«

»Ah! Jetzt ruft der Fahrer nach Ihnen. Gehen Sie nur rüber!«

Etwas verblüfft von dem Mechanikkurs, der uns gerade gehalten wurde, nähern wir uns dem Bus. Er sieht aus wie ein langer Lastwagen auf riesigen Rädern mit Wellenprofil. Kein Paß im Himalaja kann der Kraft seines Motors trotzen. Die Innenausstattung und die großen Gepäckräume, in denen reichlich Vorräte Platz haben, sorgen für eine komfortable Unabhängigkeit auch in den einsamsten Gegenden. Der Fahrer fordert uns auf, ihm zum hinteren Teil des Busses zu folgen. Er öffnet den Kofferraum. Ein Füllhorn. Sämtliche Aufschnittarten aus Bayern sind dort untergebracht. Genügend Schweinefleisch, um den ganzen Mittleren Osten zu ernähren. Unsere Arme werden mit Salami, Würsten und Speckkonserven beladen. Dreiviertel müssen wir ablehnen. Wir stammeln ein Dankeschön.

»Wir werden das alles oben auf dem Gyatso Paß auf Ihre Gesundheit essen.«

»Wo wir gerade von Gesundheit sprechen. Hier haben Sie etwas, womit Sie sich jetzt gleich erfrischen können«, sagt er und reicht uns zwei kalte Bier.

Denn auch in bezug auf die Bierversorgung droht ihnen kein Mangel. Dieser Bus ist ein wandelndes Oktoberfest.

»Auf Wiedersehen!«

Die Deutschen begleiten unsere ersten Pedaltritte. Langsam bekommen wir Schwung. Aber Xegar scheint entschlossen, uns dazubehalten. Ein alter chinesischer Lastwagen, Rauch speiend wie ein Drache, rollt auf den Hotelhof, als wir gerade hinausfahren. Im Vorbeifahren erhaschen wir einen Blick auf ein Dutzend blasse, erschöpfte Weiße im Fond. Ihr Aussehen, ihr Blick, ihre Gesichtsfarbe und die Erschöpfung, die von ihren Zügen abzulesen ist, lassen keinen Zweifel zu: Bergsteiger!

Wir machen kehrt. Der Lastwagen hat inzwischen geparkt, und einige der Männer haben bereits mit dem Entladen begonnen. Auf den großen Leichtmetallkisten, die auf dem Hof gestapelt werden, steht: Spedizione Alpinistica Everest 1994 Italia.

Wir sprechen einen der Hymalajaisten an. Er heißt Paulo und ist der Expeditionsarzt.

»Haben Sie es geschafft?«

»Nein. Niederlage.«

»Das schlechte Wetter?«

»Nein, wir sind bis zum Camp VI oberhalb von 8 500 Meter gekommen, aber dann ist unser Führer umgekommen.«

»Was ist passiert?«

»Ein dummer Unfall. Er hat sich an einem kleinen Felsvorsprung kurz vor dem Camp II abgeseilt, aber er war aufgrund der Müdigkeit unachtsam und hat nicht gesehen, daß der Typ, der sich vor ihm abgeseilt hat, auf einem Vorsprung haltgemacht hat. Er ist mit ihm zusammengestoßen. Bei dem Aufprall hat sich sein Descendeur geöffnet, und er ist abgestürzt. 2 000 Meter.«

»Haben sie den Sturz gesehen?«

»Nein, ich war beim ersten Team. Wir wollten gerade aufbrechen, als das Camp II uns über Funk von dem Drama unterrichtet hat. Wir haben abgebrochen und sind wieder abgestiegen. In Anbetracht der Umstände erschien uns ein Freudenfest auf dem Gipfel unangebracht. Das

Schlimmste ist, daß wir, als wir zum Basislager zurückgekehrt sind, den tibetischen Koch tot aufgefunden haben. Hirnödem! Es gibt wirklich Tage, da fragt man sich, was man *ihm* getan hat«, murmelt der Italiener mit einem Blick in Richtung Everest.

Jetzt können wir die angespannten, niedergeschlagenen Mienen der Italiener besser verstehen. Die traurige Expedition ist zerschunden und erfolglos zurückgekehrt. Es herrscht eine beklemmende Atmosphäre stiller Trauer. Alle halten ihren Schmerz zurück. Ein Bergsteiger, auch wenn er Italiener ist, ist kein sizilianisches Klageweib. Trauer, die Bergsteigerexpeditionen nicht selten trübt, äußert sich nie in peinlichen Gefühlsausbrüchen. Die Tränen für den abgestürzten Freund fließen lautlos über die erstarrten Wangen. Eine Art Schamgefühl und mystische Furcht gegenüber dem mörderischen Berg macht jedes Leid stumm und läßt die Herzen still bluten. »In den Bergen zu sterben ist ein Glaubensakt«, schrieb einst Buzzati.

»Und sie?« fragen wir und zeigen auf eine blonde Frau.

»Das ist seine Frau. Sie hat in Katmandu auf unsere Rückkehr gewartet. Sie ist im Basislager zu uns gestoßen. Und Sie, was machen Sie hier?«

»Wir radeln ein wenig durch die Gegend.«

»Ich bin mit dem Rad über die Spregisandur gefahren, die Straße, die das große Lavaplateau in Island überquert«, erklärt uns Paulo.

»Welch ein Zufall! Wir sind mit 18 dieselbe Strecke gefahren.«

»Leider mußte einer von uns aufgeben, nachdem sein Rad zu Bruch gegangen war.«

Paulo scheint Experte für unheilvolle Expeditionen zu sein.

Wir nehmen Abschied von den Mitgliedern des Himalaja-Teams. Das ist nach Marokko das zweite Mal, daß wir mit dem Tod in den Bergen konfrontiert werden.

Etwa 100 Kilometer hinter Xegar gabelt sich die Straße. In südliche Richtung führt ein immer schmaler und steiler werdender Pfad zum tibetanischen Everest-Basislager. An der Gabelung stehen einige Häuser: das Dorf Tingri. Hier befindet sich der letzte Gemeinschaftsraum, in dem die Bergsteiger sich austauschen. Der letzte Kontakt mit der Welt der Menschen, ehe man sich in den Kampf stürzt. Als wir nach einer anstrengenden Etappe in Tingri eintreffen, sehen wir einen Amerikaner am Straßenrand sitzen.

»Hallo! Können wir Ihnen helfen?«

»Nein, danke, ich warte auf den Lastwagen, der meine Freunde vom Basislager zurückbringt. Ich bin vorausgegangen, um zu versuchen, in Tingri Vorräte zu beschaffen.«

»Sind Sie oben gewesen?«

»Leider nein. Nur bis zum Camp V in 7 900 Metern. Danach war es der reinste Alptraum. Die Jetstreams, diese starken atmosphärischen Strömungen, die in 10 000 Metern Höhe die Erde umkreisen, sind unter 8 000 Meter gefallen! Noch nie habe ich solche Winde erlebt. Sie können sogar Boings bremsen. Wenn du also da reingerätst, kannst du nur beten, daß der Berg nicht davonfliegt.«

»Sind noch welche oben?«

»Ja, ein japanisches Team und ein neuseeländisches, das gestern im Basislager eingetroffen ist. Bei ihnen ist sogar eine Französin. Sie heißt Chantal! Komisch, ein französisches Mädchen bei den Kiwis. Ich hoffe, sie verursacht keinen Ärger im Lager.«

»Ist sie hübsch?«

»In einem Café in Manhattan wäre sie mir gar nicht aufgefallen, aber in diesem verfluchten Basislager hat sie die gleiche Wirkung wie eine Sauerstofflasche. Und dazu parfümiert sie sich stark genug, um eine Lawine auszulösen.«

Plötzlich hebt sich der Wolkenschleier am Horizont, und der Everest erscheint. Gewaltig und gelassen ragt er vor uns auf, umgeben von seinen Vasallen, dem Lothse und dem Makalu. Das kleine Gipfelhütchen ähnelt einer

Wolke. In diesen Höhen weiß man nie so genau, ob man noch in den Bergen ist oder bereits im Himmel. Der Vorhang ist wieder gefallen. Es ist uns gelungen, dem schlechten Wetter drei Minuten der Betrachtung zu stehlen. Der Everest verhüllt sich wieder. Ein Unwetter kündigt sich an. Wir müssen weiter.

Wir wollen nach Gutsuo, einem kleinen Dorf 40 Kilometer von Tingri. Wir brauchen fünf Stunden. Die Strecke ist die Hölle. Das Gewitter hat uns eingeholt. Die Windböen drücken die Hagelschauer in die Horizontale.

Wie lebende Tote erreichen wir Gutsuo. Chinesische Militärs halten uns am Straßenrand an und führen uns in ihr Quartier. Sie setzen uns ungebeten etwas zum Abendessen vor und bringen uns in einem sauberen Zimmer unter. Wir sind zu müde, um zu versuchen zu verstehen, was vor sich geht, jedoch nicht, um zu begreifen, daß der Komfort, der uns zuteil wird, der eines goldenen Käfigs ist. Wir hören, wie der Schlüssel sich von außen im Schloß dreht, ehe wir uns nach diesen 40 Kilometern Schiffbruch völlig erschöpft schlafen legen.

Sonntag, 22. Mai 1994:
Gutsuo: Vorgeschobener chinesischer Militärposten

Inzwischen umringen uns 20 von ihnen. 20 chinesische Militärs, die uns aus ihren kleinen, unergründlichen Augen mustern. In dem Augenblick, da wir das Lager verlassen wollen, haben sie uns den Weg versperrt. Sie liefern kein sehr schmeichelhaftes Bild der chinesischen Armee. Keine Tressen auf den Schultern. Die Durchschnittsgröße liegt bei einem Meter fünfundsechzig, und keiner der Soldaten ist bewaffnet. Statt dessen tragen alle ausgelatschte, schmutzige Turnschuhe. Dieser kleine Zug ist typisch für die chinesische Armee. Quantität vor Qualität. Die Masse macht die mangelhafte Ausbildung wett. Wie haben wir nur annehmen können, ihre gestrige Gastfreundschaft wäre einfach nur eine nette Geste gewesen? Der gehässigste von ihnen verlangt, von seinen Kameraden angefeuert, 150 Yuan von uns. Das heißt, dreimal so viel wie das, was wir noch übrig haben, um bis Katmandu zu kommen. Er führt sich auf wie ein hysterischer, lächerlicher kleiner Kläffer. Man könnte meinen, ein Schlickwurm, der sich Amöben eingefangen hat, würde sich vor einem winden. Wir besitzen nicht, was sie von uns fordern. Und vor allem sind wir nicht gewillt, uns ausnehmen zu lassen. Hätten sie uns gestern abend zu verstehen gegeben, daß sie uns gegen ein gewisses Entgelt verköstigen und unterbringen, okay. Aber sie haben sich aufgeführt wie Banditen. Nachdem wir in die Runde gelächelt haben, vorgegeben haben, kein Wort zu verstehen und ihnen anschließend gezeigt haben, daß wir Pleite sind, beginnen wir, durchblicken zu lassen, daß unsere Geduld langsam am Ende ist. Als wir heute morgen aufgestanden sind, waren die 5 000-Meter-Pässe, die noch vor uns liegen, unsere einzige Sorge, und jetzt durchkreuzen Yuanfliegen unsere Pläne. Wir versuchen, durchzubrechen, doch die Chinesen rücken zusammen. Die Foltertechnik. Sie verschmelzen miteinander, um uns die kompakte Masse ihrer sehnigen Körper entgegenzusetzen. Einer von ihnen packt Alex' Fahrrad und versucht, es umzuwerfen. Ein gezielter Kinnhaken befördert ihn in den Staub. Alex hat sich nicht zurückhalten können. Ich habe inzwischen das Eisenrohr gepackt. Uns steht eine Partie Baseball bevor. Ein Pfiff bewahrt uns davor. Ein betreßter und gestiefelter Offizier nähert sich der Ansammlung, Schlagknüppel in der Hand. Die Chinesen stellen sich hastig in einer Reihe auf. Der Offizier inspiziert seine Soldaten. Seinem Tonfall nach scheint es sich bei seinem Gebrüll um Vorwürfe zu handeln.

»*Thank you, mister, you know, we didn't want …*« stammeln wir, um uns für das Eingreifen des Offiziers zu bedanken.

»*Give me thirty yuans and go!*«

Wir sind verblüfft.

»Wenigstens sind seine Forderungen realistischer!«

»Und ich dachte, er würde seine Männer zusammenstauchen, um ihnen beizubringen, daß man Radfahrer nicht ausnimmt!«

»Tatsächlich scheint er ihnen vorgeworfen zu haben, daß sie nicht auf ihn gewartet haben.«

»Immerhin ist der Wegezoll um einiges gesunken!«

»Wenn wir nach dem General verlangen, können wir uns vielleicht auf zehn Yuan einigen.«

»*Thirty yuans! Quickly!*« brüllt der Offizier erneut.

Er mustert uns mit seinen glasigen Fischaugen. Wir haben keine Lust, uns wieder auf Diskussionen einzulassen. Wir kramen die 30 Yuan hervor, die uns durch einen unglücklichen Zufall sofort aus den Händen fallen und in einer Pfütze zu unseren Füßen landen. Der Chinese sammelt die durchweichten Scheine ein und brüllt irgend etwas. Die Soldaten machen Platz und lassen uns durch.

Der Gyatso-Paß, nach dem Dalai Lama benannt, ist tödlich. Eigentlich handelt es sich um zwei Pässe. Der erste in 5 000 und der zweite in 5 250 Metern Höhe. Die Piste führt ganz langsam ansteigend an einem steilen Felshang zu ihnen hinauf.

Bald werden wir das chinesische Reich verlassen haben. Der Gyatso-Paß ist eine geographische Grenze. Der Übergang vom äußersten Punkt Asiens zum Königreich Indien. Wir haben das Ende Tibets erreicht. Der Gyatso-Paß ist das letzte Hindernis, das uns noch von Nepal trennt. Das allerletzte Hindernis. Obligatorischer und der Meditation des Reisenden förderlicher Halt, bevor er sich in die Abfahrt stürzt wie über eine Brüstung oberhalb eines Abgrundes. Der Paß, dieser kleine Wegabschnitt, dieses winzige ebene Segment, eingeklemmt zwischen Himmel und Erde, ist eine Apotheose. Das Ende so zahlreicher Kämpfe gegen Winde, Pisten, Pässe und unsere eigenen Schwächen. Die Belohnung für eine Route, die in den Hügeln Yünnans begonnen und uns über das Dach der Welt bis zum Everest geführt hat.

»Champagner!«

Seit Lhasa führt Alexandre in seiner Packtasche eine kleine Flasche mit, die sein Bruder Charles-Éric ihm nach Lhasa geschickt hat. Eine zweischneidige Aufmerksamkeit von 500 Gramm. Überflüssiges Gewicht, das nur der Gedanke, den Göttern der Berge zuzuprosten, rechtfertigen konnte. Jetzt ist der Augenblick gekommen, anzustoßen. Einige Yakskalps, die Mönche als Weihgabe dort niedergelegt haben, stützen einen Strauß Gebetsfähnchen. Wir setzen diese barbarischen Helme auf. Die Flasche wird mit dem Messer geköpft. Ein Schaumgeysir spritzt pfeifend heraus. Millionen von Bläschen, über weite, holprige Strecken Tibets durchgeschüttelt, spritzen in die reine Luft des Himalaja.

»Auf dein Wohl, Qomolongma!«

Die Wirkung des Alkohols auf nüchternen Magen nach stundenlanger Anstrengung in 5 000 Metern Höhe ist phänomenal, buchstäblich umwerfend. Der Everest schwankt. Im Zickzackkurs fahren wir weiter.

Von hier ab wird uns etwas Erholung vergönnt sein. Der Traum jedes Radfahrers, vorwärtszukommen, ohne treten zu müssen. Unter unseren Reifen tut sich die große Abfahrt der Welt auf: 120 Kilometer am Stück, die uns vom ewigen Schnee bis hinab in den feuchten Urwald führen werden. Aber Tibet bietet seine letzte Waffe auf. Den Wind. Die Perspektive dieser Abfahrt hat uns in den endlosen Steigungen beflügelt. Die Karotte, die den Esel vorantreibt. Aber der Traum ist geplatzt. Südwind ist aufgekommen. In dem Augenblick, da wir spüren, wie die Abfahrt uns in die Tiefe zieht, bremsen Windböen, die sich wie eine Brandung gegen die Felshänge werfen, unsere Fahrt. Das schrille Tosen des Orkans läutet das Ende unserer ersehnten Erholungspause ein. Wir werden uns jeden Meter erkämpfen müssen. Sogar an den steilsten Abschnitten, wo das Gefälle 15 oder 16 Prozent beträgt, müssen wir uns weit nach vorn lehnen und in die Pedalen stellen, um vorwärtszukommen. Wir strampeln uns ab wie die Wahnsinnigen. Eine steile Piste hinaufzufahren würde nicht viel mehr Energie kosten. Unsere zornigen Flüche werden, kaum daß sie uns über die Lippen kommen, vom Sturm fortgerissen. Der Gegenwind an sich ist schon eine Qual. Aber Gegenwind in einer Abfahrt ist noch viel schlimmer. Weil er einem die Freude verdirbt, weil das Glücksgefühl, sich tragen zu lassen, von dem verfluchten Wind zunichte gemacht wird.

Einigen Serpentinen haben wir bereits dem Atem abgerungen, der uns gnadenlos ins Gesicht bläst. Der Everest ist hinter erodierten Graten verschwunden.

»Acht Stundenkilometer!« brüllt Alexandre.

Da, wo wir eigentlich die Piste pfeilschnell hinabsausen müßten, kommen wir kaum schneller voran als zu Fuß.

»Machen wir eine Weile halt und warten wir, daß der Wind sich legt«, schreit Alexandre weiter und zeigt auf ein Haus am Straßenrand.

Es ist ein Straßenwärterhäuschen. Ein Mann heißt uns willkommen. Um einen Ofen herum sitzen zwei Kinder, die eine Ziege streicheln. Man hört, wie der Sturm rasend wie ein verwundetes Tier über die Behausung herfällt.

»*Chefâ?*« fragt uns der Hausherr.

»*Yes, yes. Hungry! Yes!*«

Seit fast zehn Stunden haben wir nichts anderes in den Magen bekommen als Champagner. Der Mann kommt mit einer Ziegenkeule aus einem angrenzenden Zimmer zurück. Im Gemeinschaftsraum verbreitet sich ein widerlicher Aasgeruch. Das Fleisch ist weder geräuchert noch gepökelt. Es wurde schlicht den Pilzen überlassen, die es überwuchern. Der Straßenwärter schneidet ein großes Stück aus seiner fauligen Keule. Einen Teil verschlingt er selbst, den Rest reicht er uns. Wir essen.

»Schmeckt fast wie Roquefort.«

»Etwas alter Roquefort mit einem leichten Nachgeschmack von Schmierkäse.«

»Sehr ungewöhnlich.«

»Grauenhaft.«

Die kleine Ziege zwischen den Kindern blökt. Wir haben gerade begriffen, daß die Kinder ihren zukünftigen Fleischvorrat streicheln. Wir haben einen Aasgeschmack im Mund.

Mit einigen Gesten erklärt uns der Tibeter, daß sich 40 Kilometer entfernt ein Dorf namens Nyalam befindet. Der Wind hat sich noch nicht gelegt. Wozu auf eine Windstille warten, die doch nicht kommt? Wir wissen sehr gut, wie sinnlos es ist, sich vom Himmel auf Befehl eine Ruhepause zu erhoffen.

Die Strecke nach Nyalam wird unser Kalvarienberg. Der Beweis dafür, daß man nie am Ende seines Leidensweges angelangt. Von einem englischsprechenden Chinesen erfahren wir später, das Nyalam auf Tibetisch »Hölle« bedeutet. Wir erleben es am eigenen Leib, der Wind läßt nicht eine Sekunde nach. Sein Heulen macht uns ganz benommen. Die Straße führt immer weiter bergab. Unter allergrößter Anstrengung kämpfen wir um jeden Meter, werden aber immer wieder von den heftigen Böen zurückgeworfen. Inzwischen verbirgt die hereingebrochene Dunkelheit die Schlaglöcher vor uns. Dann bedecken Sandbänke die Piste. Wir kommen ins Schleudern. Dann fängt es auch noch an zu schneien. Der Wind peitscht uns die Flocken ins Gesicht. Die Luft ist eisig. Seltsamerweise verströmt der Mond auch weiterhin milchiges Licht. Unser Fortkommen ist lächerlich. Wir fahren zu keiner Zeit schneller als 9 Stundenkilometer. Ein Angriff von Hunden. Drei hechelnde Molosser machen Jagd auf uns. Wir stellen uns mit dem Rücken zum Abgrund dem Kampf, halten die Räder schützend vor uns. Woher sind die Bestien gekommen? Es kümmert uns nicht. Wir sind inzwischen so müde, daß uns alles egal ist. Eine Lawine könnte die Piste wegreißen, und wir würden ungerührt durch das Geröll weiterfahren. Manche benutzen den Begriff »zweiter Atem«, um diesen Zustand der Gleichgültigkeit gegenüber Schmerz und Durchlittenem zu beschreiben, der aus schierer Erschöpfung heraus entsteht. Aber in Nyalam ist uns jeglicher Atem ausgegangen. Kein einziger Gedanke mehr. Keine Lust auf irgend etwas. Nur die vage Erinnerung, daß wir 120 Kilometer zurückgelegt und zwei Pässe in 5 000 Metern Höhe überquert haben. Der verschwommene Eindruck, daß wir noch einige Stunden Sturm vor uns haben. Und das diffuse Gefühl plötzlicher Feuchtigkeit. Das liegt daran, daß wir durch Wasser fahren. Die Straße führt durch einen Fluß. Aber wann kommt endlich Nyalam? Hoppla, ich dachte, das Wasser hätte nur meine Füße durchnäßt. Was ist denn das, was mir über das Gesicht läuft? Tränen? Ich höre, daß Alexandre ebenso schluchzt wie ich. Jetzt heulen wir wie die Babys. Und dabei sollte diese Abfahrt eigentlich ein Vergnügen werden.

Dann, ganz plötzlich, sind wir da. Nyalam! Düsteres, unter einer schwarzen Felswand kauerndes Dörfchen. Die Hölle? Für uns ist es eine Erlösung, endlich dort angekommen zu sein. Durch den Schnee kommt ein Mann in Uniform auf uns zu.

»Die Pässe!«

Er muß in unseren Augen die abgrundtiefe Erschöpfung gesehen haben, denn sofort winkt er ab und sagt freundlich:

»*Okay! You can go.*«

Montag, 23. Mai 1994:
Nyalam

»Das kann doch nicht wahr sein!«

»Wahnsinn!«

»Toudjaï Ché! Danke, danke!«

Wir trauen unseren Augen nicht. Im Hof des Hauses, in dem zwei Tibeter uns gestern aufgenommen haben, ragt ein unförmiger, schmutziger Stoffhaufen auf. Der in der Nacht gefallene Schnee hat die Kuppe des kleinen Hügels mit einer dünnen weißen Schicht bestäubt. Unter Laken und Vorhängen zusammengerollt, schlafen die beiden Tibeter im Schnee. Am Vorabend hatten sie uns in einem Zimmer untergebracht, in dem es angenehm warm war. In unserem geschwächten Zustand und wie betäubt vor Müdigkeit hatten wir unseren Gastgebern keine Aufmerksamkeit mehr geschenkt. Sie haben tatsächlich die Nacht im Freien verbracht, um uns ihre Betten zu überlassen.

Erster Reflex: ein Blick auf die Gebetsfahne. Gott sei gelobt, sie baumelt herab wie eine am Schwanz aufgehängte tote Ratte. Es ist völlig windstill. Wir werden bergab rollen und uns an der Geschwindigkeit berauschen. Nyalam liegt in 4 000 Metern Höhe. Innerhalb von 30 Kilometern werden wir über 3 000 Meter Höhenunterschied überwinden und in 800 Meter Höhe gelangen. In weniger als einer Stunde wird die karge und sterile Felslandschaft des tibetischen Hochlandes dem wimmelnden Leben der tropischen Wälder weichen.

Wir werden der Genesis der Erde beiwohnen. Die Evolution im Zeitraffer auf einem Fahrrad erleben. Von Granitblöcken und Eiskristall zu Wäldern und überdimensionalen Volieren fahren. Die ersten Kurven. Die Geburt des Lebens beginnt. Zuerst gebärt der Berg einige Sträucher. Noch liegt totes Gestein zwischen den weit auseinanderliegenden Büschen. Wir fahren weiter talwärts. 60 Stundenkilometer in den Geraden. Eine Tanne. Noch eine. Ein Nadelwald. Wir radeln durch die Schweiz. Ein Vogel fliegt von einer Kiefer auf. Teppiche aus kurzem Gras kriechen bis unter die Nadelbäume. Man kann den Säuregehalt des dunklen, von Eichhörnchen bevölkerten Dickichts fühlen. Beinahe spitzt man die Ohren, in der Erwartung, Kuhglocken zu vernehmen. Ein Laubbaum! Er ähnelt einer Buche oder auch einer Esche. Wir befinden uns in der Übergangszone, dieser Ebene, auf der die Pflanzen sich in allen Bergen der Welt einen erbitterten Kampf liefern. Der große Kampf des Laubbaums gegen den Nadelbaum. Der Krieg der Nadel gegen die Blattaderung. Wie lange begleiten uns diese Farne und Pilze auf unserem freien Fall? Plötzlich landet ein Schmetterling mit blauen Flügeln auf einem Laubbaum. Ein Botschafter der Tropen. Der Urwald ist nicht mehr weit.

Und dann taucht Zanghmu vor uns auf, die Grenzstadt. Letzte Blicke auf die leprösen Gebäude, die schmutzigen, löchrigen Gehwege, wo ein kleines Kind sich, von Dysentriekrämpfen geplagt, den Bauch hält. Letzte Blicke auf die rote Fahne, die über der schlammigen, tristen Straße weht, und auch den einzigen Ausweg aus dieser deprimierenden Ruine: das in der Mitte der Friendship Bridge aufgemalte rote Band, das die Freiheit und Nepal ankündigt.

Von Zhangmu nach Sonauli

Alexandre

»Sur le pont de Kodari, on y danse, on y danse …«

Wir spielen Seilspringen mit der Grenze. Immer wieder fahren wir in einem ausgelassenen Charleston von China nach Nepal und wieder zurück. Die rote Linie in der Mitte der »Freundschaftsbrücke« über dem Sun Kosi (Goldfluß) entfesselt unser Siegesgeschrei, das wir ungläubig bis zur letzten Sekunde unterdrückt haben. Ohne uns um das Mißtrauen der chinesischen Schildwache zu scheren, lassen wir unserer Freude, die Sprache und die Freiheit wiedergefunden zu haben, freien Lauf …

Die heimliche Triebfeder aller Dinge ist ein Lächeln. Die Dinge mögen nichts so sehr wie mit einem Lächeln honoriert zu werden; dann wandeln sie sich und überschlagen sich förmlich, uns mit immanenter Höflichkeit zu überschütten. Seit mehreren Tagen hatten wir China schon nicht mehr zugelächelt, und dafür hat es sich mit Prüfungen und Verachtung gerächt.

Unsere neue Herzensdame heißt Nepal. Wenn auch in die schäbigen Lumpen eines Schmutzfinken gehüllt, läßt der Stand der Gnade sie uns wie eine Prinzessin erscheinen.

Unsere Grenzübergänge sind immer wieder euphorisch; sie verraten unseren unstillbaren Durst nach Neuem und diese harmlose Sturheit jener, die nach dem Eldorado suchen und das Paradies immer hinter dem Horizont vermuten. Aber auf weit greifbarere Weise beschließt diese Reihe schäbiger Behausungen unsere verrückte Mühsal quer durch das »Reich der Extreme«: In 45 Tagen haben wir über 60 000 Meter Höhenunterschiede durch die Urwälder von Laos, die Hügel von Yünnan und an die 30 tibetischen Pässe von zwischen 4 000 und 5 500 Metern Höhe bewältigt. Aneinandergereiht würde der Schnitt dieser »phantastischen Radtour« im Stil eines EKGs einer 5%igen Steigung von Paris bis Barcelona entsprechen (1 200 Kilometer) oder der Erklimmung von 200 Eiffeltürmen mit dem Fahrrad.

Der Beamte des nepalesischen Grenzpostens bringt uns das Sprechen wieder bei. Das ist das erste richtige Gespräch mit einem anderen seit über einem Monat!

Wir widmen uns diesem Grenzbeamten mit dem Überschwang Überlebender, als hätte er uns aus einer großen Gefahr gerettet ...

Die Grenzen sind nicht nur geopolitische Willkürlichkeiten,: sie trennen tatsächlich verschiedene Welten. Und sehr wahrscheinlich wird uns alles, was uns von den Chinesen entfernt hat, den Nepalesen näherbringen.

Unser berauschender Abstieg in die Welt des Lärms und der Gerüche setzt sich fort. Feuchte Zungen lecken uns über das Gesicht; wir fühlen die schwere Luft auf unseren Schultern lasten: Die dünne Bergluft ist zähflüssig geworden.

Eine Mühle, die von einem Wasserlauf angetrieben wird, mahlt Korn und sagt dabei ihre Gebete auf. Über dem Mühlstein, der sich im Uhrzeigersinn dreht, befindet sich ein kleiner Zylinder aus getriebenem Kupfer, der ein Gebet enthält. Der konische Kornbehälter läßt nach und nach seine kostbare Ware in das Loch des Mühlsteins rinnen, der unter Einwirkung eines Holzstückes, das über die Drehscheibe hüpft, vibriert: Brot der Menschen und Brot der Götter ...

Die Piste, die von 1963 bis 1967 mit Hilfe der Chinesen gebaut wurde, ist völlig heruntergekommen. Wir umklammern unsere Handbremsen und widerstehen der Versuchung, uns frei rollen zu lassen. Plötzlich geht ein sintflutartiger Regen nieder. Fett und warm waschen die

Tropfen unseren kostbaren tibetischen Schmutz fort. Es sind die ersten Regenfälle des Frühlingsmonsuns, der auf den Himalaja stößt. Was für eine Dusche! Unsere Regenmäntel haben wir Tibetern geschenkt, bevor wir China hinter uns gelassen haben. Besorgt um unsere Tagebücher und Fotoapparate, flüchten wir unter das Gesims eines Hausdaches. Ein junger nepalesischer Englischlehrer findet uns dort. Kinder strömen herbei und mustern uns neugierig aus großen, schwarzen Augen. Der Regenschleier wird immer dichter. Der Lehrer lädt uns ein, den Nachmittag in seinem Haus zu verbringen, aber noch haben wir uns unsere tägliche Kilometerration nicht einverleibt. Ein Hahn schreitet majestätisch durch den Regen. Er gibt mir Auftrieb.

»Wir sind doch keine Waschlappen! Auf nach Katmandu!«

In Barabise sammeln wir unsere ersten Eindrücke von Nepal. Backsteine, Schmutz, Farben türmen sich zu beiden Seiten der schlammigen Straße in Haufen, die allen Gesetzen der Schwerkraft trotzen. Alles wirkt unfertig, wie ewig im Bau befindlich. Die nepalesischen Häuser sind winzig und ungemütlich; Auslagen und Schaufenster sind sehr wörtlich zu nehmen: alles, was zum Verkauf angeboten wird, ist von außen zu sehen. Cola-Kisten ziehen uns an wie die Fliegen.

»*Chinese, Thailand or Singapore Coke?*«

Wir haben freie Wahl! Wir glauben zu träumen! Um uns herum herrscht reges Treiben, ein buntes Gemisch aus schwer beladenen Sherpas, heiligen Kühen, von Kindern überquellenden Rikschas. Lärm – verlockende, pfeffrige Duftblasen – Knattern und Gebrüll motorisierter Tiger, die wie Tintenfische hinter ihren schwarzen Abgaswolken verschwinden. Asien! Fröhliche Anarchie! Wiedersehen mit der Lebendigkeit, der Seele, den Menschen.

Klein und stämmig, aber erstaunlich verschieden voneinander, bieten die Nepalesen eine vielfältige Palette, die von Mongolen bis zu Dravida reicht, über sämtliche Hautfarben und Nasenformen. Ihnen allen gleich sind jedoch die schmutzstarrenden Kleider und das strahlende Lächeln. Schelmische Kinder, in Trauben an klapprige Pickups geklammert, heften sich an unsere Fersen und laufen lachend im Slalom zwischen den Lastwagen her.

Wir fahren nach Dolalghat und durchqueren Dörfer, die lebendig sind von Spielen, lebendig von Kindern, lebendig von Frauen. In umfunktionierten Garagen piepen Tausende von Küken glücklich unter Heizlampen. Einen Stock höher spielen die Hennen Concierge hinter den Fensterscheiben, während die Familien auf dem Hühnerhof frische Luft schnappen. Eine Kuh, die es sich auf einer Bank bequem gemacht hat, mustert uns perplex: Die Werbeagentur von *Cuir Center* (Leder-Center; Anmerkung des Übersetzers) muß sich von einer Nepalreise inspiriert haben lassen! Der Katmandu-Expreß überholt uns. Sämtliche Fahrgäste hocken auf dem Dach des Busses, keiner im Inneren! In den Kurven schwankt das Gefährt gefährlich und droht, seine Fracht abzuwerfen wie ein Flußpferd sich der Madenhacker auf seinem Rücken entledigt. Verwirrendes Nepal, Land der Überraschungen und des Frohsinns, Land des Lächelns!

Die ländliche Architektur beeindruckt uns nicht sonderlich: Backsteinwürfel, häufig unfertig und mit wenig Fenstern. Nur die Frauen erscheinen uns wirklich »biutifull«, bezaubernd! Ihr Lächeln, die Feinheit ihrer Züge, ihre weibliche Redseligkeit und ihr verschmitzter Charme lassen uns eine Schönheit entlang unserer Route wiederentdecken, die China uns vorenthalten hatte. Ährenleserinnen, Trägerinnen, Landarbeiterinnen, sie alle scheinen in der nepalesischen Gesellschaft Respekt, Unabhängigkeit und Würde zu genießen, die ihnen zustehen. Im übrigen ist aufschlußreich, daß unsere spontane Sympathie jenen Ländern gilt, deren Kultur weniger phallokratisch geprägt ist. Die Stellung der Frau scheint uns für die kommenden Jahrzehnte von entscheidender Bedeutung zu sein! Durch ihre Verbesserung erst wird man behaupten können, sich ernsthaft der Unterentwicklung anzunehmen sowie der Übel, das die Mißachtung nach sich zieht: Analphabetismus, Kinderarbeit, Überbevölkerung …

Die Nacht überrascht uns in Bolphi, einem winzigen Dorf aus einigen Holzhäuschen mit spitzen Dächern aus Schindeln desselben Baustoffes. Als wir versuchen, unsere Räder in eine Kneipe mitzunehmen, wird uns wieder die extreme Enge nepalesischer Räumlichkeiten bewußt. Alles scheint sich nach Pygmäenstandard zu richten. Kleine Leitertreppen, schmale Flure, niedrige Decken, kleine Tische, winzige Sitzbänke, Blechgeschirr und Schlumpfportionen! Wir bekommen unser erstes *dalbat* serviert: das Nationalgericht aus Linsen (*dal*) und Reis (*bat*). Abgesehen vom *dalbat* ist alles ungenießbar scharf, wie in ätzenden Gewürzen mariniert. Oberste Dringlichkeit: zu lernen, wie man sagt »ungewürzt«. Dicke Schweißtropfen perlen auf meinen Schläfen und rinnen mir in den Halsausschnitt, als ich verdorbenes Fleisch esse, dessen Zustand von einem wahren Schleimhautbrand überdeckt wird, während Sylvain lieber verzichtet und versucht, mich zu erfrischen, indem er mir immer wieder Verlaine einschenkt.

Oben im ersten Stock entdecken wir den Gemeinschaftsschlafsaal, in dem wir auf verlausten Matratzen schlafen sollen. Es dauert nicht lange, und streng riechende Träger und ihre Frauen mit Bullenringen in der Nase tränken die Luft mit ihren penetranten Ausdünstungen. Klebrige Schwüle, erstickende Hitze, doch von der schlechten Luft erschlagen, fallen uns die Augen zu. Noch nie haben wir bei einer Grenzüberquerung einen so abrupten Wandel erlebt. Der physiologische Schock ist nicht von Pappe! Wir sind von der Kälte in die Hitze gekommen, vom Trockenen ins Feuchte, von der Wüste in dichtes Gedränge, vom Fels in den Urwald, von 5 000 auf 500 Meter, vom Unmenschlichen ins Menschliche, von einer verschlossenen Gesellschaft in eine offene …

Dienstag, 24. Mai 1994:
226. Tag, 75 km. G: 14 564 km

Eine Fliege summt in dem Zimmer, in dem das Licht der Morgensonne flimmert: leise, vergessene Musik und schon wieder verhaßt! Es hat die ganze Nacht ohne Unterbrechung geregnet. Gruppen durchnäßter Nepalesen haben sich lärmend in den Schlafsaal gedrängt und auf den nackten Lehmboden gelegt. Um fünf Uhr früh sind sie mit dem gleichen Getöse wieder aufgebrochen. Verwirrende Völker, die scheinbar keinen Schlaf brauchen! Und da ihnen ihr eigener Schlaf so unwichtig ist, sind sie auch nicht sonderlich geneigt, auf den anderer Rücksicht zu nehmen!

Aber was den Schlaf am nachdrücklichsten stört, die Plage, die einen in Nepal wachhält, das sind weder die Mücken Malaysias noch die Hunde Thailands oder die Chinesen Chinas, sondern Ungeziefer, richtiges, echtes Ungeziefer! Das wimmelt und kriecht und hüpft! Eine ganze zusammengeschlossene Armee von Schaben und Flöhen stürzt sich in dieser Nacht auf unsere angewiderten Körper. Brüllend, in unseren engen Schlafsäcken um uns schlagend, um uns dieser unaufhaltsamen Invasion zu erwehren, stehen wir unserem Traum von Schlaf selbst im Weg. Und Krönung der Grausamkeit, die zwei Zeitzonen, die wir durchquert haben, verlängern die Folter um zwei Stunden. Diese Nacht ist ganz ohne Zweifel die schlimmste, die wir bisher erlebt haben!

Beim Frühstück probieren wir alles. Da es uns widerstrebt, dreimal täglich das gleiche zu essen, lehnen wir den angebotenen *dalbat* kategorisch ab und entdecken endlich Milchreis und frittierte Süßigkeiten, die an das marokkanische »Engelhaar« erinnern. Gesättigt machen wir uns auf den Weg nach Katmandu und haben schon bald wieder mit Steigungen zu kämpfen. Unser Ziel ist so nah und doch so fern, daß wir den ganzen Tag lang förmlich besessen sind von der Anstrengung, die uns von ihm trennt. Wir setzen Scheuklappen auf. Wir rollen Richtung Katmandu. Die Schildkröte gibt nicht auf, ehe sie die Ziellinie nicht überschritten hat.

In Gedanken sind wir bereits in Katmandu, wie Eisenspäne von diesem legendären Magneten angezogen. Aber wir haben die letzte Steigung des Dhulikel nicht berücksichtigt: 33 Kilometer unter einer sengenden, die Magnetkraft störenden Sonne. Gleich nach der Überquerung des Bhote-Kosi-Flusses in Dolalghat steigt die Straße stetig bis zum Katmandu-Plateau in 1 400 Metern Höhe an. Auf halber Strecke machen sich bei mir alarmierende Anzeichen von Schwäche bemerkbar. Ausgelaugt von der Hitze, vergiftet von dem scharfen Fleisch amVorabend, erdrückt von dem Gewicht der Luft, das auf meinem Kopf lastet, und geschwächt von unserer unruhigen Nacht, wird mir plötzlich schwindlig. Mit weichen Knien, an den Extremitäten frierend, mit tränenden Augen und benebeltem Kopf kann ich der Verlockung nicht widerstehen, kühles Wasser aus einem Bach zu trinken, in dem sich gerade eine Ladung Fahrgäste eines Busses erfrischt hat. In meinem Bauch schwappt es, als ich wieder losfahre. Der wenige Zucker, der in meinem Blut noch übrig war, hat sich nun vollends verdünnt und aufgelöst. Mir wird Schwarz vor Augen. Sylvain versucht, mich zu ermutigen; ich hefte mich an sein Hinterrad, mechanisch, während ich mit einer gesalzenen Anfänger-Hypoglykämie kämpfe. Ich leide an einem akuten Salz- und Zuckermangel, einem Mangel an Mineralien! Dabei perlen Sterne vor meinen Augen. Dann ernten Ameisen die Watte in meinen Beinen. Nur gedämpfte, leicht beunruhigte Worte dringen noch zu mir durch: Geht's? Geht's? Es kommt mir vor, als würde die Steigung nie ein Ende nehmen. Ankommen! Ankommen! Doch 500 Meter vor dem Dhulikel-Paß werde ich ohnmächtig.

Nach einigen Ohrfeigen meines Reisegefährten komme ich wieder zu mir, liege am Straßenrand ausgestreckt und bin völlig durchnäßt von dem Wasser, das er gleich eimerweise über mich gekippt hat. Er reicht mir Vitamine und Energietabletten, die ich unter den belustigten Blicken der Schaulustigen lutsche. Dann gehen wir die letzten Meter zur Stadt an. Katmandu ist noch weit!

Nach einigen durch brachliegende Felder und Baustellen verwüsteten Tälern gelangen wir in den Kessel von Katmandu, wo die Hunderten von Schloten der Backsteinfabriken im Clinch mit jenen der Pagoden und den spitzen Stupas liegen. Der Ort ist enttäuschend, die Legende muß woanders sein! Weder spüren wir die Höhe noch sehen wir die Himalaja-Gipfel in der Ferne. Grenoble ist weitaus schöner! Und die Reiseführer verheißen eins der schönsten Täler der Welt!

Sind wir blasiert? Haben wir unsere Hoffnung zu sehr auf dieses Etappenziel gerichtet und es idealisiert? »Vermindert oder verstärkt sich das Imaginäre, wenn es auf die Realität trifft?«: Eine interessante Frage, die sich Victor Segalen in *L'Équipée* stellt. Katmandu ist plötzlich da, in der Ferne, vor unseren Augen, und der Anblick läßt uns kalt. Wir greifen auf die Coué-Methode zurück (Emile Coué, französischer Heilkundiger, der versuchte, durch Autosuggestion zu heilen; Anmerkung des Übersetzers) und wiederholen mehrmals den Namen Katmandu, um uns so von der Einzigartigkeit dieses Augenblicks zu überzeugen. Es ist unsere erste Begegnung dieser Art. Sogar Alexandra David-Neel, die eher für ihre unstillbare Neugier berühmt ist als dafür, eine blasierte Weltreisende zu sein, konnte ihre Enttäuschung von Lhasa nicht verhehlen, einer Stadt »in der man nur indischen Schund findet«. Ebenso urteilte René Caillé, als er nach Jahren erwartungsvoller Neugier in Timbuktu eintraf und nur einen »Haufen schäbiger Lehmhäuser« sah. Tyrannei der Umstände …

Anders als in Dakar oder Bangkok, erleben wir schon bei der Annäherung die ganze Bandbreite der Lärmkulisse, der Staus und der städtischen Hysterie. Wenn man bedenkt, daß vor gar nicht mal so langer Zeit noch Ströme von Hippies hierher gepilgert sind – wegen der Ruhe, des Friedens und der »verblüffenden Meditation«, um dem Streß und Materialismus der westlichen Gesellschaften zu entfliehen! Der reinste Hohn!

»*Clean, green and healthy Katmandu*« verkündet stolz ein Schild am Eingang der Hauptstadt – doch wir ersticken beinahe inmitten der Abgase. Wir unternehmen einen Schaufensterbummel, der Singapurs würdig wäre. Ausgehungert nach Leuchtreklamen, Markenartikeln, westlichen Referenzen betrachten wir jede Auslage mit begehrlichem Röntgenblick. Alles, was einen Puristen des alten Katmandu abstoßen und einen idealistischen Touristen enttäuschen würde, weil er erkennen muß, daß Coca-Cola, Heinz, Colgate und Sony vor ihm in diesem legendären Mekka Einzug gehalten haben, begeistert uns. Es ist alles nur eine Frage des Standpunktes: Hotels, Restaurants, Buchhandlungen … welch himmlischer Luxus!

Wir radeln zügig zum *Katmandu Guest House* im Thamel-Viertel, um Briefe abzuholen, die eventuell postlagernd an uns geschickt wurden, und finden uns staunend vor der Liveübertragung eines Roland-Garros-Matches wieder! In der Lobby mustern uns frisch rasierte Touristen in sauberen, nach Waschmittel duftenden Kleidern wie Helden, die in ein Güllebecken gefallen sind, hin und her gerissen zwischen Ungläubigkeit und Bewunderung. Sie wissen nichts über uns, aber ihre Blicke sprechen Bände.

Wir folgen dem guten Rat des Fahrers des *Rothel*, dieses deutschen Geländebusses, dem wir auf den tibetanischen Hochplateaus begegnet sind und lassen uns zu einem Bier und Tournedos mit grünem Pfeffer im *Old Vienna* nieder.

»Wäre Mozart Ihnen recht?« entgegnet der schmerbäuchige Wirt auf unsere Bitte um Musik.

»Ja!«

Wir essen, trinken und hören uns satt.

Im Thamel, dem legendären Viertel des »*happy renewal*« (Fröhliche Wiederkehr der Hippies unter der Fuchtel der New-Age-Bewegung) in Katmandu, befinden sich Trekkingläden, Restaurants mit sogenannter »kontinentaler« Küche, westliche Buchhandlungen, Cafés und preiswerte *guest houses*. Die Hippies von damals reisen nicht mehr ohne Scheckkarte. In diesem Viertel herrscht eine brave Lebendigkeit, verströmt von jungen Engländerinnen, die zu ihrem *year off* (einjähriger Bildungsurlaub) frisch aus Oxford angereist sind, amerikanischen alten Jungfern, die sich aus ihren Fünf-Sterne-Hotels gewagt haben, schnurrbärtigen deutschen Rucksacktouristen, lärmenden Italienern und einigen sauertöpfischen Franzosen, die sich zu schämen scheinen, zu den Wohlhabenden zu gehören.

Nach einem Frühstück mit Croissants und Butterbroten in *Helena's Café* begeben wir uns gesättigt auf Erkundungstour. Tourismus und ästhetische Betrachtungen sind nur in gesättigtem Zustand möglich. »Hungriger Magen hat keine Ohren« – für einen hungrigen Magen ist ein Stein, so schön er auch sein mag, eben nur ein unverdaulicher Stein!

Wir schlendern durch die bereits belebten Gäßchen des hölzernen Viertels.

Die Nepalesen sind freundlich und lächeln ständig; sie lassen den Kopf baumeln, während sie mit uns sprechen. Auch sie scheinen ziellos durch das Labyrinth der Gassen zu bummeln. Mit ihrem langen rabenschwarzen Zopf, ihren mit *simrick* (rotes Pulver, mit dem die verheirateten Frauen sich den Scheitel färben – Symbol des Verlustes der Jungfräulichkeit) gefärbten Scheiteln und der bernsteinfarbenen, von duftenden Ölen glänzenden Haut erwidern schöne Frauen offen unsere »weißen Blicke« (Name für die blauen Augen der Weißen) mit der ganzen Tiefe ihrer mit *gazel* (schwarzes Pulver, vergleichbar mit Kohle) betonten Augen. Glücklicherweise können wir dank des *tika* (farbiger Punkt, den verheiratete Frauen in der Mitte der

Stirn tragen) auf ihrer Stirn, Symbol der göttlichen Präsenz und wie ein drittes Auge, auf das wir unsere Blicke heften, vermeiden, von diesen bezaubernden »Medusas« versteinert zu werden.

Eine Kuh leckt mit ihrer rauhen Zunge an einem Salzstein, der an einer Mauer befestigt ist. Ein kleiner Junge holt mich ein und zeigt mit mißbilligender Miene auf meinen rechten Schuh, der den Strapazen in Tibet nicht standgehalten hat. Ohne mir Zeit zu lassen, auch nur Piep zu sagen, schnürt er den Schuh auf und flickt ihn mit einem Stück Gummi. Während er mit Nähen beschäftigt ist, spielen wir für ihn Flöte. Alle Kinder des Viertels kommen lärmend angelaufen und führen uns in hübsche Innenhöfe mit Brunnen und Holzschnitzereien, von denen die eine schöner ist als die andere. Frieden.

An den Straßenecken erinnern kleine Tempel an die Omnipräsenz der Religion im Leben der Nepalesen. Gläubige aus Ganesh oder Hanuman pilgern hierher, auch wenn sie manchmal die Bedeutung dieser rituellen Fahrt vergessen haben. Buddhismus und Hinduismus sind eng miteinander verbunden: Der in Nepal geborene Gautama Buddha wird als eine andere Verkörperung Vischnus betrachtet. Profanes und Heiliges verschmelzen. Eine alte Frau zerdrückt Zinnober auf dem Rüssel des Elefantengottes und murmelt dabei ein Mantra: Er ist der Glücksgott. Der rußgeschwärzte und von zerlaufener Butter glänzende Stein thront inmitten eines Berges von Blumengirlanden und Opfergaben von diesem Morgen.

Zum Mittagessen gehen wir ins *Hot-breads*, wo wir, ein wenig beschämt, zwei riesige Portionen Hamburger mit Fritten verputzen. Verblüffung! Hinter uns wird Französisch gesprochen! Gleichzeitig drehen wir uns um und werden von zwei französischen Entwicklungshelfern und Seismologen an ihren Tisch eingeladen. Nachdem wir ihnen von unseren Abenteuern berichtet haben, bleibt die Gastfreundschaft nicht aus: Stéphane und Marcellin laden uns in die prunkvolle Villa ein, die zu mieten sie sich dank ihres in Francs ausgezahlten Lohnes leisten können. Das Glück der Radfahrer!

Wir verbringen den Nachmittag am Durbar Square, spirituelles und dynastisches Zentrum der Hauptstadt. Am Eingang zum Basantapur-Platz, vor dem Tempel Shivas und Parvatis, sind wir überwältigt von der Schönheit des Bauwerks. Mythen stürmen auf uns ein. Bilder und Erinnerungen an Gelesenes überschlagen sich; wir wissen gar nicht, wohin wir sehen sollen. Die von der Sonne erwärmten Backsteine strahlen ihr Mysterium aus. Wir steigen die fünf hohen Stufen zum Sockel des Binsem-Tempels hinauf, um uns in den Schatten einer der drei übereinanderliegenden Dächer zu setzen und diesen Augenblick aus der Höhe zu genießen.

Am Eingang des königlichen Palastes, unter einem Sonnendach, stoße ich mich an der diabolischen Ausstrahlung der Statue Hanuman Dhokas! Und dabei gilt die dicke rote Götze, der Affenkönig, als freundlich. Vor ihm ragt der älteste Tempel des Platzes auf, der Jagannath, berühmt für seine in die Stützbalken geschnitzten akrobatischen Szenen des Kamasutra. Ich halte die Kartuschen eine nach der anderen fotografisch fest, als ein wichtiger *saddhou* (asketischer Eremit im Hinduismus) sich in den Kopf setzt, für die Aufnahmen Geld von mir zu verlangen. Es gelingt mir, ihn davon zu überzeugen, daß mein Geld nur seiner Askese schaden würde; er entfernt sich mit einem komplizenhaften Lächeln. Die Sexualität, die als heilige, reinigende Tugend angesehen wird, wird in gleichem Maße als heilig verehrt wie die Nahrung, während die dauerhafte Beziehung zu den Göttern banalisiert wird. Weder komplex noch spaßig, besteht der Zweck dieser Schnitzereien in dem Bestreben, einer menschlichen Praktik Göttlichkeit zu verleihen. Das große Paradox ergibt sich daraus, daß die prüden, eine jungfräuliche Göttin verehrenden Nepalesen im Alltag inmitten riesiger Phallen und einer entfesselten Erotik leben.

Wir beenden diese Göttergalerie mit dem furchterregenden Bhairav mit dem schwarzen Gesicht und seiner Tiara aus Totenköpfen. Er ist blutbesudelt, mustert uns aus drei vorquellenden Augen und bedroht uns mit drei Armpaaren, bewaffnet mit einer Axt, einem Schild, einem Schwert und einem Skalp. Als Gott der Schwüre und Hüter der Mandala trinkt dieses phantastische Ungeheuer bei den Festen von Dasain oder Durga Puja Ströme von Blut der zu Hunderten geopferter Büffel. Brrr!

Am Abend machen unsere Seismologen-Freunde uns bei einem Chateaubriand in Burgundersoße im *Everest Steak House* mit den anderen französischen Entwicklungshelfern bekannt. Sehr französische Sticheleien begleiten das Essen. Peng! Der nächste geht auch auf unsere Kosten. Wir sind das nicht mehr gewöhnt. Aber es tut richtig gut, wieder mal aufgezogen zu werden! Wir beschließen den Abend beim »Doc«, einem jungen Botschaftsarzt, der sich auf die Hubschrauberrettung verletzter Wanderer spezialisiert hat. Mit 25 Jahren führt er ein traumhaftes Leben mit unvorstellbarer Lebensqualität und Verantwortung. Unsere Seismologen, die frisch von der Ingenieurschule kommen, leiten allein die nepalesische Erdbebenwarte, streifen umher, installieren in den Bergen Sonden, die in der Lage sind, Yakfurze am anderen Ende des Landes zu registrieren, und genießen einen Notablenstatus. Wer hat behauptet, es wäre gefährlich, sich im Ausland niederzulassen?

Ein süßes, kleines Kätzchen macht es sich zitternd auf meinem Schoß gemütlich. Was für reizende Wesen! Vor Antritt dieser Reise haßte ich Katzen und liebte Hunde, wobei ich weder die einen noch die anderen näher kannte! In Katmandu wie anderswo werfe ich zahlreiche Klischees über Bord: Unsere Reise durch die »wirkliche Welt« ist reich an Gegensätzen. Diese Erfahrung birgt Geheimnisse, die den Studenten, die sich mit staubigen Lehrbüchern häuslich in der Bibliothek niederlassen, entgehen.

Die ganze Nacht über verschlingen wir genießerisch französische Zeitungen: ein Stier in Unterhosen in der Rue des Saints-Pères, wieder eine durchgebrannte Sicherung beim Präsidenten, noch ein Rennfahrer, der es leid war, im Kreis herumzufahren, und die Piste auf dem Luftweg verlassen hat …

Während der folgenden Tage bereiten wir unsere Weiterreise vor, lassen unsere indischen Visa verlängern, phantasieren unter den Einfluß heftiger übelriechender Gardiase-Fieber, einer örtlichen Kolik, die von Ausdünstungen begleitet wird, die nach faulen Eiern riechen.

An einem Vollmondabend brechen wir mit unseren Gastgebern zum Swayambunath-Tempel auf, der oben auf einem Hügel errichtet wurde, der den Talkessel Katmandus überragt. Das Datum seiner Erbauung verliert sich im Dunkel der Zeit: Vermutlich ist es das älteste buddhistische Heiligtum der Welt. Eine endlose senkrechte Treppe führt uns hinauf zum erleuchteten Tempel. Im Dunkeln lassen Affen sich die steilen Steinrampen hinuntergleiten und stoßen dabei schrille Schreie aus. Am Tage lethargisch, sind sie nachts um so lebhafter, und unser Eindringen paßt ihnen offenbar gar nicht.

»Paßt auf, daß ihr nicht gebissen werdet und sie euch nicht eure Geldbörsen klauen!«

Je höher wir steigen – uns langsam vorwärtstasten und den verschwommenen Schatten der Affen ausweichen, die in der Nacht davonstieben –, desto deutlicher wird der erleuchtete Stupa in der Dunkelheit hinter dem Terrassengeländer sichtbar. Als wir auf allen Vieren die letzten Stufen erklimmen, tauchen auf dem Treppenabsatz die faszinierenden Augen Buddhas auf, die unmittelbar über dem weißen Kuppeldach auf die Stupafassade gemalt sind. Eine Hundemeute empfängt uns oben mit drohendem Gebell. Eine Glocke bimmelt, und die dumpfe Stimme eines Mönches summt im Dunkel. Bei jeder unserer Bewegungen stürzt die Hundemeute bellend und fletschend vor, als wolle sie uns daran hindern, den Frieden an diesem

Ort zu stören. Das getriebene Kupfer der Hochreliefs schimmert wie Gold an den Mauern des Tempels. Die zahlreichen Gebetsmühlen schnurren auf ihren Lagern. Die durchdringenden Gerüche von Weihrauch und Yakfett berauschen uns, während die orangefarbene Mondscheibe die hellen Banderolen der Gebetsfahnen in rötliches Licht taucht. Diese ergreifende, mystische Atmosphäre wird permanent vom gnadenlosen Kampf zwischen Affen und Hunden gestört. Die einen scheren sich weder um Höhen noch um Tabus oder Kreisverkehr, während die anderen jedes Eindringen in ihr Revier mit wahren Feldschlachten quittieren, derer die Primaten sich stets durch die Lüfte entziehen, sehr zum Ärger der frustrierten Hunde. Der Legende nach sind die Affen Reinkarnationen der Flöhe Manjushris, des legendären Patriarchen des Tales. Kein Wunder, daß sie so lästig sind!

Montag, 30. Mai 1994:
232. Tag, 115 km. G: 14 679 km

»Alex! Alex! Was ist das?«

Von Kopf bis Fuß mit entsetzlich juckenden roten Pöckchen übersät, erlebt Sylvain ein unangenehmes Erwachen.

»Das ist nichts! Nur ein wenig Würze für die Hölle, die uns bevorsteht!«

Heute stürzen wir uns in den Glutofen Indiens, dem außer uns alle zu entfliehen versuchen! Der Abschied von Katmandu fällt uns schwer, auch wenn es uns drängt, wieder unterwegs zu sein – wir hatten gerade angefangen, uns an diverse Bequemlichkeiten zu gewöhnen! Die Rückkehr in die Welt ist brutal: 16 Kilometer Steigung im Gestank und Hupkonzert am Ausgang von Katmandu. Wir haben wieder Gegenwind. Im Laufe der kilometerlangen Abfahrt wird die Luft schwerer und immer schwüler. In einem ausgetrockneten Bachbett hocken ganze Armeen von alten Frauen und zerkleinern mit dem Hammer Steine. So wird also der nepalesische Schotter hergestellt, und davon leben also die alten Leute, die nicht genügend Kinder haben, um im Alter versorgt zu werden!

Sylvains neue Fahrradkette springt andauernd ab. Die abgenutzten Zacken der Zahnräder kommen nicht mit der Festigkeit der neuen Kette zurecht. Es regnet. Unangenehmes Paradox: Zwar folgen wir dem Fluß Trisuli stromabwärts, aber der Weg ins Tal ist von ebenso zahlreichen Steigungen wie Windungen gekennzeichnet. Sylvain leidet entsetzlich unter seinen Pusteln. Als er sich erneut zornig kratzt, gerät er ins Schleudern. Seine Fahrradkette verheddert sich, und Gangschaltung und mehrere Radspeichen gehen zu Bruch. Na großartig! Jetzt sind wir gezwungen, im strömenden Regen in der hereinbrechenden Dunkelheit seinen Drahtesel zu reparieren. Es ist, als würde das Pech nach der kurzen Ruhepause, die wir uns in Katmandu gegönnt haben, seinen Rückstand aufholen wollen. Als widernatürliche Gemeinschaft verbindet Mensch und Maschine oft eine konfliktreiche Beziehung. Wenn Probleme auftauchen, kommt es regelmäßig zu wüsten Beschimpfungen, die sich einseitig gegen die Maschine richten.

Glücklicherweise haben wir eine Ersatzkette dabei! Wir radeln in der Dunkelheit weiter, um uns für die Ungerechtigkeit zu rächen. Im dunkeln auf dieser unbefestigten Straße werden wir von den Scheinwerfern der Lastwagen geblendet und fahren in Schlangenlinien zwischen den Steinen auf der Fahrbahn hindurch, die drohen, unserer Reise jeden Augenblick ein jähes Ende zu bereiten.

In Mougling, wo wir spät abends haltmachen, begegnen wir einer Engländerin und einer Holländerin, Piercing in der Nase, die Haare zerzaust, die gerade aus Indien kommen und ihr Linsenpürée mit den Fingern essen (»Das ist so viel praktischer als mit dem Löffel!«). Sie berichten uns von ihrem Aufenthalt in einem Ashram in Indien:

»Es war einfach super! Wir haben den ganzen Tag unter einem Baum gesessen, geraucht und mit dem Guru über das Leben gesprochen. *It was so cool!*«

»Interessant!« entgegnet Sylvain höflich. »Und wie lange?«

»Sechs Monate.«

Tatsächlich! Eine reife Leistung! Sylvain steckt seine Kassette mit *King Arthur* von Purcell in den Recorder, der gleich darauf ein Rauschen und Knistern von sich gibt. Sylvain setzt sich wieder, neugierig auf den Effekt. Plötzlich rollen Ruth dicke Tränen über die Wangen.

»Ich hatte vergessen, wir schön und tief diese Musik ist.«

Mit abwesendem Blick läßt sie vor ihrem inneren Auge Bilder aus ihrem alten Vaterland England Revue passieren. Als wir die beiden wieder verlassen, sorgen wir uns nicht mehr um sie.

Dienstag, 31. Mai 1994:
233. Tag, 115 km. G: 14 794 km

Heute haben wir es nicht über uns gebracht, früh aufzustehen, was wir im Laufe des Tages sicher noch bereuen werden, da wir in die tropische Hitze des Teraï gelangt sind, des Landes der Tiger und Affen. Eine unangenehme Kolik bläht mir den Bauch so stark auf, daß sie mir die Luft abschnürt. Als ich mich in den Sattel schwinge, sage ich mir, daß ich, sollte ich dieses Abenteuer je zu Papier bringen, darauf werde achten müssen, daß keine bloße Aufzählung von Leiden und Krankheiten daraus wird!

Einige Minuten später geht mir auf, daß meine Kolik auf ihre guten Seiten hat: Als ich mich ins Gebüsch zurückziehe, bekomme ich Besuch von großen, weißen Affen, die mit gewaltigen Sätzen von Baum zu Baum springen oder sich einfach zu Boden fallen lassen. Und so rede ich mir gegen jede Vernunft ein, daß ich diesen Anblick allein meiner Kolik verdanke. Vielleicht war sie einfach der Preis für dieses Naturschauspiel!

Nach 36 Kilometern durchfahren wir den letzten Engpaß in diesen Bergen, die wir seit dem Norden Thailands nicht mehr verlassen haben. Der Paß bereitet uns ein Wiedersehen mit dem Horizont. Unser Sichtfeld weitet sich, die Perspektiven flachen ab; welche Freude, wieder an etwas anderes denken zu können als an die nächste Steigung, sich wieder von einem gleichmäßigen Rhythmus tragen zu lassen!

Den ganzen Tag lang radeln wir am Chitwan-Nationalpark entlang, einem Schutzgebiet für Tiger und Nashörner. Die ersten Fetzen des Monsun gehen über Nepal nieder, nachdem sie über ganz Indien hinweggezogen sind, ohne einen Tropfen Wasser abzulassen. Diese Schauer sind ein willkommener Trost angesichts unserer Schwierigkeiten, uns an die drückende Hitze zu gewöhnen. Am Abend gelangen wir an eine überraschende, entmutigende Steigung von 10 Kilometern Länge. Der Regen wird heftiger. Das ganze Tal des Ganges, Indien und Ebenen breiten sich vor uns aus, und dic Straße muß ausgerechnet über diesen Vorposten des Himalaja führen: ein schlechter Scherz! Die Rufe des Dschungels begleiten unsere letzte Steigung, während wir immer wieder von Kaltluft- zu Warmluftfronten wechseln.

Mein Hut ist nützlicher als jede Sonnenbrille und gestattet mir, in der Dunkelheit vorauszuradeln, ohne von den Scheinwerfern der Lastwagen geblendet zu werden; indem ich die Krempe einen Hauch tiefer ziehe, bringe ich den Hutrand auf eine Höhe mit der Straße, knapp unterhalb der Scheinwerfer, so daß ich von dem Licht profitieren kann, das die Fahrbahn erhellt.

Oben auf dem Hügel legen wir in einer Raststätte eine Pause ein und genehmigen uns eine Portion *dal*. Bei der Abfahrt fällt Sylvain auf, daß er sein Handtuch liegenlassen hat; entgegen unserer Gewohnheit macht er kehrt, um es zu holen. Wir haben gelernt, mit so wenig auszukommen, daß alles, was wir jetzt noch besitzen, unverzichtbar geworden ist. Jedesmal, wenn wir eine Socke oder einen Kamm verlieren, löschen wir den Gegenstand mit einem Gedenkspruch aus unserer Erinnerung: »Tapferer, kleiner Kamm aus Frankreich, nach all diesen vielen Kilometern verloren gegangen!« Als würden wir in einem Fetischismusschub ein kleines Stück Plastik mit unserem Vorwärtskommen assoziieren.

Während ich auf Sylvain warte, saugt sich mein Poncho mit Wasser voll, das süß ist wie Sirup. Ich rieche in der vom Regen prasselnden Luft neue, vertraute Gerüche und finde mich plötzlich an der herbstlichen baskischen Küste wieder. Geheimnisvolle Assoziationen. Der Geruchssinn ist der präziseste und erstaunlichste aller Sinne. Die verhangene Nacht wird von Hitzeblitzen zerrissen; die Monsunwasser, die auf die erhitzte Fahrbahn niedergehen, erwärmen sich und verdampfen in einem Watteteppich, über den der Wind hinwegstreicht und der im Licht der Scheinwerfern erstrahlt. Armeen von Glühwürmchen, die im Urwald blinken, mischen sich in dieses märchenhafte Schauspiel und verschmelzen mit den Lichtern Indiens am Fuß des Gefälles.

Von Nepal nach Delhi, der Uttar Pradesh

Sylvain

Der Checkpoint von Sonauli markiert die Grenze zwischen Nepal und dem Uttar Pradesh, der weiten Region im Norden Indiens. Auch ist er das Tor zur Hölle. Im wahrsten Sinne des Wortes. Stellen Sie sich ein offenes Fenster vor, vor dem ein loderndes Feuer brennt, dessen Hitze von einem Luftzug hereingeweht wird. In Nepal haben wir bereits die Vorboten der Glut zu spüren bekommen. Aber innerhalb weniger Kilometer, als halte sich das Feuer an die Staatsgrenzen, nimmt die Hitze beträchtlich zu. Der heiße Atem der Schmiede fegt über die indische Ebene. Ein Schild an der Mauer des Zollgebäudes setzt dem Ganzen dic Krone auf:

A WARM WELCOME FOR VISITORS!

Auf einem Tisch liegen verschiedene Tageszeitungen. Die Schlagzeilen: »Rekordhitze im Norden Indiens«, verkündet der *Asian Age*. »Der Alptraum der Bewohner von Delhi«, faßt der *Pioneer* die Lage zusammen. Wenn es einen Monat gibt, in dem von einem Indienbesuch abzuraten ist, dann der Juni. Wenn es ein Jahr gibt, das aufgrund einer Hitzewelle besonders ungeeignet ist, das Land zu bereisen, dann 1994. Es ist Juni 1994, als wir die Grenze nach Indien passieren.

Wir nehmen Kurs auf Delhi. Die ersten Meter auf indischem Asphalt halten eine Überraschung für uns bereit. Die nostalgischen Engländer, die offenbar Heimweh hatten nach den Alleen Cornwalls, haben zu beiden Seiten der Straßen dicht an dicht Bäume gepflanzt. Ihr Geäst vereint sich über der Straße und bildet so ein schattenspendendes Laubdach. Schon Kipling hat diese Akazienalleen beschrieben, die den roten Schopf und die britisch-blasse Haut des kleinen Kim sowie den kahlen Schädel seines Freundes Lama vor der sengenden Sonne schützten.

Während der gesamten Woche, die wir brauchen, um durch den Uttar Pradesh nach Delhi zu gelangen, werden unsere Tage nur von einem Gedanken beherrscht: den Sonnenstrahlen zu entgehen. Schließlich nehmen wir den Lebensrhythmus der Millionen Einwohner der Region an. Um vier Uhr heißt es aufstehen, um einen Hauch relativer Kühle abzubekommen. Nachts sinkt das Thermometer selten unter 28 Grad!

Wenn wir spüren, daß die heiße Stunde anbricht, spitzen wir die Ohren, um das charakteristische Geräusch der artesischen Pumpen in den Bewässerungsgräben der Felder auszumachen. Schon von weitem hört man das vage Hämmern wie von einem asthmatischen Metronom, und kommt man dann näher, vernimmt man noch deutlicher das abgehackte und gleichmäßige Klappern des Motors, der das Wasser manchmal aus mehr als zwanzig Metern Tiefe an die Oberfläche holt. Das dicke Rohr von einigen Dutzend Zentimetern Durchmesser, aus dem das eisige klare Wasser strömt, wird dann für einige Stunden zu unserer Dusche. An diesen natürlichen Quellen sind Oasen im Herzen des Glutofens entstanden. Bäume mit großen Blättern sind am Rand dieser Brunnen gewachsen. In den Lorbeersträuchern haben Vögel ihre Nester gebaut. Inder kommen mit Peddigrohrbetten herbei und legen sich im Schatten schlafen. Kinder errichten Dämme, um die Wasserläufe umzuleiten und einen Grashalm davor zu bewahren, fortgeschwemmt zu werden. Alle gemeinsam profitieren wir von der Bewässerung der Felder.

Gegen drei oder vier Uhr am Nachmittag fängt das Leben langsam wieder an. Köpfe tauchen aus dem Schatten auf, die Bauern machen sich wieder an die Arbeit, und Fahrzeuge bemächtigen sich wieder der Straßen. Wir reißen uns aus der Trägheit unseres Mittagsschlafes und radeln bis zum Abend. Die Luft ist immer noch sengendheiß. Da wir gen Westen fahren, steht am Abend die Sonnenscheibe riesig vor uns am Horizont. Manchmal kommt in der Dämmerung ein Westwind auf, der die Augen austrocknet und einem die Kehle zuschnürt. Dann geht der Tag in die klebrige, stickige Nacht über. Man erwartet Linderung, aber die Stunden der Dunkelheit sind zu kurz, als daß die Luft merklich abkühlen könnte. Die Mauern der Häuser geben in der Nacht die Hitze ab, die sie im Laufe des Tages gespeichert haben. Unmöglich, in einem Haus zu schlafen. Auf den Gehsteigen, in Innenhöfen und entlang der Felder werden unter den Sternen Tausende von Betten aus geflochtenen Seilen aufgestellt. Indien übernachtet im Freien. Wir fallen in kurzen, erschöpfenden und stickigen Schlaf. Schon allein die Berührung eines Moskitonetzes löst einen erneuten Schweißstrom aus. Am Morgen wachen wir noch vor Tagesanbruch auf, um diese viel zu kurzen Nächte zu vergessen.

Donnerstag, 2. Juni 1994:
Das Dorf Uska

Eines Abends schieben wir unsere Räder in den Garten einer Luxusvilla, mit dem Zögern des Vagabunden, der nicht weiß, ob er mit offenen Armen oder drohenden Fäusten empfangen werden wird. Die Allee führt zu einer Art Vorhof vor einer von Sträuchern umgebenen Terrasse. Einige Kerzen beleuchten einen gedeckten Tisch. Auf zwei Betten ausgestreckt wie Römer in der Antike, unterhalten sich ein Mann und eine Frau leise. Wir sehen sie, lange bevor sie uns entdecken können. Dann biegen wir den Ast eines Ficus zur Seite und stehen plötzlich vor ihnen. Wir strecken die Hände aus, in einer Geste, die sie bezüglich unserer Absichten beruhigen soll. Wir stammeln Entschuldigungen und erzählen, was uns herführt.

»Setzen Sie sich und seien Sie unsere Gäste!«

Die Reaktion des Mannes kommt für uns unerwartet. Erklärungen sind überflüssig: Zwei in Lumpen gehüllte Vagabunden sind in den schwachen Kerzenschein getreten, und das genügt ihm offenbar, sie an seinen Tisch einzuladen. Der Mann, der uns an diesem Abend Obdach gewährt, ist ein Brahmane. Er gehört jener Priesterkaste Indiens an, die privilegierte Personen umfaßt, gleich ob arm oder vermögend. Er ist Gouverneur des Distrikts. Er ist unglaublich dick und häßlich. Seine Frau, die unter einem Flamboyant ruht, fächert sich mit lasziven Bewegungen Luft zu. Nackte kleine Jungen wieseln umher und bedienen ihre Herrschaft. Man nimmt sich unserer an, wäscht uns das Gesicht. Bringt uns Tee. Innerhalb weniger Minuten wird uns eine riesige Schale Curry und Linsen serviert. Eins der Kinder fächert uns mit einem Peddigrohrfächer Luft zu. Die Szene ist beinahe perfekt. Es fehlt nur der britische Offizier, der seinen Schnurrbart zwirbelt und bittet, ihn zu entschuldigen, weil er im Club erwartet würde. Kurz vor dem Einschlafen, auf Betten ausgestreckt, die für uns auf der Terrasse aufgestellt wurden, erklärt uns unser Gastgeber:

»In unserer Religion sind Gäste wie Götter!«

Wir schlafen in der brütendheißen Nacht ein.

Um halb fünf ist der Brahmane bereits auf und sitzt am Fuß seines Bettes. Wir werden den Mann nie stehen sehen.

»Dürfen wir Sie fotografieren, bevor wir wieder aufbrechen?« fragen wir.

Unsere Gastgeber posieren unter den Arkaden ihrer Terrasse, auf Rohrstühlen sitzend, mit ernsten Mienen, erstarrt und steif wie auf den Fotos der ethnographischen Bretter vom Anfang des Jahrhunderts.

Die Straßen Indiens sind mörderisch. Auf ihnen wird gefahren wie gestorben. Auf der linken Seite, um noch leichter den Löffel abzugeben, mit dem Gebrüll der Hupen als Trauermarsch und den Abgasen anstelle von Weihrauchschwaden. Das Gesetz der Straße ist in Indien recht simpel. Auf den nur wenige Meter breiten Teerbahnen findet sich alles ein, was irgendwie rollt. Fahrräder Marke Héro, die unter Ladungen aus Bastkörben oder Palmblättern verschwinden, Ochsenkarren, die nicht schneller sind als fünf Stundenkilometer, Traktoren mit Trauben von Menschen, die sich an ihren Anhängern festklammern, Rikschas, alte Botschaftswagen, verrostete Taxen, überladene Busse und sogar Bälle, denen Horden kleiner Jungen nachjagen, die inmitten der Autos ohne Bremsen Fußball spielen.

Diese Schrottlauben kämpfen um jeden Meter geteerten Raum. Man bekriegt sich mit der Hupe. Die Lautstärke der Warnung entspricht der Größe des Fahrzeugs. In Indien käme man keinen Meter vorwärts, wenn man nicht konstant die Hupe betätigen würde: Dezibel sind der wahre Kraftstoff auf den Straßen Indiens. Aber die ohrenbetäubendste Hupe verschafft dem Gefährt nicht unbedingt Vorfahrt. Man bedient sich in diesem Kampf auch des Bluffs. Jeder Überholvorgang ist eine Herausforderung. Die Fahrzeuge scheren blind mit Vollgas aus. Mit einem *Inch Allah* oder *Inch Buddha,* je nach Glaubenszugehörigkeit, rasen die Fahrer aufeinander zu und zählen auf die Feigheit ihres Gegners. Im letzten Moment – manchmal auch erst viel später – gibt einer der Angreifer klein bei, bremst abrupt und weicht in den Graben aus. Der letzte Akt dieser Dramen endet zuweilen an einem Baum. Zersäbelte Busse, in zwei Hälften geteilt wie reife Birnen, rosten zu beiden Seiten der Akazien am Straßenrand vor sich hin. Häufig ersetzt auch ein Mensch den Baum oder den Grenzstein, an dem das Ausweichmanöver endet. Wieviele Todesschreie erklingen tagtäglich auf diesen mörderischen Straßen?

Aber dies ist nur der Krieg der Vasallen. Plötzlich ertönt inmitten des Chaos' ein Dröhnen, das alle anderen Hupen übertönt und seinesgleichen sucht. Das Fußvolk hoch überragend wie ein Gott, der über ein motorisiertes Pantheon herrscht, rast der Tata-Lastwagen in einem Orkan aus Abgasen und Lärm heran. Ein orangefarbener Blitz, eine schrille Sirene, eine Rauchwolke. Der Tata ist vorbeigezogen. Alle haben ihm Platz gemacht. Man hat kaum einen Blick auf die Fratze des auf die Seiten aufgemalten Gottes erhaschen können. Ein Ganesa mit Elefantenrüssel, ein Krishna auf Chrom oder ein Shiva, der auf der Plane des Hängers tanzt? Die ganze Mythologie Indiens ist auf den Tatas ausgebreitet. Die Götter machen die wenigen Quadratzentimeter Plane den girlandenförmig aufgeklebten Pailletten und den glitzernden geometrischen Motiven streitig, den blinkenden Lichtern, den bunten Oriflammen, den Porträts von Stallone, Che Guevara oder Micky Maus. Diese Lastwagen sind Hybriden ambulanter Fresken und Weihnachtsbäume. Das Getöse der durchgerüttelten Fracht übertönt das Röcheln der Motoren und das Hupkonzert. Und wenn der Tata wie ein Orkan an einem vorbeigezogen ist, bietet er einem die Hinteransicht seines farbenprächtigen Hinterteils, wo in Goldlettern die Aufforderung prangt: PLEASE HORN!

Jedesmal wenn ein Tata auftaucht, leert sich die Straße wie ein Hühnerstall, um den Meister Reineke herumschleicht. In Deckung! Die Autos machen die Fahrbahn frei, Fußgänger und Radfahrer flüchten an den Rand des Straßengrabens, die Karren weichen an den Straßenrand aus. Platz dem Tata! Und dieses Phänomen wiederholt sich mehrmals in der Stunde. Einige Kilometer vor der Stadt Athoda, nach einem besonders heißen und anstrengenden Tag, beschließen wir, daß die Tata-Komödie lange genug gedauert hat. Einer dieser Lastwagen hätte uns beinahe überfahren, und wir haben uns nur durch einen Kopfsprung in den Graben retten können.

»Wir müssen etwas gegen die Diktatur dieser elenden Lastwagenfahrer tun!« flucht Alex, als er sich wieder aufrappelt.

»Wir werden Rache nehmen für die Spezies der Radfahrer Indiens!«

Uns gehen die Nerven durch. Wir holen unsere Eisenrohre heraus. Der Sturmangriff kann beginnen. Wir warten auf den nächsten Tata. Wir konzentrieren uns auf den ungläubigen Blick des Fahrers. Wir strampeln, unsere Eisenrohre schwingend, immer weiter auf den Lastwagen zu. Der Tata kommt näher. In letzter Sekunde reißen wir den Lenker herum, weichen dem Tata aus und versetzen seiner Karosserie einen kräftigen Knüppelhieb. Unser erster Straßenkampf. Der erste Tata, der uns mit heulender Sirene und aufblendenden Scheinwerfern streift, hat einen verbeulten Kotflügel davongetragen. Der zweite handelt sich einen kaputten Scheinwerfer ein. Der dritte ist gepanzert – gegen Büffel oder Passanten – und unsere Eisenrohre werden uns beinahe aus den Händen gerissen, als sie gegen das Metall prallen. Beim vierten Tata operieren wir im Team. Alexandre schlägt dem Blechungeheuer einen Kotflügel und den Blinker ein, während ich den Doppelscheinwerfer zertrümmere. Die Lage spitzt sich zu. Über die Schulter hinweg sehen wir, wie der Lastwagen mitten auf der Straße anhält, ohne Rücksicht auf die nachkommenden Wagen. Der Tata wendet. Der Tata macht Jagd auf uns. Die Front des bemalten Lastwagens wird im Rückspiegel immer größer. Wir schalten in einen höheren Gang.

»Schneller! Er kommt!«

Von der Furcht beflügelt, haben wir die schwindelerregende Geschwindigkeit von 30 Stundenkilometern erreicht. Ich fahre an der Spitze. Der Lastwagen holt uns ein. Er überholt Alexandre und hält sich in meiner Höhe. Die Tür des Führerhauses öffnet sich. Ich erhasche einen flüchtigen Blick auf sechs oder sieben auf dem Sitz zusammengepferchte Inder. Einer von ihnen hält sich an der Plane des Anhängers fest und verpaßt mir einen Fußtritt, der mich am Kopf trifft. Ich fliege buchstäblich in den Staub des Straßengrabens. Im Fallen rufe ich Alexandre zu:

»Das Tränengas! Das Tränengas!«

Im Bremsen hat der Lastwagen Alex gegen einen Backsteinhaufen gedrängt. Aber noch bevor der erste Inder aus dem Führerhaus springen kann, schnellt Alexandre wie eine Raubkatze mit dem Tränengas in der Hand vor und sprüht den ganzen Inhalt in die Kabine. Überraschungs- und Schmerzensschreie ertönen. Der völlig blinde Fahrer gibt Gas und fährt im Zickzackkurs davon. Ein halbes Dutzend Köpfe erscheinen an sämtlichen Öffnungen des Tata, um im Fahrtwind bei 49 Grad das Brennen in ihren Augen zu lindern. Unsere Augen tränen vor Lachen und von dem Gas, das wir selbst abbekommen haben. Wir nehmen den Kampf gegen die Tatas wieder auf. Einmal gelingt es uns, einen Lastwagen, der hupend aus der entgegengesetzten Richtung heranbraust, zum Bremsen zu zwingen.

»*Please, mister! No tut tut! Ok?* Verstanden? *Stop horning! Very tiring! Stop, okay?*«

»*Yes, yes, mister!*«

Worauf der Tata mit ohrenbetäubendem Hupen und flatternden Girlanden wieder davonbraust.

Der Uttar Pradesh ist eine gewaltige landwirtschaftliche Ebene; 70% der elf Millionen dort lebenden Menschen arbeiten auf den Feldern. Dutzende von Generationen haben den Reis- und Weizenanbau kultiviert und eine ausschließlich landwirtschaftlich geprägte Landschaft geschaffen. Die Reisparzellen folgen über Tausende von Quadratmetern endlos aufeinander. Das Land ist so flach, das jede noch so kleine Bodenerhebung sich ausnimmt wie ein unnormales Relief. Die grüne Revolution der siebziger Jahre hat gefruchtet. Überall bedient man sich der künstlichen Bewässerung, und die Gegend ist, obgleich die trockenste Indiens, mit Wasserstellen, künstlichen Quellen und Brunnen übersät. Aber seit einigen Wochen reichen die Ganges-Becken nicht mehr aus. Die Menschen sind auf Hilfe von oben angewiesen. Noch nie wurde der Monsun so leidenschaftlich herbeigesehnt.

Man spürt im ganzen Land das angespannte Warten auf den erlösenden Regen. Millionen von Lebewesen, die unter der Gluthitze leiden, hoffen darauf, daß der Himmel seine Schleusen öffnet und ihren Durst und den der Erde stillt.

Am Rand der Straßen gibt es etwas Ähnliches wie unsere Raststätten. Am Seitenstreifen steht inmitten eines kleinen Wäldchens eine Steinhütte mit Herd und Kühlschrank. Auf den Herden köcheln *dahl*, Reis und Chapatis. Im Schatten der Bäume sind Betten aufgestellt. Die Fernfahrer lassen sich erschöpft auf diese Lager fallen und gönnen sich ein paar Minuten Schlaf, ehe sie zu einer neuen Etappe durch die Hölle aufbrechen. *Saddhous*, mystische Halberemiten, finden sich dort ein, um Hasch zu rauchen und zu warten, daß die Hitze nachläßt. Frauen, ebenso schön wie ihre Saris schmutzig, warten auf ihre Männer, die schweigend zu Mittag essen. Etwas abseits dient ein mit Wasser gefüllter Bottich als öffentliche Badewanne. Es ist ein Genuß, in das Wasser einzutauchen. Gewaltige Zwei-Zentner-Frauen waschen dort leuchtendbunte Wäsche. Mehrere Stunden täglich erholen wir uns in diesen Oasen der Modernen.

Unsere Ankunft sorgt immer für einiges Aufsehen. Hier sind Menschenansammlungen die Regel, doch wir ziehen Masseninseln inmitten des Menschenstromes an. Aber die Neugier des Inders ist prüde und statisch. Er mustert uns stundenlang, manchmal aus nur wenigen Zentimetern Abstand, ohne ein Wort, ohne mit der Wimper zu zucken, völlig reglos, ohne jeden Ausdruck, der seine Gedanken verraten könnte. Ein Inder, der einen anstarrt, hat auf dem Grund seiner Augen den Blick einer vertrockneten Mumie. Wir geben eine Vorstellung unserer Künste, um diesen erstarrten Gesichtern ein Lächeln zu entlocken, aber unsere Troubadourübungen versagen. Der Inder fährt fort, einen ausdruckslos aus seinen großen sorgenvollen und weißen Augen inmitten der dunklen Haut anzustarren.

Montag, 4. Juni 1994:
Auf der Straße nach Manipuri

Feuer! Einige hundert Meter abseits der Straße verwüstet ein Brand ein ganzes Dorf. Nie hätten wir uns vorstellen können, daß es etwas noch Heißeres geben könnte als die Glut dieser Junitage. Die ländlichen Dörfer des Uttar Pradesh sind die reinsten Pulverfässer, können jederzeit hochgehen. Die Häuser sind aus Stroh und Lehm erbaut und von meterhohen Heuhaufen sowie Bergen von getrocknetem Kuhdung umgebe, die nur darauf warten, abzubrennen. Heute hat es dieses Dorf erwischt.

Um den Brandherd herum herrscht die Betriebsamkeit eines Ameisenhaufens. Der Anblick ist deprimierend. Frauen, die sich in den Staub haben sinken lassen, brüllen wie brünftige Tiere und zerkratzen sich die Brust. Dutzende von Händen krallen sich in unsere Kleider – Kinder weinen lauthals. Ein kleiner Junge trägt ein Lamm, das er vor dem Feuertod bewahrt hat, wie eine Trophäe vor sich her. Die Silhouetten dieser grotesken, verzweifelten Menge heben sich wie Scherenschnitte von der wachsenden Feuerfront ab.

An die 20 Inder kippen eimerweise Wasser in die Flammen. Der berühmte Tropfen auf den heißen Stein. Die Sinnlosigkeit ihres Tuns ist unerträglich.

»Wir müssen den Dorfältesten finden und ihm erklären, was zu tun ist«, meint Alexandre.

»Das muß der Dicke in der weißen Tunika sein, der Befehle brüllt und sich dabei selbst im Hintergrund hält.«

Wir gehen auf ihn zu.

»Tag! Wissen Sie, wir sollten versuchen, eine Kette zu organisieren. Das wäre effizienter.«

»Vergessen Sie's, es ist sinnlos, es ist alles verloren!«

»Soll das ein Scherz sein? Es sind noch einige Häuser intakt! Noch ist Zeit!«

»Nein, vergessen Sie's. Es ist zu spät.«

»Wir könnten auch nasses Heu um das Feuer herum aufschichten!«

»Vergessen Sie's.«

An diesem Tag hat die fatalistische Einstellung der Inder mindestens ebenso großen Schaden angerichtet wie das Feuer. Da wir uns nicht anders zu helfen wissen, versuchen wir, einige von den Männern, die hektisch zwischen ihren Häusern und dem Brunnen hin und herlaufen, zu stoppen. Wir packen sie bei den Schultern.

»Halt! Wir bilden eine Kette!«

Aber die Männer sind in Panik, haben die Augen weit aufgerissen, sind unfähig zuzuhören. Sie stoßen uns beiseite und laufen wieder los, um ihre völlig zwecklosen Löschversuche fortzusetzen.

»Scheiße! Diese Idioten!«

Voller Zorn und Enttäuschung schnappen wir uns Eimer und gehen in dem Bewußtsein, etwas völlig Sinnloses zu tun, zum Brunnen. Das Feuer springt auf die letzten Häuser über.

Wir schütten den Inhalt unserer Eimer in die Flammen. Der Effekt ist der gleiche, als würden wir das Feuer mit Weihwedeln segnen. Wir gehen. Der Brand hat bereits an Intensität nachgelassen, in einigen Minuten wird der Rauch abziehen, und von dem Dorf wird nur noch ein Gluthaufen übrig sein. Die Menschen werden das Unglück lange beweinen. Und dann, wenn sie ihre Trauer überwunden haben, werden sie ein neues Dorf aus Stroh und Lehm bauen, umgeben von Bergen von getrocknetem Kuhdung und Strohhaufen, die in den bevorstehenden heißen Monaten in der Sonne schimmern werden.

Wir haben die 15 000-Kilometer-Grenze vor einigen Tagen überschritten. Irgendwo im Ganges-Becken, wo wir mit einer mechanischen Katastrophe konfrontiert wurden. Die Zacken unserer Pedalzahnräder, über die Ketten laufen, haben sich auf den tibetanischen Plateaus derart abgenutzt, daß sie rund und glatt geworden sind. Die Ketten hielten nicht mehr und rutschten ständig ab. Unmöglich, dort Ersatzteile aufzutreiben. Ersatzteile zu bestellen und einen Monat zu warten, bis die Post sie dorthin gebracht hätte, kam nicht in Frage. Wir profitierten von Alexandres handwerklichem Geschick. Geben Sie ihm zwei Kordelstücke und ein Messer, und er repariert einen defekten Automotor. Auf die afrikanische Art. Tistou mit den schwarzen Daumen. Er taucht die Finger in Schmieröl, und schon läuft die Sache. In dem Fall sah es konkret so aus, daß er auf einer Müllhalde alte Lastwagenpneus besorgte. In lange Streifen von mehreren Zentimetern Breite geschnitten, ergaben sie solide Riemen.

»Ich befestige das eine Ende am hinteren Schutzblech und das andere an der Gangschaltung. Der straffe Riemen spannt die Gangschaltung, beläßt ihr aber dank der Elastizität des Gummis eine gewisse Geschmeidigkeit. Die Kette wird ebenfalls stark gespannt, so daß die Glieder nicht mehr von den abgenutzten Zähnen abrutschen. Verstehst du, Sylvain?«

»Äh .. klar. Das heißt in der Kurzfassung, daß wir weiterfahren können?«

»Genau.«

In Yamounyandé, einem Dorf westlich von Lucknow, lädt uns das Dorfoberhaupt zu sich ein. Er heißt Ali.

»Ihre Reise hat hier ein Ende. Sie sind meine Gäste«, verkündet er.

Wir haben es mit einem Mann vom autoritären Typ zu tun. Keine Diskussion.

»Jetzt besichtigen wir das Dorf«, fährt er fort.

Offenbar hat er unser Programm bereits bis morgen festgelegt.

In seiner Begleitung besichtigen wir die Gemeinde. Kinder kommen von den Feldern angelaufen, um uns auf unserem Spaziergang zu begleiten. Wir kehren bei den Notablen ein, begrüßen die Ältesten, lauschen den landwirtschaftlichen Ausführungen Alis. Plötzlich bleibt er mitten auf dem Dorfplatz stehen und zeigt auf eine Wasserpumpe.

»Jetzt werden Sie duschen!«

»Wissen Sie, wie brauchen eigentlich nicht wirklich zu ...«

»Jetzt werden Sie duschen!«

»Gut, gut. In Ordnung!«

Vor dem versammelten Dorf seifen wir uns ein. 150 Personen wohnen unserer Waschung bei. Bei solchen Gelegenheiten sollte man seine alten europäischen Prinzipien von Schamgefühl und Intimsphäre vergessen.

»Jetzt gehen wir zu mir!« verkündet Ali.

Wir finden uns damit ab, daß unsere Freiheit für diesen Tag ein Ende hat, und suchen unseren goldenen Käfig auf. Eine Handvoll Kinder empfängt uns auf der Türschwelle. Der Abend verläuft streng nach Alis Anweisungen und Befehlen.

»Jetzt möchten die Kinder Musik hören«, erklärt er, als er unsere Flöten entdeckt.

Wir spielen.

»Halt! Jetzt möchten die Kinder Sie jonglieren sehen«, fordert er, als er die Bälle sieht.

Wir jonglieren.

»Halt! Kennen Sie Lieder?«

»Ja.«

»Okay, dann singen Sie!«

Es ist das erste Mal, daß wir auf Bestellung arbeiten!

Wir singen. Anschließend läßt Ali das Essen auftragen. Dann schickt er uns auf Kordelbetten, die im Hof für uns aufgestellt wurden, und ruft uns, ehe er sich zurückzieht, noch zu:

»Morgen brechen Sie um vier Uhr auf. Später ist es zu heiß.«

Unser Gastgeber praktiziert die Diktatur der Gastfreundschaft, die den Gast zwingt, sich den Zuvorkommenheiten seines Gastgebers zu beugen. Man kann es auch jemanden zu seinem Glück zwingen nennen. Aber an diesem Abend war es doch recht gelungen.

Unser nächstes wichtiges Etappenziel ist das Taj Mahal. Noch liegen bis Agra mehrere hundert Kilometer vor uns, und unterwegs begegnen wir den außergewöhnlichsten Menschen. Das ist das Wunder Indiens. Es scheint, als würde die Luft dieses Landes Extravaganzen fördern. Auf jeden Fall fördert sie aber Mystizismus und Seelenerleuchtung. Jahrtausende voller Weihrauchschwaden, orientalischer Spiritualität und indischer Mysterien schicken auch im 20. Jahrhundert noch Horden von Anachoreten auf die Straßen, die berauscht sind von Gott und Betel. Ganz Indien atmet im Rhythmus der religiösen Offizien.

Dienstag, 7. Juni 1994:
Agra, das Taj Mahal

Kaiser Schah Jahan rief eines Tages seine Frau zu sich, die schöne Mumtaz Mahal, um ihr zu verkünden, daß er ihr das prunkvollste aller Grabmäler erbauen lassen würde. Aus dem fernen Persien ließ er die besten Architekten des Orients kommen. Vor seinen Augen entstand die weiße Kuppel, und dann wuchsen die vier Minarette, die sie umrahmten, gleichzeitig in den Himmel. Endlich konnte er das Sanktuarium betreten, um die Kühle im Inneren zu genießen und den Sonnenglanz auf dem marmornen Vorplatz zu bewundern. Er bestaunte die Arabesken aus Edelsteinen, die wie Spitze in die Mauern eingelassen waren. Er entzifferte die heiligen Suren, und als er sich schließlich an der Seite seiner geliebten Mumtaz Mahal zur letzten Ruhe bettete, inmitten eines Kleinods, das eingebettet war in eine Schatulle aus Vegetation und reinen Kanälen, konnte er nicht ahnen, daß das Taj Mahal vier Jahrhunderte später von einer stinkenden Kloake umgeben sein würde.

Am Fuß des Monuments schlängelt sich der Mouyouna River vorbei. In den Wasserlauf ergießen sich sämtliche Fäkalien der Stadt Agra, ehe er schließlich an den Ufern des Taj Mahals entlangfließt. Von der Terrasse unter der Tempelapsis aus kann man seine schwarzen, zähen Fluten sehen. Halbverbrannte Leichen, Zeugen überhasteter oder ärmlicher Verbrennungen treiben auf dem Wasser. Krähen setzen sich auf ihnen nieder und bleiben über mehrere Windungen auf ihren stinkenden Flößen hocken. Mit ihren langen schwarzen Schnäbeln säbeln oder hacken sie verkohlte Fleischstücke heraus. Darüber hinaus führt der Fluß auch Tonnen von Abfall mit sich. Die Flottille, die den Leichenzug auf seiner letzten Fahrt begleitet. Manchmal weht der Wind den fauligen Gestank bis in die Gärten des Taj Mahal. Der Mouyouna macht sich bemerkbar, und der Gestank erfüllt bald alle Gassen, die zum Sanktuarium führen. Fäkalausdünstungen inmitten von Marmormaserungen. Das ist die perfekte Verkörperung der zwei Seiten Indiens. Dieses Land ist Janus. Es vereint zwei verschiedene Formen Indiens. Und jede hat ihr eigenes Gesicht. Schönheit und Widerwärtigkeit, Seite an Seite.

Wo bist du, Ghandi? Wenn man sehr naiv ist, glaubt man, hier Männer in weißen Gewändern anzutreffen, mit einem breiten Lächeln und Nickelbrille, die mit gekreuzten Beinen unter der Dorfkatalpe sitzen. Man ist gekommen, das Land des Friedens zu besuchen. Und man findet sich im Löwenkäfig wieder. Aber werfen wir nicht mit Steinen nach jenen, die sich ganze Felsen ins Gesicht schleudern. Es ist leicht, sich über die Gewalt zu empören, die das Kastensystem heraufbeschwört, das im ganzen Land eine strenge Hierarchie etabliert, gegen die sich niemand aufzulehnen vermag. Mit welchem Recht sollte man über etwas urteilen, das nichts weiter ist als eine gesellschaftliche Ordnung, die nicht an die Gleichberechtigung glaubt? Sie hat Jahrtausende überdauert – im Namen welcher universellen Gleichheitsprinzipien wollte man sie verändern? »Indien muß man lieben oder hassen, aber vor allem darf man es nicht belehren wollen«, hat mir einmal ein Zitherlehrer gesagt, den ich in Koblenz kennengelernt habe.

Dienstag, 7. Juni 1994:
Mathura

Wir erreichen Mathura nach einer Strecke von 160 Kilometern an einem Tag. Oberstes Gebot: eine Kneipe finden, in der wir unseren brennenden Durst stillen können.

»Hallo! *Is it possible to drink something?*« fragen wir in der ersten Spelunke.

»*Impossible! Patron is out of station!*«

»*But maybe you can find some coke for us?*«

»*Sorry, coke is not available now.*«

»*And water? Possible drink water?*«

»*Yes, mister, please wait!*«

Das ist das Englisch, das man in Indien spricht. Die Hindus benutzen vorgefaßte stereotype Ausdrücke, die mit der gleichen Regelmäßigkeit wiederkehren wie das Hochwasser in Bangladesch. Sie schmücken ihre Syntax, verzieren ihren Wortschatz und verkomplizieren einen etwas barocken Sprachstil. Hier einige der bemerkenswertesten Ausdrücke:

Basically: Mit diesem Wort beginnt man im Indo-Englischen jeden Satz. Bevor man auf eine Frage antwortet, zieht man sein *basically* in die Länge, um Zeit zu schinden.

Near about: Dieser Ausdruck bedeutet »in etwa« und ist die typische Formel für ungenaue Angaben. Man versteckt sich schlichtweg bei allem hinter diesem *near about*. »Wieviele Kilometer bis zur nächsten Stadt?« – »*Near about 198*«, antwortet der Inder, der keine Ahnung hat und ebenso gut hätte antworten können »*Near about 45.*«

»Wieviele Kinder haben Sie?«

»*Near about 18*«, entgegnete die alte Frau, die es nicht mehr so genau weiß.

»Das Schisma der Sikh-Gurus, in welchem Jahr war das?«

»*Near about eleventh century.*«

»Aber ich dachte, das wäre im 16. Jahrhundert gewesen!«

»*Yes, yes, near about.*«

Purpose: Die Inder sind sehr neugierig. Sie wissen gern über den Sinn der Dinge Bescheid, über den Zweck verschiedener Handlungen und Methoden. Im Indo-Englischen äußert sich dieser Wissensdurst in der Frage *purpose?*

»*Purpose?*« fragt uns der Polizist und zeigt dabei auf die Gangschaltung unserer Räder.

»*Purpose?*« fragt das Kind und zeigt auf die Jonglierbälle.

»*What is the purpose of your journey?*« fragt man uns unablässig.

Was soll man bei 49 Grad im Schatten darauf antworten? Das erste Mal, als uns diese Frage gestellt wurde, waren wir außerstande, darauf zu antworten. Bescheiden, beinahe verwirrt, hat einer von uns schließlich gestammelt:

»*We don´t have any purpose! Just to meet you!*«

After some time, after one minute, please wait: Diese drei Ausdrücke gehören derselben Kategorie an. Sie beziehen sich auf die gleiche Begrifflichkeit. Die des Wartens. Sie dokumentieren die von den Indern perfektionierte, außergewöhnliche Fähigkeit, alles auf später zu verschieben. Das Sofort gibt es nicht. Man lebt in der ständigen Hoffnung, daß sich etwas tut. Jede Handlung ist das Resultat eines langen Reifeprozesses, der über einen gewissen Zeitraum und in der Trägheit der Mittagspausen stattgefunden hat. Wenn man ausgetrocknet und erschöpft von der anstrengenden Fahrt irgendwo eintrifft und am Rande des Kollapses einen Wirt um ein Glas Wasser bittet, das einen vor dem Verdursten retten soll, bekommt man regelmäßig die Antwort zu hören:

»*Please, mister, please sit down. Excuse me and please wait after some time!*«

In Mathura lernen wir Kareen kennen, eine junge Polizeibeamtin und Olympiagewinnerin – Leichtathletik. Nach Dienstschluß lädt sie uns auf der Terrasse eines Cafés zum Essen ein.

»Wissen Sie, Kareen, wenn ich es recht bedenke, sind Sie die erste Frau, mit der wir sprechen, seit wir in Indien sind.«

»Das ist ganz normal. Die indischen Frauen sind noch nicht emanzipiert, und der Norden des Landes tendiert mehr und mehr zum Islam. Und überhaupt, haben Sie sich schon mal im Spiegel gesehen? Ist doch verständlich, daß man Sie nicht anspricht. Grundsätzlich«, fährt sie fort, »ist dieses Land nicht dagegen, daß Frauen eine gewisse Rolle in der Gesellschaft spielen. Sehen Sie sich Indira Ghandi an – oder mich – auf anderer Ebene natürlich! Aber die Mentalität hat den entscheidenden Punkt noch nicht überwunden, an dem eine Frau nach etwas anderem streben sollte als nach weisem Schweigen.«

»Der da scheint jedenfalls noch nie etwas von Emanzipation gehört zu haben«, meint Alex und nickt in Richtung des gegenüberliegenden Bürgersteigs.

Der Mann hat die Hände in den Hosentaschen vergraben und trägt auf dem Kopf einen getrockneten Kuhfladen, der als Brennmaterial dient. Eine Frau mit schwarzem Schleier und einem riesigen Holzbündel in den Armen trabt hastig hinter ihm her. Sie läuft hinter ihrem Mann her. An seine Fersen geheftet. Sie ist noch nicht den Weg ihrer persönlichen Freiheit gegangen.

Wir lassen Mathura hinter uns und gehen die letzten Kilometer bis Delhi an.

Auf diesem besonders unerfreulichen Streckenabschnitt zwischen Agra und Delhi entwickeln wir einen neuen Zeitvertreib. Es handelt sich um einen interaktiven Scherz mit den indischen Radfahrern. Tatsächlich treten die meisten automatisch wie die Wilden in die Pedale, sobald wir auf einer Höhe mit ihnen sind und uns anschicken, sie zu überholen. Auf diese Weise gewinnen sie einige hundert Meter Vorsprung, die wir letztendlich doch wieder aufholen. Das Spiel beginnt von neuem. Sobald sie spüren, daß wir ihnen auf den Fersen sind, geben sie Gas. Die alten indischen Stahlräder knirschen und ächzen von Anstrengung. Dieses Katz-und-Maus-Spiel setzt sich über mehrere Kilometer fort, bis der Inder schließlich, von seinen Sprints erschöpft, das Handtuch wirft oder aber sein Rad den Geist aufgibt. Auf der Straße von Agra nach Delhi haben wir beschlossen, diese Verfolgungsjagden abzukürzen. Sobald wir einen Radfahrer eingeholt haben und bevor er beschleunigen kann, gibt Alexandre ein Zischen von sich wie von einem Reifen, aus dem die Luft entweicht.

»Ptsssssssss!«

Daraufhin rufe ich dem Inder zu, er solle anhalten, und zeige auf seinen Hinterreifen. In zwei von drei Fällen macht er tatsächlich halt, steigt vom Rad, lehnt es gegen einen Baum und inspiziert den Reifen. Auf diese Weise verursachen wir hunderte von imaginären Reifenpannen. Nach und nach greifen andere das Spiel auf. Durch dieses manchen Ländern eigene Phänomen, in denen Taten und Gesten sich wie ein Lauffeuer über Dutzende von Kilometern verbreiten, scheinen alle über unseren Scherz informiert. Von allen Seiten ertönt ein Zischkonzert, und man zeigt auf unsere Hinterreifen. Mit Handzeichen mimt man das Wiederaufpumpen. Man versucht, uns mit unserem eigenen Trick hereinzulegen. Und auch untereinander signalisieren sich die Inder mit ernsten Mienen, die Bände sprechen, was den Zustand der Reifen betrifft, klaffende Löcher und pfeifen das Lied endloser Luftentweichung…

»Los! Noch eine vor Delhi.«

Wir haben zur letzten Cola des Tages in einer Raststätte angehalten. In den Phasen extremer Hitze und größter Anstrengung, ist dieses Getränk gewissermaßen unser Sprit. Es kommt vor, daß wir vier Liter Cola am Tag trinken und sonst nichts zu uns nehmen. Wir fliehen vor der Dysentrie, der körperlichen Ermattung und unserem wachsenden Widerwillen gegen den dampfenden, scharfgewürzten *dahl*, den man uns in der Gluthitze anbietet, in ein Meer von Coca Cola. Cola ist ein physisches Vergnügen und eine seelische Qual. Wie sollte man den Eroberungszug der kleinen Flasche auf der ganzen Welt ohne Besorgnis verfolgen? Es kann nicht mehr viele Menschen geben, die das Logo der amerikanischen Firma noch nie gesehen haben. In Dörfern, in denen es noch keinen Strom gibt, hat Coca Cola schon lange Einzug gehalten. Und wenn Strom irgendwo eingeführt wird, dient er nicht etwa in erster Instanz der Beleuchtung der Häuser, sondern der Inbetriebnahme von Kühlschränken zum Kühlen der Cola. Als zweites wird ein Fernseher angeschlossen, um die amerikanischen Sender zu empfangen, die in den Werbepausen den Genuß von Coca Cola propagieren. Erst dann denkt man daran, eine Glühbirne zu Hause anzuschließen. Jene, die davon geträumt haben, aus der Welt ein Dorf zu machen, haben einen Punkt für sich verbucht.

Doch Indien hat beschlossen, alles selbst zu produzieren. Man kennt ja den technologischen Erfolg seiner Informatik- oder Aeronautikfabriken. Auch Cola war keine Ausnahme von der Regel. Die einheimischen Cola-Marken boomen, und Plakate an den Gebäuden der Großstädte propagieren ihre Namen: Thumb's up, Campa Cola etc. Aber die Krake in Amerika ist wachsam. Der amerikanische Coca Cola-Konzern hat die Fabriken von Thumb's up aufgekauft und kontrolliert nunmehr seinen ehemaligen Konkurrenten. Wir waren nicht ganz unschuldig an dieser neuen Kolonisierung, die Unterschiede ausmerzt, Traditionen farblos macht und Karies verursacht.

Von Delhi nach Amritsar

Alexandre

Wie drei Slumgrazien, die vergleichen, was sie zu bieten haben, hocken drei kleine Mädchen auf einer Müllhalde der Vorstadt und urinieren lachend. Seit 40 Kilometern fahren wir nach Delhi hinein. Wir hören einfach nicht auf, nach Delhi hineinzufahren. Im übrigen könnte uns nichts aufhalten, so elektrisierend ist die Spannung dieser Abende. Die letzten Augenblicke des Kampfes verlangen uns volle Aufmerksamkeit ab. Eben diese Wachsamkeit hat mich auch die drei Mädchen in der hereinbrechenden Dunkelheit entdecken lassen. Die Szene wirkt auf mich beruhigend; wie eine Pfanne, die man voller Vorfreude vom Herd nimmt.

In Indien ist die Realität komplexer und die Gesellschaft bunter gemischt als sonstwo auf der Welt. Indien ist ein geopolitisches Wunder. Die Zustände, denen man dort begegnet, würden in jeder anderen Kultur unweigerlich zum Bürgerkrieg führen. Die Geheimnisse dieses Systems »stabiler Instabilität« liegen in der Bundeshauptstadt Neu Delhi verborgen, in die wir gerade eindringen.

Raghu Raï, international renommierter Fotograf, nimmt uns bei sich auf. Nach dem Vorbild seiner Heimatstadt ist es ihm gelungen, Modernität und Traditionen zu vereinbaren. Zehn Tage sind wir seine Gäste, werden umsorgt wie die Paschas, in einem hübschen Haus im Botschaftsviertel, von dem aus wir durch die Stadt ziehen, um unseren erbitterten Kampf mit der kafkaesken, von den Briten geerbten Verwaltung zu führen.

Wie ein orientalischer Janus hat Delhi zwei Gesichter: ein junges und ein altes. Beide Städte haben den Connaught Place zum Zentrum, das Herz der Stadt, zwischen dem schwarzen Blut der labyrinthartigen, schmutzigen Viertel Old Delhis und dem roten, mit reichlich Sauerstoff angereicherten Blut der grünen Viertel von New Delhi.

Diese Stadt verkörpert beide Realitäten Indiens. Die eine ist das Produkt der Geburtenrate von 2,3%, die das Land stündlich um 3 000 hungrige Mäuler »bereichert«, das heißt, um jährlich 17 Millionen Menschen (entspricht der Gesamtbevölkerung Australiens!); die andere ist das Ergebnis einer außergewöhnlichen wirtschaftlichen Wachstumsrate von 5%, die eben diese Mäuler vor dem Verhungern bewahrt, aber nicht wirklich aus der Armut herausholt. Raghu erzählt uns von seiner Heimat und der privilegierten Stellung, die sie in seinen Augen in der Welt einnimmt. Er schwärmt vom extremen Reichtum des Südens, den wir nicht zu sehen bekommen werden, von der atemberaubenden Schönheit der Thar-Wüste, die wir im Norden umfahren werden, und von der religiösen Intensität in Städten wie Varanasi (Benares). 25 Staaten, 900 Millionen Einwohner, 1 600 lokale Sprachen, davon 14 offizielle, und ein einzigartiger Schmelztiegel verschiedener Religionen, Praktiken und Kulte. Raghu erklärt uns, diese Gesellschaft sei das Produkt des »hinduistischen Genies«, offen und nicht exklusiv. Es gibt nicht nur eine Wahrheit, und dieses Bewußtsein führt zum Respekt anderer Glaubensgemeinschaften und zur Ablehnung jeglichen Bekehrungseifers.

Daraufhin spricht Sylvain ihn auf die alltägliche Gewalt an, derer wir Zeuge und manchmal sogar Opfer waren.

»Ihr seid zur ungünstigsten Zeit eingetroffen! Einen Monat lang sind die Menschen gereizt und unruhig; die Zahl der Autounfälle, Selbstmorde und Morde steigt blitzartig! Es ist das Warten auf den Monsun! Viele Schwierigkeiten entstehen auch durch die Moslems, deren Provokationen und Verachtung gegenüber dem Hinduismus unsere Tradition der Toleranz auf eine harte Probe stellten. Die Inder akzeptieren alles, solange es ihnen nicht aufgezwungen wird! Das ist die ganze Psychologie des Volkes! Diese Psychologie ist im übrigen so feminin, daß ich mich ernsthaft frage, ob Gott nicht eine Frau ist!«

Gleich am nächsten Tag faxe ich meinen Eltern eine Liste von nicht erhältlichen Shimano-Teilen. Dann machen wir uns an die Aufgabe, uns pakistanische Visa zu beschaffen.

Entlang von hohen Bäumen gesäumter Alleen, die eine Illusion von Frische vermitteln, radeln wir durch das ehemalige Kolonialviertel südlich des Boulevards Rajpath, wo traumhafte Villen zwischen den Botschaftsgebäuden einen Luxus im Stil Hollywoods verbreiten. Der Boulevard Rajpath steht den Champs Élysées in nichts nach und führt zum India Gate, einem hübschen Triumphbogen, der zu Ehren der im zweiten Weltkrieg gefallenen Inder erbaut wurde. Hier sind wie bei einer Parade die Fahnen der diplomatischen Vertretungen aneinandergereiht.

Wegen der türkisfarbenen Kuppeldächer halten wir die pakistanische Botschaft zuerst irrtümlich für eine Moschee. Eine Tafel an der Mauer überzeugt uns schließlich davon, daß wir richtig sind. Aber an der gepanzerten Tür werden wir vom Pförtner unfreundlich zurückgewiesen:

»Kommen Sie morgen mit langen Hosen und langärmigen Hemden wieder!«

Sind wir doch in einer Moschee gelandet! Wenn spirituelle und weltliche Macht miteinander verschmelzen, werden auch aus diplomatischen Formalitäten religiöse Handlungen!

Wir dachten, wir hätten phantastische Souks und Bazare gesehen; aber da kannten wir Old Delhi noch nicht! Die Träger rempeln einander an, Pyramiden von Aluminiumseihen ragen über Karren mit neonfarbenen Wannen auf. Stoffe und Gewürze füllen die Auslagen, Obst und

Gemüse türmen sich. Wir kämpfen um das Gleichgewicht und schlingern durch das Gewühl, sind umgeben von dudelnden, rauschenden Radios und den Gerüchen frittierten Fischs, weichen den Auswürfen der Betelkauer aus, die wie Tuberkulosekranke Kamelien auf ihren Weg säen. Im Viertel der Fahrradhändler, dem Sadar Bazar, sorgen unsere Drahtesel für einiges Aufsehen, finden aber kein passendes Schuhwerk. Dennoch kaufen wir zwei Reifen, die zwar zu klein sind, die wir aber hoffen, mit etwas Gewalt über die Felgen ziehen zu können, falls unsere abgenutzten Reifen platzen sollten.

Eines morgens erhalte ich ein Fax meines Vaters, in dem er mir mitteilt, er habe am Vortag über Air France Cargo die dringend benötigten Ersatzteile abgeschickt. Ich fahre mit der Nummer meines Päckchens zum Flughafen, entzückt davon, wie rasch dieses Problem aus der Welt geschafft wurde. Nach einigem Hin und Her finde ich den Terminal und schließlich auch die Luftfrachtzone, die 15 Kilometer vom Flughafen entfernt ist. Ich lasse mir den Weg zu den Büros der Air France zeigen, wo man mir etwas zu trinken gibt, mich ein Formular unterschreiben läßt und mir viel Glück wünscht, was ich nicht recht verstehe. Hierauf folgt ein einstündiger Spießrutenlauf durch eine Reihe von Büros und Hallen, in denen sich erhitzte Inder drängen und raschelnde Papierbündel schwenken wie Fächer.

Da wird mir klar, daß ich es allein nie schaffen werde. Ich klopfe an die Tür des Flughafendirektors, der mich freundlich empfängt und mich in die Obhut eines »clearer Agent« gibt, einer Art Formalitätenexterminator, der mich in die Geheimnisse des indischen Zolls einführt.

An seine Fersen geheftet, präge ich mir sämtliche Etappen dieser administrativen Himmelfahrt ein, die von Unterschriften, Stempeln, Gegenprüfungen und Steuern begleitet wird. Ich zähle 32 Stationen in zwei Tagen. Letztendlich mußte ich 48 Stunden gnadenlosen Kampfes auf mich nehmen, um ein Paket entgegennehmen zu können, das von Paris bis Delhi nur sechs Stunden gebraucht hatte! Jedoch gelingt es mir am ersten Tag bei einem »checking«, bevor mein Schuhkarton wieder in einem Labyrinth verschwindet, heimlich eine Rosenknospe aus unserem Garten in Louvenciennes herauszuholen sowie eine Packung Kekse Marke Saint-Michel, die von der Kontrolle verschont geblieben sind. Ein Gedicht meiner Mutter lag ebenfalls bei:

Ode an einen Schuhkarton

Allein stand ich Monate vergessen
In einem Schrank in Louvenciennes.
Das Leben war trist, öde und stille,
Bis dann plötzlich die Tür aufging.
Und in einer Hysterie, zu der ich nichts konnte,
stopfte man mich mit Ersatzteilen voll:
Ketten und Räder, Stahl mit harten Zähnen
ersetzten nun die Weichheit der Sandalen.
Mir wuchsen Flügel, um in Delhi meine Freunde
Mit dem Inhalt meines Bauches zu erfreuen.
Wie schwer lag mir die Füllung im Magen,
Die darüber hinaus noch meine dünnen Wände verbeulte.
Dann plötzlich rief eine mütterliche Stimme:
»Kekse, Kekse, er braucht unbedingt Kekse!«
Schon drohte ich zu platzen,
Und doch war dies noch nicht alles.
Schon wollte sich der Deckel schließen,
als plötzlich eine kleine Hand
Mit einer Rosenknospe den Weg herein fand.
So werde ich Bote all der Zärtlichkeit,
Die manches Herz in Frankreich teilt:
Küsse, Liebe, Freundschaft, Stolz, Gebete und Gedanken.

Ich glaube, ich habe in dem Bus, der mich in die Stadt zurückbrachte, geweint.

Samstag, 18. Juni 1994:
251. Tag, 85 km. G: 16 018 km

Wie schwer uns der Abschied fällt! Auch wenn uns nichts zurückhält, bleibt immer etwas zu tun! Die Hürde des dritten Tages ist am gefährlichsten; parallel zu den Gewohnheiten, die man annimmt, beginnt man, Wurzeln zu schlagen. Der Ruf des 18. Juni ist der stärkste!

Beim Verlassen der Stadt in westliche Richtung fahren wir über eine Brücke, die Gleise überspannt, die sich an dieser Stelle gabeln. Auf beiden Seiten, wie auch an der Gabelung der Schienen, füllen Elendsviertel jeden nutzbaren Raum aus. Nach den gepflegten Alleen Neu Delhis sind wir zurück in Indien!

Weißglühend erlischt die Sonne am Himmel und ertrinkt in einer gelblichen, staubigen Suppe. Die Nacht überrascht uns unterwegs und bringt uns keine Kühlung. Die nächtliche Hitze ist vielleicht sogar noch schlimmer als die tagsüber, weil sie den Pakt des natürlichen Wechsels bricht und uns das bißchen Erleichterung verwehrt, auf das wir den ganzen Tag gehofft haben. Ein Kamel taucht aus der Dunkelheit auf, schneidet mir den Weg ab, so daß ich gerade noch Zeit habe, fluchend auszuweichen, und bleibt mitten auf der anderen Fahrbahnseite stehen. Ein Auto bremst mit quietschenden Reifen und fährt das Tier auf seinen Stelzenbeinen in einem ohrenbetäubenden Getöse aus brechenden Knochen und zersplitterndem Glas über den Haufen. Die Nacht schließt sich über dem Gemetzel. Wir sind schon weit fort.

In der Dunkelheit ertönen die klagenden Rufe der Pfauen, in die im Chor die Sirenen der Lastwagen einstimmen. Manchmal tauchen aus der Gegenrichtung urplötzlich Radfahrer wie aus dem Nichts auf. Mit einem erstickten Schrei werfen sie sich zur Seite und stürzen mit lautem Geschepper in den Graben. Es ist höchste Zeit, daß wir endlich ankommen.

An diesem Abend ist es Rabindranath Singh, der Polizeichef und jüngste Sohn des örtlichen Maharadschas, der uns spontan anspricht, während wir vor einer Gruppe Inder, die offenbar etwas schwer von Begriff sind, unsere Vorstellung abhalten. Da er eine englische Großmutter hat und in Eton war, fällt es uns nicht schwer, Ähnlichkeiten zwischen uns und Rabindranath zu entdecken!

»*Just call me Robin!*« fordert er uns gleich zur Begrüßung auf.

Im Garten seiner kleinen Villa etwas außerhalb der Stadt döst ein Elefant vor sich hin und sammelt mit dem Rüssel sein kostbares Heu ein. Sein Herr erklärt uns, daß der Elefant vorübergehend in seiner Obhut wäre, weil »das arme Tier« von den anderen Elefanten des Rudels seines Vaters mißhandelt worden sei. Auch die Elefanten werden also vor dem Monsun nervös.

Im Wohnzimmer entdecken wir inmitten von Tigerfellen, Elefantenstoßzähnen und anderen Souvenirs der Kolonialzeit eine hochmoderne japanische Stereoanlage. Nach einer erfrischenden Dusche führt der eingefleischte Junggeselle Rabindranath uns ins Restaurant aus. Zwischen Hähnchenschenkeln Tandoori und großzügigen Portionen Curryreis erzählt er uns vom Hinduismus. Die älteste Religion der Welt – ursprünglicher Animismus, der sich in mystischen Pantheismus verwandelt hat – leidet seiner Ansicht nach unter der Unvereinbarkeit mit der heutigen Zeit; er faßt seine Klagen für uns zusammen, die sich mehr auf die Form als auf den Inhalt beziehen.

»*Too many gods and too many gurus!*« ruft er aus. »Jeder kleine Gott verlangt verschiedene Rituale, deren Bedeutung niemand erklären kann. Das Kastensystem wurde angeblich zugunsten der Unabhängigkeit abgeschafft, aber tatsächlich ist es stärker denn je! Während der Kolonialzeit wurde die Macht der Maharadschas von den Briten verstärkt, die die lokalen Herrscher zu Gouverneuren erhoben, um sich auf diese Weise die Akzeptanz ihrer eigenen Macht zu sichern. Auch unsere Macht wurde später abgeschafft, und doch sind wir immer noch da! Indien ist ewig! Alles ist so komplex, daß sich nichts ändert! Was mir am meisten angst macht, ist das Wiederaufleben des Islam, der unter den Unberührbaren enormen Zulauf findet. Man darf nicht vergessen, daß das Ganges-Tal fast 1 000 Jahre lang mongolisch war; der hinduistische Aufschwung hat erst mit der Unabhängigkeit Indiens stattgefunden.«

Wir bestätigen ihm, wie überrascht wir waren, im Uttar Pradesh nur ein islamisches Indien kennengelernt zu haben. Mit seinen Kamelen, den Steppen mit ihrer Strauchvegetation, den Sandstürmen, den verschleierten Frauen, den Minaretten und Bärtigen, den Souks und Gewürzen fühlten wir uns in jenem Teil Indiens nach Nordafrika zurückversetzt. Der Islam greift dort um sich wie die Wüste. Robin bedauert, daß wir in Indien nur das Ganges-Tal kennengelernt haben und schwärmt von den Schönheiten und dem Charme Südindiens.

»Wissen Sie, es gibt hier eine Weisheit, die besagt: ›Indien ist ein zahmer Elefant, der langsam vorwärtsschreitet, den aber nichts aufhalten kann. Wenn der Mahut von ihm verlangt, seine Gewohnheiten zu ändern oder das Tempo zu beschleunigen, kann er sehr böse werden, seinen Herrn mit dem Rüssel von seinem Rücken holen und ihn zertrampeln.‹«

Die Inder haben ein feines Gespür für Kräfteverhältnisse in ihren zwischenmenschlichen Beziehungen. Die Vorstellung, sie seien von Gewaltfreiheit und Zen-Pazifismus durchdrungen, ist in Indien mehr als anderswo ein reines Klischee. Wir können schon gar nicht mehr zählen, wie oft wir Zeugen oder manchmal auch Akteure von Raufereien und Tumulten gewesen sind.

Ich werde meine erste Konfrontation mit dieser Realität nie vergessen. In einem Souk in einem Vorort von Lucknow hatte ich mir in den Kopf gesetzt, Batterien für meinen Fotoapparat zu kaufen. Ich steckte den Kopf in eine

Verkaufsbude von der Größe eines Zeitungskiosks. Ich rief ein zögerndes »*Is there somebody there?*« hinein, als ich plötzlich bei den Schultern gepackt, von den Füßen gerissen und in den Rinnstein geschleudert wurde. Als ich völlig verdattert den Kopf hob, sah ich einen Mann von etwa 50 Jahren vor seiner Bude stehen und verächtlich auf mich niederspucken. Ich ging in die Luft, ich rammte ihm den Kopf in den Magen und stieß ihn rückwärts in seinen Laden, bis er mit dem Schädel gegen die Regale krachte, die mit lautem Getöse auf uns herabstürzten. Seines jungen Sohnes, der sich zwischenzeitlich an meinen Rücken geklammert hatte, entledigte ich mich mit einem gezielten Ellbogenstoß. Als ich wieder auf die Straße trat, stellte ich fest, daß niemand etwas von der Schlägerei mitbekommen hatte. Ich habe nie erfahren, warum der Kerl mich angegriffen hat oder gegen welches Gesetz ich unwissentlich verstoßen habe. Ich selbst hatte mich in meinem ganzen Leben noch nie so aggressiv benommen! Indien ist das Land des Unvorhersehbaren! Dort ist alles möglich, das Schlimmste wie das Beste, und das in rasanter Folge!

Auf dem Land sehen wir einen Mann, der verloren auf seinem Feld steht und in mysteriöses Tun vertieft ist: ganz allein auf mehreren Hektar Land, schwingt er die Hacke. Die Kühe ihrerseits drängen sich am Straßenrand, auf dem knappen Raum, den wir schon mit den Tatas teilen müssen. Offenbar erhoffen sie sich davon, daß der Fahrtwind der Laster ihre Fliegen vertreibt. Ein Pfau schreitet hinter einem Bauern her, dessen Pflug die Erde zwischen seinen Beinen zu dicken Furchen aufwirft.

Von einem dringenden Bedürfnis getrieben stürze ich in eine Dorfapotheke, weil mir das Klopapier ausgegangen ist. Klopapier? Kenne ich nicht! Die Inder haben wohl keinen Rabelais gehabt, der ihnen den Genuß des Hinternabwischens beigebracht hätte. Enttäuscht verlasse ich den Ort, tief über den Lenker gebeugt, und schlage mich in einiger Entfernung in die Büsche. Mitten in einem Dornengestrüpp und nicht wissend, wie ich mich aus dieser

Patsche retten soll, werde ich von meinem Apotheker überrascht, der wie ein Kasperle im kritischen Moment hinter einem Baum hervorspringt, ganz außer Atem und schweißgebadet, da er uns im Laufschritt gefolgt ist. In den Händen hält er die kostbaren Blätter, die er mir nun reicht. Ich nehme sie; er wartet. Ich träume wohl! Ich soll mir doch wohl nicht vor seinen Augen den Hintern abwischen! Doch! Ich tue, was von mir erwartet wird, ich bringe es nicht übers Herz, ihn zum Teufel zu jagen.

Wenig später legen wir unsere lange Mittagspause ein, um uns die schlimmste Tageshitze zu ersparen, wenn die Sonne am höchsten steht. Wir sind am Ende und haben nur eine Raststätte zur Wahl, in der Gerichte serviert werden, die ebenso heiß sind wie das Feuer, auf dem sie gegart wurden. Auf dem schmutzstarrenden Boden, in einem ebenso dreckigen Jutesack, entdecken wir einen Eisklumpen, der unsere Gier weckt. Unter den spöttischen Blicken der Inder, bearbeiten wir den Block mit Pickeln, um uns kostbare Eissplitter zu beschaffen. Sylvain gibt einen Toast auf die Fernfahrer aus!

»Eis bedeutet Zivilisation!«

»Sylvain! Denk an die Regel Nr. 1! Niemals Eiswürfel und niemals aus ungespülten Gläsern trinken!«

»Gluck. Gluck!«

Bei Einbruch der Dunkelheit versuchen wir in Hissar mit unserer Mitleidsstrategie zu landen, aber vergebens. Da uns nichts anderes einfällt, fragen wir, ob es in der Nähe vielleicht eine Kirche gibt. Wunder! Es befindet sich eine gleich am Ende der Straße! Wir treten durch das Tor. Das Kreuz oben auf dem Glockenturm hebt sich dunkel vom helleren Himmel ab. Wir klopfen an: keine Antwort! Ein alter Inder, der sich auf einer Bank im Schatten niedergelassen hat, erklärt uns, die Kirche sei verlassen, würde jedoch von ihm bewacht. Der Mann ist kahlköpfig und fast nackt, und wir bekommen sein Gesicht nie zu sehen, aber er erbietet sich, seine Mahlzeit aus Kichererbsen mit uns zu teilen. Die Luft ist zum Schneiden dick, und wir bewegen uns schwerfällig. Zwischen den Gräbern unter der Handpumpe des Friedhofes sitzend, entledigen wir uns nacheinander unseres Panzers aus Schweiß und Staub. Göttliche Liebkosung! Unser Fieber sinkt unter dem schwarzen Leichentuch des Schweigens.

Mit Hilfe von Hockern und beschlagenen Türen bauen wir uns zwischen den Grabstätten provisorische Betten auf und widmen Gott die Prüfungen dieses Tages. Wie Grabmalfiguren aus Fleisch und Blut mit entrücktem Lächeln, schlafen wir ein, kurzatmig und mit dem Schatten des Glockenturms als einziger Decke.

Montag, 20. Juni 1994:
235. Tag, 142 km. G: 16 260 km

Wir schaffen es nicht, auch nur eine von den Colas (insgesamt zwölf!) zu bezahlen, die wir an diesem Tag trinken. Bei jedem »Colastop« werden wir von frenetischen Sikhs umringt! Wir befinden uns im Pandschab. Stolz und hochmütig, sind diese Menschen, die uns bereits in der Menge in Delhi aufgefallen sind, in der Gruppe noch beeindruckender. Sie überragen uns um Haupteslänge, mustern uns mit breitem Lächeln wie Menschenfresser, die ihr Abendmahl begutachten, und stopfen uns mit Cola und Süßigkeiten voll: Wenn sie wollten, könnten sie mit uns kurzen Prozeß machen. Aufgrund des furchterregenden Rufes der Sikhs in Indien und auf der ganzen Welt, legen wir größte Zurückhaltung an den Tag.

Pritom Singh, ein gutaussehender Mann mit ergrautem Bart und flaschengrünem Turban lädt uns für zehn Tage zu sich ein. Wir werden uns mit dem Mittagessen begnügen. Er ist Besitzer der Werkstatt, in der wir Station gemacht haben, um einen Reifen zu flicken. Die Atmosphäre ist nicht mehr dieselbe wie in Indien. Die Menge der Schaulustigen ist weniger erdrückend, die Situationen sind problemloser, die Blicke offener. Wieder einmal erfahren wir Gastfreundschaft in ihrer reinsten Form. Es fängt mit der Reinigung von Händen und Gesicht an, dann folgt etwas zu trinken und anschließend eine Ruhepause in einem von einem »cooler« gekühlten Zimmer. Im Anschluß an diese Erholungsphase gesellt sich Pritom mit dem Mittagessen zu uns. Voilà.

Mit vor Schalk blitzenden Augen stellt Pritom sehr gezielte Fragen, lacht und beantwortet die unseren gemäßigt und würdevoll. Dann erzählt er uns von seinem Glauben und seiner Gesellschaft. Von den Moslems und den Hindus in die Zange genommen, haben die Sikhs sich eine starke Identität bewahrt, die sie von Guru Govind Singh geerbt haben, dem zehnten und letzten Propheten, der in fluoreszierenden Farben an der Wand prangt. Guru Nanak ist der Begründer dieses Schismas des Hinduismus, der als Reaktion auf die mongolische Herrschaft und die Ungerechtigkeit des hinduistischen Kastensystems entstanden ist. Der Sikhismus ist monotheistisch und predigt die Gleichheit aller Menschen vor ihrem Schöpfer: einem Gott der Liebe und Güte. Nächstenliebe und sein eigenes Schicksal durch Arbeit und Schutz der Schwächeren in die Hand zu nehmen gelten als Haupttugenden. Die Reinkarnation, die als Strafe betrachtet wird, trifft nur die Sünder. Wir fühlen uns ihnen sehr verbunden. Sylvain fragt Pritom, warum die Sikhs einen Turban tragen und warum sie einen so schlechten Ruf haben.

»Guru Govind Singh, militärischer und religiöser Führer, erklärte, daß es nach ihm keinen Propheten mehr geben würde, sondern ein Buch, damit es keine Kriege und Verfolgungen mehr gäbe. Denn ein Buch kann man weder ausrotten noch kann man gegen es kämpfen! Darum dienen unsere kriegerischen Traditionen und unsere Waffen auch nur der Verteidigung. Er hat uns unsere Erkennungsmerkmale gegeben, die fünf Ks: Wir müssen immer einen Dolch (*kirpan*) und ein Eisenarmband als Symbol der Gleichheit (*kara*) bei uns tragen. Darüber hinaus müssen wir weite Hosen tragen (*kacheh*) und dürfen uns weder

Haare noch Bart (*kesh*) schneiden, Privilegien, die gewöhnlich den *saddhou* des Hinduismus vorbehalten sind. Abschließend muß jeder Sikh, um gepflegt auszusehen, ständig einen Kamm bei sich haben (*kangha*)! Die Turbane waren ursprünglich als Schutz gegen Säbelhiebe gedacht, inzwischen sind sie ein Erkennungszeichen. Ihre Farben haben keine andere Bedeutung als die eines Lobgesangs an die Schöpfung.«

Nach einer himmlischen Rast, untermalt von unseren Kassetten mit klassischer Musik, deren unser Gastgeber aus Höflichkeit »entspannende« Eigenschaften zuerkennt, demonstriert uns Pritom, wie man einen Turban richtig schlingt. Mit Hilfe seines Bruders Gurdeep, der die neun Meter in der Breite zu einem schmalen Band gefalteten Stoff straff hält, wickelt er sich den Kopf so ein, wie eine Mumie sich ausrollt, indem er sich um die eigene Achse dreht und dabei mit sicherer Hand die Stoffbahn führt.

Nachdem wir mit einiger Mühe seine Einladung ausgeschlagen haben, ohne ihn zu beleidigen, nehmen wir mit sehr männlichem Gehabe Abschied, begeistert von dem ersten Kontakt mit einer so positiven Kultur.

Als wahrer Kornspeicher des indischen Subkontinentes breitet der Pandschab den ganzen Nachmittag lang seinen Schatz an leuchtendgrünen Feldern vor uns aus, seinen Reichtum und seine Opulenz.

Wir radeln nach Talwandi Sabo, einem der fünf heiligen Orte des Sihkismus, den Pritom uns für die Nacht empfohlen hat. Am heutigen Tag tun wir einen beachtlichen Schritt, denn wir betreten das Brutgebiet der Türkentauben, die auch bei uns in Frankreich heimisch sind! Das ist nicht unbedeutend. Zu wissen, daß sie, wenn auch über mehrere Generationen, mit ihren mausgrauen Flügeln die Distanz zurückgelegt haben, die uns von Paris trennt, hat etwas Tröstliches an sich. Vertrauen und Zuversicht können an einem Taubenflug hängen!

Die Hunde, diese jämmerlichen, geschundenen Wesen, die uns seit unserer Abfahrt begleiten, halten es nicht mehr aus, Hund zu sein. Zeig mir deine Hunde, und ich sage dir, wer du bist! Die Hunde Indiens haben ein ernstes Identitätsproblem, leiden an einer akuten Krise von Schizophrenie, denn die Hunde Indiens halten sich für Schweine! Wohl zu ungeduldig, ihre Reinkarnation abzuwarten, benehmen sie sich bereits zu Lebzeiten wie Schweine, wechseln die Natur, ohne die äußere Hülle abzulegen. Wie ihre schweinischen Kumpane suhlen sie sich im Schlamm, wo sie sich den ganzen Tag lang abkühlen und nur ihre rosafarbene Zunge zeigen. Ist der Schlamm getrocknet, bildet er einen Panzer um ihr Fell, so daß sie wie Warzenschweine aussehen, wenn sie sich an Bäumen schubbern, um sich von dem erstarrten Schlamm zu befreien. Ihres Daseins überdrüssig, begehen einige von ihnen Selbstmord, indem sie sich vor Lastwagen werfen.

Ich persönlich könnte mir eher eine Reinkarnation als Kaschmirforelle vorstellen, so unwiderstehlich werden wir von den klaren, eisigen Wassern der künstlichen Brunnen angezogen, die bis zu 150 Meter tief sind und aus dem Schlamm des Ganges-Beckens das gefilterte Schmelzwasser des Himalajas zutage fördern.

Am Eingang der heiligen Stätte, die wir spät in der Nacht erreichen, versperrt uns ein hünenhaftes Großmaul, das regelrecht gespickt ist mit scharfen Klingen, bewaffnet bis zu den gebleckten Zähnen, mit seiner Hellebarde den Weg. So farbenprächtig wie ein schweizer Gardist und mindestens ebenso gesprächig, gibt er uns schließlich zu verstehen, daß er seinen Posten nicht verlassen darf. Wir müssen also geduldig warten, bis jemand hinzukommt, ehe wir darauf hoffen können, daß sich etwas tut. Man muß das Hinzukommen Dritter mit stoischer Ruhe abwarten können. Man muß an das Hinzukommen eines Dritten glauben. In unserem Fall handelt es sich um eine lächelnde halbe Portion, die allerdings – ein nicht zu verachtender Vorteil – Englisch spricht.

Unter dem strengen Blick des Cerberus stellen wir uns vor:
»Alexandre Poussingh? But you are sikh!«

Seine Züge erhellen sich, und er breitet die Arme zu einer Umarmung aus.

Wie alle Sikhs, heißt Tajinder mit Nachnamen Singh – Löwe –, ein Familienname, der einst im Hinduismus der Kriegerkaste vorbehalten war, die das Waffenmonopol inne hatte: den *kshatriya*.

Poussingh! Sesam öffne dich! Die Hellebarde hebt sich. Wir passieren.

Das *gurudvara* ist eine Art Klosterunterkunft, ein religiöses Rasthaus von der Art, wie es sie im Mittelalter in Frankreich auf den Straßen nach Compostella gegeben haben muß. Das *gurudvara* ist eine Mischung aus Ashram und *Cours des Miracles* und bietet Pilgern und Bedürftigen Unterschlupf.

Leise raunt Tajinder uns zu:

»Im Pandschab sagen wir: Mach dir keine Sorgen wegen der nächsten Mahlzeit oder einem Dach über dem Kopf! Jemand wird sich für dich darum kümmern!«

Wir folgen einer Flucht beleuchteter Arkaden, deren Kolonnaden über das Sanktuarium zu wachen scheinen wie die Geister des Ortes. Ein Becken mit schwarzem Wasser in der Mitte eines Kreuzgangs spiegelt die Bögen seitenverkehrt wider, verlängert die Kurven und fügt sie zu Kreisen zusammen. Ein Mann im Schneidersitz liest in der friedlichen Stille eines Tempels den *Siri Guru Granth Sahib*, den Heiligen Text. Zu seinen Füßen schläft zusammengerollt ein riesiger Lanzenträger mit einem Turban in Form eines Wespenabdomens. Lautlos huschen wir vorbei.

In einer Küche etwas abseits stärken wir uns schweigend. Es ist alles bestens! Nachdem wir einen Schlafsaal betreten und alle geweckt haben, wirft Tajinder zwei Pilger aus ihren Kordelbetten, um diese dann uns zuzuweisen. Einer der stämmigen Kerle lächelt mir noch ganz verschlafen zu, zeigt auf sein Bett und legt sich dann in den Staub. Das Ganze ist uns unsäglich peinlich, doch alles ändert sich, wenn die Worte einen Sinn haben und dieser Sinn eine Anwendung.

Dienstag, 21. Juni 1994:
254. Tag, 85 km. G: 16 345 km

Aus allen vier Himmelsrichtungen erklingen Vorsängerstimmen, die zum Aufstehen mahnen wie die Muezzin des Islam. Metall- und Stimmbänder buckeln und strecken sich wie Katzen im Raum, und modulierte Brandung zerreißt die Morgendämmerung.

Glücklicher Morgen! Morgen des Lebens, Morgen der Erde. Alle Aktivitäten des Tages konzentrieren sich auf diese frühen Morgenstunden.

Tajinder begleitet uns zu einer Besichtigung der Heiligen Stätte. Wir haben unsere Kopftücher zu Turbanen geschlungen (man betritt einen Tempel nicht barhäuptig) und heften uns an seine Fersen. Hoch oben in einer mit einem Spiegelmosaik verkleideten Kabine spricht ein regloser Vorleser mit Popenstimme die heiligen Worte. Wir setzen uns mit verschränkten Beinen zu den wenigen Gläubigen, die sich bereits eingefunden haben. Ein Ministrant fächelt dem Vorleser mit einem großen Fächer aus Pfauenfedern frische Luft zu, während die ersten Sonnenstrahlen auf die Spiegelscherben fallen und im Verbund mit den Worten regelrecht Funken sprühen.

Im Turm von Guru Nanak, der mit Kampf-Fresken geschmückt ist, erzählt uns Tajinder vom Tod des ersten spirituellen Führers der Sikh. Als dieser die Hoffnungslosigkeit seiner Lage erkannte, enthauptete er sich selbst und kämpfte, seinen Kopf in der einen Hand, das Schwert in der anderen, weiter, so daß die von diesem Wunder in Angst und Schrecken versetzten Moslems die Flucht ergriffen. Cool, was?

Vor unserem Aufbruch schieße ich fieberhaft Fotos von den Gläubigen, deren Turbane die ganze Bandbreite der Grüntöne, die vollständige Palette der Blauschattierungen und das gesamte Spektrum der Rot- und Gelbtöne über sämtliche Orange- und Karmesinnuancen abdecken. In diesem bunt zusammengewürfelten Haufen, in dem jeder

Turban ein Unikat ist, Markenzeichen und Ausdruck der Geisteshaltung, entdecke ich Farben neu. Und manchmal vereint der Zufall all diese Flecken und diese Skalen des Farbenmeers zu lebenden impressionistischen Gemälden.

Die stolzen und edlen Sikhs achten sehr auf ihre äußere Erscheinung als Spiegel ihrer Seele. Möchte man sie aufgrund ihrer Eleganz fotografieren, empfinden sie dies als große Ehre. Welches Glück für einen Fotografen!

Angetrieben von der Sonne, die bereits die Färbung einer Blutorange angenommen hat, kehren wir eilig wieder zu Kohle und Schaufel zurück und füttern den Hochofen mit Kilometern. Die Sikhs sind leider ebenso schlechte Autofahrer wie die Hindus, und auf den Straßen treten wir die Flipperpartie mit uns als Kugeln stets mit gemischten Gefühlen an, in der Hoffnung, daß dieses irre Spiel nicht zu einer Partie Billard ausartet.

Wir gelangen an eine kleine Brücke, die über einen Kanal führt, und erliegen der Versuchung. Junge bronzefarbene Sikhs baden fröhlich im Wasser und bilden eine lange, von der Strömung gespannte Kette. Bricht diese auseinander, wird die ganze Schar mitsamt ihrem Gelächter davongetragen. Gierig wie ausgetrocknete Schwämme stürzen wir uns ins kühle Naß.

Gegen elf Uhr gelangen wir an ein Fleckchen Erde ohne Namen. Auf der vergeblichen Suche nach einem *gurudvara* stoßen wir auf eine Gruppe von Notablen, die im Schatten eines Portalvorbaus zusammensitzen. Erschöpft rufe ich ihnen ein lapidares »*eat?*« zu.

Sie leiden offenbar ebenso unter der Hitze wie wir und matt winken sie uns heran. Wir stehen kurz vor dem Hitzschlag. Der Mann sagt kein Wort, er weiß Bescheid. Er bietet uns an, uns im Schatten einer Pergola in seinem Hof auszuruhen. Flüstern zur Linken erregt meine Aufmerksamkeit: Eine Schar Kinder drängt sich an einem vergitterten Fenster und mustert aus zahlreichen Augenpaaren die ermatteten Raubtiere, die wir sind. Ich muß den gleichen resignierten Blick haben wie die großen Säugetiere im Zoo.

»Es erfüllt mich mit Stolz, Sie bei mir empfangen zu dürfen! Seit es die Erde gibt, sind Sie die ersten Weißen, die hier haltmachen!«

Harpel, unser Gastgeber, ehemaliger, inzwischen pensionierter Marineoffizier, konsultiert das Gedächtnis der alten Weisen um ihn herum und nimmt das Gesagte zurück.

»Entschuldigen Sie! Ein Mann war vor Ihrem Krieg hier, als die Straße gebaut wurde, aber er blieb nicht.«

Wir sind verblüfft. Delhi liegt nur 300 Kilometer entfernt! Wie viele Dörfer haben wir durchquert? Die reale Welt ist noch zu erobern!

Am darauffolgenden Nachmittag radeln wir nach Amritsar, der Hauptstadt des Pandschab, und durchqueren ein Sumpfgebiet, das von Vögeln wimmelt und von Blumen überquillt. Wir sind glücklich. Mir wird bewußt, daß wir in zwei Tagen in Pakistan sein werden, nur noch ein Land von der Türkei entfernt.

Amritsar ist eine riesige betriebsame und staubige Baustelle, konfus und übervölkert. Nur die bunten Turbane fallen ins Auge wie Smarties in einer Betonmischmaschine. Von allen Seiten werden wir von fremdenfreundlichen Sikhs eingeladen; das Angebot übersteigt die Nachfrage. Da wir uns nicht durch Übersättigung an den immer gleichen erzählten und gehörten Geschichten den positiven Eindruck von den Sikhs verderben wollen, entscheiden wir uns für den Frieden einer christlichen Schule, dem Saint-Jean-Vianney-Seminar. Pater Davis empfängt uns herzlich. Alles erscheint uns selbstverständlich. Wir sollten es nicht als selbstverständlich ansehen! Das Abendessen beginnt mit einem Tischgebet, das wir auf Französisch singen, und setzt sich dann in Schweigen fort. Welche Wohltat die Stille doch ist! Seit Katmandu haben wir nicht mehr an einem Tisch gesessen. Der Tisch steht für eine Lebensart, die Wahl einer Existenzform.

Donnerstag, 23. Juni 1994:
256. Tag, 0 km. G: 16 482 km

Ruhetag nach einer Messe in Hindi. Dann Marmeladenbrote und die Lektüre eines Sherlock-Holmes-Romans. Es ist so einfach, glücklich zu sein! Anstatt den üblichen Mittagsschlaf zu halten, wechseln wir immer wieder von der Dusche zum *fan*, wobei wir den Part des Abtrocknens auslassen. Nichts ist erfrischender als die Verdunstung!

Um vier Uhr brechen wir in Begleitung von Thomas Eramangalam, einem Seminaristen im zweiten Jahr, zum Goldenen Tempel auf, dem Herzen des Sihkismus. Mit ihrem Labyrinth von Straßen und Sackgassen, verwirrt uns die Stadt ohne Achsen und Durchbrüche.

In einer schäbigen, von baufälligen Fassaden gesäumten Gasse öffnet sich das Tor zum Paradies. In einem solchen städtischen Chaos so unerwartet wie Quartzkristalle unter der rauhen Schale einer Geode, breitet eine riesige quadratische Lunge ihre dunklen Wasser inmitten von Arkaden aus schimmerndem Marmor aus. Wie eine Perle in einer Auster, schwimmt in der Mitte ein goldener Würfel. Ein schmaler Steg ermöglicht den Zugang zu diesem Paradies. Aber wir schieben unsere ersten Kommentare hinaus, umrunden das Kleinod wie ein Goldschmied, der sich schweigend am Funkeln eines Edelsteins erfreut. Faszination. Exquisiter Hauch des Göttlichen.

An den vier Ecken des weißen Fassung, im Schatten der Arkaden, melkt die Sonne Eisblöcke, deren Schmelzwasser uns von hübschen Hostessen gereicht wird. Splitternackt, aber mit einem Turban auf dem Kopf, um die kleinen Mädchen nicht zu schockieren, reinigt sich ein Mann in den heiligen Wassern des Beckens.

So makellos wie ein Fabergé-Ei, gleichzeitig Schatulle und Schmuckstück, empfängt der Tempel gleichsam über einen Nabel seine tägliche Ration Frommer. Was aus der Ferne nur wie Gold aussah, funkelt aus der Nähe durch die eingearbeiteten Halbedelsteine. Im Herzen des Tempels thront der *Siri Guru Granth Sahib*, eingehüllt in orangefarbenen Stoff.

Die Masse der Gläubigen drängt durch die vier ogivalen Öffnungen des goldenen Würfels. Eine Gruppe von Musikern verzaubert die Stille. Im ersten Stock befindet sich ein gewölbter Umgang, eingefaßt vom Herzen des Bauwerks auf der einen und niedrigen, zum Wasser hin geöffneten Fenstern auf der anderen Seite. Erlesene, angemalte Miniaturen, die Harmonie der Töne, der Glanz der Spiegel an den schwarzen Decken, das alles verleiht der Innenenarchitektur die Perfektion eines Sommerabends.

Freitag, 24. Juni 1994:
257. Tag, 75 km. G: 16 557 km

Wir folgen einem Radfahrer auf der Grenzstraße, als wir von einem Tata überholt werden, das zu früh wieder einschert, direkt vor Sylvains Nase. Der Radfahrer blickt zurück, verliert das Gleichgewicht und stürzt. Ohne merklichen Aufprall, in Zeitlupe, in einem langen entsetzlichen Röcheln werden der Mann und sein Fahrrad vor unseren Augen zermalmt. Der Mann zerplatzt förmlich, sein Blut spritzt und sprenkelt unsere Waden. Sein Blick! Ich sehe seine schwarzen Augen! Schwarz, schwarz! So schwarz! Alptraum. Trauma.

Selbsterhaltungstrieb! Fliehen! Nichts sehen! Nichts gesehen haben! Vor allem nicht denken. Wir begegnen tagtäglich einem Sysiphusfelsen auf einem rutschigen Hang. Nur ein falscher Schritt und – spruitsch! – die unsägliche Hölle für den, der auf der Strecke bleibt.

Wir blättern diese Seite mit dem Grenzübergang um.

Von Amritsar nach Quetta

Sylvain

Die Grenze zwischen Indien und Pakistan spiegelt die gespannten Beziehungen zwischen den beiden Ländern wider. Ein zwei Kilometer breites Niemandsland, gespickt mit Wachttürmen und Stacheldraht, zeigt das wahre Gesicht der Teilung von 1947. Die Formalitäten bei der Ausreise aus Indien sind ebenso kompliziert wie jene bei der Einreise nach Pakistan. Es dauert einen halben Tag, bis wir alle Durchsuchungen und bürokratischen Hindernisse überstanden haben. Endlich stempelt ein Offizier unsere Pässe und läßt uns ziehen. Wir radeln in Richtung Lahore.

»Allah Akhbaaaaaaaaaaaar!«

Der Muezzin der großen Moschee von Lahore ruft die Gläubigen zum Gebet. Die Pakistani strömen zu Hunderten zum Eingang des Gebäudes. Nach und nach häuft sich ein Berg von Sandalen vor dem Gebetssaal an. Wir legen unsere Schuhe dazu. Die Pakistani murmeln Koransuren, unterbrechen dann ihre Litaneien und verneigen sich in zwei Instanzen: Erst gehen sie in die Knie, dann berühren sie in der bekannten Gebetshaltung mit der Stirn den Boden. Hunderte von Rücken wölben sich unter den Dschellabas und heben sich in einer ondulierenden Bewegung, die so harmonisch ist wie eine Dünenlandschaft. Plötzlich verlangt ein Mullah mit schwarzem Bart und erregtem Blick, der uns im Halbdunkel entdeckt hat, daß wir auf der Stelle verschwinden. Als wir gerade an der Tür unsere Schuhe schnüren, herrscht ein junger Mann den Mullah an, der uns wachsam im Auge behält. Der Lärm ihrer Auseinandersetzung stört das Gebet und lockt Neugierige an. Innerhalb von Sekunden sind wir von zahlreichen Gläubigen umringt, die wild gestikulieren und debattieren.

»Ich heiße Ahmed«, erklärt der Pakistani, der den Streit mit dem Mullah begonnen hat, auf Englisch. »Ich bin Student. Ich habe versucht, mich dafür einzusetzen, daß Sie bleiben dürfen, aber es ist vergebliche Müh. Sie wollen nichts davon hören. Es ist besser, wenn Sie bei mir bleiben. Ich zeige Ihnen den Rest der Moschee.«

»Und die anderen, die sich in den Streit eingemischt haben?«

»Die Hälfte war dafür, daß Sie bleiben, die andere Hälfte hat verlangt, daß Sie verschwinden. Das ist das wahre Gesicht des Islam: auf der einen Seite die Mullahs und einige Unbeugsame, Kompromißlose, und auf der anderen Seite eine Vielzahl von Menschen, die sich nicht an der Anwesenheit zweier Ungläubiger beim Gebet stört …

Die Ebene des Sind entspricht dem Indus-Becken, das den Westen Pakistans auf einer Nord-Süd-Linie durchquert und schließlich in den Indischen Ozean mündet. Unzählige Kanäle durchziehen die von hohen Bäumen eingefaßten Felder. Noch im Bau befindliche Minarette säumen unseren Weg. Der pakistanische Islam baut reichlich, seit die Mullahs einen wichtigen Platz bei den Staatsgeschäften eingenommen haben.

Pakistan ist reich an Schätzen, und vor allem gibt es dort eine Asphaltart, wie sie uns bislang noch nicht begegnet ist. Eine Art Trockenteer. Man spricht von Trockenlehm, um die durch Dürre rissig gewordenen und in gleichmäßige Vierecke zersprungenen Böden zu beschreiben. Der pakistanische Asphalt erfährt, wohl durch Überhitzung, die gleiche Verwandlung. Wir verzeichnen dieses Phänomen sehr genau, und der Bericht wird unserer Sammlung von Straßenbeschreibungen angefügt, die inzwischen so reichhaltig ist, daß wir eine kleine Monographie mit dem Titel »Verschiedene und monströse Erscheinungsformen der Straßenbeläge dieser Welt« schreiben.

Auf diesen Straßen, die nirgendwohin zu führen scheinen, überholen uns rumpelnd Lastwagen im Endstadium der Zerfalls. An einem Tag, an dem starker Gegenwind herrscht, hängen wir uns für einige Kilometer an einen von ihnen.

Plötzlich höre ich über das Dröhnen der Straße hinweg einen Schrei. Ich werfe einen Blick in den Rückspiegel. Alex hat den Lastwagen losgelassen und bedeutet mir wild gestikulierend, es ihm gleichzutun. Ich gehorche und fahre zu Alex zurück.

»Was ist denn los? Warum hast du losgelassen?«

»Hör zu, es grenzt an ein Wunder! Während wir uns am Lastwagen festgehalten haben, hat ein Autofahrer hupend überholt und mir durch die Fensterscheibe zu verstehen gegeben, daß wir etwas verloren haben. Ich habe nach hinten gesehen und etwa 300 Meter entfernt einen schwarzen Fleck auf der Straße entdeckt. Ich habe sofort die Werkzeugtasche erkannt. Was ich absolut nicht begreife, ist, daß meine Packtasche fest verschlossen ist. Mir ist völlig schleierhaft, wie das Werkzeug herausfallen konnte.«

»Das ist wirklich merkwürdig.«

Aber es ist so heiß, daß wir nicht in der Verfassung sind, zu versuchen, dem Rätsel auf den Grund zu gehen. Wir fahren zurück, um das Werkzeug einzusammeln, und setzen dann unseren Weg fort. Drei oder vier Kilometer weiter versperrt eine Ansammlung von Autos den Weg. Weiter vorn ist undeutlich hektische Betriebsamkeit um einen riesigen Lastwagen herum zu erkennen, der umgestürzt im Graben liegt.

»Das muß erst vor kurzem passiert sein, er raucht noch!«

Wir nähern uns der Unfallstelle.

»Sylvain! Sieh doch! Das ist unser Lastwagen.«

Der Laster, von dem wir uns haben ziehen lassen, der Laster, den Alex losgelassen hat, um die Werkzeugtasche zurückzuholen, ist von der Straße abgekommen und im Graben gelandet. Einer der Fahrer, der durch die Windschutzscheibe geschleudert wurde, krümmt sich vor Schmerzen und hält sich den blutüberströmten Arm; der andere sitzt mit Blutergüssen im Gesicht am Rand der Böschung. Vielleicht haben sie wegen eines geplatzten Reifens die Kontrolle über das Fahrzeug verloren. Vermutlich hat ein Schutzengel unsere Werkzeugtasche auf die Straße geworfen und uns gerettet. Allah ist groß.

Sonntag, 26. Juni 1994:
Baï Pheru, Sind-Ebene

An diesem Abend bietet uns Pater Jacob ein Dach über dem Kopf. Er leitet die kleine Dorfmission. Wir essen mit ihm zu Abend.

»Was haben Sie auf Ihrer Reise am meisten vermißt?« fragt er.

»Einen Motor, Pater Jacob!«

»Und was noch?«

»Klassische Musik. Das letzte Mal haben wir in Tibet solche Musik gehört. Wir hatten aus Paris eine Kassette von Purcell geschickt bekommen. In den chinesischen Restaurants haben wir zu den Klängen von *Dido und Äneas* oder *King Arthur* gespeist. Das war eine willkommene Abwechslung von der amerikanischen Discomusik. Aber die Kassette hat die holprigen Straßen nicht überstanden und ist zerbrochen.

Der Pater schaltet sein Tonbandgerät ein. Wir beschließen den Abend zu den Klängen von Vivaldis *Gloria*. Der Pater beschreibt uns die Situation des Christentums auf islamischem Boden.

»Wissen Sie, wir haben nicht viel Gewicht. Es gibt nur knapp ein Prozent Christen in Pakistan. Wie sollen wir unter diesen Bedingungen Akzeptanz erreichen? Wir bemühen uns, als Minderheit zu überleben.«

»Dabei hatten wir nicht den Eindruck, von den Moslems abgelehnt zu werden. Man grüßt uns, gibt uns Wasser zu trinken, und wir besprechen andauernd religiöse Fragen mit den Menschen, denen wir begegnen.«

»Im Koran steht geschrieben: ›Die Christen werden nicht verfolgt werden.‹ Aber wenige Verse weiter heißt es: ›Jene, die sagen, Gott sei der Messias Jesus, sind gottlos.‹ Darum sind die Reaktionen auf uns auch so unterschiedlich. Aber die Verantwortlichen der christlichen Missionen und die christlichen Schulen stoßen auf massive Ablehnung. Wie viele Fälle von Vandalismus und Gewalt hat man in unseren Schulen in Multan und Lahore gezählt? Außerdem führen wir ein unwürdiges Dasein. Wenn ich ein Geschäft betrete und unbeabsichtigt irgendeinen Gegenstand berühre, zwingt man mich, ihn zu kaufen, weil er unrein geworden ist. In Restaurants zerbricht man die Gläser, aus denen ich getrunken habe, und jeder Augenblick wird von Demütigungen getrübt.«

»Warum gehen Sie dann nicht von hier fort, Pater Jacob?«

»Weil Pakistan meine Heimat ist. Ich bin hier geboren. Und wenn es nur eine Seele gäbe, die ich zum christlichen Glauben bekehren könnte, wäre das für mich Grund genug, hier zu bleiben.«

Die lange Prozession der Städte des Sind setzt sich im Wind fort.

Westlich von Multan fließt der Chebab River, der den Beginn der Trockengebiete markiert. Man betritt die Wüste gewissermaßen über eine Brücke und läßt die landwirtschaftlich genutzten Ebenen hinter sich. Auf der anderen Seite beginnt das Reich des Sandes und der Dünen, die sich bis weit über die Ufer hinaus erstrecken, bis zu den felsigen, ausgedörrten Ausläufern Belutschistans. Ohne Übergang, ohne graduelle Wandlung gelangen wir von einer Welt in eine völlig andere. Der Schock ist in etwa so brutal wie der Sturz kurz hinter der Brücke. Eine Öllache wirft uns zu Boden, so abrupt und mit solcher Kraft, daß wir erst gar nicht begreifen, was los ist. Gewöhnlich durchlebt man das Entsetzen des Augenblicks, wenn man spürt, wie man das Gleichgewicht verliert und wie in Zeitlupe den Verlauf des eigenen Sturzes wahrnimmt. Aber diesmal fallen wir aus allen Wolken.

Wir radeln in unerträglicher Hitze weiter und stoßen wieder auf die erstarrte Atmosphäre der Sahara. Und dann plötzlich tauchen einige sterile, weiche und lauwarme, von der Hitze erdrückte Sumpflandschaften auf, die den Indus ankündigen.

Der Fluß ist an der Stelle, an der wir ihn auf einer monumentalen Brücke überqueren, zwei Kilometer breit. Fischer befahren ihn in antiken Segelbooten, die sie an gewaltigen Pfeilern festmachen, die ins Flußbett gerammt wurden. Wir betrachten diesen Zusammenprall der Jahrhunderte, als plötzlich unsere Körper rebellieren. Hitzschlag. Kribbeln, Übelkeit, schwarzer Schleier, Kopfschmerzen: Das Unwohlsein befällt uns beide exakt im gleichen Moment. Unsere Körper haben genug von der Sonne. Zu viel Hitze und Licht seit Beginn des Monats, da wir jetzt schon unter vulkanischen Temperaturen unterwegs sind. Am Fluß fließt ein kleiner, zwischen zwei Zementdeichen eingezwängter Kanal entlang. Wir springen hinein.

Die Dorfbewohner beziehen die Logenplätze oben auf dem Geländer der Brücke, die den Kanal überspannt. Das Schauspiel zweier Weißer, die mit sichtlichem Genuß die Suhle eines Büffels teilen, befremdet sie. Als wir aus dem Wasser steigen, sind wir mit roten Flecken übersät. Unsere Haut war der Verschmutzung des Wassers nicht gewachsen. Sie überzieht sich mit skrofulösen Pusteln. Kontrolleuchten, die den Verschmutzungsgrad des Wassers anzeigen. Die Schaulustigen amüsieren sich königlich beim Anblick unserer fleckigen Körper und der Verrenkungen, die wir anstellen, um den Juckreiz zu lindern.

Uns kratzend, brechen wir wieder auf. Aber nicht für lange. In dem Dorf Khan versperrt eine Polizeikontrolle den Weg. Einige bewaffnete Militärs bewachen die Straßenkreuzungen. Es herrscht eine Atmosphäre brodelnder Erregung.

»Was gibt es denn?« fragen wir einen Offizier.

»Der pakistanische Präsident wird in zwei Minuten hier vorbeifahren.«

Von einem Agenten des pakistanischen Geheimdienstes erfahren wir, daß man ein Attentat von Seiten der Inder oder der CIA befürchtet. Paranoia gedeiht in diesen Breiten. Plötzlich wird der Korso über Funk angekündigt. Mit unglaublichem Fingerspitzengefühl machen die Soldaten die Bahn frei, schlagen auf die Esel ein, schieben die Karren an, drängen Passanten und Schaulustige rücksichtslos zurück. Aber der angestrebte Erfolg bleibt aus. Die Manöver der Soldaten schaffen vielmehr einen unbeschreiblichen Stau.

Hinter der Stadt Khan setzt unsere Route sich fort, endlos, immer in Richtung Westen. Wir verlassen die Ebenen und niedriggelegenen Becken. In der Ferne erheben sich die Salamain-Berge und dahinter die Kalkausläufer Belutschistans!

Dann beginnt eine harte Prüfung. Eine 30 Kilometer lange Steigung auf einer holprigen Piste. Diese Straße führt nach Fort Munroe an der Grenze Belutschistans, in 2 000 Metern Höhe. Gegen drei Uhr gehen wir die Steigung an. Die Aussicht auf die kühleren Temperaturen, die uns oben erwarten, ist stimulierend. Auf unserer Karte ist auf halber Höhe eine Quelle verzeichnet. Wir strengen uns an und konzentrieren uns erst einmal auf diesen ersten Streckenabschnitt. Die Quelle ist versiegt. Auch sie hat den Kampf gegen die Sonne verloren. Benommen und halb verdurstet, betrachten wir die Abgründe entlang der Straße und das winzige, von zerfurchtem und geborstenen Kalkgestein erdrückte Tal zu unseren Füßen. Wir fahren weiter. Inzwischen spüren wir die zunehmende Abkühlung der Luft mit jeder Straßenwindung. Eine Antenne taucht auf. Einige Häuser, ein »Gasthaus« und dann plötzlich, nach einer letzten Anstrengung zur Überwindung des letzten Hügels, wird die Straße wieder eben. Wir befinden uns in Fort Munroe oberhalb des Belutschistan-Plateaus.

Im hinteren Teil eines Restaurants am Straßenrand erhebt sich monotoner Gesang, begleitet von den Klängen einer Art mittelalterlicher Leier. Sänger und Musiker laden uns ein, uns zu ihnen zu setzen. Ich begleite sie auf der Flöte, während Alex mit einer Wassermelone ein Kasperletheater inszeniert. Ein Messer, das er in die Frucht stößt, dient als Nase, hinzu kommen eine Brille, das Kopftuch als Haar und ein Hut. Alex hält seine Figur in den Händen, und gemeinsam tanzen sie zu den Rhythmen unseres Trios. Schaulustige verfolgen das Schauspiel. Plötzlich wird uns bewußt, daß niemand lacht und die Physiognomie sich radikal verändert hat.

Von den runden, kleinen, manchmal pummeligen Händen der Inder, von denen wir noch an diesem Morgen umgeben waren, haben wir uns nun in die Hände der Bergvölker begeben. Viele der Männer tragen lange, schwarze Bärte in rassigen, feingemeißelten Gesichtern. Ihre Augen sind manchmal hell und ihre Nasen schmal. Sie sind gebaut wie Kleiderschränke, was ihnen ermöglicht, ständig ein ganzes Waffenarsenal mit sich herumzutragen. Patronengürtel, Gewehr, Dolche. Sämtliche Männer, die sich um uns geschart haben, ob Militärs oder Zivilisten, tragen so selbstverständlich Waffen bei sich wie die Menschen bei uns einen Regenschirm. Wir werden bald begreifen, daß dies in Belutschistan durchaus eine vernünftige Vorsichtsmaßnahme ist.

Verwaltungstechnisch markiert die Stadt Rakni, 20 Kilometer von Fort Munroe entfernt, die Grenze zum Territorium Belutschistans. Wir erreichen die Stadt nach einer langen Abfahrt über einen wüstenartigen Hang. Es regnet! Der Lohn für 30 Tage unerträglicher Gluthitze. Die Götter der Wüste beschenken uns mit einem wohltuenden Schauer. Mit lautem Freudengeheul reißen wir uns die Kleider vom Leib. Hirten starren uns verdattert an. Wir feiern unser Wiedersehen mit kühler frischer Luft und fühlen uns so lebendig wie lange nicht mehr. Es scheint, als würden unsere Körper und Hirne nach wochenlangem »Sommerschlaf« wiedererwachen. Wir streifen die anhaltende Lethargie ab, die uns wider unseres Willens wie ein Panzer umhüllt hat. Singend fahren wir in Rakni ein.

Wenn es einen gemeinsamen Charakterzug zwischen Belutschen und Ostpakistanern gibt, dann die Neugier. Beim Frühstück sind wir wie üblich von einer Schar Schaulustiger umringt, die uns schweigend mustern. Unter ihnen befindet sich immer jemand, der weniger schüchtern ist, Englisch spricht und uns mit den üblichen Fragen bombardiert.

»Wohin wollen Sie? Woher kommen Sie? *Purpose of your journey*? Warum haben Sie Saddam Hussein die Fresse poliert? Wie alt sind sie? Hat Ihr Vater einen Bart? Können Sie Piment essen? Wollen Sie Haschisch? Warum haben Sie die Motoren von Ihren Motorrädern abmontiert?« usw.

Ein wahrer Hagel von Fragen geht auf uns nieder. Wir versuchen, sie in Salven zu beantworten. Dann folgt die rituelle Befragung zu unseren Familien.

»Wie viele Brüder haben Sie?«

»Ich habe einen«, entgegnet Alex.

»Und Sie?«

»Ich habe zwei Schwestern«, antworte ich.

»Ach so, dann sind Sie ganz allein?«

»Nein, nein, nicht allein: Ich habe zwei Schwestern.«

»Ja, ja, sage ich ja, Sie sind ganz allein.«

An dieser Stelle ist anzumerken, daß die Frau, deren Status beklagenswert ist, keine eigene Identität besitzt. Sie wird nicht als Individuum betrachtet. Sie existiert nur im Verhältnis zum Mann, als Schwester, Ehefrau, Mutter usw.

In der Woche, seit wir über die Grenze gefahren sind, haben wir noch keine einzige Frau zu Gesicht bekommen. Manchmal erhascht man hinter einem Bauernhof einen flüchtigen Blick auf eine Stoffglocke, die *burka*, der hiesige Tschador, der die Frau vollständig verhüllt. Von Kopf bis Fuß. Und der Blick auf ihre Umwelt ist ihnen nur durch ein Gitter aus Spitze vor den Augen gestattet.

»Wissen Sie, meine Eltern wollten ein Mädchen. Als ich geboren wurde, waren sie sehr enttäuscht. Als dann meine Schwestern geboren wurden, waren alle überglücklich.«

Die Männer starren uns konsterniert an.

»Was macht Ihr Vater?« fragt einer von ihnen.

»Er bleibt zu Hause und versorgt meine Schwestern.«

»Nein, nein, nicht Ihre Mutter, Ihr Vater.«

»Das sagte ich gerade. Er ist Hausmann. Meine Mutter ist Geschäftsfrau.«

Man stellt uns keine weiteren Fragen mehr. Man betrachtet uns halb angewidert, halb ungläubig.

Wir verlassen Rakni. Das nächste Dorf, in dem wir halt machen wollen, heißt Lorelei, was in dieser Männerwelt um so rührender ist. Wir radeln drauflos, ohne zu wissen, wie weit es bis Lorelei ist, da unsere Karte sich als falsch erwiesen hat. Wir haben zehn Belutschen nach dem Weg gefragt, aber die Antworten rangieren zwischen 60 und 220 Kilometern. Bleibt also nur, blind weiterzufahren und sich vom gleichmäßigen Rhythmus des Vorwärtskommens einlullen zu lassen. Auf der Strecke nach Lorelei ereignet sich ein unangenehmer technischer Zwischenfall. Mein Hinterreifen platzt. Ein fünf Zentimeter langer Riß. Ich brauche recht lange, den Reifen zu nähen. Dann blase ich dreimal den Schlauch auf, um festzustellen, daß er an verschiedenen Stellen beschädigt ist. Ein Pathane fährt auf einem Mofa vorbei und hält. Er hat blaue Augen und eine Fußpumpe, die er uns borgt. Wir beschließen, in einem kleinen, nahegelegenen Dorf, das aus einige Hütten mitten in der Wüste besteht, gemeinsam Mittag zu essen.

Die Speisen auf dem indischen Subkontinent sind nicht sehr abwechslungsreich. Es gibt morgens, mittags und abends das gleiche. *dhal*, chapatis und *ladie´s fingers*, eine Art sehr feiner, länglicher Paprikaschoten. Aber in der Wüste Belutschistans ergibt sich zusätzlich das Problem der Vorratshaltung. Je weiter wir nach Westen kommen, desto weniger gibt es zu essen.

Manchmal stoßen wir in einem Tal auf ein grünes, feuchtes Fleckchen Erde oder eine bestellte, bewässerte Fläche, die von der belutschichen Regierung finanziert wird. Dann wieder treffen wir auf einen Sumpf auf dem Grund eines von kargen, trockenen Hängen eingefaßten Talkessels. Aber diese Oasen sind nur kleine Wasserspeicher. Überbleibsel aus feuchten Zeiten oder wieder zutage getretene fossile Schichten. Und die Erde zieht ihnen die kühlen, frischen Wasser der Gewitter vor, die sich manchmal mit unglaublicher Gewalt über Belutschistan entladen. Wir haben das große Glück, eines dieser Unwetter zu erleben.

Es braut sich im Südosten zusammen. Ein starker Wind treibt es vor sich her, ohne daß es auf seinem Weg auf das geringste Hindernis stoßen würde. Wir finden Unterschlupf unter dem Dach einer Raststätte. Auf Matten sitzend, trinken wir Tee und hören dabei zwei englischsprechenden Imamen zu, die uns ihren Haß auf die Briten erklären, die sie beschuldigen, auf islamischem Boden zu spionieren. Sie sind unterwegs, um bei den »zurückgebliebenen und unkultivierten Bergvölkern Belutschistans zu predigen«.

»Kommen hier nie Engländer vorbei?« fragen wir.

»Ich habe nie einen gesehen. Außerdem ist der Iran ihnen verschlossen, weil sie dem kriminellen Salman Rushdie Asyl gewähren.«

»Und bekommen Sie viele Franzosen zu sehen?«

»Im Pandschab ja, hier in Belutschistan nur selten. Wir mögen sie; zwischen Ihrem Land und dem Islam besteht eine alte Komplizenschaft. Sie haben den Imam Khomeini empfangen, und in Ihrem Land dürfen die jungen Moslemfrauen den *hijab* tragen.«

Und so erfahren wir beim Tee im Herzen Belutschistans aus dem Mund eines Imamen aus dem Pandschab, daß die Kopftuchaffäre in Frankreich wieder aufgerollt wurde. Die Informationswege sind manchmal unergründlich.

Wir brechen im Regen wieder auf. Der Wind hat uns eingeholt und in den Abfahrten erreichen wir bis zu 70 Stundenkilometer! Belutschistan erwacht während des Gewitters zu neuem Leben.

Wir entdecken ein Zelt, einige hundert Meter abseits der Straße. Wir treten unter die geräumige Pyramide aus gespannten Stoffbahnen, die mit Pfählen am Boden verankert ist und an eine kleine Trockenmauer grenzt. Sechs Männer sitzen im Kreis um eine Sturmlampe und trinken Tee. In diesem Land bedarf es keiner Erklärungen oder Aufforderungen, um am Tisch eines Unbekannten Platz zu nehmen. Ohne uns irgendwelche Fragen zu stellen, ohne ein Wort, bedeutet man uns, Platz zu nehmen, und reicht uns ein Glas Tee und ein Chapati.

»*Ruski?*« fragt einer der Männer schließlich.

»Nein, nein, keine Russen, wir sind Franzosen!«

»Ich heiße Ullah«, fährt er in gebrochenem Englisch fort. »Mit 19 habe ich mich der Widerstandsbewegung der Mudjahedin angeschlossen und in den Maquis von Kabul und Herat gekämpft, bis zu dem Tag, da die Russen mich gefangen genommen, gefoltert und ein Jahr ins Gefängnis gesperrt haben.«

»Haben Sie deshalb nach unserer Nationalität gefragt?«

»*Yes, yes! Ruski, couic!*« entgegnet Ullah und fährt sich mit dem Daumennagel über die Kehle.

Im Inneren des Zeltes herrscht eine sehr lebhafte Stimmung.

Alle rauchen riesige Joints. Ein Haufen unterschiedlichsterWaffen füllt eine Ecke des Zeltes aus.

»*What is your job, Ullah?*« fragt Alex aufs Geratewohl.

»*I am a driver*«, antwortet er und zeigt auf den Lastwagen, der draußen im Regen steht. »*And also, I do … business!*« fügt er hinzu und schwenkt seinen Joint in der einen und eine Kalaschnikow in der anderen Hand.

Schallendes Gelächter läßt das Zelt erzittern. Jetzt werden die Waffen vorgeführt. Ohne daß wir darum gebeten hätten. Es ist wie ein Ritual. Ullah zeigt uns chinesische Sturmgewehre, Kalaschnikows und sogar einen französischen Famas, der aus Gott weiß welcher Kriegsbeute stammt. Ullah, der in der Mitte der versammelten Männer steht, entsichert sein Gewehr, schießt auf seine Hanfblätter und stürzt sich in einen bemerkenswerten geopolitischen Diskurs.

»*Israel: atom bomb! Pakistan will kill all judi people. India: atom bomb! America: atom bomb! Russia: atom bomb! Pakistan is very strong! Wie can fight and kill!*«

»*And France?*« fragen wir beklommen.

»*France is my friend! Come here!*«

Und in einer Geste überschäumender Zuneigung drückt uns Ullah dicke, nach afghanischem Gras riechende Küsse auf die Wangen. Aber die Folklore hat ein Ende. Es ist Zeit zu beten. Die Männer richten ihre Matten nach Mekka aus und sagen den Vers *Ayatal-kursi* auf. Die flackernde Lampe wirft die Schatten von sechs Männern, die vor ihrem Gott knien, an die Zeltwand. Das Gebet zieht sich hin, schlicht und schön. Die Moslems haben sich eine wirklich außergewöhnliche religiöse Inbrunst bewahrt. Wir haben im entlegensten Belutschistan Lastwagen gesehen, die am Straßenrand geparkt waren. Der Fahrer hatte gehalten, um zu beten. Seine Silhouette hob sich im Abendlicht von einer Böschung ab. Er war allein, und er betete, mitten in der Wüste. Er hatte nicht vergessen, daß seine Ahnen es so gehalten haben, als sie noch hinter ihren Herden her durch Belutschistan zogen. Still betrachten wir das Gebet Ullahs und seiner Freunde.

Ullah hat fertig gebetet. Er inspiziert unsere Räder. Vor allem unsere kleinen Gedichthefte faszinieren ihn. Auf die leeren Seiten haben wir winzige Reproduktionen der

Gemälde von Poussin und Botticelli geklebt. Sie zeigen Grazien, die im Schatten der Olivenbäume schlafen, und Allegorien mit makelloser, rosiger Haut, die unter Tempelruinen tanzen. Aber Ullah versteht nichts von der Schönheit dieser Gemälde. Er kann seinen Blick nicht von den opulenten Brüsten und schweren Hüften von Venus, Diana oder der Heiligen Jungfrau Maria abwenden. Vor Lachen und Verblüffung verschlägt es ihm beinahe den Atem, als wir ihm erklären, daß Dutzende dieser Gemälde öffentliche Museen schmücken und auch Kindern gezeigt werden. Nie hat die Malerei der italienischen Renaissance und des französischen Grand Siècle größeren Erfolg gehabt. Ullah reicht das Heft an seine Freunde weiter, die es sich gegenseitig aus den Händen reißen. Aber in den Blicken dieser Männer, die die romantische Liebe nicht erfunden haben, liegt nichts als animalische Lüsternheit. Botticelli wird zum Pornographen degradiert, und die Musen von Watteau sind nur noch Callgirls für geile Fernfahrer. Ehe wir es verhindern können, reißen Hände hastig einige Seiten heraus, die unter den Sarouals verschwinden. Die Verbreitung der Kultur über die Libido.

»*Bye, Ullah!*« Auf Wiedersehen.

»*Salaam, my friends! Take care!*«

Wir verlassen unseren Freund und seine Diebesbande. Belutschistan ist eine Piratenhöhle. Dieses ausgedehnte Plateau ist eine Grauzone. Ein unbestimmbarer Landstrich zwischen Berg- und Wüstenländern: Iran, Afghanistan, Pakistan und der Kreuzung, an der sämtliche Schmuggelrouten aufeinandertreffen. Die Opium- und Kokainladungen werden aus den afghanischen Bergen hergebracht, um von hier aus via Iran die Reise nach Europa anzutreten. Wem gehört diese Wüste? Offiziell den Pakistanis. Aber inwieweit kontrollieren sie diesen Schmelztiegel der Kulturen, in dem jegliche Art von Piraterie anzutreffen ist? Hier herrscht ein ständiges Chaos. Der ideale Ort für eine internationale Verbrecherkonferenz. Hier stirbt man, ohne daß sich irgend jemand daran stört.

Von Quetta nach Teheran

Alexandre

Unter einem tiefschwarzen und wolkenverhangenen Himmel, von der Sonne ausgebleicht und vom Sand abgeschmirgelt, verkündet das von Kugeleinschlägen durchlöcherte Schild am Eingang eines Elendsviertels:

»Welcome to beautiful and scenic QUETTA«

Bonjour tristesse. Quetta, die Oase, Quetta »die Verlobte der Wüste«, empfängt uns mit dem düsteren Schweigen einer trauernden Witwe.

Dieses extrem männliche Land ist unvorstellbar trostlos, denn wenn Brüderlichkeit als maskulin einzustufen ist, ist Heiterkeit zweifellos weiblich. Hier, im Reich der Männer, wird weder verführt noch geneckt: die Realität ist allgegenwärtig.

Männerstadt, Männergesellschaft in einem Männerland, breitet Quetta seine Kasernen in streng geometrischen Quadraten aus. Es gibt weder Souks noch gewundene Gassen oder Warenauslagen. Hier ist Schluß mit der Unordnung und prickelnden Lebendigkeit des indischen Subkontinents. In der Jinnah Road reihen sich die Verwaltungsgebäude aneinander, um Belutschen, Pathanen und Brahuis daran zu erinnern, daß es in der fernen Hitze des Pandschab einen Bundesstaat gibt, dessen Garnison Quetta als ein Vorposten am Kreuzpunkt der Straßen nach Afghanistan und in den Iran zu verstehen ist.

Schwester Jesusa, eine spanische Franziskanerin, die seit 40 Jahren in der Gegend lebt, nimmt uns in ihrer Mädchenschule auf. Seltsam. Wer sollte hier schon Interesse am Los junger Mädchen haben?

»Ich bin hier, weil ich glaube, daß die einzige Möglichkeit, den Teufelskreis der Unterentwicklung zu durchbrechen, in der Bildung der Frauen besteht. Die Männer werden das System, das sie zu allmächtigen Herren erhebt, niemals ändern. Natürlich belassen sie ihre Frauen in einem Analphabetismus, der ihre Abhängigkeit besiegelt. Sie haben ja keine Ahnung, was hier vor sich geht! Jede Woche entledigen sich Männer ihrer Frauen und tarnen den Mord als Explosion von benzinbetriebenen Herden! Die meisten Frauen sind völlig entrechtet. Sie werden nicht einmal bei einer Volkszählung berücksichtigt; sie leben in einer eigenen Gesellschaft parallel zu jener der Männer. Ihre Männer lassen sie lieber sterben, als sie von einem Arzt anfassen zu lassen.«

Das engelhafte Gesicht der Schwester rötet sich vor unterdrücktem Zorn. Es scheint, als wolle sie sich Greuel von der Seele reden, die sie zu lange für sich behalten hat, die zu lange ihren einsamen Gebeten vorbehalten waren. Ich versuche, sie aufzuheitern.

»Dann hat Freud ja völlig falsch gelegen! Wir befinden uns in der komplexen Welt des umgekehrten Ödipus: ›Du wirst deine Mutter töten und mit deinem Vater schlafen!‹«

Schwester Lucette, eine reizende 80jährige Nonne aus Quebec mischt sich mit ihrem melodischen Akzent in unser Gespräch ein.

»Wir werden hier nur wegen unserer karitativen Arbeit geduldet. Ansonsten gilt die Devise: ›Es gibt keine Schwierigkeiten, solange es keine Schwierigkeiten gibt!‹ Und gibt es einmal Schwierigkeiten, kann man mit diesen Leuten weder diskutieren noch argumentieren! Sie haben eine Justiz, die nicht lange fackelt, und benehmen sich wie von übelgesinnten Anführern aufgewiegelter Pöbel. Wenn beispielsweise in Indien, 2 000 Kilometer von hier entfernt, ein pakistanischer Kaschmiri von einem Inder getötet wird, wird unsere Schule mit Steinen beworfen!«

Um halb sieben am nächsten Morgen hält Pater Victor den Gottesdienst in der Schule ab, worauf ein Frühstück mit Spiegeleiern und Toastbrot folgt. Sofort rät er uns eindringlich ab, die Straße zur Grenze zu nehmen, die von rivalisierenden Stämmen kontrolliert wird, denen *sardars* vorstehen, eine Art kleiner regionaler Häuptlinge, die damals nach dem Prinzip »teilen, um leichter regieren zu können« von den Briten eingesetzt wurden.

»Die Belutschen sind stolze Krieger und verabscheuen die Pakistanis zutiefst. Sie haben ein Sprichwort, das lautet: ›Wenn du auf einen Pandschabi und eine Kobra triffst, töte zuerst den Pandschabi.‹ Die Polizisten werden ständig von Heckenschützen unter Beschuß genommen. Sie wagen sich nur noch in schwer bewaffneten Konvois auf die Straße und verschanzen sich dann wieder in ihren Festungen. Der Rest des Landes befindet sich in den Händen der verschiedenen Stämme.«

Er verschlingt ein Spiegelei und fährt dann fort:

»Diese Straße ist die einzige Route eines Drogen- und Benzinschmuggels, den die Regierungstruppen nicht zu unterbinden vermögen. Salam Racketti entführt regelmäßig Funktionäre und erpreßt so Lösegeld, mit dem er seinen Waffenhandel finanziert. Vergangenes Jahr habe ich einen spanischen Motorradfahrer begraben, der von einem Lastwagen überfahren wurde. Diese Straße ist die gefährlichste Straße der Welt! Jede Woche fahren zwei Züge zur Grenze. Sie täten gut daran, einen von ihnen zu nehmen.«

Anschließend erzählt er uns vom Islam, in dem er sich gut auskennt.

»Die Stärke des Islam sind die 90% Analphabeten im Land. Die Mullahs nutzen den Bildungsmangel aus, um die Botschaft zu verbreiten, jeder hätte sich ihrer Macht zu unterwerfen. Benazir Bhutto ist nur eine hübsche Fassade, und die humanistische Bourgeoisie in Islamabad führt ihre Geschäfte häufig von London aus. Die Mullahs, Verfechter der Scharia (Kanonisches islamisches Gesetz, das

das religiöse, politische, soziale und individuelle Leben regiert), verdammen jede Deutung und Überlegung zu den religiösen Schriften und lehnen jede Trennung von spiritueller und weltlicher Macht kategorisch ab. Der islamische Staat kann nicht weltlich sein. Wenn Pakistan buchstäblich das »Land der Reinen« ist, dann darum! Die Pakistaner leben tagtäglich mit der Inquisition!«

Bevor wir Quetta verlassen, haben wir mit DHL noch ein Hühnchen zu rupfen. Seit unserer Anfahrt aus Delhi versuchen wir verzweifelt, eine Sendung Ersatzteile ausfindig zu machen, die meine Eltern uns geschickt haben: neue Zahnräder. Unsere sind derart abgenutzt, daß die Kette ständig abspringt. Das Päckchen, das angeblich innerhalb von 24 Stunden in Lahore eintreffen sollte, war eine Woche später immer noch nicht da. Als wir drei Tage später von Multa aus in Lahore angerufen haben, war das Päckchen immer noch nicht angekommen. An diesem Morgen, also nach neun Tagen, erfahren wir, daß das Päckchen endlich in Lahore aufgetaucht und nach Quetta weitergeleitet worden ist. Bei der TCS-Agentur, einer Filiale des internationalen Kurierdienstes, verspricht man uns das Paket bis mittags. Als wir uns zur vereinbarten Zeit wieder dort einfinden, wird uns mitgeteilt, daß das Flugzeug noch nicht aus Lahore gestartet ist. Daraufhin beginnt das lange Warten in dem kleinen Büro, in Gesellschaft eines verwirrten, aber zuversichtlichen Angestellten. Um 14 Uhr treffen neue Paketsendungen am Flughafen ein. Sylvain ist nicht mehr zu halten. Er harpuniert unser Päckchen gleich mit den Jutesäcken und kehrt triumphierend zurück! Sieben Kilo! Ein schöner Fang!

»Sie haben bestimmt Schokolade mitgeschickt!«

Wir öffnen das Paket. Es enthält einen Stapel Unterlagen und Verträge. Fassungslosigkeit.

»Das kann doch nicht wahr sein! Welcher Empfänger steht denn drauf?«

»Monsieur Saussade, Intercontinental, Lahore!«

»Sie haben uns das falsche Päckchen nachgeschickt! Dieser Saussade wird mit unseren Zahnrädern anstelle seiner Unterlagen bei seinen Sitzungen ganz schön ins Schwitzen kommen!«

»›In weniger als 24 Stunden weltweit‹, lautet Ihr Slogan!«

Der Wind, der uns ins Gesicht weht, ist unser Kompaß. Um aus der Stadt herauszukommen, brauchen wir nur gegen den Wind zu radeln, um sicher zu sein, die Richtung nicht zu verfehlen. Als wir Quetta nach Westen verlassen, in Richtung der unkontrollierten Gebiete, muß ich wieder an die Ängste denken, die ich im vergangenen Jahr ausgestanden habe, als ich nach einem guten Film zufällig in einer Reportage Bilder von diesen Straßen am Ende der Welt gesehen habe, bevölkert von bärtigen Männern mit furchterregenden Visagen. Mir ist das Blut in den Adern gefroren. Das Herz schlug mir bis zum Hals bei dem Gedanken daran, daß ich durch diese unbekannte Welt radeln, mit dem Fahrrad durch diese Menschenmengen fahren und sie nach dem Weg fragen würde ... Nun, sie sind da, und es geht alles gut!

Unsere Ankunft in einem Nomadenlager erregt vernehmliches Aufsehen in den Zelten, aber ein großgewachsener Mann, dessen Gewandschöße bei jedem Schritt knallen wie Peitschenhiebe, sorgt gleich wieder für Ruhe. Mit strahlendem, dominanten Lächeln reicht er uns die Hand, wo er uns in den Tod schicken könnte. Mit Patronengürteln behangene Männer, den Finger am Abzug, Blicke so schwarz wie ihre Bärte, mit Leib und Seele an den Lippen ihres Anführers hängend, stehen vor uns Spalier. Bloß keine falsche Bewegung! Auf der Ladefläche eines Pick-ups reckt eine Luftabwehrbatterie ihre Mündungen gen Himmel.

Nach einer entsprechenden Geste, machen sich die Mudjahedin wieder ans Entladen der Munitionskisten.

Zu verblüfft von unserer Anwesenheit, um sie uns zu verübeln, lädt der *sardar* uns in sein Zelt ein. Dann mustert er uns eine Ewigkeit lang schweigend mit Röntgenblick. Sein Lächeln verrät uns, daß seine Durchleuchtung weder Schatten noch verdächtige »Flecken« ausgemacht hat. »Den Unschuldigen volle Hände, den reinen Herzen Gesundheit und Frieden.«

Anstatt sich vorzustellen, erklärt er uns, sich seiner Wirkung sehr wohl bewußt, auf Englisch:

»Stellt keine Fragen, und es wird keinen Ärger geben.«

Wir fühlen uns nicht ganz wohl in unserer Haut. Als wir ihm mitteilen, daß wir Franzosen sind, erhellen sich seine Züge, als hätten wir eine geheime Vermutung bestätigt. Noch bevor wir den Mund aufgemacht haben, wußte er bereits alles über uns.

Unser Gastgeber ist von unserem Abenteuer fasziniert. Seine Nomadenseele gerät bei unserem Reisebericht in Wallung.

Kurz darauf wird uns Lammragout serviert, zusammen mit *nan,* einer lokalen Variation des chapati. Wie in allen Wüsten der Welt, wird uns dazu grüner Tee gereicht. Wir befinden uns in den Händen der gefährlichsten Drogen- und Waffenhändler der Erde, und wir fühlen uns in ihrer Mitte wohl. Dieser *sardar,* der uns seinen Namen nicht sagen will, hat uns ins Herz geschlossen. Seine wenigen Versuche, Fahrrad zu fahren, haben ihn derart frustriert, daß er seine Bewunderung nicht verhehlen kann, als wir ihm gestehen, auf unseren Drahteseln fast 18 000 Kilometer zurückgelegt zu haben.

»Ihr solltet einen Pick-up fahren, so wie ich!«

»Vielleicht, aber dann hätten wir Sie nicht kennengelernt.«

Eine Antwort, die ich ein wenig verwirrt vorbringe; ich weiß nicht mehr, ob wir dem *sardar* gewaltsam vorgeführt wurden oder aus freien Stücken hergekommen sind. Er deutet das leise Zittern in meiner Stimme als Zeichen von

Bescheidenheit und klopft mir freundschaftlich auf die Schulter.

In einem irrationalen Anflug von Vertrauen frage ich ihn daraufhin, warum er, wie alle Belutschen, Sandalen mit zwei über dem Fuß gekreuzten Lederriemen trägt, die auf der Rückseite nur bis knapp über die Fußsohle reichen, so daß die Fersen Verletzungen durch spitze Steine und Dornensträucher ausgesetzt sind.

»Wegen der Mode! Ihr wißt doch, warum: Ihr seid es doch, die die Mode machen!«

»Und wie stellen Sie es an, mit solchen Schuhen zu kämpfen?«

Pikiert entgegnet er: »Ich sagte doch, keine Fragen!«

Er verläßt das Zelt, und wir rechnen schon mit dem Schlimmsten. Wir sehen uns an und verfluchen mein Naturell des spöttischen Franzosen. Da raunt mir Sylvain, den seine Schlagfertigkeit auch in den brenzligsten Situation nicht verläßt, zu:

»Was soll´s. Sie bewahren sich diese Schwäche aus ästhetischen Beweggründen. Die Mode ist eben ihre Achillesferse!«

Gott sei dank, unser Mann kehrt mit einem Lächeln zurück und führt uns zu einem Zelt, in dem die Munitionskisten aufgestapelt sind. Dort schlafen bereits Männer mit griffbereiter Kalaschnikow, bewacht von einem Kameraden. Verbal eher zurückhaltend, aber zu stolz auf sein Arsenal, um der Versuchung widerstehen zu können, es uns zu zeigen, öffnet unser Gastgeber eine Holzkiste: eine Stinger-Boden-Luft-Rakete ruht auf einem Bett aus Sägespäne.

»*We don't need good shoes to shoot*!«

Verdattert lächeln wir wie griechische Statuen! Er breitet eine Decke, die einen penetranten Benzingeruch verströmt, über die Kiste, zieht einige Ballen verdächtiger, in Jute verpackter Blätter heran und erklärt uns, das wäre unser Bett.

Kopf an Fuß schlafen wir auf Hasch-Kopfkissen ein, gut bewacht, nicht recht wissend, ob wir oder die Waffen bewacht werden oder wie unser Status lautet: Gast oder Geisel?

Mittwoch, 6. Juli 1994:
269. Tag, 135 km. G: 17 794 km

Stolz, die Liebkosung der Sonne noch vor der Erde zu genießen, bläht sich ein Wolkenfloß am Himmel in den Lilatönen des anbrechenden Tages und zieht im Kielwasser der roten Funken des neuen Tages vorbei.

Nach dem Morgengebet lädt uns unser *sardar* zu einem Tee ein, in den wir unser *nan* tunken. Mit einem »Salam Alaykum«, das ebenso strahlend ist wie der Sonnenaufgang, warnt er uns vor den pakistanischen Militärs, die er beschuldigt, Touristen zu entführen, um Lösegeld zu erpressen. Zum Beweis schiebt er die Aufschläge seines *kamiz* auseinander und zeigt uns seinen vernarbten Unterleib: Verletzungen, die er bei heftigen Kämpfen mit den pakistanischen Anti-Schmuggler-Einheiten davongetragen hat. Der wie durch ein Wunder Geheilte mimt die horizontale Salve, die ihn praktisch in der Mitte durchtrennt hat.

Nachdem er uns eine Maschinenpistole als Sesam-öffne-dich angeboten hat, wünscht er uns viel Glück, *Bismillah* (Im Namen Gottes), und gute Reise, *Inch Allah*!

Freitag, 8. Juli 1994:
271. Tag, 102 km. G: 18 043 km

Wir verlassen Dalbandin, ohne uns so recht von der Erschöpfung des Vortages erholt zu haben. Um halb acht schwitzen wir das ganze Wasser, das wir am Morgen getrunken haben, wieder aus. Und mit dem Schweiß werden auch Salze, Energie und Kraft fortgespült. Warum gibt es in der Wüste so viel Salz? Hat jede Karawane ihren Tribut an Schweiß entrichtet? Ist das der Preis der Wüste? Um nicht zu schwitzen, muß man bitteren Tee trinken – so heiß wie möglich. Das erfordert jedoch eine große Weisheit … die wir nicht besitzen.

Ich bräuchte Ohren wie ein afrikanischer Elefant. Diese Organe sind stark durchblutet, dienen dazu, Luft zuzufächeln, und vermeiden Überhitzung. Mein Blut wird zur Blutwurst. Große Ohren erfinden, das wäre die Lösung. Wie verwandelt man Hitze in Kälte? Ich tränke meinen Turban mit einem Liter Wasser aus einem meiner Kanister. Der glutheiße Wind läßt das Naß sofort wieder verdunsten, und, Wunder der Physik, die Verdunstung verschafft mir vorübergehend ein wenig Kühlung. Ich träume von einem Meer von Joghurt. Warum ausgerechnet Joghurt? Ich träume von Schnee und Schlaf. Sylvain hat einen Platten, was unsere Qual noch verlängert. Auch der Horizont brät, zittert, flimmert, hüpft wie ein Spiegelei in der Bratpfanne.

Wir fahren weiter.

Gestern hat uns der Zug aus Quetta überholt, weit weg zu unserer Rechten, zwischen den Dünen, ist er von seiner schwarzen Rauchfahne verraten worden. Aber mit der Verbissenheit von Vermessungstechnikern und dem Leichtsinn unseres Leitprinzips, wollen wir die gesamte Strecke über Land auf dem Fahrrad bewältigen.

Denn ohne Leben, ohne Bewegung, gibt es auch keinen Raum. Ein Stein kennt keinen Raum. Dieser Stein hat sich Jahrtausende nicht bewegt. Und ich fahre vorbei, flüchte … Ich bewege mich vorwärts, also bin ich.

Und dann hat der Asphalt ein Ende. Im denkbar schlimmsten Moment reißt unser Ariadnefaden ab. Er war unser einziger Trost. Die Sonne brennt unbarmherzig auf unsere Köpfe herab. Wir brüllen ihr unseren Haß entgegen, aber eine Lösung ist das nicht. Atar-Akjoujt … wie konnten wir nur?

Halluzination.

Ein Radfahrer am Horizont. Das ist das Ende. Wir haben den Verstand verloren. Wir haben ein Rad ab. Nicht hinsehen. Das Fahrrad in unseren Köpfen auslöschen.

Nein! Es ist immer noch da! Es ist real! Ist das der Tod, der kommt, uns zu holen? Nein, es ist ein Schweizer. Pedro, Pierre (Stein; Anmerkung des Übersetzers), ein Wüstenname. Pedro ist Seemann, Koch auf einem schweizerischen Kreuzfahrtschiff (!), und jetzt ist er hier, allein, in dieser flachen Wüste, mit dem Fahrrad, er, der nur Berge und Meer kennt! Der spinnt doch, dieser Schweizer!

Pedro hat von Genf aus über Italien und Griechenland drei Monate bis hierher gebraucht: Wir können es also noch pünktlich schaffen! Er erzählt uns vom Iran, beruhigt uns: Wir werden dort Cola und Eis finden! Wir erzählen ihm von Indien, wo er möglicherweise auf heftige Regenfälle stoßen wird. Dann gibt er uns etwas von seiner Wassermelone ab, die er mit Sylvains Messer schneidet, dessen Klinge er hinterher fein säuberlich sauberwischt … Feinheit, an die wir nicht mehr gewöhnt sind. Ah, Europa!

Nüchtern wie ein Kamel hat er 25 Kilometer holpriger Piste hinter sich und zeigt kaum Freude, als wir ihm eröffnen, daß er bald wieder auf eine Asphaltstraße stoßen wird. Harter Bursche, dieser Pedro! Wir nehmen Abschied, ein wenig ergriffen, aber weniger allein, jetzt da wir seinen Spuren folgen werden. Man folgt immer irgend jemandes Spuren.

In Yakmach gibt es nichts Erwähnenswertes, aber es ist immer noch besser als die Glut des Himmels. Wir überlassen es ihr, die Fliegen für uns zu töten. Der Himmel ist weißglühend, alles ist weiß wie Schnee. Ist es nicht seltsam, daß extreme Hitze und Kälte beide weiß sind?

Am Nachmittag fahre ich voraus durch den Schmelzfluß der Luft. Gegenwind, Gegenwind, Gegenwind …

Auf einer Steigung wird mein Alarm ausgelöst: Ich muß um jeden Preis abgeschaltet werden, meine Zentrale spielt verrückt, meine Anzeigen sind alle im roten Bereich, die Alarmlämpchen blinken.

Wir nähern uns einer verfallenen Hütte. Ich breche zusammen und verliere das Bewußtsein. Sylvain kühlt mir mit seinem befeuchteten Kopftuch die Stirn, als ein Belutsche mir weniger umständlich einen ganzen Eimer Wasser über dem Oberkörper ausleert. Plötzlich durchzuckt mich ein Elektroschock, unkontrollierbar wie ein epileptischer Anfall. Die Energieentladung läßt mein Rückgrat erstarren. Krampf. Zucken. Ich habe keine Arme mehr, ich habe keine Beine mehr, mein ganzer Körper kribbelt. Es kommt zur Überspannung, meine Sicherungen fliegen raus, ich bin nur wenige Ampere vom Kurzschluß entfernt. Ich stehe auf, wanke – der Wind ist jetzt eisig –, ich atme wie wild, fühle, wie ich zu neuem Leben erwache. Ich sehe Sylvain vor mir, der ganz aufgeregt vor mir steht, die Arme ausgebreitet wie ein Torhüter, als wolle er meinen verlorenen Kopf auffangen. Ich bekomme eine zweite Eimerladung Wasser ab. Die Rettung! Der Druck läßt nach, die Kühle belebt mich wieder. Wir fahren weiter.

Die Sonne ist untergegangen, doch das ändert nichts. Im Dunkeln ist es noch grausamer. Ist die Glut nicht immer heißer als die Flamme? Der Wind hat nachgelassen, wir fahren weiter, im Rausch der Erschöpfung.

Ein Schild: Sad. Trostlose Ankündigung. Wir steigen aus dem Sattel. Ich bin nicht mehr ich selbst. Außer Betrieb. Flüchtige Eindrücke. Blitzartige Impressionen. Gesichter im Dunkeln, Kinder, viele Kinder. Es dreht sich alles. Ich verliere die Kontrolle. Gleichgültige, fast grausame Blicke. Sylvain spricht leise, fragt etwas. Spöttisches Gelächter. Es gibt nichts. Ein Bett. Nicht einmal Ruhe. Eine Melone. Kaum Wasser. Das ist alles.

Was ist da los? Ich höre Gebrüll. Werden wir angegriffen? Nein, schlimmer, lachende Kinder bewerfen uns mit Steinen. Sylvain brüllt nach allen Richtungen, das Messer in der Hand, verschwindet, taucht wieder auf, wirft Steine, stürmt vor. Alptraum. Ich verstehe gar nichts mehr.

Sylvain bringt mich weg, in die Wüste, und stellt sich dann wieder den Dschinns …

Plötzlich senkt sich Totenstille herab. Ich erbreche das zu fette Ragout von diesem Morgen und die zwei Liter Gift, die mir den ganzen Tag auf dem Magen gelegen haben. Eine gleichzeitig auftretende Kolik reinigt meine Eingeweide. Sylvain kommt mit einem Bett auf dem Rücken und einer Melone zurück. Das Bett ist für mich. Er rollt sich auf dem Boden in einer Matte ein, während ich mich in die kühle Frische meines mit Wasser getränkten Kopftuches wickle. Im Licht einer Öllampe sehe ich zu, wie er, mitten im Nichts, die Melone schneidet, als plötzlich ein Geräusch ertönt. Der Wind. Im Osten, dort, wo die Sonne aufgeht, kommt ein Sandsturm auf. Ein Wind, der uns den ganzen Tag über unterstützt hätte. Lautlose, warme Tränen rinnen mir über die Wangen. Es bleibt immer noch ein klein wenig Wasser übrig, um zu weinen. Sylvain flucht und verschwindet, gezwungen, Schutz bei dem Pöbel zu suchen, mit dem er eben noch gekämpft hat. Ich ziehe es vor, zu bleiben, wo ich bin, allein mit meiner Kolik, vom Sand gepeitscht, vom Fieber geschüttelt.

Samstag, 9. Juli 1994:
272. Tag, 97. km. G: 18 140 km

Das Fieber und der Durchfall sind abgeklungen; ich bin mit Sand bedeckt. In einiger Entfernung sehe ich Sylvain, der mit einigen Männer diskutiert. Ich fühle mich leicht. Sylvain kommt herüber.

»Das war der Befehlshaber der Anti-Schmuggler-Einheit des Grenzgebietes zu Belutschistan! Er hat mich gefragt, was wir dort gesehen und gemacht haben. Ich konnte ihm natürlich gar nichts erzählen, und er hat mir geglaubt. Er lädt uns zum Mittagessen in Nokkundi ein.«

Wir brechen nach einem Frühstücksbrei auf, der mir angenehm den Magen zukleistert. Der Ostwind bläst noch ein wenig, nicht lange genug, uns zu nützen, und gerade lange genug, daß wir ihn hinterher vermissen. Wie alle Wüstenstädte läßt Nokkundi ewig auf sich warten und ist dann ganz plötzlich da.

Mohammed Farouk empfängt uns herzlich. Er ähnelt Saddam Hussein. Mit blitzenden Augen und längeren Pausen zwischen den Sätzen erzählt er uns von seinem Beruf. Als erfolgreicher Drogenschmugglerjäger erzählt er uns detailliert, wie er den Schmugglern auflauert, wie er afghanische Pick-ups stoppt, die ohne Licht in der Nacht auf die iranische Grenze zurasen, berichtet von seinen Aktionen, den Verfolgungsjagden mit 160 Sachen durch die Geröllwüste, den Scharmützeln, bei denen er Männer verliert und vom Einsatz von Bazookas.

Vernünftig und zuvorkommend, kleidet uns Mohammed Farouk, bevor wir Abschied nehmen, neu ein, mit Saroual und *kamiz* (Hemd und Hose), die an der Grenze zum Iran Pflicht werden.

Den Kopf in der Röhre, die Sonne im Westen und den Wind von vorn, lassen wir uns ein weiteres Mal braten. Ich habe seit drei Tagen nichts mehr verdaut und frage mich, wie ich es schaffe, weiterzuradeln. Ich bleibe nicht lange vorn. Sylvain muß mich an der Spitze ablösen. Ich hefte mich an seinen Hinterreifen, senke den Kopf und versuche, die Gegenwart zu vergessen. Ich sehe die Auf- und Abbewegung meiner Beine, ohne sie bewußt wahrzunehmen, wie ein geköpftes Huhn, das kopflos weiterrennt. Die hartgekochten Eier, die mir als Augen dienen, erstarren nach und nach in ihren Höhlen, und mein Kopf ist schwer, schwer, so schwer …

»Dis, Blaise, sommes-nous bien loin de Montmartre?« (»Sag, Blaise, ist es noch weit bis Montmartre?« Cf. *La prose du Transsibérien* von Blaise Cendrars).

Die Sonne geht in Alamreg unter, auf einem moslemischen, mit Stelen gespickten Friedhof. In der Ferne, ganz allein in der Geröllwüste, betet ein Mann. Er führt sein Zwiegespräch mit Gott, ohne daß ihn irgend jemand dazu angehalten hätte. Er legt seinen Tag in die Hände des Schöpfers. Das Ganze hat etwas Hieratisches und Aufrichtiges an sich.

Hinter einem gewaltigen Haufen Marmorblöcke, die an den Gleisen aufgeschichtet sind, entdecken wir eine Eisenbahnniederlassung, und die Streckenarbeiter nehmen uns gastfreundlich auf. Zum erstenmal bekommen wir Pakistanerinnen zu Gesicht, die weder flüchten noch ihr Gesicht verschleiern. Eine von ihnen stillt einen Säugling, dem ein großer schwarzer Fleck auf die Stirn gemalt wurde, um ihn vor den Dschinns zu schützen. Eine zweite mustert mich von der Seite, und plötzlich kommt es mir vor, als hätte ich die Frau mit dem roten Tuch aus *Tricheur à l´as de carreau* von La Tour vor mir.

Man bringt uns Tee und Betten. Wir holen unsere Flöten hervor, um unsere Gastgeber zu unterhalten, und sie stimmen mit einheimischen Instrumenten ein. Trotz meines geschwächten Zustands bringe ich noch genügend Kraft für ein Tänzchen auf, das brüllendes Gelächter hervorruft. Dies ist unser vorerst letzter Tag in kurzen Hosen! Wir wissen es erst jetzt zu schätzen. Besser spät als nie, morgen werden wir Pakistan verlassen!

Die himmlische Milchstraße breitet eine Illusion von Frische über uns aus. Der Himmel ist klar und wolkenlos. Wir liegen mitten in der Wüste auf drei Kordelbetten, Sternschnuppen tragen unsere sehnlichsten Wünsche mit sich fort, als unser Gastgeber im Nebenbett plötzlich mit tiefer Baßstimme das Gebet der Moslems anstimmt. Der gute Mann hat sich in den Kopf gesetzt, uns zu bekehren, und läßt nicht eher locker, bis wir die heiligen Worte nachsprechen:

La I Lah Illah Allah	Es gibt keinen Gott außer Gott
Mohammed I Rasul Il Allah	Mohammed ist sein Prophet
Bismillah Al Rarmen Al Rahim Sol Allah Wale Wa Salam	Im Namen des allmächtigen und barmherzigen Gottes

Eine Stunde lang sprechen wir auf seine Aufforderung hin brav seine Worte nach. Immerhin richten wir unsere Gebete gen Westen …

Sonntag, 10. Juli 1994:
273. Tag, 104 km. G: 18 244 km

Schon bei Morgengrauen verschlingen wir zum Frühstück 100 Kilometer in sechseinhalb Stunden nonstop, um der Wüste zu entfliehen, zur Grenze zu kommen, diese Hölle hinter uns zu lassen. Wir wollen daran glauben, wir glauben daran, und zum Teufel damit, wenn es andere gibt …

Der Imam Khomeini, auf eine drei mal zwölf Meter große Wand gemalt, empfängt uns in gebrochenem Englisch:

»Wir erklären uns zu Brüdern aller Moslems dieser Welt.«

Sylvain raunt mir lakonisch zu:

»Das hat ihn aber nicht davon abgehalten, zehn Jahre lang Krieg gegen den Irak zu führen!«

Anschließend hilft er Pakistanerinnen, die fern von ihren Ehemännern überraschend locker sind, beim Ausfüllen der Formulare. Der Analphabetismus bei den Frauen liegt bei über 95 Prozent! Ein Zollbeamter überzeugt sich davon, daß wir weder Alkohol, Pornovideos noch Drogen bei uns haben (natürlich!), und dann sind wir wieder allein in der Wüste, auf der anderen Seite des Schlagbaums: Sofort entledigen wir uns der erstickend warmen *sarouals*, die wir für die Grenzüberquerung übergezogen haben.

Auf einem Schild steht »Teheran 1 660 Kilometer«. Zwei Wochen Fahrt, das reicht gerade, um pünktlich zu unserem vereinbarten Treffen mit Sylvains Eltern, am 1. August, dort einzutreffen.

Der Asphalt ist wunderbar, tiefschwarz, fest, schön fett auf 20 Zentimetern Dicke, von hübschen weißen Linien eingefaßt, mit bunten Schildern geschmückt und von Straßenlaternen erleuchtet. In meiner Begeisterung rufe ich:

»Das Embargo auf ihre Erdölerzeugnisse hat auch sein Gutes: ihr Überschuß an unverkäuflichem Erdöl ist so groß, daß sie das Zeug auf ihre Straßen kippen!«

Das Schnurren der Reifen auf dieser bewundernswert glatten Oberfläche läßt uns den Gegenwind vorübergehend vergessen. Dann taucht aus der Gegenrichtung ein Wagen auf dem linken Fahrstreifen auf und weicht mit empörtem Hupen auf den Randstreifen aus. Wir sind 4 000 Kilometer lang links gefahren und haben dies aus lauter Gewohnheit fortgesetzt. Bis Paris gilt von jetzt an wieder Rechtsverkehr … *Inch Allah*!

Wir sehen im Rückspiegel, daß der Wagen umdreht und hinter uns herjagt. Soldaten in schwarzen Uniformen und mit dem Gamma-Symbol an der Schulter steigen aus: die Revolutionspolizei. Der Anblick unserer entblößten Beine ist eine Beleidigung des Schöpfers. Hysterisch zwingen sie uns, die *sarouals* wieder überzuziehen, die wir eben erst abgelegt haben: Das fängt ja gut an!

Die Nacht überrascht uns kurz hinter Mirjaveh, in Höhe einer Militärfestung. Das Gebäude mit zwei runden Türmen an den Ecken eines Betonwürfels mit gepanzertem Tor wirkt recht abweisend. Seine Bewohner ebenfalls. Schon von weitem wird uns zugerufen, wir sollten anhalten. Ein Mann nähert sich uns mit schußbereiter Maschinenpistole, gedeckt von der Geschützbatterie oben auf den Türmen. Bloß nicht aufmucken!

Nach kurzer Überprüfung ist der Leutnant bezüglich unserer Absichten beruhigt und weist uns einen schäbigen Vorposten zu, wohin ein Soldat uns eine Mahlzeit und Eis bringt.

Ich schlafe im Durchzug ein und lasse dabei, wie es einst die Ägypter mit einem Klumpen Butter machten, einen Eisblock auf meinem glühenden Kopf zerschmelzen.

Am nächsten Tag, nach banalen Leiden wie Wind, Hunger und Übelkeit, erreichen wir Zahedan, moralisch am Ende. Wir hatten naiv angenommen, an der Grenze würde sich schlagartig alles ändern, von dort an würden die Elemente auf unserer Seite sein. 60 Tage glühendheißen Gegenwind, das hält kaum eine Maschine aus – für einen kranken Menschen ist es einfach zu viel. Ich halte die Strapazen nicht mehr aus, die letzte Kolik bringt das Faß zum Überlaufen. Ganz offen greife ich die Wüste an, beschimpfe den Wind, wünschte Sand und Sonne zum Teufel.

In einem kleinen Fünf-Dollar-Hotel, dem ersten seit Katmandu, treffen kurz nach uns zwei australische Motorradfahrer ein; sie haben in Lorelei unsere Namen gesehen und folgen unseren Spuren, ungläubig, seit mehreren Tagen. Mit windgegerbten, sonnenverbrannten Visagen erzählen sie von dem, was sie durchlitten haben, erklären uns für verrückt... Das baut uns wieder auf, schmeichelt unserem zerrütteten Ego. Sie sind auch auf dem Weg nach Paris! Sie hoffen, in drei Wochen da zu sein! Sylvain ruft seine Mutter an, die ihm ihr Eintreffen bestätigt. Ich meinerseits erbreche Mittag- und Abendessen. Wie schaffe ich es bloß, mich noch auf den Beinen zu halten?

Eine Nacht wohltuenden Schlafes in einem bequemen Bett genügt, um mich soweit wiederherzustellen, daß ich mich wieder aufs Rad schwingen kann. Zwei junge Iraner, die Sylvain am Vortag kennengelernt hat, begleiten uns auf schnittigen Peugeot-Rennrädern. Das verbindet ... Sie sind völlig begeistert, gieren nach Ratschlägen von Eingeweihten, wollen alles wissen, bis hin zur idealen Anzahl von Zacken an den Zahnrädern. Sie helfen uns, die 25 Kilometer Steigung am Ortsausgang zu bewältigen. Unsere Australier jagen auf ihren Maschinen an uns vorbei und verschwinden mit zum Gruß ausgestrecktem Arm in den flimmernden Hitzeschwaden. Wieder uns selbst und der Einsamkeit überlassen, senkt sich bleierne Stille auf die Geröllwüste herab. Man müßte Stille fotografisch festhalten können, ein »Stilleben« im wahrsten Sinne des Wortes.

Ich phantasiere an diesem Morgen vom Alltagstrott, habe »klaustrophile« Träume von Untergründen, Tunneln, engen Räumen, von Unbeweglichkeit im Büro, von erholsamem Schlaf begleitet von der frischen Liebkosung weicher Laken. Trott, wunderbarer Trott, irgend etwas, nur nicht mehr diese Straße!

Wir gelangen an eine weitere Festung, in der ich erneut zusammenbreche. Mein Zustand zwingt die Soldaten zu öffnen und in den Schatten zu bringen. Sie bringen mich in einen Schuppen voller Erdbeeren. Tantalusqualen. »*Strawberry fields forever*«. Ich hebe ein bleischweres Augenlid. Sie sind noch da! Ich zähle sie wie Schäfchen. Der Wind rüttelt an einer Tür, die mit lautem Knallen auf und zu schlägt.

Gegen halb sechs, nach sechsstündiger Pause, brechen wir wieder auf, im stärksten Wind, den wir je erlebt haben. Nach einer Stunde mühsamen Strampelns befinden wir uns immer noch in Sichtweite der Festung! Eroberer des Überflüssigen, Horizontalkletterer, Eroberer des Einfältigen. Wir kommen nicht schneller voran als in den schlimmsten Steigungen in Tibet. Alptraum! »*Et ça continue encore et encore, c'est que le début, d'accord, d'accord!*« – »Und es geht weiter, immer weiter, das ist nur der Anfang, in Ordnung, in Ordnung!« Francis Cabrel (bekannter französischer Sänger; Anmerkung des Übersetzers). Hilfe! Schwarzes Loch. Ich bin gestürzt. Ich komme wieder zu mir, stehe auf und schwinge mich wieder in den Sattel meines Drahtesels. Sylvain hat nichts mitbekommen. Heimliche und vergebliche Not. Bei meinem Sturz ist mir ein erstickter Schrei entfahren: »Mama!« Das haut mich um! Unüberwindbare und rührende Schwäche.

Am Abend, in Nosadabad, legt der bengalische Arzt der Ambulanz mich an den Tropf. Hinterher drehen wir eine Runde in der Stadt, ehe wir im Innenhof eines verlassenen Hauses landen. Zwei Kinder, die Mitleid mit uns haben, bringen uns Matratzen.

Durch die Transfusion und vorübergehende Windstille gestärkt, gehe ich bei Tagesanbruch hoffnungsvoll eine 13 Kilometer lange Steigung an. Die Aussicht, auf der anderen Seite bergab rollen zu können, würde uns jede noch so steile Steigung erklimmen lassen.

Vor uns breitet sich, so weit das Auge reicht, die große Salzwüste des Iran aus, die mythische Dasht-e-Lut.

Die Wärme, die die Straße ausstrahlt, ist heißer als die Sonne. Schnurgerade, endlos zieht sich die Straße hin, laugt uns aus. Schon um halb elf können wir nicht mehr weiter. Kahurak erweist sich als eine große, verlassene Kantine mitten in der Wüste, die iranische Version der Gastronomie nach sowjetischer Art. Der Wind pfeift durch die zerbrochenen Scheiben wie durch Orgelpfeifen. Von drei Lastwagen steigt ein Haufen kahlgeschorener Männer mit Verbrechermienen, streng bewacht von einigen Soldaten. Zwangsarbeiter aus einer nahegelegenen Mine, die hier zu Mittag essen. Es herrscht eine morbide Stimmung, die Spannung ist greifbar. Abseits der Sträflinge essen wir jeder eine Schale Reis und zwei Fleischspieße: meine erste richtige Mahlzeit seit einer Woche. Nach dem Essen gönnen wir uns einen musikalischen Digestif, und die Sträflinge kommen in den Genuß der außergewöhnlichen Akustik dieser riesigen Betonhalle. Als ich es mir für den Mittagsschlaf bequem mache, entdecke ich in meinem rechten Schuh eine zerquetschte Kakerlake, die mich den ganzen Vormittag begleitet hat. Das Mistvieh kostet mich meine Fleischspieße und meinen Reis, die ich draußen in der Wüste erbreche.

Wer wird es da wagen können, zu behaupten, wir hätten ein Jahr Urlaub gemacht? Wie oft werden wir uns anhören müssen: »Du bist um die Welt geradelt? Cool!«

Cool! Cool! Klingt großartig, aber wir sind weit davon entfernt.

Ich träume von Prüfungen, von Nieselwetter. Genüßlich stelle ich mir die naßglänzenden Bürgersteige von Paris bei Nacht vor. Brassaï, hilf mir (französischer Fotograf ungarischer Herkunft, berühmt durch seine Bilder von Paris bei Nacht; Anmerkung des Übersetzers). Ich fröstle im ersten herbstlichen Rauhreif. Ich habe vergessen, wie angenehm es ist, zu spüren, wie die eigene Körperwärme die Kleider durchdringt. Ich entwickle eine regelrechte Heliophobie, beginne, die Sonne abgrundtief zu hassen.

Shur-e-gaz. Endhaltestelle, alles aussteigen! Der Hauptmann der Festung, der eine Schwäche für junge Männer hat, empfängt uns überaus freundlich. Der eifrige Krankenpfleger verpaßt mit sofort mein tägliches Infusionsfläschchen. »Man wird mich noch für einen Junkie halten mit den ganzen Einstichen in meinen Armen!« Unerwartet beginnt der Hauptmann, mir mit der einen Hand durch das Haar zu fahren und mich mit der anderen zu streicheln. Dieser Mistkerl! Er nutzt meine Lage eiskalt aus.

»Ich hoffe, der Pfleger verpaßt mir kein Zäpfchen gegen das Fieber!« sage ich zu Sylvain.

Jedenfalls ist Habib – er hat mir gerade seinen Namen ins Ohr geflüstert – entschlossen, sich die ganze Nacht um mich zu kümmern. Soldaten, die an der Tür zur Krankenstation lehnen, halten sich bei der Hand, betatschen und liebkosen sich.

»Das kann doch nicht wahr sein!« ruft Sylvain. »Diese Festung ist ja ein richtiger Käfig voller Narren!«

Immer unternehmungslustiger, will unser Hauptmann mir einen Eiswürfel am After plazieren, unter der Hose! Das ist zuviel. Ich steige aus dem Bett und verlasse den Raum, meine Infusionsflasche in der einen, meinen *saroual* in der anderen Hand. Die ganze Garnison kichert! Der Hauptmann eilt mir nach und entschuldigt sich. Das war knapp! Die Welt ist voller Sympathie, aber manchmal ist diese lästig wie eine Klette.

Wir essen im Freien zu Abend, um eine Öllampe versammelt, umringt von etwa 50 Springmäusen, die auf unsere Krümel lauern. Sie halten einen gewissen Abstand, verharren an der Grenze zwischen dem Lichtkreis und der Dunkelheit. Im Rhythmus unserer Bewegungen huschen sie umher, ein stilles Ballett, von unseren Gesten choreographiert. Mit einem kräftigen Tritt zerquetscht ein Soldat eine handtellergroße Sandspinne.

Donnerstag, 14. Juli 1994:
227. Tag, 123 km. G: 18 673 km

Wir sind am Arsch. Ein Sandsturm schleift den Wüstenboden ab. Wir brechen dennoch auf. Aus trockenen Augen, über die kartonartige Lider hobeln, versuche ich Sylvain auszumachen: Er ist verschwunden. Er kann nicht sehr weit sein. Heftige Windböen. Immer noch nichts. Ich beschleunige das Tempo. Eine richtige Waschküche. Vielleicht hat er angehalten? Bin ich vielleicht an ihm vorbeigefahren, ohne ihn zu sehen? Soll ich anhalten? Was tun? Er ist entweder vor oder hinter mir. Wenigstens soviel steht fest. Rufen? Ich rufe; vom Sande verweht. Na wunderbar! Jetzt knirscht der Sand zwischen meinen Zähnen! Zum Teufel, er ist, wo er ist, soll er doch dableiben! Da ist er; er war vor mir. Ich habe Hunger. Ein gutes Zeichen. Der Frühstücksbrei von heute morgen hat mir nicht gereicht, und so fange ich fatalerweise an zu träumen!

Vor meinem geistigen Auge lasse ich alle Frühstücke passieren, die ich an Orten zu mir genommen habe, die ich liebe. Diese Welt kennt kein Frühstück, sie verschlingt dreimal täglich das gleiche Gericht. Dabei ist das Frühstück doch so wichtig! Es bestimmt die Stimmung eines Tages, vermittelt eine gewisse Urlaubsatmosphäre. In Quimiac in der Nähe von Guérande besteht das Frühstück aus einer großen Schale kaltem Nesquick in einer Küche, die verräuchert ist von einem uralten Toaster, der das mit gesalzener Butter und köstlichem La Noelle-Honig aus glasierten Pappschachteln bestrichene Toastbrot ankokelt. In Brusc, oberhalb von Six-Fours-les-Plages, gibt es eine Schale kalten Zichorie-Kaffee mit provencalischem, mit süßer Butter und Aprikosenmarmelade bestrichenem Brot, das ganze auf einer Terrasse mit Meerblick. Pardon! Ich habe den Joghurt mit Pfirsichstücken aus dem Obstgarten vergessen! Also bitte! In Saint-Maurice, einem Familienanwesen in der drückenden Hitze der Haute-Garonne, sind es riesige Scheiben Bauernbrot, das in großen, duftenden Schubladen aufbewahrt wird und auf dem man die dicken Klumpen hausgemachter Brombeermarmelade zermatscht. Voilà! Ist doch gar nicht so schwer, sich etwas Gutes zu tun! Diese Morgenmahlzeiten haben mir geholfen, zu überleben, sie haben eine Stunde lang für mich in die Pedale getreten!

Nach fünf Stunden haben wir nur 53 Kilometer zurückgelegt. Tödliche Tour! Ich bin nur noch ein Gespenst, ein Schatten meines Schattens, eine Erinnerung meiner selbst.

Bam! Wir erreichen Bam. Die Oase. Ein grüner Fleck: Palmen, die sich im Wind wiegen, und Bataillone von aufgestellten Fässern. Wir haben unsere Wette gewonnen, wir haben die Südspitze der Dasht-e-Lut-Wüste durchquert.

300 Meter innerhalb der Stadt werden wir von einem gutmütigen, etwa 50jährigen Iraner, der an einer alten Dyane lehnt, in näselndem Amerikanisch angesprochen:

»Hallo, Jungs! Sieht aus, als würdet ihr etwas suchen! Kann ich euch helfen?«

Wir folgen ihm. Als er uns seiner Frau und seinen Töchtern vorstellt, flüstert er mir zu, daß er alle Ausländer zu sich einlädt, aus Freude, aber auch, weil »Business Business ist«. Was soll's! Ist schon in Ordnung! Du rettest uns das Leben, Akbar!

Der Hauptraum des Hauses mit der sechs Meter hohen Decke läßt uns die Kühle wiederentdecken. Dusche und

Seife leiten unsere Rückkehr in die zivilisierte Welt ein. Das traditionelle Abendessen führt uns in die iranische Gastfreundschaft ein. Ich kann leider nur einen Joghurt mit Kräutern zu mir nehmen, da mir schon allein beim Anblick von Reis und Fleischspießen übel wird. Besorgt bringt Akbar mich ins Krankenhaus.

Inmitten einer Horde von Gaffern, Neugierigen und Patienten, die ihren Namen zu recht tragen (vom Lateinischen *pati* »erdulden, erleiden« abgeleitet; Anmerkung des Übersetzers) verschreibt mir sein Freund, der Arzt, eine Ein-Liter-Infusion und einige Placebos. Dann bringt man mich in einem Zimmer unter, in dem bereits eine alte Frau, die ihr Bett eingenäßt hat, und ein wie eine Mumie bandagierter Motorradfahrer mitsamt ihrer Familien untergebracht sind, insgesamt 15 Personen, Klageweiber inbegriffen.

Während ich meinen Tropf im Auge behalte, der wie eine Sanduhr zu meinem neuen Zeitmesser wird, beobachte ich den makabren Zug der Notfälle. Als ich dringend muß, stehe ich auf, schnappe mir meine Infusionsflasche und finde schließlich Plumpsklos im türkischen Stil. Es folgt ein Balanceakt, den Tropf in der einen Hand, den *saroual* so gut es geht um die Hüften gewickelt und den Wasserschlauch, um mir den Hintern abzuwaschen, in der rechten Hand. Plötzlich reißt ein Stromschlag mir den Boden unter den Füßen weg. Mein Arm ist wie gelähmt, und ich lande unsanft in der Latrine. Die Kanalisation des Krankenhauses ist schlecht isoliert.

Aschfahl kehre ich zurück auf mein Zimmer. Als ich an ihr vorbeigehe, setzt die kleine Alte sich auf und mustert mich aufmerksam. Dann hebt sie die rechte Hand wie ein Indianerhäuptling und erklärt mit zittriger Stimme:

»Ich kenne deine Krankheit! Sehr schlimm!« Sagt's und beschreibt mit der verschrumpelten linken Hand Kreise auf ihrem Bauch. »Es gibt nur eine Heilungsmöglichkeit. Du mußt ein Kilo Honig am Tag essen! Hast du verstanden? Nichts anderes.«

Von dieser heroischen Anstrengung geschwächt, läßt der erschöpfte Engel sich auf das uringetränkte Laken zurücksinken.

Um zwei Uhr früh ist meine Infusionsflasche leer, und Akbar bringt mich für die Nacht zurück zu sich nach Hause. Es hätte eine erholsame Nacht bei maximal 35 Grad sein können, aber leider verbringe ich sie auf der Toilette, wo ich die überflüssige Körperflüssigkeit ausscheide.

Wir beschließen, uns einen Tag wohlverdienter Ruhe zu gönnen. Sylvain bricht schon früh auf, um sich die Zitadelle von Bam anzusehen. Er wird von Akbars Sohn Mohammed Reza begleitet, dem Kronprinzen des Hauses, der ganze Stolz seines Vaters, der ihm gegen die Autorität seiner Mutter alle Launen durchgehen läßt. Es scheint wirklich kein Land auf der Welt zu geben, in dem es sich nicht lohnen würde, mit einem »Pipimann« auf die Welt zu kommen. Während ich in Akbars beeindruckendem Gästebuch blättere, klingelt das Telefon. Nachdem er einige Worte mit dem Anrufer gewechselt hat, reicht Akbar mir den Hörer.

»*Phone for you!*«

»!? Hallo?«

»Hallo, Alexandre! Philippe Tesson hier, alles klar?«

»Alles bestens, danke! Aber wie haben Sie es bloß geschafft, uns von Paris aus ausfindig zu machen?«

»Wir haben den Gouverneur von Kerman angerufen (Hauptstadt der Provinz), der sicher war, daß ihr bei seinem Vetter Akbar landen würdet, dessen Gastfreundschaft gegenüber Ausländern er kennt. Ist Sylvain da?«

»Bedaure, er ist gerade weg, um sich die Zitadelle anzusehen.«

»Gut. Bleibt, wo ihr seid, wir sind in einer Stunde da.«

»!? Aber wo sind Sie denn?«

»In Kerman! Du bist doch nicht böse?«

Beunruhigt von Sylvains Tonfall bei unserem letzten Anruf von Zahedan aus, haben Sylvains Eltern beschlossen, schon auf der Straße nach Teheran zu uns zu stoßen anstatt erst in der Hauptstadt. Da sie unsere Route und unsere tägliche Durchschnittsstrecke kannten, hatten sie es nicht besonders schwer, uns ausfindig zu machen.

Eine Viertelstunde später kommt Sylvain zurück. Er ist ganz aufgeregt.

»Weißt du, was mir gerade passiert ist? Wir waren ganz allein in dieser riesigen Zitadelle, als ich plötzlich über Lautsprecher ausgerufen wurde, weil meine Eltern am Telefon wären. Wahnsinn! Hat niemand angerufen?«

Mein Name ist Hase, ich weiß von nichts. Ich möchte Sylvain überraschen.

»Nein, niemand. Übrigens, Akbar hat Freunde in ein Restaurant eingeladen, damit wir ihnen von unserer Weltreise erzählen. Wir sind in einer Stunde im Bam Inn mit ihnen verabredet.«

Die kleine Dyane schlängelt sich durch die Straßen und erreicht das Hotel. Sylvain scheint meine Nervosität nicht aufzufallen. Auf der Treppe entdecke ich Madame Tesson, uns den Rücken zugekehrt, ganz in Weiß gekleidet und mit einem T-Shirt als Tschador auf dem Kopf. M. Tesson steht mit schalkhafter Miene in der Tür. Der Wagen bleibt stehen. Wir steigen aus: Sylvain hat immer noch nichts gesehen. Mit gesenktem Kopf geht er hinten um die Dyane herum. Dann endlich sieht er nach oben und gerät ins Stolpern, als seine Mutter sich umdreht.

Mme Tesson ist Ärztin und untersucht mich gleich nach dem Mittagessen.

»Meine Güte, da hast du dir aber eine saftige Gelbsucht eingefangen!« sagt sie, als sie nacheinander meine Lider hochzieht. »Ich wette, es tut dir hier weh!« meint sie dann und drückt auf meinen Solar Plexus.

»Autsch!«

»Dein Stuhl ist sehr hell und dein Urin sehr dunkel?«

»Woher wissen Sie das?«

»Nun, meine Lieben, damit hat euer Abenteuer ein Ende.«

»?!«

»Du hast dir eine schwere Hepatitis geholt. Ich bringe dich zurück nach Frankreich.«

Nachdem wir den ersten Schock der Diagnose überwunden haben – und da wir es seit Monaten gewohnt sind, Lösungen für scheinbar unlösbare Probleme zu finden –, analysieren wir die Situation. Erstens: Ich muß mich einigen Tests unterziehen, damit festgestellt werden kann, um welchen Typ Hepatitis es sich handelt. Die erforderlichen Tests können in Kerman nicht vorgenommen werden, wohl aber in Teheran. Zweitens: Da es noch keine wirklich wirksame Therapie bei Virus-Hepatitis gibt, werde ich in Frankreich nicht besser versorgt werden als in Teheran, wo es im übrigen hervorragende Ärzte gibt. Einzige Therapiemöglichkeit: absolute Ruhe und strenge Diät. Das ist auch in Teheran möglich. Drittens: Ich kehre lieber mit den Füßen nach vorn zurück nach Frankreich als mit dem Flugzeug.

Vor unserer Abreise nach Teheran kommen wir bei zwei Besuchen das erstemal in Kontakt mit der orthodoxen iranischen Gesellschaft: bei der Besichtigung der Zitadelle von Bam und bei unserem Besuch beim Gouverneur von Kerman, Akbars Vetter. Unvergleichliche Ereignisse, die jedoch auch die Wandlung vom persischen Iran zum modernen Iran, von einer verschwundenen, verschwenderischen und prunkvollen Zivilisation hin zu phallokratischer und theokratischer Tyrannei dokumentieren.

In Kerman fängt es beim Abendessen bei dem Gouverneur schon an, unangenehm zu werden:

»Meine Religion verbietet es mir, Frauen die Hand zu schütteln«, erklärt Akbars Vetter, als Madame Tesson ihm die Hand reicht.

Dieser ehemalige Revolutionspolizist mit Dienstgrad eines Hauptmanns und Studium in Oxford jagt uns einen kalten Schauer über den Rücken. Er besitzt den starren und fiebrigen Blick, der Opiumsüchtigen und Fanatikern eigen ist, die sich bis zum Tod einer Ideologie der Negierung verschworen haben.

Umgeben von prunkvollem Luxus, sitzen wir unbequem auf dem Boden und werden Zeugen eines Pharisäertums in seiner reinsten Form. Im Propagandaton erklärt uns unser Gastgeber die Polygamie mit der zahlenmäßigen Überlegenheit der Frauen (die im übrigen nicht fähig sind, allein zu leben), ihre Unterwerfung als Austausch für ihre Versorgung, die Notwendigkeit des Tschador, der sie einhüllt wie ein Bonbon, mit dem Schutz vor den Blicken anderer Männer, die sie beschmutzen würden (*dixit*).

Anschließend geht er zur Politik über, rechtfertigt den *djihad*, die Terroranschläge, und verkündet, jetzt richtig in Fahrt, daß er keinen Frieden finden würde, solange Israel nicht ausgelöscht wäre. Wir sind zutiefst entsetzt.

Von Teheran nach Kertsch in der Ukraine

Sylvain

»Hepatitis E!«

So lautet die Diagnose von Professor Chamlou nach der in einer Klinik von Teheran durchgeführten Testreihe.

»Ein sehr seltener, aber nicht minder ernster Fall«, fährt der iranische Arzt fort. »Ich sehe keine andere Möglichkeit für Sie, als schnellstens nach Frankreich zurückzukehren und sich dort behandeln zu lassen.«

Für uns kommt Aufgeben natürlich nicht in Frage. Wir beschließen, so lange in der iranischen Hauptstadt zu bleiben, bis Alexandres Leber sich erholt hat.

Damit beginnt die Belagerung von Teheran: Wir müssen gegen alle Stimmen durchhalten, die uns drängen, aufzugeben. Eltern, Verwandte, Freunde und Ärzte schließen sich zusammen und drängen uns, nach Frankreich zurückzukehren. Wir plädieren tapfer dafür zu bleiben. Unser Argument ist unwiderlegbar: Es gibt keine spezielle Therapie bei Hepatitis E. Sie wird nur durch Bettruhe und Diät geheilt. Ob man aber in Paris oder in Teheran im Bett liegt, bleibt sich gleich.

Wir organisieren unseren Aufenthalt. Wir werden drei Wochen in der Hauptstadt bleiben, die ersten Tage im Hotel. Alexandres Tage sind die eines Schwerkranken auf dem Wege der Besserung. Er liegt den ganzen Tag im Bett. Unser Freund Osqui, der sehr frankophil eingestellt ist, leiht uns Bücher aus seiner Sammlung. Ich meinerseits entdecke in einer Straße Teherans eine Buchhandlung, in der schamlos Bücher verkauft werden, die Mullahs während der Revolution dem Institut Français gestohlen haben. Auf diese Art stellen wir eine gutbestückte Auswahl für Alex zusammen.

Ich freunde mich mit den Gendarmen und Polizisten der französischen Botschaft an. Ihre Namen klingen wir Heimatmelodien: Crochot, Pichot, Bigeon usw. Sie nehmen mich mit zu den Schluchten von Firozku, die Alexander der Große auf seinem Weg vom Indus überquert haben soll. Wir erklimmen den Gipfel des Tochal, der 3 900 Meter hoch über der Stadt aufragt. An einem der ersten Tage unseres Aufenthaltes in Teheran lädt der oberste Berater der Botschaft uns zum Mittagessen ein und zeigt uns das Botschaftsgelände. Mit seinen langen gaullistischen Beinen wandelt er von *Kashgar*-Salons zu Empfangsräumen, die mit kostbaren Wandteppichen und Gemälden großer Meister geschmückt sind.

Ein Bergsteiger der iranischen Bergsteigervereinigung nimmt mich eines Tages mit zu einer Kletterpartie in den Felsen von Tajdisch in den Ausläufern des Elbourz. Von zwei Uhr nachmittags an ist die Sonneneinstrahlung und Hitze so intensiv, daß wir den Stein der Felswände nicht mehr berühren können. Mein Führer benutzt als Sicherheitsbremse einen Motorkolben, den er selbst gebastelt hat und durch den er das Seil zieht. Er erklärt mir, es wäre eine Kriegstrophäe. Ein Teil aus einem irakischen Flugzeug, das er während des Krieges abgeschossen hat.

Seit Ajatollah Khomeini im Iran eine religiöse Diktatur eingeführt hat, lebt das Land unter einem Schleier.

In den Nobelvierteln im Norden der Stadt finden geheime Zusammenkünfte statt. Eines abends sind wir zu einer dieser Partys eingeladen, auf denen Schikane und Zurückhaltung abgeschüttelt und geheime Gedanken ausgesprochen werden. Mit Whisky, Popmusik, offenem Haar und tiefen Ausschnitten wird der Imam bekämpft. Der Salon-Widerstand. Aber die Vorhänge sind zugezogen, denn in den Straßen wachen die *pasdaran*. Sie sind die Hüter der Macht und der Moral. Zumindest bis zu einer gewissen Geldsumme.

Einmal steht Alexandre auf, um in einer kleinen Kirche im Kloster Jeanne-d´Arc, von dem nur noch ein Flügel erhalten geblieben ist, am Gottesdienst teilzunehmen. Der Rest des Gebäudes wurde von den Islamisten beschlagnahmt. Schwester Soledad, eine spanische Nonne, lebt dort im Kloster und leitet ein Altenheim. Ein italienischer Pater liest alle zwei Wochen die Messe vor Menschen, die in sich die Geschichte der Christen des Orients vereinen: Abessinier, Chaldäer, Georgier.

Eines Tages bietet Schwester Soledad uns an, uns bei chaldäischen Freunden unterzubringen. Artur und Gladys heißen unsere neuen Gastgeber, bei denen wir die letzte Woche unseres Aufenthaltes verbringen.

Wir besuchen die Yaldas, Pariser Freunde, die sich ab und an in Teheran aufhalten und versuchen, einen Teil ihrer Habe zurückzubekommen, die die Mullahs ihnen während der Revolution gestohlen haben.

Mme Yalda bestätigt uns den Rat der alten Frau aus dem Krankenhaus, die Alexandre aufgefordert hatte, Honig zu essen. Damit beginnt eine Langzeittherapie, an die Alexandre sich drei Wochen lang strikt halten wird. Ich durchforste also Teheran auf der Suche nach den 800 Gramm Honig, die Alex jeden Tag zu sich nehmen soll. Doktor Chamlou ist nicht über diese paramedizinische Aktion informiert und reagiert völlig verdattert, als er eines Tages feststellt, daß der Transaminasespiegel (Hepatitis-»Barometer«) radikal gesunken ist. Innerhalb von drei Wochen hat Alexandre die Krankheit besiegt, die gedroht hatte, das Ende unseres Abenteuers einzuläuten.

Doktor Chamlou erlaubt ihm einen ausgedehnten Spaziergang durch Teheran. Ein paar Stunden später kommt Alexandre ganz aufgewühlt zurück.

»Und?«

»Beinahe hätte ich die Nacht auf der Polizeiwache verbringen müssen.«

»Was ist denn passiert?«

»Ich habe die Parolen fotografiert, die an die Mauern der ehemaligen amerikanischen Botschaft gepinselt sind. So was wie: ›Wir werden Amerika eine herbe Niederlage bereiten‹. Jemand muß mich denunziert haben. Noch bevor ich meinen Apparat wegstecken konnte, haben sich zwei *pasdaran* auf mich gestürzt. Sie haben mir die Kamera aus der Hand gerissen und mich auf die Wache gebracht.«

»Haben sie dich mißhandelt?«

»Ein bißchen. Ich wurde auf den Rücken und die Beine geschlagen. Die Soldaten gerieten richtig in Rage, weil es ihnen nicht gelang, den Apparat zu öffnen, um den Film herauszunehmen. Ich habe so getan, als würde der Öffnungsmechanismus klemmen, und daraufhin haben sie mich angebrüllt und getreten. Dann kam ein Offizier dazu. Er sprach Französisch. Ich habe ihm alles von unserer Weltreise, der Hepatitis, der franco-iranischen Freundschaft usw. erzählt. Dann hat er mir meinen Apparat wiedergegeben und mich zur Tür gebracht.«

Bevor wir Teheran verlassen, statten wir dem Peugeot-Fahrradhändler einen Besuch ab. Endlich können wir die Reparaturen durchführen, die seit Neu Delhi dringend erforderlich geworden sind. In dem Laden hängen die aktuellen Werbeplakate für die neue Fahrradserie. Models sitzen auf den Rädern vor dem Eiffelturm oder auf Feldwegen. Aufkleber des Peugeot-Löwen verbergen die Gesichter der jungen Mädchen und bewahrt uns davor, angesichts ihrer langen Haare und ihres Lächelns vor Scham zu erröten. Der Ladeninhaber beschließt, ein Gruppenfoto zu schießen.

»Die Angestellten, die Fahrräder, die Radfahrer aus Paris, mein Reklameschild und das Foto des Ajatollah im Hintergrund!« befiehlt er.

Beim Entwickeln der Fotos wird uns ein Gesicht inmitten der Bärtigen ins Auge fallen. Ein lächelndes Gesicht. Das einzige auf dem Bild. Isoliert in dieser Masse von Bärten und strengen Blicken. Es ist das Lächeln von Rafaël.

Rafaël, ein ehemaliger Mullah, ist zum Fahrradtourismus konvertiert. Er spricht uns im Laden an und schlägt vor, uns bis zur Grenze zu begleiten.

»Das Angebot nehmen wir gerne an, aber Sie werden das Tempo drosseln müssen, weil wir schwer bepackt sind und nur langsam vorankommen.«

»Kein Problem. Ich fahre voraus, und Sie folgen in meinem Windschatten.«

»In Ordnung, wir treffen uns morgen um neun vor der armenischen Botschaft. Wir müssen uns noch Visa beschaffen, ehe wir abfahren.«

»Sie fahren lieber über Armenien als über die Türkei oder Kabul?« wundert sich Rafaël.

»Sehen Sie, Rafaël, ursprünglich wollten wir den ehemals sowjetischen Teil Aserbaidschans durchqueren. Aber die Aserbaidschaner wollten uns die Visa nur gegen Pornohefte und Whisky geben, und wir besitzen keins von beidem. Was die Türkei betrifft, übersteigt es unsere Kräfte, noch einmal Tausende von Kilometern durch Wüstenlandschaften und Minarette zu fahren.«

Zu dritt radeln wir mehrere Tage am Stück, bis wir Täbris erreichen, jene große aserbaidschanische Stadt im Iran. Leider hält Rafaël nur bei Windstille die Spitze, während er bei Gegenwind immer eine Ausrede findet, sich nach hinten zu verdrücken. Im Nordwesten Teherans ist die Landschaft karg und wüstenartig, und sengendheiße Winde fegen über die Region hinweg. Rafaël verspricht uns grüne Landschaften und Weizenfelder, sobald wir die Grenze überquert haben werden.

Sonntag, 14. August 1994:
Mianeyh

Der alte Vafae hat uns heute abend auf seinem Bauernhof aufgenommen. Rafaël vergeht vor Angst bei dem Gedanken, die Nacht bei einem Fremden zu verbringen, der uns bei Einbruch der Dunkelheit seine Gastfreundschaft angeboten hat. Vafae bewirtet uns mit den Erzeugnissen seines Hofes. In der Armee des Schahs war er Pilot, aber die Mullahs haben ihn degradiert. Wie die meisten Iraner sind Vafae und seine Freunde auf dem Land ebenso leidenschaftliche wie stille Gegner des Ajatollah-Regimes. Aber hier bestimmen keine Mehrheiten. Sie warten auf Palastrevolutionen. Vafae erzählt uns von seinen Träumen. Er sieht die Platanen entlang der Straßen Teherans vor sich, in Galgen umfunktioniert, von denen mit ihren eigenen Turbanen aufgehängte Mullahs baumeln.

Die Nächte in Aserbaidschan sind kühl. Langsam vermissen wir unsere Schlafsäcke, die wir nach Frankreich zurückgeschickt haben. Die Bauern leihen uns Decken, aber wir zittern immer noch vor Kälte in den Nächten, die wir auf den flachen Dächern der Bauernhöfe verbringen.

Die Wüste ist tot. Wir fahren durch eine grüne, lebendige Landschaft.

Wir setzen unseren Weg durch biblische Landschaften fort, Rafaël an der Spitze oder als Schlußlicht. Wie alle Iraner hat er in jedem Dorf einen Vetter. Unsere Weltreise entwickelt sich zur Familienrundreise. Ein Dorf, ein Vetter, ein Besuch. Wir radeln von Schlemmerei zu Schlemmerei. Jeder unserer Gastgeber reicht uns Tee ohne Ende und Bauernkost: Hühnchen, Tomaten und Käse. Jeder von Rafaëls Vettern möchte, daß wir alle drei über Nacht bleiben. Wir müssen uns jedesmal zwingen, wieder aufzubrechen. Für einige Kilometer, zum nächsten Vetter. In Täbris begegnet Rafaël zufällig sogar zwei seiner Neffen.

»Also eins steht fest«, meint Alex. »Entweder ist das ein unglaublicher Zufall, oder aber der Kerl hat eine so große Familie, daß es einfach unmöglich war, eine Zwei-Millionen-Stadt zu durchqueren, ohne einem ihrer Mitglieder über den Weg zu laufen.«

Je näher wir der armenischen Grenze kommen, desto bergiger wird das Gelände. Wir fahren weite Täler mit ebenem, sumpfigen und appetitlichen Boden hinauf. Die Berghänge sind rot und eisenhaltig. Die Sonne geht langsam unter. An Feldrändern teilen wir Käse und Brot mit einigen Bauern. Jedoch scheint Rafaël diese Augenblicke säkularen Friedens nicht zu genießen. Er zeigt Anzeichen innerer Unruhe.

»Ich werde euch nicht bis zur Grenze begleiten, meine Freunde«, eröffnet er uns schließlich.

»Warum nicht?«

»Ein Vetter hat mir gesagt, daß das Grenzgebiet sehr streng kontrolliert wird, und ich könnte Schwierigkeiten bekommen, falls wir angehalten werden. Das könnt ihr euch ja denken. Ein ehemaliger Mullah, der zwei Westler auf dem Fahrrad begleitet! Ich fahre bis Jolfa mit. Das liegt ca. 60 Kilometer vor der Grenze. Wir werden morgen dort eintreffen. Ein Vetter von mir lebt dort. Wir essen gemeinsam zu Mittag, und dann verabschiede ich mich von euch.«

»Rafaël, warum sagen Sie Ihrem Vetter, der so freundlich war, uns einzuladen, nicht, er möchte seine Frau zu uns an den Tisch bitten?«

Die arme Frau sitzt auf dem Fußboden zu unseren Füßen und ißt ihr Mittagsmahl aus Schalen, die vor ihr auf der Erde stehen. Es verdirbt uns den Appetit, sie wie einen Hund unter dem Tisch hocken zu sehen.

Anstelle einer Antwort verabschiedet Rafaël sich von uns, schwingt sich auf sein Rad und wendet sich mit einem letzten *Salam* wieder gen Süden.

Wir setzen unseren Weg in nördliche Richtung fort. Kurz vor dem Abend gelangen wir an den Arax, den Grenzfluß. Die Grenze zwischen Minaretten und Glockentürmen. Wir haben das Ende des Iran erreicht. Vor uns liegt: Europa. Der Fluß hat ein gigantisches Tal ausgehöhlt, das sich gen Osten verliert. Wilde Sümpfe bedecken den flachen Talboden. Auf dem armenischen Ufer ragen jenseits der von der Erosion zerklüfteten Piedmonts die felsigen, geschwärzten Gipfel des Nakhitchevan auf:

eine Region, die die Azéris ebenso für sich beanspruchen wie jene Bergkarabachs. An dieser Stelle ist die Grenze unterbrochen, und wir müssen etwa 100 Kilometer den Arax stromabwärts nach Osten fahren, um zu dem einzigen offenen Grenzposten zwischen dem Iran und Armenien zu gelangen: dem Checkpoint Nauroz. Von dort aus führt eine Straße durch die Berge und eine winzige Pufferzone, die wie in einem Schraubstock zwischen dem Nakhitchevan und Bergkarabach eingezwängt ist.

Die Fahrt flußabwärts wird sieben Stunden in Anspruch nehmen. Der Ostwind bremst uns. Eben jener Ostwind, den wir auf unserer bisherigen Reise so herbeigesehnt haben, kommt ausgerechnet dann auf, wenn wir für 100 Kilometer in die entgegengesetzte Richtung fahren.

Donnerstag, 17. August 1994:
Grenzposten Nauroz

Wir haben die Nacht am Ufer des Arax verbracht, wo wir von den Mücken förmlich aufgefressen wurden. Am Morgen bietet sich uns der traurige Anblick des Grenzpostens von Nauroz. Er besteht aus einigen Wellblechbaracken an einer provisorischen Pontonbrücke. In einer von Stacheldraht eingefaßten Transitparzelle warten Ladas aus Qatar auf die Genehmigung zum Passieren der Grenze. Einige zerlumpte Polizisten, die sich mit halb geschlossenen Augen auf ihren Stühlen fläzen, bewachen den Zugang zur Brücke. Hier herrscht eine Atmosphäre, die einen wünschen läßt, so schnell wie möglich ans andere Ufer zu gelangen. Doch die Formalitäten ziehen sich endlos hin. Die Iraner durchsuchen unser gesamtes Gepäck. Uns bricht der kalte Schweiß aus, als einer von ihnen mißtrauisch die Visa begutachtet, die wir gefälscht haben, um unseren Aufenthalt zu verlängern.

Die Brücke besteht aus miteinander verbundenen, schwimmenden Containern. Allerdings schwimmen diese Pontons nur mäßig. Der Arax hat mit einem Überschwemmungsmanöver begonnen. Schon liegen große Abschnitte der Brücke unter Wasser. Die iranischen Militärs blicken uns nach. Die russischen Soldaten kommen uns entgegen (1994 kontrollierte die russische Armee die Grenzen einiger Länder der ehemaligen Sowjetunion). Schwere blonde Köpfe, rund, rosig und mit einfältigem Lächeln. Die Angestellten des armenischen Zolls, die eilig herbeigelaufen sind, reichen uns Gläser. Ein armenischer Offizier kommt mit einer Flasche Cognac hinzu. Er hat einen riesigen Schnauzbart à la Tartarin du Nakhitchevan (Anspielung auf Tartarin de Tarascon, eine französische Märchengestalt, am ehesten vergleichbar mit dem Lügenbaron Münchhausen; Anmerkung des Übersetzers) und trägt einen silbernen Colt, der ihm bei jedem Schritt gegen den Schenkel schlägt.

»Meine Freunde, willkommen!« ruft er uns in tadellosem Französisch zu. »Ich bin Narcessian. Woher wußten Sie, daß die Grenze heute geöffnet sein würde?«

»Wie bitte?« fragt Alex verdutzt.

»Gewöhnlich ist die Brücke gesperrt, aber gestern ist eine iranische Delegation nach Eriwan gefahren, und darum haben wir die Grenze für 48 Stunden geöffnet. Heute abend schließen wir sie wieder bis Ende des Monats.«

»Aber davon haben wir gar nichts gewußt.«

»Dann haben Sie verdammt großes Glück gehabt! Sie haben sich einen kräftigen Schluck verdient. Wir bekommen auf dieser untergehenden Schwimmbrücke nicht viele Europäer zu sehen.«

Mühsam strampeln wir die Steigung nach Megrio hinauf, einem Dorf, in dem wir uns mit Arounik treffen wollen, einer französischsprechenden jungen Frau und Freundin von Narcessian. Er hat ihr telefonisch Bescheid gegeben, daß wir vorbeikommen werden. Megrio ist eigentlich kein richtiges Dorf, sondern ein anarchisches Konglomerat verfallener Betonsilos, die über Müllhalden von bis zu 30 Metern Höhe aufragen. Sofort entdecken wir einen rosafarbenen Fleck im eintönigen Grau der Gebäude. Es ist Arouniks Kleid. Die junge Frau steht auf einem Balkon ohne Geländer im zehnten Stock eines Hochhauses. Sie hält nach uns Ausschau wie ein Ausguck. Ein Winken. Sie hat uns erkannt. Sie kommt herunter und sie heißt uns willkommen. Stundenlang hören wir zu, wie Arounik französische Lieder, armenische Kompositionen und russische Weisen singt. Ihre Freundin Sophie begleitet sie auf dem Klavier, in Pantoffeln und einem getüpfelten, nicht mehr ganz neuen Kleid aus recycletem Nylon. Wir trinken viel und wir singen sehr laut.

»Das ist Armenien«, sagt Arounik.

Von den wenigen Städten, auf die wir in den armenischen Bergen stoßen, ist eine häßlicher als die andere. Energische Architekten haben Betonzysten in die Landschaft gepflanzt, die sich ausnehmen wie Haare in der Suppe. Tachtoun, Kadjaran, Kapan, die Städte folgen aufeinander, künstlich und unansehnlich. Sie breiten ihre verschimmelnden Vororte und ihre zerfressenen, wie Roquefortscheiben anmutenden Fassaden entlang der Straße aus. Sie haben etwas von Sarajevo und von Beirut. Jahrzehnte der Vernachlässigung und Armut haben hier die Wirkung der Bomben dort übernommen.

Wenn man jedoch diese deprimierenden städtischen Auswüchse hinter sich läßt, zeigt Armenien das freundliche Gesicht seiner ländlichen Landschaften. Dort trifft man noch auf das alte Bauerntum, das sich seit Jahrhunderten in den Geschichtsbüchern fortsetzt. Bauern, die noch mit dem Pferdepflug ihre Felder bestellen, mit der Sonne aufstehen und sterben, wenn die Arme ihrer Söhne stark genug sind, den Karren zu lenken.

Die Winde Armeniens ähneln den Winden der restlichen Welt. Es sind Gegenwinde. Sie entstehen auf den Berggipfeln, pfeifen durch die Täler und fegen über die Plateaus im Inneren des Landes. Mehrere Tage lang steckt in meinem Kartenfach mein Gedichtheft, aufgeschlagen bei einem Vers von Montherlant: »*Ainsi nous allons mourir, et nous n´auront pas tué le vent*« – »Und so werden wir sterben, ohne den Wind besiegt zu haben.«

Wir radeln durch eine schmale, zwischen dem Nakhitchevan und Bergkarabach eingezwängte Furche: ein etwa zehn Kilometer breites Friedensband im Schraubstock der Kriege. Wir durchqueren die frisch bombardierte Grenzstadt Goris. Und als wir ein Restaurant suchen, um zu Mittag zu essen, erklärt uns ein Bauer auf Russisch:

»Das war da drüben.«

Er zeigt auf ein Gebäude, das von einer Granate zerstört wurde.

Als wir auf die Zentralplateaus gelangen, kommen wir an einigen alten Kirchen vorbei. Ihre pyramidenförmigen Dächer erinnern an den Berg Ararat. Erst strandete dort Noahs Arche, dann nahmen die Türken ihn in Besitz. Er erhebt sich weit am Horizont, jenseits der Grenze. Und der Anblick seines Gipfels weckt das Heimweh der Armenier, erinnert sie daran, daß er einst ihnen gehörte. Die Plateaus erinnern an Landschaften der Beauce mit Reliefs der Vulkanberge der Auvergne. Ein Nebeneinander wogender Weizenfelder und erloschener Krater, goldenen Strohs und schwarzen Basalts. Das Ganze wird gekrönt von einem tiefhängenden Himmel, der die verteufelten Winde nährt. In der 50 Kilometer langen Abfahrt vom dunklen See Spandarin bis ins Arap-Tal brechen wir unseren bisherigen Geschwindigkeitsrekord: 85 Stundenkilometer. Die Räder fliegen über Schlaglöcher und Risse im Asphalt. Und eines Abends erreichen wir Eriwan.

Die Hauptstadt stirbt einen qualvollen Tod. Die Stadt krepiert an der Lepra. Die Haut ist bereits fort, und jetzt machen die Würmer sich über Gerüste, Strukturen, das Rückgrat her. Die Stadt stinkt nach krepiertem Hund, gegrillter Ratte, überlaufenden Abwasserkanälen und ranzigem, angebranntem Fett. Jeden Abend fällt der Strom aus. Die Flammen der Kerzen flackern durch die Plastikfolien, die die Fensterscheiben ersetzen. Zu Tausenden. Wie Lichter an Fronleichnam.

Alte Bronzestatuen strecken erobernde Arme, glorreiche Torsos und Stirnen gen Himmel, den starren Blick in Richtung Moskau gewandt. Aber ihre Füße sind in ein Chaos aus Scheiße getaucht. Wie Aufschneider, die auf einem Berg aus den Kadavern ihrer gefallenen Kameraden ein Siegeslied schmettern. Manchmal sind nur noch Bronzestiefel auf einem zerfressenen Sockel übrig. Die Stiefel von Generälen, die man eingeschmolzen und zu Blech verarbeitet hat. Und wenn es Nacht wird, hasten die Bewohner der Hauptstadt schweigend am Fuß dieser Stiefel vorbei, beeilen sich, heimzukommen. Denn am Abend fahren in Eriwan die Mercedes-Limousinen aus den Garagen, und die armenische Mafia ergreift von der Nacht Besitz.

Ein französischer Gendarm, Jean-François, nimmt uns in dem Hotel auf, in dem auch die französische Botschaft untergebracht ist. Eriwan ist keine Sinekure für die Diplomaten. Kerzen spenden ihnen Licht, und sie heizen mit Holz. Die Botschafterin kocht auf einem kleinen Gaskocher. Im Winter zerschlagen Entwicklungshelfer das Eis.

»In Armenien zu arbeiten ist zuerst eine Berufung, dann wird es zum Kreuzweg«, erklärt uns einer von ihnen.

Jean-François bringt uns auf das Dach des Hotels. Von dort oben können wir ganz Eriwan überblicken. Auf 360 Grad nichts als Ruinen. Der Atomwinter nach den ägyptischen Plagen. Hier sind die Wände grau, und die Menschen, die an ihnen entlanghasten, scheinen gebückt unter der Last der Geschichte, die diesem Land in weniger als einem Jahrhundert einen Völkermord, das Scheitern eines Regimes, ein Erdbeben und einen grausamen Krieg beschert hat.

Donnerstag, 25. August 1994:
Ashtok

Im Krankenhaus von Ashtok, 200 Kilometer nördlich von Eriwan und einige Radminuten von der georgischen Grenze entfernt, verbringen wir unsere letzte Nacht auf armenischem Gebiet. Das Krankenhaus, das vom Vatikan finanziert und erbaut wurde, wird von einem Pater, italienischen Ärzten und einer französischen Nonne des Ordens »Petites Soeurs de Jésus« geführt. Mitten in der Nacht klopfen wir auf gut Glück an die Tür. Wir werden herzlich aufgenommen.

Die Zimmer des Krankenhauspersonals sind Sardinenbüchsen im Raumfahrtstil. Klein, funktional, aseptisch. Wir schlafen dort besser denn je.

»Wieviele Betten hat die Klinik?« fragt Alexandre beim Frühstück.

»100«, entgegnet die Schwester. »Und eins ist mit dem Patriarchen der katholischen Kirche der CEI belegt, Pater Valdes. Er hat sich den Oberschenkelhalsknochen gebrochen. Er ist zur Rekonvaleszenz hier. Möchten Sie ihn besuchen?«

Der apostolische Nuntius mit dem schneeweißen Bart spricht Französisch. Wir bekommen seinen Segen, ehe wir nach Georgien aufbrechen.

Auf einem mit Stoppelfeldern bedeckten Plateau radeln wir auf eine Blechhütte zu. Eine ausgeblichene Fahne, ein Schild. Georgien.

»Stopp!« ruft der diensthabende Offizier.

Wir reichen ihm unsere Pässe. Er wirft uns einen verächtlichen Blick zu.

»*Niet* Pässe! Wodka!« sagt er und tippt sich mit dem Zeigefinger ans Kinn.

In den slawischen Ländern bedeutet diese Geste eine Einladung, gemeinsam etwas zu trinken. Bevor die Flasche geöffnet wird, schabt man mit dem Nagel über den

Hals und sagt *»Tschut tschut«,* was bedeutet »ein wenig«. Eine hinterlistige Geste, da gewöhnlich eine Flasche nicht ausreicht. Wieder einmal können wir dem traditionellen Anstoßen mit Wodka nicht entgehen. Seit wir den Arax überquert haben, ist kein halber Tag vergangen, ohne daß uns nicht freundschaftlich ein Glas Wodka gereicht worden wäre. »Tschut tschut« hier, »tschut tschut« dort, man köpft eine Flasche, wie man sich anderswo die Hand schüttelt. Und die Russen haben das geniale Verfahren entwickelt, ihre Flaschen nicht mit Korken oder Schraubverschlüssen zu versehen, sondern mit Kronkorken, so daß man die Flaschen nicht wieder verschließen kann und somit praktisch gezwungen ist, sie auch zu leeren, wenn sie einmal angebrochen sind. Die Durchquerung dieser Länder ist eine einzige Sauftour. Wodka schmiert Rußlands Kehlen. Heute stirbt man dort durchschnittlich schon mit 60 Jahren (die Lebenserwartung ist bei den Männern in der ehemaligen Sowjetunion auf dieses junge Alter gesunken). An Leberzirrhose. Aber es lohnt sich. Welch ein Fest!

Alex' Leber, die gerade erst eine Hepatitis überstanden hat, würde wohl lieber auf diese Alkoholmengen verzichten. Aber am meisten leiden unsere Fahrräder unter den Auswirkungen des Wodkas – denn unsere Gastgeber setzen sich einer nach dem anderen in den Kopf, unsere Räder auszuprobieren. Aufgrund der schweren Packtaschen und ihres vom Alkohol beeinträchtigten Gleichgewichts, sind ihre Versuche von vorneherein zum Scheitern verurteilt. Jene, die 35 Meter schaffen, ohne zu stürzen, gehören zu den Besten.

Auch die Durchquerung Adschariens gewährt uns keine Atempause. Wir dachten, in dieser moslemischen Region Georgiens würden wir von den Alkoholexzessen verschont bleiben. Wir sind auf Ernüchterung und einige Tage reinigender Enthaltsamkeit eingestellt. Leider sind die Adscharen mehr Georgier als Islamisten, und der Wodka wird zwischen Gebetsteppich und kyrillischem

Koran aufbewahrt. Zorab, ein moslemischer Adschare, der uns eines Abends aufnimmt, wird richtig wütend, als wir den siebten Wodka dankend ablehnen!

In Adscharien überwinden wir einen 2 500 Meter hohen Berg. Uns bietet sich das erstaunliche Schauspiel einiger moslemischer Traditionen, die wie aus den *Eddas* von Borée in die nebligen Wälder und kalten Berge versetzt wurden (Edda: zwei Werke des altisländischen Schrifttums, wichtige Quelle altnordischer Mythologie und Heldensagen; Anmerkung des Übersetzers): Verschleierte Frauen, Büffel, die jenen Indiens ähneln, und weiße Minarette tauchen flüchtig auf, wenn die Nebelschwaden über den schwarzen Tannen vorübergehend aufreißen.

Die Straßen Georgiens sind eine Beleidigung des Wortes »Belag«. Es kommt uns vor als, würden wir durch Verdun radeln, im Zickzackkurs durch Krater und Schlaglöcher, die so groß wie Flugsauriernester sind. Die Straße sieht aus wie ein Emmentaler Käse. Unzählige Pfade, die quer durch die Felder führen, gestatten es uns glücklicherweise, die Hauptstraße zu umgehen. Der Verkehr in Georgien gleicht einem Kreuzchassé auf den Feldern. Die alten Ladas tauchen auf einer Bodenerhebung auf, verschwinden in einer Senke, tauchen wieder auf und verschwinden erneut, den Wellen des Terrains folgend.

Schließlich gelangen wir nach Batumi am Schwarzen Meer. Schwarz von Menschen. In diesem Badeort, der sich gerade großer Beliebtheit erfreut, wimmelt es von russischen Urlaubern. Wir radeln nordwärts in Richtung Rußland, wobei wir eine Woche lang der Küste des Schwarzen Meeres folgen, die die Reiseführer Riviera des Kaukasus getauft haben. Bei diesem Namen stellt man sich eine Art zauberhafter Côte d´Azur vor. Aber wir strampeln wie verrückt auf einer miserablen Straße, die an den schroffen Felshängen des Kaukasus entlangführt, die bis ins Meer reichen. Die Straße führt in Serpentinen bergan, windet sich um Hügel herum und gipfelt in Pässen oberhalb des Meeres. Sie folgt zu keiner Zeit dem Küstenstreifen, weil es einen solchen ganz einfach nicht gibt. Der Kaukasus steht mit den Füßen im Wasser. Ab und an jedoch, wenn die Berge ein wenig zurückweichen, stößt man auf schmale Kiesstrände von einigen Kilometern Länge. Dort erstrecken sich Ferienorte entlang der Küste und über die Hänge. Die Betonsilos, die zu Stalins Zeiten für die hohen Funktionäre der Partei errichtet wurden, die sich einen Urlaub am Meer verdient hatten, ragen hoch über den gestrichenen Holzhäuschen auf, vor denen alte, vom harten Winter ausgemergelte Babuschkas die Ernte eines Obstbaumes verkaufen. Sotschi, Lavarskoe, Dschuba ziehen vorbei, ohne die Monotonie zu unterbrechen.

In Abständen entdecken wir in brachliegenden Feldern in der Nähe der Badeorte riesige Volkscampingplätze. Hinter Stacheldraht geparkt, verbringen die größtenteils armenischen und georgischen Urlauber hier ihren Urlaub in einer Enge, die an ein Flüchtlingslager erinnert. Währenddessen liest man in den russischen Villen gleich nebenan unter rosenberankten Pergolen Puschkin.

Sowjetrußland hatte eine Schwäche für eine Bildhauerei, welche die Industrie und die florierende Agrarwirtschaft pries und die glorreiche Zukunft in Bronze verewigte. Von der großen in Messing gegossenen und in Marmor gehauenen Staatspropaganda sind entlang der Küste noch zahlreiche Relikte übrig, die von der Revolution im August 1991 verschont geblieben sind. Etwa alle 20 Kilometer stoßen wir auf rote Sterne auf Pfeilern aus rohem Beton, heldenhafte 34 Meter hohe Arbeiter, diverse landwirtschaftliche Geräte und Weizengarben aus Weißblech, muskulöse Sportlerinnen mit Brüsten dick wie SS-20-Köpfe, turmhohe Sicheln und Hämmer, minimalistische Steinhaufen, veraltete Slogans oder Gefallenendenkmäler in Raketenform.

Samstag, 27. August 1994:
Das Dorf Salione

In der Ebene taucht Salione auf, ein kleines Dorf, das sich an einer Straße entlang streckt. Vor den Häusern liegen Felder, hinter ihnen Gemüsegärten. Da der Tag zur Neige geht, beschließen wir, um Obdach zu bitten, und wenden uns an eine Gruppe von Kindern, die vor den Häusern spielen. Nach und nach vernehmen wir schmetternde Musik und Stimmengewirr, die von einer Feier künden. Wir gelangen in den Innenhof eines Gehöftes, der schwarz ist von Menschen. An diesem Abend wird in Salione eine Hochzeit gefeiert. Von den Händen der Bauern, die uns spontan zum Bankett einladen, gezogen und geschoben, treten wir durch die Tür. Zwei Großmütterchen mit rundem Kopf, herzlichem Lächeln und geschlitzten Augen drücken meinen Kopf unter einen Wasserhahn und waschen mir die Haare. Ich will mich wehren und schreien, daß wenn man mich als zu schmutzig empfindet, ich allein Abhilfe schaffen könne, aber der stählerne Griff der Babuschkas, die harte Arbeit gewöhnt sind, läßt mir keine Chance. Die beiden scheinen endlich zufrieden zu sein mit meinem Aussehen; sie drücken mir einen Kuß auf die Wange und bedeuten mir, zwischen zwei gewaltigen russischen Damen Platz zu nehmen. Durch den schmalen Spalt zwischen den breiten Tischnachbarn mir gegenüber sehe ich Alex an einem anderen Tisch sitzen. Wie Spielkarten werden diverse Scheiben Aufschnitt, in Brühe getauchtes Weißbrot, Poularden und ein Schoppen Wein vor uns auf den Tisch geknallt.

Wir sind im Kosakenland gelandet. Der Vater der Braut ist Ataman. Ich hebe meinen Schoppen und rufe »Denikine!« (Anton Denikine führte 1918 die antibolschewistische Kampagne der Ukraine an), woraufhin sofort Jubelgeschrei ertönt.

Der Lärm bei diesem Bankett ist ohrenbetäubend. Fäuste trommeln auf die Tische, die Gläser stoßen klirrend aneinander. Hühner laufen gackernd zwischen den Stühlen umher, und die Trinksprüche alter Bauern übertönen noch das schallende Gelächter. Dann wird es endgültig Nacht. Die Lampen gehen an. Das Mahl ist beendet.

Der Akkordeonspieler stellt seinen Stuhl auf der Straße auf und spielt im Strohhäcksel mit sich tragenden Wind einige Melodien. Die Hochzeitsgäste tanzen. Die alten Großmütterchen verrenken sich und wiegen mit den Hüften. Die reiferen Frauen in ihren schönsten Kleidern biegen, die Hände in die Seiten gestemmt, den Oberkörper zurück und stoßen abgehackte Schreie aus. Die Männer klatschen in die Hände und stampfen mit den Füßen auf den Asphalt. Die Mutter der Braut, die alte Irena, schlägt im Takt mit einem Holzlöffel auf eine Kuchenform und dann auf den Kopf einer armen, schmutzigen und betrunkenen Alten, die mich gewaltsam zum Tanz schleifen will.

Ein Toast wird auf das Brautpaar, Sergueï und Angélique, ausgesprochen. Die beiden stehen auf einem Tisch, die Füße in den Tellern und küssen sich so lange, daß einige Gäste unter den Tisch rollen, weil sie zu lange dagestanden und zu ihnen heraufgestarrt haben. Angélique zieht die Schuhe aus. Sergueï füllt einen ihrer Pumps mit Wodka und leert den Schuh in einem Zug, bevor er mit seiner Frau in der Dunkelheit verschwindet.

Wir fahren weiter gen Westen. Die Stadt Port Caucase markiert die Grenze zwischen Rußland und der Krim. Sie befindet sich am Ende einer Erdzunge von einigen Dutzend Metern Breite, die mit Schilf bewachsen und von Schlamm gesäumt ist. Dieses schmale Band trennt das Azowsche Meer im Norden vom Schwarzen Meer im Süden. Der Kercenskij Proliv, eine Meeresstraße von drei Kilometern Länge, markiert die Grenze zwischen Rußland und der Krim und verbindet die beiden Meere (die Krim gehört zur Ukraine).

Eine Fähre bringt uns an das andere Ufer der Meerenge.

»*Niet!*«

Der ukrainische Offizier gibt uns die Pässe wieder und bedeutet seinem Handlanger, uns zur Anlegestelle der Fähre zurückzubringen.

»Na? Abgewiesen worden?« ruft uns ein russischer Offizier auf Englisch zu, kaum daß wir die Fähre wieder verlassen.

»Wenn Sie wollen, kann ich sie trotzdem rüberbringen.«

»Und wie?«

»Das Wie ist mein Problem. Sie hätten fragen sollen: Wieviel?«

»Nein. Erst fragen wir, wie, dann beantworten Sie uns diese Frage und dann erst fragen wir, wieviel es kosten soll.«

»Okay. Ich erkläre es Ihnen, wie. Heute nacht, wenn es dunkel geworden ist, verstecke ich Sie im Kofferraum meines Lada. Die Räder befestige ich oben auf dem Dach und bedecke sie mit einer großen Plane. Auf diese Weise kommen wir rüber. Kein Problem.«

»Und was, wenn die Zollbeamten Sie drüben anhalten und den Wagen durchsuchen?«

»Unwahrscheinlich. Ich bin russischer Offizier und wohne in Kertsch, auf der anderen Seite der Grenze, in der Krim. Ich habe uneingeschränktes Passierrecht. Drüben kennen sie meinen Wagen zur Genüge. Sie werden mich rüberlassen wie jeden Abend.«

»In Ordnung. Wieviel?«

»Fünfzig!«

»Rubel?« fragen wir im Scherz.

»Sie haben Sie wohl nicht alle, was? Warum nicht gleich Kopeken? Fünfzig Dollar.«

»Das ist zuviel. Fünfzehn pro Kopf. Insgesamt dreißig.«

»Fünfundvierzig und zwei Päckchen Zigaretten.«

»Fünfunddreißig und zwei Päckchen.«

»Fünfunddreißig und drei Päckchen.«

»Fünfunddreißig und zwei Päckchen.«

»Also gut, fünfunddreißig und zwei Päckchen. Ich heiße Boris. Ich bin besser als jedes Visa. Wir treffen uns um neun Uhr heute abend hinter den verfallenen Gebäuden neben der Anlegestelle.«

Um neun Uhr am Abend fährt Boris seinen alten Lada hinter die ehemaligen Hafenhangars. Er macht uns mit Christina bekannt, einer russischen Grenzbeamtin und Kollegin von ihm, die er bis Kertsch in seinem Wagen mitnimmt. Siebzehn Minuten nach neun verlangt er, daß wir ihm die Hälfte der vereinbarten Summe bezahlen. Zwanzig nach neun ist er mit Zählen fertig und fordert uns auf, in den winzigen Kofferraum zu steigen. »Um halb zehn sind Sie in der Ukraine«, sagt er. Er schlägt den Kofferraumdeckel zu und fährt um neun Uhr einundzwanzig los. Im Stockfinstern, zusammengepfercht, verrenkt und zugleich voller Zuversicht und Angst treten wir unsere Schmuggelfahrt an.

Von Kertsch nach Oradea

Alexandre

Das Herz schlägt mir bis zum Hals. In der Dunkelheit des Kofferraums nimmt meine am Blech klebende Seele das Ächzen des Eisens und das Rucken des Motors wahr. Abgase! Ich ersticke, ich schwitze: Adrenalin. Sylvains Atem. Nie hat eine Sardine Gelegenheit zu diesem Bewußtsein gehabt, nie hat eine Sardine ihre Reise über Land bewußt erleben dürfen. Düstere Akkorde: Ketten, die Sirenen der Fähre. Wir schweben durch die Luft. Klong! Stabilität. Der Wagen fährt an, neigt sich nach vorn. Knirschen. Boris sagt etwas, lacht, Vibrationen jenseits des Grabes. Spannung! Wir sind blinde Zeugen unseres Schicksals. Mit der Angst eines *Marines* im Bauch, der im Schutz der Brücke einer Landungsschute ausharrt, verwechsle ich den Grabgesang des Motors mit dem Trommelschlag meines Herzens.

Es dauert. Wo bringt er uns hin? Zur Polizei? In eine Verbrecherhöhle? *Alea jacta est*! Bloß nicht denken! Ich bin nur eine Sardine. Sardinen haben keine Angst. Ganz plötzlich ist es vorbei. Der Kofferraumdeckel schwingt auf. Werden wir jetzt verschlungen? Es ist Nacht. Boris, dessen Gesicht von den Rücklichtern rot angestrahlt wird, lächelt auf uns herab.

»*You are free!*«

Mit der Ungläubigkeit von Austern, denen man den Komfort eines Palastes rühmt, wagen wir scheu einen Blick über den Rand des Kofferraums. Wir sind in Kertsch, in einem Mietskasernenviertel. Alles oder nichts? Alles! Boris bekommt die zweite Hälfte seiner Schieberprämie und überläßt uns der Obhut Christinas. Sie nimmt uns in ihrer 20-Quadratmeter-Wohnung auf, die sie außerdem mit ihren zwei Söhnen teilt.

So großzügig wie ihre Inneneinrichtung spartanisch ist, so talentiert und fröhlich wie ihr Umfeld düster, stimmt die schöne Christina einen heiteren Abend voller Gesang an, den sie auf der Gitarre begleitet. Diese Stimme! Ein solcher Schatz in einem so schäbigen Rahmen! Mit knappen Schlägen der flachen Hand gegen den Hohlkörper, bestimmt Christina den Rhythmus der Synkopen, um sich dann um so leidenschaftlicher wieder in die warmen gurgelnden Klänge einer runden und warmen Sprache zu stürzen, die sofort wieder unterbrochen werden von schneidenden Silben, die sich zu beeindruckenden Crescendos steigern. Melancholische und widersprüchliche Akzente der russischen Seele, stark wie ein Bär, aber auch weinerlich wie eine Balalaika. Unter dem berauschenden Charme dieser Zauberin sehen wir in der winzigen Küche mit Linoleumboden und bröckeligem Putz ganz Rußland vorüberziehen, die von den Flußschiffern aufgewühlten Wasser der Wolga, die vom Uralwind niedergedrückten Weizenähren der Ukraine und die schneebedeckten Tannenwälder.

Montag, 29. August 1994:
323. Tag, 135 km. G: 20 528 km

Mit einem väterlichen »*dasvidania*« (Auf Wiedersehen) verabschieden wir uns von Christina nach einem Frühstück aus köstlichen Pfannkuchen, die sie uns gebacken hat, ehe sie zur Arbeit muß. Jemand in Kertsch hat bei uns noch etwas gut.

Wir verlassen die Stadt mit der dreisten Sorglosigkeit von Fernandel in »*La vache et le prisonnier*« – »Die Kuh und der Sträfling« –, lächeln den Soldaten zu, lachen die Polizisten an. Wir genießen es, illegal dort zu sein und berauschen uns an diesem Gefühl des gefährlichen Abenteuers.

Die Krim zeigt uns in zwei Tagen ihre beiden Gesichter. Das erste ist blond, fast eben, und breitet seine Weizenfelder aus, soweit das Auge reicht. Diese Gegend wird von blonden Mudschik bevölkert, die der Sonne und des Olivenöls wegen aus Rußland in den Süden abgewandert sind.

Das zweite Gesicht ist mediterran, sehr zerklüftet, aber auch von Wäldern und dem Süßwasser des Schwarzen Meeres abgemildert. Von Tataren, ursprünglich türkischstämmigen Moslems bewohnt, wachsen auf den Hängen dieser Riviera die kostbaren Weinreben des Krim-Landweines, der im Paris des 19. Jahrhunderts so begehrt war.

Der Wind schiebt uns über eine Aschepiste, die parallel zu der Straße verläuft und auf die wir ausgewichen sind, um den zahlreichen Kontrollen zu entgehen. Das Glück ist uns hold, der Wind unser Motor!

Am Abend stellen wir unser Zelt in einer immergrünen Heide am Berghang auf, mit Blick auf das Meer. Sylvain spielt auf seiner Mundharmonika die klagende Melodie von *La Bohème*. Über dem Feuer brutzelt ein Hähnchen. Wir fühlen uns unbeschreiblich gut, sind niemandem Rechenschaft schuldig – außer Gott, und das ist keine Bürde.

Mit Zinnen versehen wie eine Festung, zwingen uns die Küsten der Krim zu einem nervenaufreibenden Auf und Ab. Eine richtige Achterbahn! Ebenes Gelände gibt es nicht mehr. Die Krim droht, Yünnan den Rang abzulaufen. Allerdings machen Meer und Asphalt einen entscheidenden Unterschied. In nur zwei Tagen bewältigen wir an die 15 Küstentäler. Wir schieben unser Mittagessen von Tal zu Tal auf, in der Hoffnung, doch noch ein Restaurant zu finden, bis uns schließlich am Fuß der nächsten Steigung die Luft ausgeht. Wir folgen dem Talweg zur Linken und gelangen zu einem riesigen verlassenen

Gebäude, das jedoch von einer Armee von jungen Putzfrauen in weißen Blusen, Köchinnen und arbeitslosen Wäscherinnen bevölkert ist. Ein richtiger Satyr-Traum. Am Ende endloser Flure, in denen ihr Glucksen widerhallt, führt uns die Frauenherde in eine große Kantine, wo die forscheren unter ihnen uns ... Borschtsch, Salat und Hähnchenschenkel auftischen. Eine Anstandsdame stürmt herein wie ein Fuchs in einen Hühnerstall. Dann weicht der Druck; wir werden wohl doch nicht im Kochtopf landen.

Bevor wir aufbrechen, versuchen wir noch herauszubekommen, wo wir gelandet sind: in einem ehemaligen Krankenhaus? Einem Feriendorf? Einer Luxusunterkunft für hohe Funktionäre? Einer Notunterkunft für Perestroikageschädigte oder einem großen stalinoiden Bordell? Niemand weiß es oder ist bereit, uns aufzuklären. *Hotel California* (Song von den Eagles) singend, gehe ich die nächste Steigung an.

Wir durchqueren eine Reihe von todlangweiligen Badeorten mit dicken, blonden Krebsen, die blasse Hühner auf Pfennigabsätzen hinter sich herziehen, die an Stränden, die nicht breiter sind als die Straße – und auch nicht viel sauberer –, aus knappen Stringbikinis quellen. Der Homo sowjeticus scheint seltsame Bräuche zu pflegen! Er errichtet riesige Betonburgen an traumhaft schönen Fleckchen und lebt in winzigen Kaninchenverschlägen, wo er doch über das größte Land der Welt verfügt!

Als es dunkel wird, 500 Meter vor dem Ende einer Steigung, platzt mein gleichmäßig abgenutzter Reifen aus Täbris. In einer Winzerhütte finden wir Unterschlupf. Als Sylvain einen Lastwagen anhält, um den Fahrer um Wasser zu bitten, erfährt er, daß oben auf dem Paß eine Grenzkontrolle ist! Das war knapp! Unter solchen Umständen nehme ich gern jeden Tag einen Platten in Kauf!

Mittwoch, 31. August 1994:
325. Tag, 46 km. G: 20 680 km

Wir umgehen die Kontrolle über einen Trampelpfad. Die Straße führt uns nach Jalta. Wir sind gerührt! Wie Lhasa, Katmandu und Teheran ist Jalta für uns eine wichtige Etappe! Jenseits dieses Berges liegt endlich Europa!

Der Himmel ist blau, die Sonne scheint, in einer Atmosphäre von Eiben und Zikaden, Kiefern und dünner Luft blicken wir aufs Meer herab. »*Ce toit tranquille, où marchent des colombes* ...« – Dies friedliche Dach, auf dem Tauben wandeln ... (*Le cimetière marin*, Paul Valéry).

Unzählige Frauen verkaufen am Straßenrand Zöpfe roter Zwiebeln. Gibt es denn in der Gegend so viele Dämonen zu verjagen?

Der Kommunismus, der zu einer Zusammenlegung von Besitz und Profit führen sollte, hat das genaue Gegenteil erzielt: die Entstehung eines Reiches der Autarkie. Rußland überlebt nur dank seines Tauschhandels und seines Einfallsreichtums.

In einer schwindelerregenden Abfahrt läßt uns das Schild JALTA abrupt innehalten. Das Panorama verschlägt uns den Atem.

Das Schicksal der Welt hat sich in den vergangenen 50 Jahren in diesem Ort entschieden, der sich wie ein Eiweiß in einem Nest aus Moos ausnimmt, eingebettet in eine grüne Bucht. Der Schneevogel, die sibirische Schnee-Eule, die daraus hervorgegangen ist, hat ein halbes Jahrhundert den eisigen Flug des großen Schweigens über halb Eurasien verhängt. Wie konnte ein solcher Rahmen ein solches Ungeheuer hervorbringen? Roosevelt krank, Churchill Engländer, hatte Europa allen Grund, sich zu sorgen.

Wir radeln in Richtung Hafen. Seltsamer Reflex der Weltenbummler; sie fühlen sich unwiderstehlich von Häfen angezogen. Gleichzeitig Herz der Altstadt und Tor zur Welt, stürzen die heimlich Reisenden dorthin, um sich dicht beim Ausgang aufzuhalten, für den Fall, daß es brenzlig wird. Auf dem Weg dorthin fahren wir durch palmengesäumte Straßen mit hübschen neoklassizistischen Gebäuden in den Farben Zitronengelb, Blaßrosa oder Kameeblau.

»Niet! Niet! Niet!« Und noch mal niet!! hagelt es von einer dicken Natascha auf uns herab. Es gibt kein Schiff mehr nach Odessa.

Die Russen, die diese Route gefahren sind, sind mit ihrem Schiff auf und davon, seit die Ukraine ukrainisch ist, und wurden noch nicht ersetzt.

»Nehmen Sie doch den Zug! Es sind nur 15 Stunden Fahrt!«

»Dann schwimme ich lieber!« mault Sylvain. »Das ist doch zu blöd. Bis Odessa sind es von hier aus nur 200 Kilometer!«

Gleichzeitig geht auf den Straßen das Gerücht von Sezessionsbestrebungen seitens des Krim-Parlamentes um. Wir erfahren, daß überall Militärkontrollen die Straßen nach Simferopol, der Hauptstadt, blockieren und die Polizeikontrollen verstärkt würden. Wir sitzen in der Falle.

Bevor wir uns daran machen, uns Tretboote zu basteln, suchen wir die Sportsegler auf. Vier traurige Nußschalen teilen sich in der Marina des Badeortes eines ganzen Reiches einen Kai. Demeter, worauf wartest du? Das Schwarze Meer harrt deiner Schiffe!

Neue Hoffnung keimt in uns auf, als wir die *Ukraina* entdecken, einen winzigen Sechs-Meter-Segler, der stolz den Namen seines Landes trägt.

Wladik, der 23jährige Skipper, kehrt übermorgen über den Dnjepr zurück nach Zaparoghe, um seinen Schiffseigner zu treffen. Er hat um 20 Uhr eine telefonische Verabredung mit ihm.

Wir müssen warten, und so richten wir uns unter schattenspendenden Arkaden mit guter Akustik auf der Promenade ein. Wir packen unsere Flöten aus, zwischen einer Babuschka, die drei Stücke Seife verkauft, und einer zweiten, die einige Trauben feilbietet. Die französische Fahne gut sichtbar positioniert und mit meinem Hut als Sammelbüchse, spielen wir zweistimmig russische Melodien. Nach anfänglichem schüchternen Zögern ziehen wir zahlreiche Passanten an, die auf den ersten Blick die Situation erfassen: Franzosen ohne Geld, die mit dem Fahrrad aus Paris gekommen sind und Flöte spielen, um sich etwas zu Essen zu verdienen. Das Ganze löst schon bald einen Obolusregen aus, und Bündel von Scheinen landen in meinem Hut. Langsam quillt er über: Ein Geldhaufen bildet sich zu unseren Füßen, und wir fahren mit dem Partisanenlied fort (Weiße oder Rote, die Melodie ist dieselbe:) *Deine schwarzen Augen, Kalinkakalin kamalin kamaya ... Tchom ty nie pry chov* ... Eine wahre Hysterie bricht aus!

Entzückt zählen wir unseren Geldschatz: echtes Monopolygeld ... Insgesamt an die 20 Dollar, von denen wir uns ein anständiges Mittagessen leisten. Abends fallen mir auf dem Kai drei Mädchen und ein junger Mann auf, die im Quadrat um Brote und Käse herumsitzen: Engländer! Wir sind begeistert und verstehen uns auf Anhieb mit Nicole, Julie, Melanie und Adrian: Das ist Europa, man muß es nur längere Zeit verlassen haben, um es zu spüren. Wir leiden an Europa-Entzug.

Wir verabreden uns, um am nächsten Tag gemeinsam den Livadia-Palast zu besichtigen, den Zarenpalast, in dem die internationale Konferenz stattfand, als Wladik uns mitteilt, daß der Schiffseigner einverstanden ist. Das Glück ist immer noch auf unserer Seite! Wir stellen das Zelt am Ende der Mole auf, die Füße zum Land hin, aber den Kopf bereits auf dem Wasser.

»Das ist der Stuhl De Gaulles, der auf das Ende der Konferenz wartet«, erklärt Sylvain und zeigt auf einen Wächterschemel am Ausgang des Konferenzsaales.

Mein Lachen hallt in dieser leeren Schale. Livadia breitet seinen Marmor und seine Eiben unter dem harten Blau des Himmels aus wie ein römischer Palast. Es ist schön! Grabesstille hallt in diesen Sälen voller leerer Stühle wider. In den unmöblierten oberen Stockwerken sind Fotos ausgestellt, eine Chronik der Romanows, die ein blutiges Ende fanden ... Schnell kehren wir zurück in die Sonne. Ein alter pensionierter Kapitän verkauft Postkarten. Im Zuge des Liberalismus ist seine Rente von 300 auf zwölf Dollar monatlich gekürzt worden. Traurige, geopferte Generation, die unter dem Kommunismus gelitten hat und nicht mehr vom Liberalismus profitieren wird. Zwei Afrikaner fotografieren die Beine unserer englischen Freundinnen. Wir sprechen sie an. Sie sind Mauretanier, aus Nouadhibou, und sind mit Choum und dem Marabu von Atar befreundet! Der Kreis schließt sich!

Am Abend, auf der Promenade, sehe ich überall Sonias. Das gleiche blonde Haar, die gleiche Nase, die gleichen Katzenaugen, grün wie frische Mandeln ... Ich bin nicht mehr zu halten! Kein Zweifel, wir nähern uns unserem Ausgangspunkt und Ziel.

Freitag, 2. September 1994:
327. Tag, 0 km. G: 20 680 km

»No problem, let´s go!«

Wladik kehrt vom Hafenamt zurück, wo er unsere Identität sowie seinen Zielhafen und das vorgesehene Datum unserer Ankunft in Odessa angeben muß. Derweil trifft der Schiffsjunge Eugène vom Bahnhof ein, um sich uns bei der Überfahrt anzuschließen. Er hilft uns, die Räder auseinanderzunehmen und unseren ganzen Krempel im Kielraum zu verstauen. Wir haben die Wette gewonnen: illegal in die Krim einzureisen, mit dem Fahrrad bis Jalta zu fahren und von dort aus ebenfalls illegal die Krim mit dem Schiff wieder zu verlassen. Das Foksegel wird gehißt, Leinen los! Jalta ist Vergangenheit.

Ein kräftiger Rückenwind aus Osten bläht unsere Segel wie die Flügelflossen eines Manta-Rochens: die Fok Backbord, das Großsegel Steuerbord. Wir machen gute Fahrt auf dem runden Rücken der Dünung, als Wladik die Lautsprecher eines Kassettenrecorders hervorholt, der schon diverse Stürme überstanden hat. Und dann, wie durch Zauberei, erschallen auf diesem glitzernden Meer unter der Septembersonne Gesangsstimmen und Gitarrenklänge der Gipsy Kings. Welche Ironie. Die Lieblingsband von Sonia! Wo hat er bloß diese Kassette aufgetrieben?

»*They are very famous in Ukraine!*«

Und ich sehe sie auf dem Deck tanzen, die Segel entflammen, mit heißen Flamenco-Rhythmen die Möwen zum Lachen bringen. Ich bin glücklich.

Eine Delphinschule schließt sich der Feier an. Das Herz schlägt mir bis zum Hals; von einer solchen Begegnung habe ich 24 Jahre lang geträumt! Sie sind überall, antworten den Gipsy Kings, tanzen und schießen pfeilschnell durch das schäumende Wasser am Bug. Andere reiten auf den Wellen, kreuzen einander geschickt, drehen sich auf die Seite, um uns durch das kristallklare Wasser zwischen Vordersteven und Bugwelle zu betrachten.

Sie mögen uns; das sieht man, das spürt man. Sie mögen uns, obwohl wir mehr über sie wissen als sie über uns. Vielleicht mögen sie uns gerade deshalb?

Nachdem ich einen ganzen Film verschossen habe, stürze ich nach vorn, während Sylvain unten im Rumpf auf der Flöte den Flamenco durch Bach ersetzt! In der Sekunde, da ich meine beiden Füße in ihr »Fenster« tauche, auf der anderen Seite des Spiegels, erreicht die Aufregung ihren Höhepunkt, beschleunigt sich der Reigen. Die Delphine schießen und springen durch das Wasser, jeder will zu diesen blassen Mandibeln mit den beweglichen Stümpfen, diesen zwei verkümmerten Ellbogen unbekannten Nutzens. Mein Herz rast zum Zerspringen, und ich bin sicher, daß sie das spüren.

Dieses Erlebnis macht uns ganz benommen. Wladik, stolzer Kapitän mit kurzem rotbraunem Haar, athletischer Figur und riesigen Füßen, richtet den Blick seiner hellen Augen auf den Horizont. Der arme Eugène fühlt sich elend, bereitet aber dennoch einen appetitlichen Salat aus Zwiebeln, Tomaten und eingelegtem Entenfleisch zu. Wir segeln an den Kalkklippen der Krim entlang, als Wladik uns eine traumhafte Villa mit Swimmingpool, Tennisplatz, Atombunker und Rolltreppe zum Strand zeigt. Sie gehört Gorbatschow!

Den Nachmittag verbringen wir mit Flickarbeiten, Lesen und Schreiben. Wladik ist beruhigt, wir sind die geborenen Seeleute. Abwechselnd übernehmen wir das Steuer. Der Wind frischt auf, das Schiff bekommt Schlagseite, die Wellen drücken uns dreiviertel nach Backbord. Das ist ein Rhythmus, ein Puls. Welche Freude, mühelos voranzukommen!

Illusion von Freiheit; vielleicht haben wir uns etwas zu früh gefreut!

Die Nacht bricht herein, bevor wir das Kap von Sebastopol umschifft haben. Nach dem Abendessen frischt der Wind noch einmal auf. Wir holen das Foksegel ein und verringern das Hauptsegel um zwei Reff. Das Schiff jagt durch die Dunkelheit; wir navigieren auf Sicht, ohne etwas zu sehen, und bemühen uns, die Lichter an der Küste zu identifizieren.

Der Wind pfeift in den Wanten seine wehmütigen Melodien, denen die vorbeiziehenden Vögel lauschen, die wie weiße Gespenster aus dem Nichts auftauchen, angelockt von diesem verzweifelten Ruf. Das Blinken eines Leuchtturms in der Ferne zieht uns magisch an.

Kurz darauf nimmt uns eine riesige Betonmauer unter ihre Fittiche. Wir sind nicht die ersten, wohl aber die kleinsten, verloren inmitten der Frachter im Hafen von Sebastopol. Nachdem wir zwischen ihren Stahlflanken ein Stück Dock gefunden haben, an dem wir unser Segel einholen können, fallen wir in erlösenden Schlaf, gewiegt vom Gesang der Schotten.

Wir verbringen den ganzen Vormittag damit, in der Stadt ein Haus zu finden, in dem Wladik sich melden, den nächsten Hafen von unserem baldigen Eintreffen unterrichten und ganze Bündel von Formularen ausfüllen muß. Eine strapaziöse Angelegenheit für unsere europäischen Nerven!

Manchmal lassen wir uns zur Erfrischung hinter dem Boot herziehen und vom Wasser massieren. Jedesmal, wenn ich ins Wasser gehe, nähre ich die geheime Hoffnung, wieder mit einem Delphin schwimmen zu können wie auf Tahiti, diesmal jedoch mit einem wilden Tümmler.

Die Sonne beendet ihre Reise, indem sie sacht auf dem Meer landet und dann langsam in den Fluten versinkt, ihr Gold in ausgedehnten Lachen verströmend. In einem letzten Aufglühen versetzt das Schwarze Meer ihr den Gnadenstoß, und das rote Gestirn haucht in einem grünen Strahl sein Leben aus. An diesem Abend auf dem Meer vor den Küsten der Krim haben wir den grünen Strahl gesehen.

Kein Licht an der Küste; ich orientiere mich an den Sternen. Allein an Deck mit einer Decke und einem Stück Brot, beginne ich meinen Dialog mit der Nacht.

Alle meine geliebten Konstellationen sind da: das W der Kassiopeia hinter dem Großsegel, der Große Bär hinter mir verwöhnt mich mit einem Feuerwerk von Sternschnuppen, die ich den Menschen widme, die ich liebe. In der Milchstraße schießt der Schwan zum Bug und taucht ins Meer ein. Was flüchtest du nach Osten, makelloser Schwan? Fliehst du vor dem Winter? Komm zurück, Schwan, komm zurück! Es wird dir nicht gefallen im Reich der Krähen. Wenn es dich so sehr in die Ferne zieht, dann geh, aber kehre bald rein und unschuldig zurück, denn man ist nur einmal arglos!

Die *Ukraina* , unser Segelschiff, gleitet über die dunklen Wasser »schläft, wo sich unter ihr der Glanz einer milchigvioletten Nacht spiegelt wie eine silberne Vase inmitten von Diamanten, schläft, den Kopf unter dem Flügel verborgen, zwischen zwei Firmamenten!« (Cf. »Der Schwan« von Sully Prudhomme.)

Montag, 5. September 1994:
330. Tag, 0 km. G: 20 680 km

Heute morgen bei der Messung blies der Wind nur mit 12 Metern pro Sekunde! Wir haben grünes Licht, wenngleich er inzwischen beinahe an die 30 Meter pro Sekunde heranreicht: Sturm! Kurs auf Odessa!

Nachdem in der »Offiziersmesse« alles festgezurrt ist, die Wertgegenstände in Sicherheit gebracht sind und wir unsere Regenmäntel übergezogen haben, passieren wir den Hafendamm. Das Meer ist weiß wie ein rauhreifüberzogenes Feld, und wir begnügen uns mit drei Reffs Großsegel und einem kleinen Sturmsegel.

Weiter draußen auf hoher See geht es gleich heftig los: Das Sturmsegel läßt die *Ukraina* wie ein U-Boot in die Wellen eintauchen, die uns überholen. Wir rasen in Wellentäler hinab, die für unsere kleine Nußschale nicht ungefährlich sind. Der Wind nimmt zu. Wladik ändert den Kurs und holt das Großsegel bei. Das Schiff legt sich auf die Seite. Lautes Getöse in der Gemeinschaftskajüte . Unsere Sachen fliegen in einem schwammigen Chaos durcheinander. Das ist das Gesetz des Sturms.

Das Schauspiel ist schön anzusehen. Die Sonne glitzert auf den Schaumkronen der Wellen, die ein Meer, das so zerzaust wie der Bart Poseidons ist, zu rasieren scheinen.

Das Geschick des Seemanns besteht darin, mit Schnüren die Elemente zu zähmen, ihnen seinen Willen aufzuzwingen, bei Unruhe beschwichtigend einzuwirken. Wir sitzen alle vier im Steuerhaus an Backbord. Tatsächlich stehen wir beinahe, so stark hat das Schiff Schlagseite. Die Wellen versetzen uns immer wieder kräftige Hiebe. Wir übernehmen abwechselnd das Steuer, versuchen, trotz der Knüppel, die die Wellen uns wischen die Beine werfen, den Kurs zu halten.

Als der Wind noch stärker wird, sind wir gezwungen, das Segel weiter zu reffen. Große Ladungen Meerwasser gehen auf das Deck nieder; wir sind klatschnaß.

Der Kiel bäumt sich auf, der Mast biegt sich durch, der Rumpf erzittert unter kraftvollen Hieben. Die *Ukraina* bockt. Uns ist das Lachen vergangen; die Lage ist ernst. Die Furcht des Schiffes ist am Zittern des Ruderblattes spürbar. Eine Böe, die noch heftiger ist als die vorangegangenen, zerfetzt unser Foksegel am Schothorn. Wir stürzen hin, um es einzuholen, seinen Zorn zu bändigen und es unschädlich zu machen, indem wir sein unheilvolles Knallen unter Haufen durchweichten Tuchs ersticken.

Seines Vorderantriebs beraubt, büßt das Schiff noch etwas mehr von seinem Gleichgewicht ein. Inzwischen ist es endgültig Nacht.

Schäumende Wassermassen gehen auf uns nieder, prügeln auf uns ein, schleudern uns von hier nach dort, prallen hier auf, um uns dort zu zerquetschen, Marionetten in einem Spiel, dessen Regeln wir nicht kennen und dessen defekte Triebfeder, immer wieder von neuem aufgezogen, uns nach Gutdünken verschont oder niederstreckt.

Der Hafen taucht auf, um uns endlich auf unserer wilden Jagd zu stoppen. Wir passieren die Mole von Tschernomorsk, von furchterregenden Brechern vorwärtsgeschleudert. Eine Sirene ertönt, ein Luftabwehrscheinwerfer flammt auf und huscht über die tosenden Wellen um uns herum. Schatten tanzen zwischen den Phosphorgespenstern und zeichnen ein phantastisches Gemälde. Wir werden geblendet und kräftig durchgerüttelt.

Die Wellen nehmen die Kais im Sturm, und jede droht, uns gegen die Mauer zu werfen. Unsere Sekunden sind gezählt. Plötzlich reicht uns eine Boje ihre rettende Hand. Diese bunte Kugel ist in dem Hexenkessel unsere einzige Überlebenschance.

Unsere gesamten Hoffnungen konzentrieren sich auf sie, als ich, auf einen inneren Warnschrei hörend, nach Steuerbord sehe: das Grauen! Ein schwarzer Winkel, eine Mauer, der Tod stürzt auf mich zu und verfehlt meinen Schädel nur um Haaresbreite. Reflexartig ziehe ich die Hand vom Kollisionspunkt zurück. Kein Schrei entringt sich meiner zugeschnürten Kehle.

Krack!

Ich werde durch den heftigen Aufprall nach Backbord geschleudert und lande zusammen mit Wladik an der Rückwand des Steuerhauses. Der Rumpf schabt auf der ganzen Länge an der Mauer entlang, und wir sehen sie mit unheilvollem Knirschen vorbeiziehen.

Als es uns wieder freigibt, zeigt das Ungeheuer sein wahres Gesicht: Es handelt sich nicht um einen Kai, sondern um den Rumpf eines Trawlers. Er sucht sein Heil auf hoher See, um nicht gegen die Landungsmauer geschleudert zu werden, und hat uns bei einem Rückfahrmanöver gerammt.

Wladik brüllt Verwünschungen in die Nacht, die von der alkoholisierten Stimme eines unsichtbaren Kapitäns erwidert werden.

Dann stürzt er unter Deck, kriecht durch unser Gepäck zum Leck, stopft es und dichtet das Ganze mit Teer ab. Wir sind dem Rette-sich-wer-kann nur knapp entgangen. Zusammen mit Eugène schöpfen wir die 20 Zentimeter Wasser aus der Kajüte.

Beinahe hätte mich die Kollision die rechte Hand gekostet. Fasziniert betrachte ich die unverletzten Finger, die den Wasserschöpfer umklammern.

Wladik weckt uns bei Morgengrauen.

»*Bad news!*«

Wir stecken den Kopf durch die Luke: wir sind von einer Armada von Kriegsschiffen umgeben, Avisos, Torpedobooten und Hubschrauberträgern. Wir befinden uns ohne gültige Visa inmitten einer Militärbasis!

Drei Männer stehen am Bug des nächstgelegenen Schiffes Wache. Es dauert nicht lange, und ein Schnellboot kommt herüber, um die Schiffspapiere zu kontrollieren.

Als er unsere Pässe inspiziert, mustert uns der Offizier, der nicht fassen kann, daß wir keine gültigen Visa haben, mit der Selbstgefälligkeit und Arroganz eines Insektensammlers, der Peter Pan für eine Schmeißfliege hält.

Wladik, Sylvain und ich werden von Bord geholt, während Eugène zu Hausarrest auf der *Ukraina* verdonnert wird. Wir werden in einen Jeep verfrachtet, in dem wir, von zwei Marine-Infanteristen flankiert, zur Admiralität gebracht werden, wo man uns in ein dunkles Kabuff sperrt. Wir warten einige Stunden. Nichts geschieht.

Später, nachdem wir getrennt verhört wurden, werden wir zusammen mit Wladik vor eine Art stummes Tribunal gestellt, das inszeniert wird, wie in einem Film der sechziger Jahre. Auf kleinen Schemeln in einiger Entfernung von einem langen Tisch, sitzen wir drei erhöht sitzenden Männern gegenüber.

Vortäuschend, Paragraphen zu suchen, unter die unsere schweren Vergehen fallen, setzt unser Stalinlehrling eine Anklageschrift auf: Illegale, die gezielt versucht haben, sich zu unbekannten Zwecken den Einwanderungsgesetzen zu entziehen, wurden mit Fotoapparaten auf der Reede einer Militärbasis in einem Sperrgebiet aufgegriffen.

Wir sind dran, das gibt eine gesalzene Rechnung: Gefängnis, Ausweisung und das ganze Theater! Bevor er das Urteil verkündet, fragt er uns, ob wir noch etwas hinzuzufügen haben.

Ich nehme meinen ganzen Mut zusammen und erkläre, daß ich darauf bestehe, nicht nach sowjetischem Recht gerichtet zu werden, sondern nach dem neuen Gesetz der Souveränen Republik der Ukraine, eben jener Rechtsprechung, die Visa von uns verlangt. Wladik übersetzt. Das stille Lächeln unseres Väterchens erlischt abrupt. Zornig klappt er seinen obsoleten Band zu und wirbelt dabei eine Staubwolke auf. Ich bereue meinen Einwand bereits, als der Mann zu seiner Rechten, der vermutlich an einer Stauballergie leidet, von einem Niesanfall befallen wird, was einen allgemeinen Heiterkeitsausbruch zur Folge hat. Die Atmosphäre entspannt sich: Wir sind gerettet!

Dann legen wir gemeinsam mit unserem Schnauzbärtigen den Ablauf unserer Ausweisung fest. Wir werden bis zum Bahnhof von Simferopol gebracht, in den Zug gesetzt, in Odessa von einem Empfangskomitee abgeholt und an die moldawische Grenze geleitet – und das alles zum Preis eines Transitvisa: etwa anderthalb Millionen Scheine, umgerechnet circa 15 Dollar pro Kopf!

Am nächsten Tag werden wir auf dem Bahnhof von Odessa von einem schnauzbärtigen Mann in perfektem Französisch angesprochen. Wladimir ist der Offizier, der beauftragt wurde, uns zur 80 Kilometer entfernten moldawischen Grenze zu bringen. Aufgrund seiner Liebe zu Frankreich und mit unserem Bericht von unserer Durchquerung der Krim sowie einem ukrainischen Lied, das wir von Christina in Kertsch gelernt haben, gewinnen wird bald seine Sympathie. Mehr braucht es nicht, damit er uns zur legendären Treppe aus dem Eisenstein-Film »Panzerkreuzer Potemkin« führt, einem kommunistischen Propagandafilm, der die zaristische Repression karikiert. Auf unseren Rädern spielen wir die berühmte Szene des Landauers nach, der die Stufen hinunterrast, als Sylvain, der wie immer übertreiben muß, auch noch die Szene mit dem zerbrochenen Brillenglas nachspielt, indem er sich auf die Nase legt! Wladimir ist entzückt und läßt uns mit dem Rad zur Grenze fahren.

Berauscht vom flachen Land, gehen wir unser letztes Kapitel an. Jetzt folgt das Europa, das man uns jahrzehntelang vorenthalten hat: All diese Mitmenschen, diese Brüder, die wir mittels Atombomben hätten massakrieren sollen. »Welch ein Blödsinn der Krieg doch ist!«

Die ukrainischen Acker breiten ihre schwarze Erde vor uns aus, soweit das Auge reicht. Die Ukraine ist ein einziger riesiger verlassener Acker, der zwei Fragen aufwirft: Welches Agrarsystem war so stupide, immer wieder Hungersnöte in diesem Land zuzulassen, und wer bestellt diese gigantischen Felder?

Kein Dorf, keinerlei Leben zwischen den Städten! Indem sie die Landwirtschaft zentralisiert haben, haben die Sowjets durch die längeren Wegstrecken und den extensiven Anbau Energie vergeudet.

Wir passieren die moldawische Grenze in einem Sumpfgebiet, ohne irgendwelche Schwierigkeiten. Die Grenzbeamten trauen sich kaum, unsere Pässe zu verlangen, die die Stempel so zahlreicher unbekannter Länder tragen. Ganz selbstverständlich betreten wir diese Comic-Republik, die so spärlich besiedelt ist, daß wir bis zum Abend keinen Moldawen, ja nicht einmal ein Haus zu Gesicht bekommen.

Am nächsten Morgen radeln wir erneut 40 Kilometer, ohne einer Menschenseele zu begegnen. Was ist das? Dumpfe Detonationen sind zu hören, sporadisch übertönt vom Gesang der Lerchen, die wir im Vorbeifahren aufscheuchen. Herrscht Krieg? In der Ferne ist das Knattern sonderbarer Zikaden zu hören. Das Wetter ist gut, es ist kühl. Das Schwarze Meer liegt schon weit hinter uns.

Kurz darauf werden wir von einem bewaffneten Trupp angehalten. Fahrzeuge müssen einen Umweg von 75 Kilometern fahren. Ein russischer Offizier erklärt uns seine Mission, die darin besteht, dafür zu sorgen, daß der Waffenstillstand respektiert wird, als eine Maschinengewehrsalve in eine Schutzmauer einschlägt, gefolgt von fröhlichem Gelächter. Subtilitäten der »*pax russicana*« in diesen »souveränen« Gebieten des auseinandergebrochenen Reiches!

Wir befinden uns auf Seiten des Postens von Tirapol und müssen zum Posten von Kischinjow, der Landeshauptstadt, hinüber. Der junge Offizier greift zu einem

Megaphon und kündigt unsere Durchfahrt an. Weiße Fahnen werden gehißt. Wir glauben zu träumen! Durch eine Schießscharte sehen wir, daß die Gegenseite dem Beispiel folgt.

»*Go ahead!*« fordert der Popow uns halb lachend auf.

Go ahead, go ahead, ich habe keine Lust, mir den Kopf wegpusten zu lassen!

Wir passieren den durch Schranken gesicherten Durchgang und radeln langsam über die Schürze des Viadukts, fahren in Schlangenlinien zwischen den klaffenden Kratern hindurch. Von beiden Seiten werden wir mit Feldstechern beobachtet.

»Und was, wenn sie sich ausnahmsweise einmal einig würden – darin, uns abzuknallen?«

»Scheiße, mach voran! Ganz schön heftig, ihre Spinnereien!«

Auf der anderen Seite, ebenfalls von einem Schrankendurchgang geschützt, läßt uns ein Offizier einige Sekunden, die uns wie eine Ewigkeit vorkommen, mit erhobenen Händen dastehen, wohl um sicher zu gehen, daß wir nicht in die Luft gehen, nachdem wir heimlich Granaten entsichert haben. Auch er ist Russe, mit derselben Mission: über die Einhaltung des Waffenstillstands zu wachen. An der Spitze einer Rambo-Truppe, lädt er uns zum Mittagessen ein. Auch hier ist die Stimmung ausgelassen! Wir verstehen gar nichts mehr, das kann doch nicht wahr sein! Im Krieg geht es doch anders zu!

Kischinjow kündigt sich von weitem durch einen rotweißen Schlot an, der alle Rekorde des Gigantismus zu brechen scheint.

Morgen beginnt der Countdown unserer letzten 30 Tage.

Auf der Straße, die uns am nächsten Tag durch einen Wald zur Grenze bringt, knallen unsere Reifen auf den Ritzen zwischen den Betonplatten im Rhythmus der Züge meiner ersten Kindheitsferien: tatac-tatom, tatac-tatom, tatac-tatom …

Das ist unser erster Wald gemäßigten Klimas seit fast einem Jahr! Es kommt uns vor, als würden wir durch den Morvan radeln. An einem Morgen treiben wir den Dämon sämtlicher Wüsten dieser Welt aus. Wir genießen die Vielfalt der vertrauten Essenzen und entdecken die ganze Palette der Grüntöne neu: Moos! Farn! Welcher Balsam für unsere von Heimweh geplagten Herzen!

Sonntag, 11. September 1994:
336. Tag, 123 km. G: 21 190 km

In Rumänien knüpfen wir wieder an unsere Wurzeln an, die tief in dieser Erde verankert sind. Wir reisen in die Vergangenheit, fahren durch das ländliche Frankreich des vergangenen Jahrhunderts. Schöne Alleen öffnen uns den Weg, gesäumt von den abgerundeten Steinen, die stolz ihren roten Helm tragen in diesem starren Staffellauf: Kilometersteine.

In Abständen tauchen abwechselnd spitze Kirchtürme und Kuppeldächer auf, um uns mit Hirtenblick im Auge zu behalten. Wir sind nie allein, wir werden von stummen Vertrauten begleitet.

Am Abend sind wir am Fuß der Karpaten. Eine beeindruckender Dohlenschwarm kreist über Rosnow und befeuert die Schieferdächer mit düsterem Gekrächze. Die Sonne geht unter; wir sind gut vorangekommen. Die beiden jungen Frauen, die wir angesprochen haben, Elena und Alina, laden uns spontan zu sich nach Hause ein. Elena, Philosophiestudentin im vierten Jahr, hält uns einen Vortrag über französische Literatur, und das auf Französisch, was will man mehr? Sie läßt all unsere Klassiker Revue passieren, aber auch einige weniger bekannte Werke: Levinas, Bachelard, Bergson, Duby, Teilhard – Elena hat sie alle gelesen! Wir fallen aus allen Wolken! Sie ist eine unerschöpfliche Literaturquelle. Nur das Aufsagen der Gedichte, die wir auswendig gelernt haben, vermag ihre intellektuelle Begeisterung vorübergehend zu bremsen.

Wir befragen sie zur rumänischen Geschichte, woraufhin sie die Mythen der Karpaten entzaubert. Die Legende von Drakula bleibt hiervon ebensowenig verschont wie die der ungarischen Comtesse Elisabeth Bathory, die im Blut ihrer Opfer gebadet haben soll! Vlad Tepes, so hieß er im wirklichen Leben, verdankte seinen Spitznamen Drakula nur einer Auszeichnung des Drachenordens, die seinem Vater von einem germanischen Prinzen überreicht wurde. Blutrünstig war er zweifellos, aber durch seine Manie, seine Feinde zu pfählen.

Nur die Strigoï, eine Art Zombies, mit denen man kleinen Kindern angst machte, wenn sie nicht brav waren, finden vor unserer Gastgeberin Gnade. Am nächsten Morgen verlassen wir unsere Philosophin und machen uns an die Erstürmung der Karpaten: Dichte Kiefernwälder, die Kühle des Unterholzes, Talmulden voller Schober in strahlendem Sonnenschein … wir entdecken nichts Furchterregendes! Die Täler, die wir durchqueren, prickeln von Leben und Geschäftigkeit. In der goldenen Luft des anbrechenden Herbstes bereiten sich Mensch und Tier auf den Winter vor. Ernten, Heu einbringen, Obst pflücken, überall sehen wir Bauern, die hacken, sensen, sägen, hämmern, Mist schaufeln. Die Pferde sind bei all diesen Menschenspielen mit von der Partie, ziehen Baumstämme, Heuwagen, Pflug und Karren durch die Straßen, in einem Konzert ächzender Achsen und knirschenden Kieses. Die Kühe finden allein den Weg in den Stall. Der Mann baut, nagelt Bretter an, streicht die Fensterläden, flickt den Heuschober, repariert sein Dach, während seine Frau Obst und Gemüse einmacht, Wolle kämmt, Kartoffeln erntet und einlagert, Zwiebelzöpfe flicht, Maiskolben abzieht. Faulenzer gibt es nicht. Es kommt uns vor, als befänden wir uns mitten in einer idyllischen Fernsehreportage.

Am Abend in der ungarischen Gemeinde Borsec stoßen wir auf MTV, das mit Gekreische und einem Meer greller Lichter den letzten kalifornischen »trash« sendet. Es gibt Abende, da wünscht man sich, die Welt wäre nicht so klein! Wir übernachten in einem Schober und graben uns wie Maulwürfe ins Heu; heute abend fällt das Thermometer auf 8° Celsius, und seit Delhi haben wir keine Schlafsäcke mehr!

Beim Einschlafen träume ich von Wattestäbchen. Wer den Wattestäbchen-Orgasmus noch nie erlebt hat, weiß nicht, was es heißt, mit schmutzigem Finger eine Eintagsfliege zu zerquetschen, die sich in den Gehörgang verirrt hat!

Die Transylvaner sind wie ihr Land: ungeschliffen und bäuerlich. Wenn sie ihren weichen Filzhut vom Schädel schrauben, kommen darunter blasse Stirnen zum Vorschein. Der Schweiß klebt eine fettige Haarsträhne auf einem gebräunten und von tiefen Falten zerfurchten Gesicht fest. Balzacsche Visagen mit Schnauzbärten aus vergangenen Tagen, die Kleider verwaschen und ebenso zusammengeflickt wie ihre Felder, Hosenträger aus Schnüren, präzise und steife Gesten und dazu diesen klaren Blick und die gerade Haltung erdverbundener Menschen, die noch unmittelbar von ihrer Arbeit leben und wissen, wofür sie schuften.

Am Abend verschlingen wir in Silivacu de Cimpie in einem hübschen, mit Indigo gestrichenen blauen Häuschen eine Polenta. Jacob und seine Frau, unsere Gastgeber, haben wie viele Slawen einen Hang zum Klagen; sie trauern ihrer Tochter nach, die nach Frankreich ausgewandert ist, und träumen davon, zu ihr zu ziehen. Ihre Augen glänzen von akutem »Emigrations-Fieber«. Nachdem er aufgezählt hat, was er alles kann, befragt der pathetische Großvater uns zu den Gehältern von Maurern, Schreinern, Schustern und Fleischern! Wir wissen nicht, was wir darauf antworten sollen. Er begreift die Relativität der Gehälter besser, als ich ihm den Preis für ein Brot in Frankreich in Lei umrechne. Er pfeift erstaunt und kratzt sich nachdenklich den Schädel. In Frankreich besingt man die »blauen Häuschen« (Bezugnahme auf ein Lied von Francis Cabrel; Anmerkung des Übersetzers), hier träumt man davon, sie gegen trostlose Vororte einzutauschen.

Wir folgen der E 60, einer Europastraße: Welche Symbolik! Ein Riesenschritt! Wir kommen an Cluj Napoca mit seinem Bataillon von Mietskasernen vorbei und radeln weiter Richtung Ungarn. Auf der Straße werden wir von einigen französischen Autos überholt. Wer hätte gedacht, daß mich beim Anblick eines Nummernschildes ein solches Glücksgefühl durchströmen könnte?

Donnerstag, 15. September 1994:
340. Tag, 150 km. G: 21 723

Ein schwarzer Golf überholt uns: 93, Seine-Saint-Denis. Wir winken; sie halten an. Vier Studenten steigen aus.

»Wo kommt ihr denn her, Freunde? Aus Wladiwostok?«

»Fast. Aus Singapur!«

»!?«

Es macht uns riesig Spaß, die Leute so zu verblüffen. Wir erzählen unsere Geschichten und können uns im Gegenzug um all jene Dinge erleichtern, die nun nicht mehr unverzichtbar sind: Jonglierbälle, Wüstenkleidung, Gaskocher, Geschirr, Reiseapotheke ... das große Abspecken beginnt!

Als die Studenten sich verabschieden, fängt es an zu gießen: unser erstes Unwetter seit jenem berühmten Sturm in Belutschistan. Wie die Geistesgestörten radeln wir mit nacktem Oberkörper durch den kalten Regen. Wir haben so lange von Kälte, Regen und Grau in Grau geträumt! Wir hatten schon vergessen, was Gänsehaut, Kältezittern und eisiger Wind sind. Die Menschen in den Wagen, die uns überholen, müssen uns für verrückt halten.

In Oradea rufen wir unsere Eltern an, die seit Jalta nichts mehr von uns gehört haben. Ich hasse das Telefon: Es verzerrt alles, verbindet zwei voneinander unabhängige Sphären, die platzen wie Seifenblasen, wenn sie sich berühren. Meine Mutter ist ganz aus dem Häuschen. Voller Bewunderung und überrascht von unserer Rückkehr, bombardiert sie mich mit Fragen, doch ich kann keine einzige beantworten. Ich ergehe mich in Banalitäten, verhasple mich; ich habe das Telefonieren verlernt. Verfluchtes Telefon, das jede Phantasie zunichte macht! Ich hänge ohne ein liebes Wort ein, ohne etwas Nettes gesagt zu haben, wie ein grober Klotz!

Im Regen fahren wir weiter bis zur Grenze. Seltsamerweise hat das Telefonat mich deprimiert, aber wenigstens habe ich erfahren, daß meine Schwester Virginie zwei Tage in Wien sein wird. Wir überholen die fünf Kilometer lange Warteschlange an der Grenze. Es lebe Schengen! Hier an der rumänisch-ungarischen Grenze tun die ungarischen Grenzbeamten die Arbeit, die ihre französischen Kollegen nicht mehr tun dürfen!

Von der ungarischen zur französischen Grenze

Sylvain

Europa, das bedeutet glatter, sauberer Asphalt ohne Schlaglöcher und Hubbel, Felder, die richtig ländlich riechen und nicht nach der warmen Pisse halb verhungerten Viehs; und es bedeutet Städte, die man durchqueren kann, ohne dabei den Erstickungstod zu riskieren. Europa, das ist eine Baumallee und ein eisiger Morgen, ein Kirchturm in einem Dorf, der dem Ruf eines anderen antwortet, den man in der Ferne sehen kann, ohne den ersten aus den Augen zu verlieren. Europa, das ist eine verfallene Steinmauer um einen feuchten Wald und hinter der Mauer ein Haus, in dem Menschen einen aufnehmen, als wäre man nie weg gewesen, und einem an ihrem Tisch vertraute Speisen vorsetzen. Es macht einen glücklich, zu den Seinen zurückzukehren, und es macht einen traurig, von den anderen Abschied zu nehmen. Und genau das empfinden wir auf unseren ersten Kilometern in Ungarn.

Der Asphalt ist so traumhaft und das schöne Gefühl, die Grenze passiert zu haben, berührt uns so tief, daß wir die Sonne untergehen lassen und im Dunkeln weiterfahren.

Wo beginnt Westeuropa? Dort, wo die Türken gescheitert sind? An den Grenzen des Heiligen Reiches? Bei den Romanen? Bei den Germanen? Dort, wo der Überfluß der Supermärkte herrscht? Dort, wo vernünftige, asphaltierte Straßen beginnen? Ungarn ist für uns so oder so eine Art Schwelle. Ein Punkt, von dem aus unser Vorwärtskommen deutlich leichter wird. Wir brauchen uns nicht mehr abzustrampeln, um weiterzukommen. Wir haben nicht mehr mit Winde, Hitze, löchrigen Pisten, Hunger, Fieber, Armut und Kommunikationsschwierigkeiten zu kämpfen … Die Kilometer ziehen ohne jede Mühe vorbei.

In Ungarn erfahren wir wieder, was es heißt, eine Mahlzeit zu genießen, ohne sich um die nächste oder um eventuelle unangenehme Folgen in Form von Durchfällen sorgen zu müssen.

Kurz vor Budapest bleibt ein Wagen abrupt vor uns stehen. Vier junge Männer steigen aus.

»Wir haben eure französische Fahne gesehen. Ihr seid doch Franzosen, oder? Wir haben in Rumänien Urlaub gemacht und sind auch auf der Heimreise nach Frankreich«, sagt einer von ihnen.

»Was glaubt ihr, wann ihr wieder in Paris seid?« fragt Alex.

»Morgen oder übermorgen. Sind ja nur noch 2 000 Kilometer.«

»Faszinierend …« meint Alex, staunend ob der Geschwindigkeit dieser anderen Welt.

Nach einer längeren Unterhaltung über die Kunst des Reisens, erklären sie sich bereit, einiges von unserem Gepäck mitzunehmen, das wir dann abholen werden, sobald wir zurück sind. Wir sind ganz aufgeregt. Für jeden Radfahrer ist es ein gesegneter Augenblick, wenn er sein Gepäck erleichtern kann. Welche Euphorie die Amphibie empfunden haben muß, als sie im Laufe der Evolution zum Vogel wurde. Wir werfen Ballast ab, und uns wachsen Flügel. Mit der Aussicht auf eine baldige Heimkehr schlägt unserer Ausrüstung die letzte Stunde. Wir hatten ohnehin nicht mehr viel. Jetzt haben wir gar nichts mehr.

»Eremitengepäck«, meint Alexandre.

»Was ist mit den Packtaschen? Sollen wir sie behalten?«

Das Jahr unterwegs hat uns Distanz gelehrt. Ein Jahr lang haben wir mit nur zwei T-Shirts, einem Paar Schuhe und Shorts gelebt. Viel zu viel, wird der Asket sagen: Ihr habt den Himmel als Dach, den Wind als Kleidung und die Welt als Bettlektüre. Was könnte man sich noch erträumen? Und wie haben wir es nur geschafft, vor unserer Abreise in so überfüllten Häusern zu leben?

Leicht wie Schmetterlinge brechen wir wieder auf. Bis hierher haben wir eine Eisenkugel mit uns herumgeschleppt. Jetzt haben wir die Kette gesprengt und fliegen gen Budapest.

Auch in Budapest entdecken wir vergessene Empfindungen neu. Gefühle, die man empfindet, wenn man durch Städte mit Straßenbeleuchtung und schönen Häusern streift anstatt durch Orte voller Ruinen und Dunkelheit. Die Donau strömt gemächlich unter den Brücken dahin. Wir lauschen ihrem Geplätscher und betrachten dann abwechselnd Buda und Pest.

Doktor Lazlo Baranyaï, ein Freund meiner Familie, nimmt uns in seinem Haus in den Hügeln von Budapest auf. Was Lazlo uns bietet, ist sehr kostbar, weil wir es vergessen hatten: den Komfort eines gemütlichen Heims.

Da die Frau unseres Freundes Nachtdienst im Krankenhaus hat, überläßt uns Lazlo ihr Ehebett. Wir kuscheln uns genießerisch unter die warmen Federbetten. Und doch fehlt etwas. Wir sind im Paradies, und doch sind wir nicht wunschlos glücklich. Wir sind vom Reisevirus befallen. Früher haben einige Tage Aufenthalt uns in Lethargie gestürzt. Die Sirenen hielten uns fest, und der Abschied fiel uns schwer. Aber inzwischen sind wir so weit gereist, daß wir des Verweilens in Seidenkissen rasch überdrüssig werden. Die Straße ist zur Droge geworden. Das Gefühl, vorwärtszukommen, berauscht uns. Längst ist uns das Radfahren in Fleisch und Blut übergegangen, so selbstverständlich geworden wie das Atmen. Wir sind beunruhigt, was unsere Reakklimatisierung an das Leben in Paris betrifft.

Budapest glänzt in der kalten Nacht. Der Wind hat sich gelegt. Aber er liegt auf der Lauer, bereit, morgen beim ersten Pedaltritt wieder aufzukommen, kräftig und beißend.

Die Straße, die Budapest und Wien verbindet, führt an der Slowakei entlang. Ganz spontan beschließen wir, diesem Land einen Besuch abzustatten, was uns eine Nacht auf dem Land einbringt und einen Besuch in der Hauptstadt Bratislava.

Virginie, Alexandres Schwester, hat sich mit uns am Wiener Flughafen verabredet, um etwas Zeit mit uns zu verbringen. Wir geben Gas, um sie nicht zu verpassen. Das Wiedersehen verläuft überschwenglich. Bruder und Schwester ergehen sich in herzlichen Zuneigungsbekundungen. Die Österreicher fragen sich bestimmt, was eine so hübsche Frau in den sonnengegerbten Armen eines so heruntergekommenen jungen Mannes macht.

Virginie in Wien, nach einem Jahr der Weltreise, das ist wie ein unverhoffter Traum. Von einem Apfelstrudel und Wiener Café zum anderen radeln wir mit ihr über die Radwege der Stadt.

Die nächste Etappe bis München ist ein mehrtägiger Walzer mit der Donau.

Die germanischen Länder haben ihre Liebe zum Fahrrad gepflegt. In Österreich und Deutschland hat der Radfahrer einen anderen Status als den eines lästigen Insekts. Auf den Straßen der Welt gilt er gemeinhin als Störenfried, der einen an riskanten Überholmanövern, dem Fahren in der falschen Fahrtrichtung und einem gepflegten Crash hindert. Er wird verachtet, und das gibt man ihm mittels Hupe und manchmal auch durch Anstoßen mit der Stoßstange zu verstehen. Aber die Teutonen sind begeisterte Radfahrer, und es gibt kaum eine Straße, an der nicht ein Radweg entlangführt. Das Netz der Rädern zugedachten »grünen Pisten« ist so dicht, daß man sich glatt verfahren könnte.

Der Radweg führt erst an der Donau entlang bis nach Linz, oben auf dem Deich, und setzt sich dann bis München fort. Sie überquert verschlafene Kanäle und dunkle ausgetrocknete Fußarme, führt am Waldrand entlang, in Wälder hinein, wieder heraus, folgt dann wieder dem Waldrand, an dem Rehe äsen, durchquert Dörfer mit so adretten Häusern, daß man glauben könnte, sie würden jeden Morgen geschrubbt, und führt schließlich an Obstgärten, wie mit dem Lineal gezogenen Feldern und blühenden Gärten vorbei.

Auf diesen asphaltierten Wegen, von denen der schmalste einen chinesischen Städteplaner vor Neid erblassen lassen würde, wimmelt es von radelnden Senioren. Ganze Armeen alter Leute auf futuristisch anmutenden Rädern, in neonfarbenen Radlerhosen und mit aerodynamischen Helmen bevölkern das Labyrinth der Radwege. Sie fahren von Konstanz nach München, von Linz nach Wien, von Branau nach Budapest ... Das einzig Störende an diesen Wegen ist, daß man nicht richtig vorwärtskommt. Die ländlichen Umwege und die akrobatischen Slaloms durch Gruppen von Großeltern halten uns auf. Auf den Straßen der Welt haben wir gelernt, auf unseren Rädern wie auf einem Schiff zu fahren. Geradeaus, immer dem Horizont entgegen, ohne Unterbrechung, auf schnurgeraden Straßen inmitten grenzenloser Weiten. Die Spielzeugeisenbahnkulisse Österreichs irritiert uns daher ein wenig.

Aber man wage es bloß nicht, von diesen Wegen abzuweichen. Ein Fahrrad auf einer Autostraße ist ein Sakrileg. Jedem seine eigene Fahrbahn. Es kommt immer wieder vor, daß wir zwischen zwei Pisten einige Kilometer über Bundesstraßen fahren. Chaos. Wir entfesseln zornige Reaktionen, die Autofahrer sind empört.

Die Deutschen haben ihr Strafgesetzbuch im Kopf. »Wenn ein Deutscher einen Bahnhof stürmen will, kauft er sich erst eine Fahrkarte«, schreibt Brecht. Aber es hat auch sein Gutes. Die Fenster sind mit Blumenkästen geschmückt, und man riskiert nicht allenthalben, unter den Rädern eines Lastwagens zu enden.

Als wir eines Tages eine Rast einlegen und uns auf der Sitzbank eines Dorfplatzes schlafen legen, werden wir von einem Polizisten geweckt: »Setzen Sie sich bitte hin, es sieht nicht gut aus, wenn Sie hier liegen«. Hierzulande sind die Polizisten Hüter des Friedens und der Ästhetik!

In München findet gerade das Oktoberfest statt. Dort feiern wir unseren 25 000sten Kilometer. Die ganze Stadt steht unter Strom. Wir tauchen in die Menschenmassen ein, die zur Festwiese strömen. Jede Münchner Brauerei stellt ein Zelt auf, das 3 000 Besucher fassen kann. Wir entscheiden uns für das Spatenbräu-Zelt. Um halb zwölf gehen die Lichter aus. Die Musiker packen ihre Trompeten ein. Man spürt ein konfuses Drängen der Masse zum Ausgang. Ich bin ziemlich angeschlagen. Alexandre scheint jedoch trotz seiner von der Hepatitis vorgeschädigten Leber bestens in Form zu sein, wenn sein Gesicht auch leicht gerötet ist. Ich lasse noch einmal – doppelt – die Bilder unserer Wodka-Tour durch Rußland Revue passieren.

Wir schieben uns auf den Ausgang zu. Plötzlich erschauere ich. Ich habe gerade vertraute Klänge gehört. Ich packe Alex´ Arm.

»Oh! Entschuldigen Sie, Madame! Ich habe Sie für meinen Freund gehalten!«

Endlich finde ich Alex.

»Alex! Hör doch, ein bretonischer Dudelsack!«

Am Zelteingang hat gerade ein Dudelsackbläser einen martialischen Marsch angestimmt. Wir eilen hinüber und entdecken den Bläser, der von einer stimmungsvollen Menge umringt ist. Ich bahne mir einen Weg durch den Zuschauerkreis, trete auf ihn zu und rufe:

»Darf ich mal?«

»Bist du Bretone?« fragt er.

»Ja.«

»Hier«, sagt er.

»Danke.«

»Gern geschehen. Ich heiße Joël.«

Ich habe seit Katmandu, wo ein junger armorikanischer Entwicklungshelfer mir seinen alten bretonischen Dudelsack geliehen hatte, nicht mehr gespielt. Während ich keltische Tanzmelodien spiele, bringt Joël die Zuschauer auf Trab, tanzt mit ihnen eine Bourrée, galoppiert dann los, im Kreis, führt eine Farandole an. Der germanische Sicherheitsdienst mustert uns mißtrauisch. Schließlich befiehlt uns einer der Wachleute zu verschwinden. Ich stimme ein Rückzugssignal an und marschiere durch die vollgepackten Gänge, in meinem Kielwasser späte Trinker hinter mir herziehend wie der Rattenfänger von Hameln.

Die Hyperventilation durch das Blasen des Dudelsacks und der vorangegangene Alkoholgenuß lassen mich stolpern. Es ist höchste Zeit, schlafen zu gehen. Ich erinnere mich nicht mehr genau an die Ereignisse bis zum nächsten Morgen. Verblüfft wache ich am Morgen inmitten von Grabsteinen aus schwarzem Granit auf, auf einem romantischen Friedhof im Herzen Münchens.

Wir verbringen 24 Stunden in München. Wir verschicken den Packen von 200 Postkarten, die unsere Eltern uns aus Paris geschickt haben und die wir jetzt an Freunde adressieren, um sie von unserer baldigen Rückkehr zu unterrichten. Der Ruf der Straße vertreibt uns aus München. Wir brauchen Luft. Wir fahren in Richtung Bodensee.

Im Dorf Isny unterhalten wir uns mit einer englischen Familie, die uns schließlich in ihr Ferienhaus in den Bergen einlädt. Die Walsers, unsere Gastgeber, verwöhnen uns nach Strich und Faden und erzählen uns von ihrer Zeit in Südafrika, wo sie mehrere Jahre gelebt haben, und von ihren Reisen auf dem afrikanischen Kontinent.

Wir hatten befürchtet, bei unserer Rückkehr nach Europa wie Vagabunden behandelt zu werden, aber zu unserer großen Erleichterung werden uns im wiedergefundenen Westen nicht die Türen vor der Nase zugeschlagen.

Gastfreundschaft ist auch hier kein Fremdwort. Das haben Inge und ihr Bruder Hans bewiesen, die uns in ihr Haus in Ried aufgenommen haben, aber auch die Nonnen des bayerischen Klosters Hagge, Sylviane in München und die vielen anderen, die in unseren Adreßbüchern in der Rubrik Europa eingetragen sind.

Hinter Isny, im Süden, führt die Straße durch einen Wald abwärts zum Bodensee. Wir fahren an dem Seeufer in Richtung Schweiz entlang. Ferienorte folgen aufeinander. Kleine Dörfer mit freundlichen Häusern, barocken Villen und neogothischen Anwesen, in denen einst europäische Kaiserinnen abstiegen.

In Wasserburg bietet sich uns das außergewöhnliche Schauspiel einer Malstunde am Seeufer. Auf einem Kiesstrand haben sich einige Maler um die sechzig niedergelassen, um die alten Häuser mit den spitzen Dächern an einem Pier zu zeichnen.

An den Seeufern wimmelt es von Radtouristen, die für ein Wochenende durch Bayern touren. Beim Mittagessen betrachten einige von ihnen unsere völlig abgenutzten Räder und fragen:

»Haben Sie eine lange Fahrt hinter sich?«

»Ja, und Sie?« fragen wir.

»Ja. Wir kommen aus Bern. Und Sie? Haben Sie den See umrundet?«

»Nein, wir kommen aus Singapur.«

In Busingen, westlich des Sees, verbringen wir die Nacht bei der Mutter Nataschas, unserer deutschen Freundin, die mit Éric und Sonia aus Frankreich angereist war, um im Februar mit uns die Anden zu überqueren.

Ein weiterer Tag unterwegs führt uns nach Schaffhausen, nach Neuhaus, zu den Rheinfällen und in den mittelalterlichen Ort Waldshut, wo wir im Zelt am Rheinufer unsere letzte Nacht außerhalb Frankreichs verbringen. Um drei Uhr werden wir von den Rufen einiger Nachtschwärmer geweckt. Vor unserem Zelt, das wir auf einer Rasenfläche am Flußufer aufgeschlagen haben, stehen drei angeheiterte junge Deutsche, die gerade von einer Feier kommen. Wir laden sie ein, den Sekt, den sie noch übrig haben, mit uns zu teilen. Alexander, Oliver und Nicole quetschen sich unter das Vorzelt. Wir leeren die Flasche und erzählen ihnen, daß wir morgen wieder zu Hause sein werden, nach einer langen Radtour um die Welt. Schallendes Gelächter. Sie glauben uns nicht. Seit mehreren Wochen nimmt uns niemand mehr ernst. Wenn wir unsere Geschichte erzählen, werden wir entweder ausgelacht, oder aber unser Gegenüber setzt die verständige Miene von jemandem auf, der sich nicht auf den Arm nehmen läßt. Aber an diesem Abend sind wir so überzeugend, daß unsere drei Besucher uns schließlich doch glauben. Sie lachen nicht mehr. Sie bombardieren uns mit Fragen. Wir antworten, ohne ihre Gesichter zu sehen, in völliger Dunkelheit. Und plötzlich, als wir gerade von unserer Wüstendurchquerung erzählen, bricht Nicole in Tränen aus.

Sonntag, 2. Oktober 1994:
Basel

»Da!«

Wir haben es gleichzeitig gesehen. Das Schild »Frankreich« mit einem Pfeil darüber, der nach Westen zeigt. Von diesem Augenblick haben wir oft geträumt. Wir befinden uns unmittelbar vor der französischen Grenze. Wir machen halt, weil wir es kaum fassen können, und vor allem wären wir gern fröhlicher. Glücklicher. Ergriffener. Wir müssen versuchen, uns die Qualen der Wüste, die Krankheiten im Urwald, die Erfrierungen in den Bergen in Erinnerung zu rufen, an all die Orte zu denken, an denen wir uns abgestrampelt haben, das Tausende von Kilometern entfernte Frankreich-Schild vor Augen. Alles vergebens. Es ist nur eine weitere Grenze. Um in den Genuß einer wirklich kontrastreichen Rückkehr zu kommen, hätte die französische Grenze sich am Rande Belutschistans befinden müssen, am Ausgang eines iranischen Krankenhauses oder hinter einem tibetischen Berg. Aber die mühelose Durchquerung Europas hat die Emotionen der Rückkehr in die Heimat abgestumpft. Wir stehen vor dem Grenzschild. Was denken? Am besten gar nichts. Einfach einige Bilder der Reise Revue passieren lassen. Ich hatte erwartet, daß mir in diesem Moment die Tränen kommen würden, aber nichts passiert. Ich dachte, es würde einer dieser unvergeßlichen Augenblicke im Leben werden, deren Bedeutsamkeit man so stark empfindet, daß es einen völlig aufwühlt. Aber nein. Ich muß mich zwingen, überhaupt ein wenig Freude zu empfinden.

Eine schweizerische Grenzbeamtin, die sich wundert, daß wir so lange vor dem Schild stehenbleiben, kommt auf uns zu.

»Sind Sie Franzosen?«

»Ja.«

»Haben Sie etwas zu verzollen?«

»Nein.«

»Dann können Sie weiterfahren.«

Und dann habe ich plötzlich, unerwartet stark das Gefühl, wieder daheim zu sein. Die geistige Entwurzelung durch das monatelange Nomadenleben, der Zwang, immer weiterzufahren, um zu überleben, immer weiter und weiter, wie ein Hai, der stirbt, wenn er aufhört zu schwimmen, haben das Gefühl der Verbundenheit zum Vaterland vertieft.

Es war ein Gelöbnis. Oder eine spaßige Wette. Oder beides. Ich weiß nicht mehr. Wir waren übereingekommen, daß wir, sobald wir wieder auf französischem Boden sind, etwas Erde essen würden. Vor der Grenzstation kehrt Alexandre zu seinen normannischen Wurzeln zurück und grast die Böschung ab. Ich esse schließlich einen Löwenzahn, während Alex sich mit einem Erdklumpen das Gesicht abreibt. Nach der Kuh nun auch noch das Wildschwein. Nachdem wir das Wiedersehen mit der Heimat ausreichend gefeiert haben, brechen wir wieder auf, denn noch sind wir nicht zu Hause.

Von Basel nach Paris

Alexandre

Ich grüße dich, mein Frankreich, wo der Zugvogel
Auf dem Weg von Lille nach Roncevaux,
von Brest nach Mont-Cenis
Zum ersten Mal erlebt,
Was es bedeuten kann, ein Nest zu verlassen …

(Cf »*Je vous salue ma France*« von Louis Aragon)

Sie ist da, gleich vor mir, ich träume. Der Lohn so vieler Anstrengungen und Hoffnungen.

Wie von einem herausragenden Kampf benommene Boxer erleben wir die letzten zehn Sekunden unseres langgehegten Traums in einer sonderbaren Welt, die stumm und gleichgültig den Sturm der Sinne ignoriert, den diese weiße Linie zwischen zwei verlassenen Parkplätzen entfesselt. 6,5,4,3,2,1 … die Grenze.

Von jetzt an werden wir die Dinge nicht mehr erleben, sondern berichten.

»Ihr kommt aus Paris? Ganz schönes Stück! Wann seid ihr denn losgefahren?«

»Vor einem Jahr.«

»So lange habt ihr gebraucht?«

»Über Lhasa, ja.«

»Wo ist denn das, Lhasa?«

»Im Land des ewigen Schnees!«

Ungläubig und mit offenem Mund blättert die französische Grenzerin in unseren Pässen mit den zahlreichen bunten Stempeln. Wadeninspektion. Sie reicht uns wortlos unsere Papiere, weiß nicht, wo sie anfangen soll, sucht nach einer Frage – findet keine passende –, und in einer zweifellos rein impulsiven Geste der Anerkennung salutiert sie militärisch, ein Gruß, der mir wie eine Segnung vorkommt. Als ich nach ein paar Metern noch einmal zurückblicke, steht ihr Mund immer noch offen.

Wir fahren wieder auf französischen Straßen.

Einem mysteriösen Ruf folgend, stürzen wir uns mit barbarischem Geschrei in das satte Gras des ersten Obstgartens, krallen alle zehn Finger hinein, essen von den grünen Halmen, weinen, spucken, um uns dann schließlich in einer Geste tiefster Dankbarkeit mit ausgebreiteten Armen auf dem Rücken auszustrecken, das Gesicht dem Himmel zugewandt.

Unter unseren steifen Nacken flüstert uns die fruchtbare Erde des Obstgartens ein herzliches Willkommen ins Ohr, das sie sonst den Äpfeln vorbehält; unsere Köpfe sind von der Vierjahreszeitenreise ebenso reif.

Ein Hupkonzert geparkter Autos begleitet unser irdisches Wiedersehen, und unsere brave zerfetzte, ausgebleichte Fahne flattert neu belebt in der heimatlichen Luft.

Martial, der Wirt der Brasserie *Alsace-Sud* lädt uns auf ein Bier ein. Martial ist urkomisch. In zwei, drei lapidaren Sätzen faßt er unsere Reise zusammen. Martial hat nichts für Reisen übrig.

Mama teilt mir am Telefon mit, daß Stéphane Picard, unser Seismologe aus Katmandu, sie angerufen hat. Er hat ihr für alle Fälle die Anschrift seiner Schwester gegeben, die sich kürzlich im Osten Frankreichs niedergelassen hat, in Blotzheim. Wir erkundigen uns bei Martial.

»Blotzheim? Natürlich! Ihr nehmt die Straße, die ihr da zur Rechten seht! Ihr fahrt durch Michelbach, und dann kommt ihr auch schon nach Blotzheim! Knapp drei Kilometer.«

Der Empfang, den uns die Lamours bereiten, ist ihres Namens würdig. Das junge Paar nimmt uns spontan inmitten des anfallenden Chaos' ihres Umzuges auf, bietet uns all jene Kleinigkeiten, diese Nichtigkeiten, die man schnell verachtet, die aber entscheidend zu unserem Wohlbefinden beitragen. Das alles erfüllt uns mit Staunen.

Wir müssen das Glück der einfachen Dinge neu entdecken.

Ein Wasserhahn, aus dem ein Strahl klaren Wassers fließt ... Wie oft hätte ich unterwegs meine Seele verkauft für einen solchen Wasserhahn! Ein Bad, lesen, Musik hören, schreiben, das alles macht uns glücklich, doch wir sind des Radfahrens immer noch nicht überdrüssig!

Montag, 3. Oktober 1994:
358. Tag, 78 km. G: 24 385 km, noch sechs Tage

Nachdem wir von den Lamours Abschied genommen haben – nach einem typischen Morgen für ein berufstätiges Paar; hektisch, mit summendem Haartrockner, glucksender Kaffeemaschine, elektrischem Rasierer, Toaster und Radio, lieblichen Klängen der Moderne, machen wir uns daran, die Franzosen zu entdecken.

Unsere Gefühle sind stärker als wir: Wir grüßen jeden, sprechen alte Damen an, halten Schwätzchen, sondieren die Herzen. Wer spricht hier von Trostlosigkeit und Streß? Alle lächeln uns zu. Stand der Gnade! Ein Jahr lang haben wir von Lächeln gelebt. Wir haben eine Weltreise des Lächelns hinter uns.

Eine alte Dame spricht uns an. Es regnet. Sie hat die Straße überquert, um mit uns zu sprechen. Sie ist eine ganz gewöhnliche alte Dame, perfekte Inkarnation der Herzensgüte. Sie ist aus Nîmes angereist, um ihrer Tochter zu helfen, der die Kinder über den Kopf wachsen, »weil es nämlich Solidarität zwischen den Generationen geben muß«. Nie haben wir eine angenehmere Unterhaltung im Regen geführt.

In Dannemarie fahren wir an der Produktionsstätte von Peugeot-Motorrädern vorbei.

»Sollen wir es versuchen?«

Der Fabrikdirektor im braunen Arbeitsoverall empfängt uns freundlich, stolz, Anhänger seiner Marke kennenzulernen. Wir besichtigen die Motorenfabrik und essen mit seiner versammelten Mannschaft in der Kantine zu Mittag. Wir lernen, über unser Abenteuer zu sprechen, wählen unsere Worte sorgfältig, prüfen unsere Wendungen, aber vor allem, sie zum richtigen Zeitpunkt anzubringen, um die größtmögliche Wirkung zu erzielen. Wir sind uns der Wahrheiten, die sich hinter den Worten verbergen, kaum bewußt.

In Belfort besuchen wir den Löwen. Unserer Weltreise fehlt ein Löwe. Unmöglich, einen zu erfinden; uns ist kein Löwe begegnet. Wir haben in diesem Jahr nicht die Welt der Tiere frequentiert, sondern die der Menschen.

Als wir nach fast einem Jahr wieder eine Papeterie betreten, trifft uns beinahe der Schlag. Eine periodische Bibliothek: alles, was man derzeit in Frankreich liest, heute, diese Woche oder diesen Monat, Hunderte von Titeln, die ganze Welt auf Hochglanzpapier. Angesichts all dieser Bilder auf den Verkaufsständen erscheint uns unser bestandenes Abenteuer unbedeutend.

Wir fahren auf gut Glück in die Stadt; die Richtung stimmt! Wir haben einen Kompaß im Kopf, ein Organ, das sich aus der Notwendigkeit heraus entwickelt hat. Vielleicht zieht uns die Sonne, die hinter einer dicken Wolkendecke verborgen ist, magisch an? Seit zwölf Monaten fahren wir nach Westen, das schafft ein Band zum Abend.

Als es dunkel wird, fängt es an zu regnen. Wir sind glücklich, ich denke an jene Menschen, die mir nahestehen. Zwei, drei Stunden mit dem Auto? Mit dem Fahrrad sechs Tage. Wir nähern uns unaufhaltsam dem Ziel, nichts hat uns aufhalten können, so ist es, wir sind Überlebende der Dauer.

Als wir die Abfahrt nach Ronchamp hinunterrasen, erhasche ich aus dem rechten Augenwinkel einen Blick auf etwas, das meine Aufmerksamkeit weckt: auf einem Hügel ragt die Kapelle Notre-Dame-du-Haut von Le Corbusier in die Nacht wie ein Schiffsbug. Von dem Schwung mitgerissen, folgt mein Körper der Drehung meines Kopfes, mein Vorderreifen schwenkt herum, gerät auf den Randstreifen, rutscht aus, knurrt, und das alles dauert endlos, wir brüllen gemeinsam in einer Hochgeschwindigkeitszeitlupe: Sturz, Purzelbaum! Klack! Der Nacken! Das war's.

Sobald ich mich hochgerappelt habe, springe ich zur Seite, um dem Auto auszuweichen. Es gab gar kein Auto. Mein Rad ist unbeschädigt! Das wäre auch zu blöd gewesen! Das war ein ganz schöner Schreck! Plötzlich wird mir ganz warm. Am Hals. Klebt es? Blut, Ströme von Blut! Sylvain kommt entsetzt die Abfahrt wieder heraufgefahren. Im Licht der Stirnlampe untersucht er meinen Kopf: Die Kopfhaut ist bei dem Sturz aufgeplatzt.

Er umwickelt meinen Kopf mit seinem Tuch; es sieht aus, als hätte ich rasende Zahnschmerzen. Als ich mich wieder aufs Rad schwinge, sehe ich, daß auch mein rechtes Bein ganz blutig ist: Ich habe einen zehn Zentimeter langen Riß an der Innenseite des Knies.

In strömendem Regen unter einem apokalyptischen Himmel fahren wir weiter. KO und triefend von rotgefärbtem Regenwasser, denke ich an die letzten Worte von Bruder Philippe an der Porte d´Orléans vor einem Jahr: »Seid bloß in den Abfahrten vorsichtig!« Und dann muß ich über diese Lektion lachen. »Es kommt alles zur rechten Zeit, wenn man nur warten kann«, nichts ist jemals sicher.

Vielleicht kommen wir gar nicht bis Paris!

Und ich grüble darüber nach, daß die meisten Himalaja-Bergsteiger beim Abstieg umkommen, daß man sich auf der letzten Skiabfahrt das Bein bricht: ein Hang, ein Gefälle, ist immer trügerisch. Obacht! Steigen wir weiter auf, das ganze Leben ist ein Aufstieg, Paris ist der Gipfel!

Die Apothekerin von Ronchamp, erschreckt von unserem plötzlichen Auftauchen, schickt uns zu Doktor Ly. In einem kleinen, übelriechenden Wartezimmer sitzen traurig dreinblickende Patienten. Der lächelnde Arzt verblüfft uns.

»Habe ich Steine im Kopf?«

»Wie bitte? Steine?«

»Das frage ich *Sie*!«

»Ich sehe keinen!«

Dann massiert er Sylvain die Schulter und fragt:

»Sie haben sich doch nicht das Schlüsselbein gebrochen?«

»Aber ich bin doch gar nicht gestürzt.«

«Ach so! Bei einem Fahrradsturz sind Schlüsselbeinbrüche nämlich häufig. Und Sie?«

»Nein! Danke, aber diesbezüglich ist alles in Ordnung. Ich denke, meine Platzwunde am Kopf müßte vor allem desinfiziert werden! Meinen Sie, daß die Wunde genäht werden muß?«

»Nein. Ich weiß nicht.«

»Was soll das heißen, Sie wissen es nicht! Sie sind doch Arzt?«

Nach kurzem Zögern bejaht er, bestäubt meinen Kopf mit Talkum-Puder und verabschiedet uns mit einem Lächeln. Wir begreifen wirklich nichts von der orientalischen Weisheit. Wir verlassen unseren *Doktor No und Mr. Ly* ohne einen weiteren Blick oder ein weiteres Wort und fahren per Anhalter zum Krankenhaus von Lure.

In einer beeindruckenden Notaufnahme stürzen sich gleich drei Krankenschwestern auf mich, fordern mich auf, mich hinzulegen, bombardieren mich mit Fragen und lachen, als es mir sichtlich peinlich ist, das Bett mit meinem Blut und Dreck zu beschmutzen. Doktor Foucher sieht nach mir, so daß jetzt vier Frauen um mich herumstehen; Mitgefühl und Freundlichkeit, Sanftheit in dieser brutalen Welt!

Auf die Gefahr hin, Doktor No zu widersprechen, findet Monique Mathieu, eine der Pflegerinnen, drei kleine

Steine in der Wunde. Eine nette Assistenzärztin, Véronique Michaud, flickt mit fünf Stichen meine Platzwunde, während Marie-Louise Lénée mein Knie sauber verbindet.

Zurück in Ronchamp finden wir Obdach in der Garage einer alten Dame, wo wir unsere Schlafmatten ausbreiten und unsere Räder unterstellen können, bevor wir uns aufmachen, uns im *La Pomme d´Or* den Bauch vollzuschlagen. Wir teilen unsere Mahlzeit mit Jean-Claude Cusey, einem Fernfahrer, der liebevoll von seinem Beruf, seiner Freiheit und seiner Leidenschaft für die Archäologie erzählt.

»Wenn ich unterwegs bin, vermute ich unter jedem Gefälle die Überreste eines keltischen Tumulus oder eines Oppidum, in jedem kleinen Tal halte ich Ausschau nach einem zerstörten und an diesem Ort wiederaufgebauten strohgedeckten Häuschen. Ich spüre die Geschichte, erlebe sie in den Landschaften, durchlebe die Schlachten, errate die Pflastersteine der römischen Straßen unter dem Asphalt der Bundesstraßen. Ich liebe altes Gestein, die Erosion der Jahrhunderte, die Patina der Zeit! Ich habe sogar einen Metalldetektor bei mir im Laster, und wenn meine Black-box anzeigt, daß ich zu schnell war, mache ich an einer Ruine halt und suche die Umgebung ab. Ich habe schon Silbermünzen gefunden, einen Kerzenständer, Kanonenkugeln ...«

In einem Land, in dem die Mauern sprechen, in dem die Geschichte gleich unter der Erdoberfläche lauert, gibt es auch poetische Fernfahrer. Von Jean-Claude Cusey lernen wir wieder, was Leidenschaft heißt.

Als wir das Restaurant schließlich gesättigt verlassen, begegnen wir einem Obdachlosen, der uns für »Kollegen« hält.

»Hey! Jungs! Wo kann man denn in diesem Kaff pennen?«

Wir laden ihn ein, die Garage mit uns zu teilen.

Albert ist ein ehemaliger Weltenbummler, der den Anschluß an die Arbeitswelt verpaßt hat. Er ist umhergezogen, hat von Saisonarbeiten quer durch die Länder dieser

Erde gelebt. Eines Tages ist er dann zurückgekommen, um seßhaft zu werden, was ihm jedoch nicht gelungen ist, und so lebt er mit 38 Jahren von seinen wehmütigen Erinnerungen und der Sozialhilfe. Wir erzählen ihm vom anderen Ende der Welt, von Eldorados, die er nicht gefunden hat, an die er aber immer noch glaubt, wir singen und spielen Flöte für ihn. Plötzlich beginnt der gute Mann mit dem Gallierschnurrbart und dem fahlgelben Pferdeschwanz zu zittern wie Espenlaub und bricht in Tränen aus.

»Wahnsinn, welche Freude ihr mir macht, Jungs, danke!«

Wir haben im Laufe dieses Jahres so viel bekommen, es an der Zeit ist, anderen etwas zu geben. Wir stehen in der Schuld der Menschen aller Länder. Da fallen mir die letzten Worte von Sylviane Phan Van aus München ein:

»Danke, daß ihr hier wart und für alles, was ihr seid! Ich hätte mir gewünscht, ihr würdet ewig bleiben! Ihr wart wie zwei kleine vom Himmel gesandte Engel!«

Jetzt, angesichts von Alberts Tränen, verstehe ich, was sie meinte. Wir sind alle irgend jemandes Engel; es ist vor allem eine Frage der Umstände.

Als ich schließlich einschlafe, denke ich an die Franzosen, zu denen wir zurückgekehrt sind, reizbar und individualistisch, aber auch leidenschaftlich und sensibel. Es tut gut, sich in seinen Mitmenschen wiederzuerkennen.

Mittwoch, 5. Oktober 1994:
120 km. G: 23 525 km, noch vier Tage

Noch etwas groggy und steif konnte ich gestern nur an die 20 Kilometer fahren. Sind Sie schon mal hinkend radgefahren? Wir haben die Zwangspause genutzt, um bei der *L'Est républicain* vorbeizuschauen, dessen Redaktion in Lure von Guillaume Mazeaud geleitet wird.

Nach einem Nachmittag, den wir mit Interviews, Fotos an dem Denkmal des Pioniers Camembert und angeregten Diskussionen über die Welt verbracht haben, lädt der gute Mann uns zu sich ein. Christine, seine Frau, bereitet uns einen herzlichen Empfang. Bruno, Éric, Fiona und Charles, seine vier süßen Kinder, stürzen uns unvermittelt in eine Welt der Pädagogik, in der man jedes Wort und jede Geste sorgfältig überdenken muß. Unschuldige Fragen prasseln auf uns nieder:

»Seid ihr glücklich?«

Das fängt ja gut an! Glücklich, zurück zu sein? Glücklich, weil wir so viel gesehen haben? Glücklich, ein Jahr lang geradelt zu sein? Glücklich, daß wir uns einen Traum erfüllt haben? Glücklich, nicht aufgegeben zu haben? Glücklich zu leben? Charles´ Frage bringt uns ein wenig in Verlegenheit, und dabei faßt sie alle anderen zusammen, schließt sie ein. Kindermund!

Ja, wir sind glücklich! Alles macht uns glücklich! Das Schlimmste wie das Schönste, die durchgestandenen Herausforderungen, die Augenblicke des Glücks und auch der Furcht, weil sie uns erlaubt haben, in direktem Kontakt mit der Welt zu leben.

Wir haben eine Reise hinter uns, die alles umfaßt hat. Wir haben uns nichts erspart. Diese Feststellung macht uns glücklich.

Ja, ich antworte dir, lieber Charles. Die Antwort ist noch nicht vollendet, noch ist nichts gesagt, mögest du eines Tages ähnliches erleben wie wir auf unserer Reise.

Nach einer Comic-Völlerei schlafen wir in der Behaglichkeit von Kinderbetten ein, in der Sorglosigkeit der Kinderwelt, der wir nicht mehr angehören.

Vor dem Brunnen der Pilger von Compostella nehmen wir Abschied von Guillaume Mazeaud und seiner kleinen Familie.

Die Haute-Saône lächelt uns in einem schönen winterlichen Antizyklon zu. Auf dem Land ist es still, nichts lenkt uns ab, die Ruhe vor der Heimkehr. Noch ist uns das nicht so ganz bewußt. Über-übermorgen soll Schluß sein? Aber das Ziel lag doch immer am anderen Ende der Welt!

Auf dem Plateau von Langres entdecke ich eine der Wiegen meiner Familie. Familien haben mehrere Wiegen, so wie Bäume verschiedene Wurzeln haben. Meine Wurzel in Langres heißt Jean Racine und ist eine Wurzel mütterlicherseits, eine Wurzel, derer man nie würdig ist. Ich unternehme diese Pilgerfahrt auf der Suche nach den Geheimnissen der Seele meiner Familie.

François aus Hédouville, Journalist bei *La Haute-Marne*, gerade erst von der Hochschule abgegangen, tut uns den Gefallen, sich für unsere Geschichte zu begeistern. Angesichts der späten Stunde bietet er uns fast schüchtern an, uns bei einem Gratin Dauphinois in seiner »Bude« zu interviewen. Ein Gratin Dauphinois! Seine Bude erweist sich als traumhaftes Apartment im ersten Stock eines historischen Hotels mit Portalvorbau, Innenhof, französischen Gärten, Regenwasserzisterne, Prachttreppe, hohen Dekken und alten Schnitzereien. Bei jedem Schritt überschlagen wir uns förmlich vor Bewunderung. Als letzte Stufe einer Treppe von Begegnungen, die uns auf unsere Heimkehr vorbereitet haben, setzt François uns über die aktuellen Ereignisse ins Bild und lenkt unser Augenmerk auf unsere Sorgen von morgen. Danke, François! Dank deiner wird der Schock der Heimkehr weniger heftig ausfallen.

An die nächsten zwei Tage kann ich mich nur noch vage erinnern. Feierliche Leere, wir radeln stumm vor uns hin, wollen an nichts denken, während wir die aufeinanderfolgenden Felder überfliegen wie Pusteblumensamen auf der Suche nach der letzten Furche, getragen vom Wind unseres Abenteuers. Einige Merkmale bestätigen unser Vorwärtskommen: Ein monumentales Lothringer Kreuz läßt uns eine Weile in Colombey-les-Deux-Églises verweilen, dann führt uns das Labyrinth gewundener Gäßchen des alten Troyes von Fachwerkhaus zu Fachwerkhaus bis zum Priesterkolleg.

Am nächsten Tag lenkt uns eine ausgedehnte Besichtigungstour der Cycleurope-Fabrik in Romilly-sur-Seine, aus der unsere Räder stammen, von unserem bevorstehenden Eintreffen in Paris ab. Der Direktor der Fabrik, Monsieur Gérard Jacques, bereitet uns einen Empfang erster Klasse, mit Interview, Mittagessen und kommentierter Besichtigung der verschiedenen Fabrikationsetappen. Wir dachten, wir würden unsere Räder kennen, aber wir haben ihre unzähligen Fabrikationsgeheimnisse außer acht gelassen, die peinliche Sorgfalt bei ihrer Zusammensetzung und Belastungsprüfung.

Am Abend lenkt uns Sylvains Patenonkel, Pierre-Yves Guilhen, von der Aufregung am Vorabend eines großen Tages ab, indem er uns in unserer 364. Nacht in seinem Palast aus Tausend und einer Nacht unterbringt. In einem traumhaften Zimmer möchte man immer so viel tun: den außergewöhnlichen Komfort auskosten, jede Sekunde genießen, beten. Sich erinnern, sich die Zukunft ausmalen, an die Menschen denken, die einem nahestehen, sie in dieses Glück miteinbeziehen … aber dann schläft man doch viel zu schnell ein und hat nichts von alledem getan!

Samstag, 8. Oktober 1994:
363. Tag. G: 23 890 km, noch 1 Tag

Zum erstenmal seit unserer Abfahrt fahren wir freiwillig 15 Kilometer zurück. Wir sind am Bahnhof von Provins mit Bruder Philippe Gouault verabredet, unserem ehemaligen Schuldirektor, sowie mit unserem treuen Freund Éric Girard. Die beiden wollen uns auf den letzten wie schon auf den ersten Kilometern auf dem Rad begleiten. Schlepper vor der Hafeneinfahrt – werden unsere beiden Freunde pünktlich am Treffpunkt sein?

Der mittelalterliche Bergfried von Provins läßt unsere Herzen höher schlagen, die runden Plätze folgen aufeinander, die Wegweiser »Gare SNCF« reihen sich wie eine Pistenmarkierung aneinander, eine Platanenallee, eine Hecke und drei Hammerschläge dröhnen an meinen Schläfen. Die Bahnhofsmauer weicht zurück, der Vorhang hebt sich: Der dicke Haarschopf von Éric und die schwarze Mütze von Bruder Philippe springen uns sofort ins Auge. Arme werden ausgestreckt, Umarmungen und Schulterklopfen folgen.

Der eine tritt strahlend von einem Fuß auf den anderen, die Beine steif, und reibt sich mit angewinkelten Ellbogen die Hände. Der andere ruft immer wieder, redselig wie selten: »Ohohoho! Das kann doch nicht wahr sein!« Sie sind gerührt. Beinahe so sehr wie wir.

Wie Seeleute am Tag bevor sie auf Land stoßen, nehmen wir endlich in der Luft die Vögel wahr, die die Nähe des Nestes ankündigen: unsere treuen Freunde, das Ende all unserer Sorgen. Meine Naht am Kopf und mein Verband am Knie machen Furore. Bruder Philippe entdeckt an sich Sehertalente, während Éric, der Notarzt, die perfekte Versorgung der Verletzungen bestätigt. Wir haben uns so viel zu sagen! Es ist ein euphorischer Moment. Éric, der perfekte Organisator, nutzt eine drei Sekunden dauernde Pause, um die Dinge in die Hand zu nehmen.

»Also, ich mache euch folgenden Vorschlag: Wir trinken im Schnellverfahren vier Tassen heiße Schokolade in der Bahnhofskneipe, und dann radeln wir in aller Ruhe los. 115 Kilometer mit zwei Greisen sind kein Zuckerschlecken, Jungs!«

Da er eine Vorliebe dafür hat, verschiedene Pläne miteinander zu verbinden, fügt er hinzu:

»Da die kleine Route, die wir uns ausgedacht haben, in nur zwei Kilometern Entfernung am Flughafen von Nangis vorbeiführt, würde ich gern ein paar Worte mit einem alten Pilotenfreund wechseln, den ich 15 Jahre nicht mehr gesehen habe. Wir sind um zwölf verabredet, ist euch das recht?«

»30 Kilometer in anderthalb Stunden, da müssen wir uns ganz schön sputen!«

»Keine Bange! Philippe trainiert seit drei Monaten jeden Morgen!«

Berauscht von Worten, sind wir unerschöpflich, unersättlich. Unsere Räder überholen sich, den jeweiligen Gesprächen folgend, in einem Fahrradballett, das dem Spitzenfeld bei einem Radrennen würdig wäre. Alle Themen werden besprochen: Innenpolitik, Skandale der vergangenen Monate, Geopolitik, unsere Familien, die Vorbereitungen für den morgigen Tag … Ausnahmsweise bleibt uns der Reisebericht erspart! So ist das bei wahren Freunden; man spricht mit ihnen nicht gern über sich selbst.

Kurz vor Nangis fliegt ein kleines Flugzeug im Tiefflug zweimal über uns hinweg und wackelt mit den Tragflächen, als wolle es uns begrüßen. Die spinnen, diese Franzosen! Alles ist uns freundlich gesinnt, das Wetter, der Wind, die Menschen, die Autos und sogar die Flugzeuge.

Einige Minuten später folgen wir Éric auf den Parkplatz des Flugplatzes. Immer noch in unsere Gespräche vertieft, gelangen wir zu einer kleinen einmotorigen Maschine vor einem Hangar. Zwei Personen hantieren im Cockpit herum. Éric bittet sie um eine Auskunft, und die beiden drehen sich um: Alice und Sonia! Wir kippen fast aus den Latschen, sind sprachlos.

Sobald wir uns wieder gefaßt haben, brüllen wir los, umarmen unsere Freundinnen, schreien, lachen.

»Éric, du Schweinehund! Du hast uns wieder reingelegt wie die Anfänger!«

»Ihr seid wirklich blind, Jungs! Ich dachte, die Reise hätte eure Beobachtungsgabe geschärft! Was braucht ihr denn noch? Muß das Flugzeug erst auf der Straße landen?«

»Das kann doch nicht wahr sein! Das wart doch nicht etwa ihr!«

Es geht alles zu schnell, wir kriegen nichts mehr auf die Reihe.

Um uns von der ganzen Aufregung zu erholen und uns zu stärken, gehen wir gemeinsam ins Flughafenrestaurant, sind endlich wieder unter Freunden: Es kommt uns vor, als wären wir nie weg gewesen.

Am Nachmittag, nach dem Abflug unserer raffinierten Fräuleins, brechen wir wieder auf, wobei wir diesmal die Räder tauschen. Éric und Bruder Philippe probieren unsere Panzer aus, während wir auf ihren ultraleichten Rennrädern förmlich davonfliegen.

Im Laufe der Kilometer wird der Verkehr immer dichter. Es scheint, als würden sämtliche Fahrzeuge Paris ansteuern, dessen graue Dunstglocke wir nach und nach über dem Horizont auftauchen sehen. Wir fahren im Slalom durch die ersten Staus seit Bangkok, wir radeln an den schmucken Einfamilienhäusern der Vororte vorbei, werden mit Werbetafeln bombardiert. Ein Boeinggeschwader lädt Tausende von Passagieren aus aller Herren Länder in der Hauptstadt ab. Orly, Flugzeuge, unsere Räder, ergibt das alles einen Sinn? Das Dröhnen eines Reaktors übertönt meine sinnlose Frage.

Bruder Philippe hat für uns eine friedliche Rast im Altersheim der Brüder christlicher Schulen von Athis-Mons organisiert. Dort finden wir die für religiöse Einrichtungen typische Atmosphäre vor: eine Atmosphäre der nur vom Ticken der Uhren gestörten Stille, von Bohnerwachs, Schweigen, leisen Schritten, in Schlössern hallenden Schlüsseln und Wohlgerüchen nach Brot und Suppe. Im Speisesaal sehen wir gerührt einige ehemalige Brüder von Passy-Buzenval wieder. Wir erleben diesen Abend als Andacht vor einem wichtigen Ereignis. Genau die richtige Vorbereitung auf den morgigen Tag!

Sonntag, 9. Oktober 1994:
364. Tag, 72 km. G: 23 962 km. Tag X

Warum scheint am Sonntagmorgen immer die Sonne?
Schweigend brechen wir auf durch verlassene Straßen,
Und der Himmel wirft grelles Licht
und straff gespannte Strahlen
Auf Mauern und Straßen.

Turm aus Stahl und Gewißheit,
Hochaufragend und gerade,
Ragt der Eiffelturm über Paris auf,
In einem Gefälle von Arcueil,
Das Gemälde unserer Freude
In dem goldene Kuppeln und runde Dächer,
Pfeile und unzählige Symbole
uns einen lebhaften Empfang bereiten.

In freier Fahrt, wie ein exaltierter König,
Der sein Reich und seinen Glauben entdeckt,
Breitet Sylvain die Arme aus und singt
»Exultate Jubilate«.

Mit einem Blick haben wir unser Ziel erfaßt,
Unsere Familien und das Ziel sind da, am Fuß der Arche,
Das wissen wir, ganz sicher, und dies ist die allerletzte Stufe,
Triumph, Tränen und das Ende des Weges.

Éric und Bruder Philippe respektieren unsere Ergriffenheit und bleiben etwas zurück. Wir wagen kaum, uns anzusehen. Das Pflaster singt unter unseren Reifen, die Platanen werfen uns rostrote Konfettis zu. Die Brücke des Périphérique ist unser Rubikon, die Schwelle, die wir vor einem Jahr in entgegengesetzter Richtung überschritten haben. Der Bürgersteig und die Brüstung, die uns schwungvoll angestoßen hatten, die Startrampe, auf der unsere Freunde zurückgeblieben waren, sind da.

Das Herz zusammengezogen, die Kehle zugeschnürt, fahren wir durch das »Nadelöhr«, durch die Porte d'Orléans. Der Kreis hat sich geschlossen.

Nichts zählt mehr außer unserer Freude. Jeder Pedaltritt bringt uns den Herzen näher, die wir ein Jahr lang gequält haben. Aber die Herzen vergessen schnell alle Qualen, die Herzen schlagen in der Gegenwart.

Die Avenue du Maine führt uns zu unserem Parnasse, unserem heimischen Paris. Der Boulevard des Invalides serviert uns seine goldene Kuppel auf dem Silbertablett. Die Esplanade erschreckt uns, wir verlangsamen das Tempo, die Emotionen verlangen nach Schatten. Guter Gott, Herz! Wirst du wohl Ruhe geben! Nein, schrei lieber! Los, trommle, so wild du willst! Die Promenade hat gleich ein Ende.

Die geflügelten Pferde des Pont Alexandre III. bäumen sich auf vor Freude. Meine Nase juckt, als wir über die Seine fahren, die kleine Seine. Einem Schwur folgend, den er auf den tibetischen Plateaus geleistet hat, öffnet Sylvain seinen Hosenschlitz und tauft den Fluß um. Dort drüben an der Kreuzung müssen wir ein letztes Mal abbiegen, bevor wir auf die letzte Gerade kommen. Die prunkvolle Quadriga des Grand Palais scheint von ihrem Sockel herabsteigen zu wollen, um uns mit lautem Getöse ihrer Bronzehufe den Weg frei zu machen.

Wir haben den letzten Kilometer angebrochen. Unseren letzten Kilometer! Die Place Clemenceau kommt leise heran. Das ist zu viel, wir halten an, sie zieht sich wieder zurück.

Wir haben uns nicht abgesprochen, wir haben beide ganz spontan angehalten, gelähmt … von Panik ergriffen. Wie Taucher vor dem großen Sprung, wie Bergsteiger vor der Gipfelerstürmung sammeln wir uns.

Konzentriert fahren wir weiter. Nun unaufhaltsam, auf der Kuppe eines langen Sprungbretts, zur Linken zwischen den Bäumen, dann in einer geraden Achse wie die unwiderlegbare Wahrheit, tauchen strahlend Ruhe und Frieden vor uns auf, das Symbol unserer Rückkehr, das Symbol für Rast und das Ende der Reise: der Triumphbogen.

Die Champs-Élysées sind mit 1 000 bunten Fahnen geschmückt. Paris bereitet dem Kaiser von Japan einen feierlichen Empfang, ihm haben wir den unseren zu verdanken. Die Avenue des Champs-Élysées hat sich zur Rue Montorgueil herausgeputzt, um uns zu schmeicheln. Marignan, Marbeuf, Colisée, Charron billigen unser Vorwärtskommen. Ich weine, ich lache, wir kämpfen uns die letzte Steigung hinauf. Die Champs-Élysées steigen leicht an, der krönende Abschluß! Dicke Tränen rollen über meine angespannten Wangen, ich habe mich nicht mehr in der Gewalt. Sylvain zu meiner Rechten atmet durch den Mund, durch zusammengebissene Zähne. Wir wagen nicht mehr, den Blick zu heben, hier und dort ertönen Rufe, die uns aufschluchzen lassen. Nicht zusammenbrechen. Im Rückspiegel sehe ich, daß Éric und Bruder Philippe unsere Ergriffenheit teilen. Ich tauche in meinen Rückspiegel ein:

Hinter ihnen liegt die Welt,
Es stimmt wohl, daß sie rund ist,
Diese ätherische Welt,
Dieser Kreis
Ohne Umwege …

Die Arme in einem W für »Wictoire« ausgestreckt, uns über unseren Köpfen bei der Hand haltend, passieren wir in einem Klingelkonzert das Kap Horn. Finisterre und Ziel, der Winkel der Champs-Élysées zur Place de l´Étoile beinhaltet alles, was uns auf der Welt am liebsten und teuersten ist.

Und diese geliebte Menschenmenge, mit erhobenen Armen, so lärmend wie ein Schulhof, wogt, als wir an ihr vorbeifahren. Wir fahren weiter, wir wollen nichts sehen, wir schieben das endgültige Ende hinaus, radeln weiter, um … den Triumphbogen.

Wir beschreiben einen Kreis, dreihundertsechzig Grad, Umkehr in unseren Herzen, wir finden zu uns selbst zurück. Hoche, Carnot, Foch und Hugo erweisen uns die letzte Ehre; alles vergeht, alles entflieht, sie sind da, vor uns, alles erstarrt, alles verschwimmt. Eine Frau in Rot schwenkt einen gelben Schal. Ich stelle mein Rad ab, taumle, stammle, geblendet von einer grellen Sonne der Emotionen: Mama!

Sie ist schon nicht mehr da! Sie liegt in meinen Armen! Ich hebe sie hoch, alles erlischt. Angeblich bin ich wie ein Roboter quer über den Platz gegangen, quer über die Fahrbahn …

Alle sind fort, wir sind wieder allein mit unseren Rädern. Wir zögern.

»Und wenn wir es noch einmal tun würden?«

»Was?«

»Um die Welt reisen.«

»Wieso um die Welt reisen? Das mußt du geträumt haben!«

»Jedenfalls fangen morgen meine Prüfungen in Nanterre an. Die Hölle. Und du, was hast du vor?«

»Aufwachen!«

Plötzlich gabelt sich die Straße vor uns
Und bietet jedem von uns seinen eigenen Weg,
Der zu Hause endet. Zum erstenmal
Trennen sich hier unsere Ziele zu neuen Anfängen.

Wir werden die Seßhaftigkeit der Reise
durch die Zeit und ihre Verwendung neu erlernen.
Eine neue Welt tut sich auf, mit Rendezvous, mit Gesetzen,
Uns einen neuen Quell der Vielfalt bietend.
Das ist das Ende eines Traums und das Ende eines Weges
Hinaus in die Welt, aber doch heimgekehrt.
Tränende Augen und Herzen schwer von Schätzen
und Vertrauen,

Voller Inbrunst schütteln wir uns die Hand,
Eine Geste richtig und schlicht, aber gewichtiger Sieg,
Ausgetauscht an der Gabelung,
bevor jeder seines Weges geht …

ENDE

Band 61917

Andreas Kieling/
Irena Bischoff

Yukon River-Saga

Zwei Männer und eine Frau brechen auf zum Abenteuer ihres Lebens. Sie wollen in einem Kanu den Yukon River von der Quelle bis zur Mündung bezwingen. Monatelang sind die Abenteurer allein in der faszinierenden, aber auch bedrohlichen Weite des hohen Nordens. Sie treffen auf Bären, Elche und Wölfe, kämpfen sich durch Stromschnellen und moskitoverseuchte Sümpfe. Eine willkommene Unterbrechung der totalen Einsamkeit bieten die seltenen Begegnungen mit den Menschen am Fluß: Goldgräber, Indianer, Siedler und Eskimos, deren Heimat der Yukon River ist. Doch der frühe Wintereinbruch macht die Fahrt von den Quellen bis zur Beringsee zum Wettlauf mit Kälte, Eis und Stürmen, den nur einer von den dreien durchhält ...

BASTEI LÜBBE